中宣部 2019 年主题出版重点出版物

郑谦 庞松 主编

【第七卷】（2012—2019）

中华人民共和国通史

沈传亮 著

SPM
南方传媒

广东人民出版社

·广州·

图书在版编目（CIP）数据

中华人民共和国通史. 第七卷，2012—2019 / 郑谦，庞松主编；沈传亮
著. —广州：广东人民出版社，2020.1（2024.10 重印）
ISBN 978-7-218-14151-0

I. ①中… II. ①郑… ②庞…③沈… III. ①中国历史—现代史—
2012—2019 IV. ①K27

中国版本图书馆 CIP 数据核字（2019）第 292423 号

中华人民共和国通史·第七卷（2012—2019）
郑谦、庞松主编 沈传亮著

出 版 人：肖风华

出版策划：钟永宁
责任编辑：卢雪华 曾玉寒 廖智聪 伍茗欣 李宜励
责任校对：王立东 梁敏岚 胡艺超 林 俏 吴丽平
装帧设计：书窗设计工作室
责任技编：吴彦斌

出版发行：广东人民出版社
地 址：广州市越秀区大沙头四马路 10 号（邮政编码：510199）
电 话：（020）85716809（总编室）
传 真：（020）83289585
网 址：http://www.gdpph.com
印 刷：广州市豪威彩色印务有限公司
开 本：787mm×1092mm 1/16
印 张：301.25 字 数：3900 千
版 次：2020 年 1 月第 1 版
印 次：2024 年 10 月第 4 次印刷
定 价：1380.00 元（全七卷）

如发现印装质量问题，影响阅读，请与出版社（020-85716849）联系调换。
售书热线：020-87716172

总　序

一

在中华人民共和国成立 70 周年之际，我们组织撰写了这部《中华人民共和国通史》。

本书所叙史事，始于 1949 年中华人民共和国成立，截止于 2019 年书稿完成。全书共分七卷，前后贯通共和国 70 年发展中政治、经济、文化、国防、外交等各领域，其中包括国体与政体、中央与地方、中国与世界相互关系的历史演变和不同时期人民生活的变化，以及经济变革、政治发展、社会变迁带来的人口、环境、教育、城镇化、社会分层、利益结构等相当丰富又复杂交织的历史内容，依时间顺序，分卷次予以叙述。

1949 年 9 月 30 日，中国人民政治协商会议第一届全体会议向世界庄严宣告中华人民共和国成立，中国人民从此站起来了。这一伟大事件，彻底改变了近代以来 100 多年中国积贫积弱、受人欺凌的悲惨命运，中华民族从此走上了实现伟大复兴的道路。

以中华人民共和国成立为起点，在中国共产党的坚强领导下，在第二次世界大战后并不宽松的国际环境中，依靠社会主义制度，依靠全国各族人民的团结奋斗，中国从一个近代史上不断走向衰败、贫穷落后的东方大国，发展成为独立自主、巍然屹立于国际社会、以坚定的步伐走向社会主义现代化的国家。这无论如何是一个奇迹。综观中华人民共和国 70 年历史发展，"我国相继实现了从半殖民地半封建社会到民族独立、人民当家作主新社会的历史性转变，从新民主主义革命到社会主义革命和建设的历史性转变，从高度集中的计划经济体制到充满活力的社会主义市场经济体制、从封闭半封闭到全方位开放的历史性转变"。这是执政的中国共产党站在时代的高度，对中华人民共和国历史发展主线的科学概括。

中国的成功有哪些独特的背景、内容、原因和经验？中国的崛起面临哪些问题和挑战？又是如何渐次解决的？中国的崛起向世界贡献了哪些独特经验？中国的复兴还会经历哪些考验，还需要进行哪些探索？这些问题对于中外有识之士始终具有特殊的魅力。

二

中国改革开放 40 多年来，共和国史研究出现空前活跃的局面，从官方到民间，从科研院所到高等学校，从资料发掘到专题研究，从宏观叙事到微观考察，从译介国外学术动态到向国外介绍国内研究成果，都有许多值得重视的新观点、新成果、新方法。经过多年的积累和提升，学界对共和国史的认识已经今非昔比。

历史学的发展，一是要靠史料的发掘和积累，一是要靠认识方法、分析方法的提高、更新。历史事实是既定的，一旦发生了就不可更改，历史研究必须忠实于史实。但是，认识历史的理论、方法、分析框架却是在不断发展、更新的。在不同的历史时期，人们对历史可以有不同的认识，不同的理论高度和深度。在理性的、专业的研究和写作中，应该注意学习、借鉴国外一些科学的历史研究方法和成果。但我们觉得，迄今为止，开放的、不断发展的马克思主义的历史唯物主义，仍被证明是观察和解释历史、经济、政治、文化及国际事务的科学、有效的分析工具，这是我们写作这部通史的理论遵循。中国特色社会主义理论作为马克思主义在当代中国的最新形态，不断开阔我们的研究视野，提升我们的认识高度，给我们与时俱进的勇气与追求。用它来审视当代中国史，会有许多新的视角，产生一些新结论、新认识。

国家的发展、规律性的揭示和对未来的正确把握，需要深刻的历史经验和历史智慧的支撑。谁在这方面做得好，谁就掌握了话语权和主动权，就能顺应历史潮流引领时代发展，就能真正让历史智慧之光照进现实。一个对历史浮光掠影、浅尝辄止、一知半解或采取虚无主义、实用主义态度的民族，无法企及"历史的高度"，无缘于历史的自觉。

三

这部通史为七卷本，按照历史的发展顺序及其内在逻辑，在总体结构上将中华人民共和国史分为三个大的阶段：

第一阶段——社会主义革命和建设时期（1949—1976），包括：第一卷（1949—1956）；第二卷（1956—1966）；第三卷（1966—1976）。

第二阶段——改革开放和加快现代化建设时期（1976—2012），包括：第四卷（1976—1992）；第五卷（1992—2002）；第六卷（2002—2012）。

第三阶段——建设中国特色社会主义新时代，以第七卷

（2012—2019）作为进入新时代及其后续篇章的开卷。

我们认为，通史采用这种历史分期法，既能较好地展现三个阶段各自的历史特点，又能贯通新中国成立 70 年发展脉络的内在联系，特别是反映建设中国特色社会主义新时代的由来及历史方位。当然，我们也注意到共和国史研究中其他一些有见地的分期方法及其所体现的治史理念。例如，在社会主义革命和建设时期，本书是按目前较通行的分期法，把新中国成立的头七年作为一个整体来叙述的。但我们注意到这七年中前三年和后四年明显的阶段性区分，即"新中国的成立和新民主主义建国纲领在全国的实施"（1949—1952）和"社会主义基本制度在中国的确立"（1953—1956）两个阶段。把头三年的"新民主主义建设"作为一个阶段，本是历来的分期法，是当时中央领导人的共识，党中央的文件也是这样表述的。过去中共党史、共和国史及经济史著作曾把这三年概括为"国民经济恢复时期"，但现在看来，这并不能充分反映这个时期的历史本质。按照历史的原貌，那时中国共产党就是以新民主主义的《共同纲领》来号召人民的，其实质内容是对新民主主义建国方略的稳健实施。本书虽然在形式上未将这头三年单独分期，但吸取了它的精华要义，即：突出而不是刻意淡化新民主主义建国论、新民主主义改革论及新民主主义建设论；强调新中国成立初期经历了一个由半殖民地半封建社会向新民主主义社会的转变过程，通过发展新民主主义经济、政治，为向社会主义过渡准备基本条件。由于 1949—1952 年坚持贯彻《共同纲领》进行新民主主义建设，新中国发生了翻天覆地的变化，政治昌明，经济迅速恢复，社会面貌焕然一新。正是在从半殖民地半封建社会到民族独立、人民当家作主新社会的历史性转变所创造的现实基础上，1953 年中国共产党提出党在过渡时期的总路线，团结全国各族人民为实现向社会主义转变的总任务而奋斗，反映了历史必然性。

　　又如，中华人民共和国历史发展的新时期应该从何时算起？历史学家胡绳先生在 20 世纪 90 年代提出并体现在《中国共产党历史》第二卷中的分期法，是以中共十一届三中全会为标志，把新中国的历史划分为两大时期，即"社会主义革命和建设时期"和"改革开放新时期"。胡绳强调这不仅是一个编写历史划分篇章的形式问题，其"实质意义是在把党的十一届三中全会的历史地位突出出来"，说明不是以 1976 年粉碎"四人帮"、结束"文化大革命"作为新时期的开始，而是以 1978 年中共十一届三中全会作为共和国发展史上具有开辟新时期、新道路，开创新理论意义的历史标志。这在编写中国共产党历史的分期上，当然是一种卓见。

　　但是在编写共和国史的时候，我们考虑到不妨有另一种叙史的角度，即如本书第三卷就写到 1976 年粉碎"四人帮"，这在客观历史上也标志着十年"文化大革命"时期的结束。第四卷书写开辟改革开放的新时期，首先是 1976—1978 年中共十一届三中全会之前徘徊前进的两年。这两年的历史进程非常重要，面对"文化大革命"十年内乱造成的重大损失，国家建设百业待兴，党内外强烈要求纠正"文化大革命"的错误，使党和国家从危难中重新奋起。随着党和国家正常政治生活的逐步恢复，国民经济的复苏，平反冤假错案的开始，关于真理标准问题的讨论在全党全国引发思想解放的大潮，批判因袭着历史重负的"两个凡是"错误方针，推动了党和国家工作重点转移思想的酝酿和提出。这两年安定社会政治秩序、恢复国民经济的举措和指导理论上的正本清源，都为 1978 年中共十一届三中全会实现伟大历史转折做了充分和必要的准备，这是促进理性回归、达成社会和解、逐步实现伟大转折不可或缺的客观历史进程，是开辟新时期、新道路，开创新理论的前奏。通观中华人民共和国史，这些内容不宜放到第三卷的末尾捎带来写，而应放在第四卷的开头作为实现伟大转折的历史背景来写。如同历史发展中存在多种选择一样，对历史的叙述也可以有不同的考虑，以上两种分期法各有侧重，各有所长，为新中国史的进一步研究提供了选择的多样性，体现了唯物史观在治史的切入点和叙述角度上亦当有所不同。

再如，关于建设中国特色社会主义新时代，2017年10月，中共十九大报告对我国发展新的历史方位作了科学的判断，指出："经过长期努力，中国特色社会主义进入了新时代，这是我国发展新的历史方位。"这是基于我国社会主要矛盾发生新变化的新特点，与分两步走全面建设社会主义现代化国家的新目标有机结合起来而作出的重大政治论断。"进入新时代"最关键的理论和实践基础是，我国社会主要矛盾已经从"人民日益增长的物质文化需要同落后的社会生产之间的矛盾"，转化为"人民日益增长的美好生活需要和不平衡不充分的发展之间的矛盾"。这表明，人民美好生活的需要已经不再局限于物质文化层面，还包括民主法治、公平正义、公共服务、社会福利、生态环境等更多层面。同时，经济社会发展中还存在着城乡之间、地区之间、群体之间、行业之间及社会福利、公共服务等方面的不平衡，并且已成为经济社会发展新的制约因素。

社会主要矛盾发生新变化，针对发展不平衡不充分状况提出解决新矛盾的总任务，是中国特色社会主义进入新时代的重要标志，也是新时代的重要特征。这意味着中国特色社会主义站到更高层级的历史方位上，要求全面提升物质文明、政治文明、精神文明、社会文明和生态文明，实现国家治理体系和治理能力现代化，使中国成为综合国力和国际影响力领先的国家，中国人民基本实现共同富裕、享有更加幸福安康的生活，中华民族以更加自信、昂扬的姿态屹立于世界民族之林。历史起点和逻辑前提在这里结合起来得到统一。

第七卷（2012—2019）主要记述中共十八大以来，以习近平同志为核心的中央领导集体提出一系列新理念、新思想、新战略，出台一系列重大方针政策，推出一系列重大举措，推进一系列重大工作，推动党和国家事业取得全方位、开创性成就的历史进程。当然，第七卷所书写的内容，还仅仅是一个开端，必须随着人民共和国的新征程新发展而续写新篇章。

四

我们从哪里来，到哪里去？我们为什么会选择这样的发展道路和战略而不是别样的发展道路和战略？本书希望从对历史的学习、研究中，发掘历史的深层规律和意义，进一步接近历史演进的肌理和纹路。例如，对新中国成立初期选择重工业优先的发展战略，我们在书中强调了它并不只是简单地学习苏联模式，而是当时国际冷战环境和国内经济结构性矛盾演化的必然结果。朝鲜战争的爆发和美国为首西方国家的封锁禁运，使得中国领导人不得不把国家安全放在首位来考虑，不能不更多地强调国家工业化要以重工业（国防工业）为中心。优先发展重工业不是一种照搬外国经验的外源性战略，不取决于人们的主观意志，而是当时特定历史条件下中国政治、经济现实状况内生的需要，是历史背景决定的。如果新中国在成立之初不采取重工业优先的国策，而是像西方发达国家早期现代化那样采取农业—轻工业—重工业的发展路径，显然是一条不适合中国亟需改变落后面貌、迎头赶上的发展道路。历史上的选择从来不会只是在"全优"或"全劣"中进行的，有的只能是在反复权衡利弊后的次优选择。工业化道路如此，其他各方面的选择又何尝不是如此。

进一步的研究使我们发现，正所谓"牵一发而动全身"，当年工业化道路这个重大的战略选择又引起了经济基础和上层建筑领域一系列深刻的变化。而对这些变化，有些我们至今认识得还比较肤浅。例如，为保证重工业优先，必须加快经济的计划化，限制"看不见的手"的作用；强调运用行政权力来引导和推动经济发展；强调领导体制的高度集中；强调意识形态领域的集中统一领导，如此等等。所以，如同优先发展重工业是内生型的一样，社会其他方面的变革也是具有内生性的，是前者的派生物。当然，还有历史、人文等其他方面的各种因素的影响。半个多世纪过去了，当年中国工业化起步时起过重要历史作用的那些体制、机制，如今很多已成为改革的对象。如同恩格斯所论述："一切依次更替的历史状态都只是人类社会由低级到高级的无穷发展进程中的暂时阶段。每一个阶段都是必然的，因此，对它发生的那个时代和那些条件说来，都有它存在的理由；但是对它自己内部逐渐发展起来的新的、更高的条件来说，它就变成过时的和没有存在的理由了；它不得不让位于更高的阶段。"

本书还注重考察国际环境因素的变化对中国发展的影响，在各个发展阶段抓住中美关系、中苏（俄）关系、中日关系的折冲和演变的基本线索，包括中国与发展中国家、周边民族独立国家以及西欧发达国家之间关系的发展变化等，把中国的事情放在国际形势和全球环境背景下加以全面考量，以证中国不断融入国际社会和经济全球化的必然趋势，以及倡导构建人类命运共同体的历史逻辑。

许多中外学者在面对改革开放以来中国的巨变时，都会不约而同地发问：这种巨变从何而来？其原因何在？人们可以列出的原因很多，几乎所有人都注意到1978年中共十一届三中全会前后的思想解放运动对当代中国的影响。但是，迄今为止，对这场思想解放运动的深层原因、意义、影响的发掘似乎还欠"火候"。当代社会主义各国的改革从上世纪50年代就已开始，而且多是以不同形式、不同程度的思想解放为先导，并一度都取得一些成就，但这些改革又多以"改旗易帜"而告终。同样都有思想解放，为什么结果却如此不同？这就不能不考虑到中国的思想解放运动对"左"倾教条主义冲击的广度、深度和力度。如果再进一步思考，为什么这种思想解放只能产生于70年代末至80年代初？中国的改革开放的进程与之前的历史尤其是"文化大革命"刻骨铭心的教训有着怎样的深层关联？

中华人民共和国的主要缔造者毛泽东说过："人类的历史，就是一个不断地从必然王国向自由王国发展的历史。这个历史永远不会完结。""因此，人类总得不断地总结经验，有所发现，有所发明，有所创造，有所前进。停止的论点，悲观的论点，无所作为和骄傲自满的论点，都是错误的。"中国道路的成功，正在于以毛泽东为主要代表的中国共产党人，把马克思列宁主义基本原理同中国革命具体实践结合起来，团结带领全党全国各族人民，经过长期浴血奋斗，完成了新民主主义革命，建立了中华人民共和国，确立了社会主义基本制度，成功实现了中国历史上最深刻最伟大的社会变革，为当代中国一切发展进步奠定了根本政治前提和制度基础。在探索过程中，虽然经历了严重曲折，但党在社会主义革命和建设中取得的独创性理论成果和巨大成就，为在新的历史时期开创中国特色社会主义提供了宝贵经验、理论准备、物质基础。中共十一届三中全会以后，以邓小平为主要代表的中国共产党人，团结带领全党全国各族人民，深刻总结我国社会主义建设正反两方面经验，借鉴世界社会主义历史经验，顺应经济社会发展的规律和需要，成功开创了中国特色社会主义道路。

中华人民共和国成立70年特别是经过40多年的改革开放，极大改变了中国的面貌、中华民族的面貌、中国人民的面貌、中国共产党的面貌。中华民族迎来了从站起来、富起来到强起来的伟大飞跃！中国特色社会主义迎来了从创立、发展到完善的伟大飞跃！中国人民迎来了从温饱不足到小康富裕的伟大飞跃！中华民族正以崭新姿态屹立于世界的东方！

"为什么我的眼里常含泪水？因为我对这土地爱得深沉"。主编这部《中华人民共和国通史》的我们，同为共和国的同龄人，这是我们永远的骄傲。"中国应当对于人类有较大的贡献"——毛泽东的这句话，我们在中学时代就铭记于心。50 多年过去了，它一直在我们这一代人的灵魂深处闪耀，成为我们精神世界的一部分，给我们以勇气、胸怀和力量。如今，青年时代的憧憬、梦想已成为现实，这是我们的荣耀与幸福。我们毫不怀疑，祖国的明天会更加美好。我们庆幸能生活在这样一个充满奋斗、巨变与希望的新时代。

与人民共和国同龄、同行，共同经历了风风雨雨、沧桑巨变，目睹了中国道路的曲折与辉煌。这种亲身的经历及长期的理性思考，使我们加深了一个认识，70 年中，不论是巨大的成就还是发展中的曲折，都是中国人民在中国共产党的领导下，探索中国自己的建设社会主义道路过程中获得和发生的。正确地总结这些历史经验是非常必要的，因为它们无论是正面的还是反面的，都是中国人民的宝贵财富，都是中华民族贡献给世界文明的智慧结晶。

郑谦　庞松
2019 年 10 月
于北京·中关村西区

目　录 | Contents

第一章　全面建成小康社会的战略部署

中共十八大以来，以习近平同志为核心的党中央以强烈的责任担当，提出一系列新理念新思想新战略，出台一系列重大方针政策，推出一系列重大举措，推进一系列重大工作，解决了长期想解决而没有解决的难题，办成了许多过去想办而没办成的大事，推动党和国家事业取得了全方位、开创性的历史性成就，发生了深层次、根本性的历史性变革，中国特色社会主义进入了新时代。中共十九大评价这五年说，"十八大以来的五年，是党和国家发展进程中极不平凡的五年。面对世界经济复苏乏力、局部冲突和动荡频发、全球性问题加剧的外部环境，面对我国经济发展进入新常态等一系列深刻变化，我们坚持稳中求进工作总基调，迎难而上，开拓进取，取得了改革开放和社会主义现代化建设的历史性成就"①。

一、中共十八大与全面建成小康社会的新要求

在改革开放来到重要关头之际，中共十八大在北京召开。

---

① 习近平：《决胜全面建成小康社会　夺取新时代中国特色社会主义伟大胜利——在中国共产党第十九次全国代表大会上的报告（2017年10月18日）》，人民出版社2017年版，第2页。

中共十八大不仅总结过去十年成就，把科学发展观确立为党的指导思想，而且提出全面建成小康社会的宏伟目标，做出全面深化改革的前瞻性安排，更重要的是实现了中共中央领导集体的顺利交接，习近平当选为中共中央总书记，中国进入了新时代。

（一）中共十八大的召开

2012年11月8日至14日，中国共产党第十八次全国代表大会在北京召开。大会的主题是：高举中国特色社会主义伟大旗帜，以邓小平理论、"三个代表"重要思想、科学发展观为指导，解放思想，改革开放，凝聚力量，攻坚克难，坚定不移沿着中国特色社会主义道路前进，为全面建成小康社会而奋斗。大会代表名额2270人，代表全国8000多万党员。大会批准了胡锦涛代表十七届中央委员会所作的报告——《坚定不移沿着中国特色社会主义道路前进　为全面建成小康社会而奋斗》，通过了《关于十七届中央委员会报告的决议》《关于〈中国共产党章程（修正案）〉的决议》和《关于中央纪律检查委员会工作报告的决议》。

大会分析了国际国内形势的发展变化，回顾总结了过去五年的工作和中共十六大以来的奋斗历程及取得的历史性成就，确定了全面建成小康社会和全面深化改革的目标，对新的时代条件下推进中国特色社会主义事业做出了全面部署，对全面提高党的建设科学化水平提出了明确要求。报告描绘了全面建成小康社会、加快推进社会主义现代化的宏伟蓝图，为党和国家事业进一步发展指明了方向。

大会指出，九十多年来，中国共产党紧紧依靠人民，把马克思主义基本原理同中国实际和时代特征结合起来，独立自主走自己的路，历尽千辛万苦，付出各种代价，取得革命、建设、改革伟大胜利，开创和发展了中国特色社会主义，从根本上改变了中国人民和中华民族的前途命运。

大会第一次对中国特色社会主义道路、中国特色社会主义理论体系、中国特色社会主义制度做出完整、明确概括。中国特色社会主义道路，就是在中国共产党领导下，立足基本国情，以经济建设为中心，坚持四项基本原则，坚持改革开放，解放和发展社会生产力，建设社会主义市场经济、社会主义民主政治、社会主义先进文化、社会主义和谐社会、社会主义生态文明，促进人的全面发展，逐步实现全体人民共同富裕，建设富强民主文明和谐的社会主义现代化国家。中国特色社会主义理论体系，就是包括邓小平理论、"三个代表"重要思想、科学发展观在内的科学理论体系，是对马克思列宁主义、毛泽东思想的坚持和发展。中国特色社会主义制度，就是人民代表大会制度的根本政治制度，中国共产党领导的多党合作和政治协商制度、民族区域自治制度以及基层群众自治制度等基本政治制度，中国特色社会主义法律体系，公有制为主体、多种所有制经济共同发展的基本经济制度，以及建立在这些制度基础上的经济体制、政治体制、文化体制、社会体制等各项具体制度。中国特色社会主义道路是实现途径，中国特色社会主义理论体系是行动指南，中国特色社会主义制度是根本保障，三者统一于中国特色社会主义伟大实践，这是党领导人民在建设社会主义长期实践中形成的最鲜明特色。大会指出道路、理论体系和制度是党和人民九十多年奋斗、创造、积累的根本成就，必须倍加珍惜、始终坚持、不断发展。

大会提出在新的历史条件下夺取中国特色社会主义新胜利必须坚持的八个基本要求：坚持人民主体地位、坚持解放和发展社会生产力、坚持推进改革开放、坚持维护社会公平正义、坚持走共同富裕道路、坚持促进社会和谐、坚持和平发展、坚持党的领导。提出建设中国特色社会主义，总依据是社会主义初级阶段，总布局是五位一体，总任务是实现社会主义现代化和中华民族伟大复兴。

（二）确立科学发展观的指导思想地位

中共十八大系统阐述了科学发展观的时代背景、历史地位、精神实质、指导意义和根本要求。报告指出：科学发展观是马克思主义同当代中国实际和时代特征相结合的产物，是马克思主义关于发展的世界观和方法论的集中体现，对新形势下实现什么样的发展、怎样发展等重大问题作出了新的科学回答，把我们对中国特色社会主义规律的认识提高到新的水平，开辟了当代中国马克思主义发展新境界。

科学发展观是中国特色社会主义理论体系最新成果，是中国共产党集体智慧的结晶，是指导党和国家全部工作的强大思想武器。科学发展观同马克思列宁主义、毛泽东思想、邓小平理论、"三个代表"重要思想一道，是党必须长期坚持的指导思想。

面向未来，深入贯彻落实科学发展观，对坚持和发展中国特色社会主义具有重大现实意义和深远历史意义，必须把科学发展观贯彻到中国现代化建设全过程、体现到党的建设各方面。全党必须更加自觉地把推动经济社会发展作为深入贯彻落实科学发展观的第一要义，必须更加自觉地把以人为本作为深入贯彻落实科学发展观的核心立场，必须更加自觉地把统筹兼顾作为深入贯彻落实科学发展观的根本方法。

解放思想、实事求是、与时俱进、求真务实，是科学发展观最鲜明的精神实质。实践发展永无止境，认识真理永无止境，理论创新永无止境。中共一定要勇于实践、勇于变革、勇于创新，把握时代发展要求，顺应人民共同愿望，不懈探索和把握中国特色社会主义规律，永葆党的生机活力，永葆国家发展动力，在党和人民创造性实践中奋力开拓中国特色社会主义更为广阔的发展前景。大会通过的党章修正案把科学发展观作为党的行动指南写入党章，成为全党要长期坚持的指导思想，这是中共十八大的一个重要历史性贡献。

（三）全面建成小康社会的新要求

从 2002 年中共十六大提出全面建设小康社会的宏伟目标到中共十八大召开这十年，中国经济总量实现由世界第六位到第二位的历史性跨越，中国社会生产力、经济实力、科技实力迈上一个大台阶，人民生活水平、居民收入水平、社会保障水平迈上一个大台阶，综合国力、国际竞争力、国际影响力迈上一个大台阶，国家面貌发生新的历史性变化。但工作中还存在许多不足，前进道路上还有不少困难和问题。主要是：发展中不平衡、不协调、不可持续问题依然突出，科技创新能力不强，产业结构不合理，农业基础依然薄弱，资源环境约束加剧，制约科学发展的体制机制障碍较多，深化改革开放和转变经济发展方式任务艰巨；城乡区域发展差距和居民收入分配差距依然较大；社会矛盾明显增多，教育、就业、社会保障、医疗、住房、生态环境、食品药品安全、安全生产、社会治安、执法司法等关系群众切身利益的问题较多，部分群众生活比较困难；一些领域存在道德失范、诚信缺失现象；一些干部领导科学发展能力不强，一些基层党组织软弱涣散，少数党员干部理想信念动摇、宗旨意识淡薄，形式主义、官僚主义问题突出，奢侈浪费现象严重；一些领域消极腐败现象易发多发，反腐败斗争形势依然严峻。对这些困难和问题，中共高度重视，指出要认真解决。

因此，在中共十六大以来十年奋斗取得巨大成就的基础上，中共十八大报告提出到 2020 年全面建成小康社会新的宏伟目标，并从五个方面提出新的要求。

（1）经济持续健康发展。转变经济发展方式取得重大进展，在发展平衡性、协调性、可持续性明显增强的基础上，实现国内生产总值和城乡居民人均收入比 2010 年翻一番。科技进步对经济增长的贡献率大幅上升，进入创新型国家行列。工业化基本实现，信息化水平大幅提升，城镇化质量明显提高，农业现代化和社会主义新农村建设成效显著，区域协调发展机制基本形成。对外开放水平进一步提高，国际竞争力明显增强。

（2）人民民主不断扩大。民主制度更加完善，民主形式更加丰富，人民积极性、主动性、创造性进一步发挥。依法治国基本方略全面落实，法治政府基本建成，司法公信力不断提高，人权得到切实尊重和保障。

（3）文化软实力显著增强。社会主义核心价值体系深入人心，公民文明素质和社会文明程度明显提高。文化产品更加丰富，公共文化服务体系基本建成，文化产业成为国民经济支柱性产业，中华文化走出去迈出更大步伐，社会主义文化强国建设基础更加坚实。

（4）人民生活水平全面提高。基本公共服务均等化总体实现。全民受教育程度和创新人才培养水平明显提高，进入人才强国和人力资源强国行列，教育现代化基本实现。就业更加充分。收入分配差距缩小，中等收入群体持续扩大，扶贫对象大幅减少。社会保障全民覆盖，人人享有基本医疗卫生服务，住房保障体系基本形成，社会和谐稳定。

（5）资源节约、环境友好型社会建设取得重大进展。主体功能区布局基本形成，资源循环利用体系初步建立。单位国内生产总值能源消耗和二氧化碳排放大幅下降，主要污染物排放总量显著减少。森林覆盖率提高，生态系统稳定性增强，人居环境明显改善。①

（四）作出全面深化改革的部署

全面建成小康社会不会一帆风顺，也不可能一蹴而就，必须以更大的政治勇气和智慧，不失时机深化重要领域改革，坚决破除一切妨碍科学发展的思想观念和体制机制弊端，构建系统完备、科学规范、运行有效的制度体系，使各方面制度更加成熟更加定型。

中共十八大就全面深化改革作出方向性、前瞻性部署，指出要加快完善社会主义市场经济体制，完善公有制为主体、多种所有制经济共同发展的基本经济制度，完善按劳分配为主体、多种分配方式并存的分配制度，更大程度更广范围发挥市场在资源配置中的基础性作用，完善宏观调控体系，完善开放型经济体系，推动经济更有效率、更加公平、更可持续发展。加快推进社会主义民主政治制度化、规范化、程序化，从各层次各领域扩大公民有序政治参与，实现国家各项工作法治化。加快完善文化管理体制和文化生产经营机制，基本建立现代文化市场体系，健全国有文化资产管理体制，形成有利于创新创造的文化发展环境。加快形成科学有效的社会管理体制，完善社会保障体系，健全基层公共服务和社会管理网络，建立确保社会既充满活力又和谐有序的体制机制。加快建立生态文明制度，健全国土空间开发、资源节约、生态环境保护的体制机制，推动形成人与自然和谐发展现代化建设新格局。

---

① 胡锦涛：《坚定不移沿着中国特色社会主义道路前进　为全面建成小康社会而奋斗——在中国共产党第十八次全国代表大会上的报告》，人民出版社 2012 年版，第 17—18 页。

（五）提出全面提高党的建设科学化水平

中共十八大第一次明确提出全面提高党的建设科学化水平的重大命题。并对党的建设科学化提出新的要求，进行了战略部署。会议指出："新形势下，党面临的执政考验、改革开放考验、市场经济考验、外部环境考验是长期的、复杂的、严峻的，精神懈怠危险、能力不足危险、脱离群众危险、消极腐败危险更加尖锐地摆在全党面前。不断提高党的领导水平和执政水平、提高拒腐防变和抵御风险能力，是党巩固执政地位、实现执政使命必须解决好的重大课题。"①

会议强调："全党要增强紧迫感和责任感，牢牢把握加强党的执政能力建设、先进性和纯洁性建设这条主线，坚持解放思想、改革创新，坚持党要管党、从严治党，全面加强党的思想建设、组织建设、作风建设、反腐倡廉建设、制度建设，增强自我净化、自我完善、自我革新、自我提高能力，建设学习型、服务型、创新型的马克思主义执政党，确保党始终成为中国特色社会主义事业的坚强领导核心。"② 这就从主线、原则、布局、重点、目标等角度，对全面提高党的建设科学化水平提出了总要求。

中共十八大从八个方面对全面提高党的建设科学化水平进行战略部署，一是坚定理想信念，坚守共产党人精神追求。二是坚持以人为本、执政为民，始终保持党同人民群众的血肉联系。三是积极发展党内民主，增强党的创造活力。四是深化干部人事制度改革，建设高素质执政骨干队伍。五是坚持党管人才原则，把

---

① 中共中央文献研究室编：《十八大以来重要文献选编》（上），中央文献出版社 2014 年版，第 38—39 页。

② 中共中央文献研究室编：《十八大以来重要文献选编》（上），中央文献出版社 2014 年版，第 39 页。

各方面优秀人才集聚到党和国家事业中来。六是创新基层党建工作，夯实党执政的组织基础。七是坚定不移反对腐败，永葆共产党人清正廉洁的政治本色。八是严明党的纪律，自觉维护党的集中统一。

中共十八大关于党的建设提出的新思想新举措，是对马克思主义政党建设理论的重大发展，为中国特色社会主义新时代推进党的建设新的伟大工程提供了行动纲领。大会报告还从经济、政治、文化、社会、国防和军队、祖国统一、外交以及党的建设等各个方面提出了具体要求，为全面建成小康社会指明了方向。

（六）选举产生新的中央领导集体

大会顺利实现了中共中央领导集体的新老交替。经过认真酝酿，大会选举出由 205 名委员、171 名候补委员组成的十八届中央委员会，选举出十八届中央纪律检查委员会委员 130 名。

新晋 205 名中央委员，几乎都是中央、国务院各部门，各省市自治区的领导，军队、人民团体的领导。中央委员绝大多数都是来自基层，有过或多或少的基层艰苦生活锻炼。其中，军人比较多，知青比较多。据不完全统计，中央委员中有 50 多位曾经是知青。新一届中共中央政治局七名常委中，有 4 位曾经是知青，占 57.1%。这是一批经历丰富、穿越过飓风巨浪的领导人。习近平当过农民、做过军人，当过县委副书记、县委书记、副市长、市委书记、省长、省委书记，在农村干了七年，是从政经历最丰富的中共领导人之一。

2012 年 11 月 15 日，中共十八届一中全会召开，全会选举习近平为中央委员会总书记，选举习近平、李克强、张德江、俞正声、刘云山、王岐山、张高丽为中央政治局常委。全会决定习近平为中央军事委员会主席，范长龙、许其亮为中央军事委员会副主席。全会批准王岐山任中央纪委书记。

中共十八大勾画了在新的历史条件下全面建成小康社会、加快推进社会主义现代化、夺取中国特色社会主义新胜利的宏伟蓝图，是中国共产党团结带领全国各族人民沿着中国特色社会主义道路继续前进、为全面建成小康社会而奋斗的政治宣言和行动纲领，为新一届中央领导集体的工作指明了方向。实现宏伟目标需要付出巨大努力，习近平同志作为十八大报告起草组的组长，特别提出"要把准备进行具有许多新的历史特点的伟大斗争"这句话写进中共十八大报告。在20世纪60年代，毛泽东同志就讲过这句话。重提这句话，显然意味深长。确实，中共十八大以后新一届中共中央面临改革发展稳定的任务异常艰巨、管党治党的任务异常艰巨，面临的国际形势更加严峻复杂，如不未雨绸缪、不居安思危，就很难如期实现新的宏伟目标。

二、十二届全国人大一次会议的召开

2013年3月5日至17日，第十二届全国人民代表大会第一次会议在北京召开。出席会议代表2987人。会议听取并审议了温家宝总理作的《政府工作报告》；审查和批准2012年国民经济和社会发展计划执行情况与2013年国民经济和社会发展计划草案的报告，批准2013年国民经济和社会发展计划；决定了国务院机构改革和职能转变的方案；选举了新一届国家机构领导人员。

（一）审议政府工作报告

政府工作报告总结了五年来的工作，包括有效应对国际金融危机，促进经济平稳较快发展；加快经济结构调整，提高经济发展的质量和效益；毫不放松地抓好"三农"工作，巩固和加强农业基础地位；坚持实施科教兴国战略，增强经济社会发展的核心支撑能力；坚持把人民利益放在第一位，着力保障和改善民生；深化重要领域改革，增强经济社会发展的内在活力；坚定不移扩大对外开放，全面提升开放型经济水平；切实加强政府自身建设，进一步深化行政体制改革。

报告提出了 2013 年中国经济社会发展的主要预期目标：国内生产总值增长 7.5% 左右，发展的协调性进一步增强；居民消费价格涨幅 3.5% 左右；城镇新增就业 900 万人以上，城镇登记失业率低于 4.6%；城乡居民人均收入实际增长与经济增长同步，劳动报酬增长和劳动生产率提高同步；国际收支状况进一步改善。

报告还对 2013 年经济社会发展工作提出了加快转变经济发展方式、促进经济持续健康发展等多条建议。

（二）决定进行新一轮机构改革

行政体制改革是推动上层建筑适应经济基础的必然要求。中共十八届二中全会在审议机构改革方案时提出，要深刻认识深化行政体制和政府机构改革的重要性和紧迫性，处理好政府和市场、政府和社会、中央和地方的关系，深化行政审批制度改革，减少微观事务管理，以充分发挥市场在资源配置中的基础性作用、更好发挥社会力量在管理社会事务中的作用、充分发挥中央和地方两个积极性，加快形成权界清晰、分工合理、权责一致、运转高效、法治保障的国务院机构职能体系，切实提高政府管理科学化水平。要坚持以人为本、执政为民，在服务中实施管理，在管理中实现服务。要加强公务员队伍建设和政风建设，改进工作方式，转变工作作风，提高工作效率和服务水平，提高政府公信力和执行力。国务院机构改革和职能转变任务艰巨，事关改革发展稳定大局，事关社会主义市场经济体制完善，要精心组织实施，确保改革顺利进行。

根据十八届二中全会精神，十三届人大审议通过了国务院提出的机构改革和职能转变的方案。这一方案坚决贯彻党的十八大关于建立中国特色社会主义行政体制目标的要求，以职能转变为核心，继续简政放权、推进机构改革、完善制度机制、提高行政效能，稳步推进大部门制改革，对减少和下放投资审批事项、减少和下放生产经营活动审批事项、减少资质资格许可和认定、减少专项转移支付和收费、减少部门职责交叉和分散、改革工商登记制度、改革社会组织管理制度、改善和加强宏观管理、加强基础性制度建设、加强依法行政等做出重大部署。

方案明确这次改革的重点是，紧紧围绕转变职能和理顺职责关系，稳步推进大部门制改革，实行铁路政企分开，整合并加强卫生和计划生育、食品药品、新闻出版和广播电影电视、海洋、能源管理机构。这一轮改革的具体内容是：实行铁路政企分开；组建国家卫生和计划生育委员会；组建国家食品药品监督管理总局；组建国家新闻出版广播电影电视总局；重新组建国家海洋局；重新组建国家能源局。这次改革，国务院正部级机构减少四个，其中组成部门减少两个，副部级机构增减相抵数量不变。改革后，除国务院办公厅外，国务院设置组成部门25个。

十二届全国人大一次会议选举习近平为中华人民共和国主席、李源潮为副主席；选举张德江为十二届全国人民代表大会常务委员会委员长，李建国等13人为副委员长；选举习近平为中华人民共和国中央军事委员会主席；选举周强为最高人民法院院长，曹建明为最高人民检察院检察长；任命李克强为国务院总理，张高丽等四人为副总理。

3月3日至12日，中国人民政治协商会议第十二届全国委员会第一次会议在北京举行。会议选举俞正声为第十二届全国政协主席，杜青林等21人为副主席。

三、"十二五"规划完成和"十三五"规划制定

"十二五"时期，即从 2011 年至 2015 年的五年，是改革开放伟大历史进程中具有重要意义的五年。这五年里，世情国情发生深刻变化，中国经济发展步入新常态。从国际看，世界经济处在危机后的深度调整期，呈现低增长、不平衡、多风险的特征，地缘政治等非经济因素影响加剧，中国发展面临的外部环境更趋复杂。从国内看，"三期叠加"① 的阵痛持续加深，多重困难和挑战相互交织，改革转型任务繁重。面对复杂多变的国际环境和艰巨繁重的改革发展任务，以习近平同志为核心的党中央总揽全局，审时度势，统筹推进"五位一体"总体布局、协调推进"四个全面"战略布局，主动适应引领经济发展新常态，坚持稳中求进工作总基调，大力推进结构调整和转型升级，实现了经济平稳较快发展和社会和谐稳定，为全面建成小康社会奠定了坚实基础。

（一）圆满完成"十二五"规划

面对错综复杂的国际环境和艰巨繁重的国内改革发展稳定任务，中共中央、国务院团结带领全国各族人民顽强拼搏、开拓创新，经济社会发展取得显著成就，胜利完成"十二五"规划确定的主要目标和任务。

这五年，中国积极应对国际金融危机持续影响等一系列重大风险挑战，适应经济发展新常态，不断创新和完善宏观调控，推

---

① 三期叠加：（1）增长速度换档期；（2）结构调整阵痛期；（3）前期刺激政策消化期。

动形成经济结构优化、发展动力转换、发展方式转变加快的良好态势。经济保持持续较快发展，经济总量稳居世界第二位，人均国内生产总值增至 49351 元（折合 7924 美元）。经济结构调整取得重大进展，农业稳定增长，第三产业占国内生产总值比重超过第二产业，居民消费率不断提高，城乡区域差距趋于缩小，常住人口城镇化率达到 56.1%，基础设施水平全面跃升，高技术产业、战略性新兴产业加快发展，一批重大科技成果达到世界先进水平。公共服务体系基本建立、覆盖面持续扩大，教育水平明显提升，全民健康状况明显改善，新增就业持续增加，贫困人口大幅减少，人民生活水平和质量进一步提高。生态文明建设取得新进展，主体功能区制度逐步健全，主要污染物排放持续减少，节能环保水平明显提升。全面深化改革有力推进，经济体制继续完善，人民民主不断扩大，依法治国开启新征程。全方位外交取得重大进展，国际地位显著提高，对外开放不断深入，成为全球第一货物贸易大国和主要对外投资大国，人民币纳入国际货币基金组织（IMF）特别提款权（SDR）货币篮子。中华民族伟大复兴的中国梦和社会主义核心价值观深入人心，国家文化软实力不断增强。中国特色军事变革成就显著，强军兴军迈出新步伐。全面从严治党开创新局面，党风廉政建设成效显著。中国经济实力、科技实力、国防实力、国际影响力又上了一个大台阶。

尤为重要的是，中共十八大以来，以习近平同志为核心的党中央毫不动摇坚持和发展中国特色社会主义，勇于实践、善于创新，深化对共产党执政规律、社会主义建设规律、人类社会发展规律的认识，形成一系列治国理政新理念新思想新战略，为在新的历史条件下深化改革开放、加快推进社会主义现代化提供了科学理论指导和行动指南。

（二）制定"十三五"规划

在"十二五"规划基本完成的基础上，2015年10月，中共十八届五中全会审议通过了《中共中央关于制定国民经济和社会发展第十三个五年规划的建议》。根据这一建议，国务院制订了《国民经济和社会发展第十三个五年规划纲要（草案）》。2016年3月，十二届全国人大四次会议批准了《中华人民共和国国民经济和社会发展第十三个五年规划纲要》（以下简称《纲要》）。

《纲要》明确了未来五年发展的主线：贯彻落实新发展理念、适应把握引领经济发展新常态，必须在适度扩大总需求的同时，着力推进供给侧结构性改革，使供给能力满足广大人民日益增长、不断升级和个性化的物质文化和生态环境需要。必须用改革的办法推进结构调整，加大重点领域关键环节市场化改革力度，调整各类扭曲的政策和制度安排，完善公平竞争、优胜劣汰的市场环境和机制，最大限度激发微观活力，优化要素配置，推动产业结构升级，扩大有效和中高端供给，增强供给结构适应性和灵活性，提高全要素生产率。必须以提高供给体系的质量和效率为目标，实施宏观政策要稳、产业政策要准、微观政策要活、改革政策要实、社会政策要托底的政策支柱，去产能、去库存、去杠杆、降成本、补短板，加快培育新的发展动能，改造提升传统比较优势，夯实实体经济根基，推动社会生产力水平整体改善。

《纲要》提出了今后五年（2016—2020）经济社会发展新的目标：一是经济保持中高速增长。在提高发展平衡性、包容性、可持续性基础上，到2020年国内生产总值和城乡居民人均收入比2010年翻一番，主要经济指标平衡协调，发展质量和效益明显提高。产业迈向中高端水平，农业现代化进展明显，工业化和信息化融合发展水平进一步提高，先进制造业和战略性新兴产业加快发展，新产业新业态不断成长，服务业比重进一步提高。

二是创新驱动发展成效显著。创新驱动发展战略深入实施，创业创新蓬勃发展，全要素生产率明显提高。科技与经济深度融合，创新要素配置更加高效，重点领域和关键环节核心技术取得重大突破，自主创新能力全面增强，迈进创新型国家和人才强国行列。

三是发展协调性明显增强。消费对经济增长贡献明显加大，投资效率和企业效率明显上升。城镇化质量明显改善，户籍人口城镇化率加快提高。区域协调发展新格局基本形成，发展空间布局得到优化。对外开放深度广度不断提高，全球配置资源能力进一步增强，进出口结构不断优化，国际收支基本平衡。

四是人民生活水平和质量普遍提高。就业、教育、文化体育、社保、医疗、住房等公共服务体系更加健全，基本公共服务均等化水平稳步提高。教育现代化取得重要进展，劳动年龄人口受教育年限明显增加。就业比较充分，收入差距缩小，中等收入人口比重上升。中国现行标准下农村贫困人口实现脱贫，贫困县全部摘帽，解决区域性整体贫困。

五是国民素质和社会文明程度显著提高。中国梦和社会主义核心价值观更加深入人心，爱国主义、集体主义、社会主义思想广泛弘扬，向上向善、诚信互助的社会风尚更加浓厚，国民思想道德素质、科学文化素质、健康素质明显提高，全社会法治意识不断增强。公共文化服务体系基本建成，文化产业成为国民经济支柱性产业。中华文化影响持续扩大。

六是生态环境质量总体改善。生产方式和生活方式绿色、低碳水平上升。能源资源开发利用效率大幅提高，能源和水资源消耗、建设用地、碳排放总量得到有效控制，主要污染物排放总量大幅减少。主体功能区布局和生态安全屏障基本形成。

七是各方面制度更加成熟更加定型。国家治理体系和治理能力现代化取得重大进展，各领域基础性制度体系基本形成。人民民主更加健全，法治政府基本建成，司法公信力明显提高。人权得到切实保障，产权得到有效保护。开放型经济新体制基本形成。中国特色现代军事体系更加完善。党的建设制度化水平显著提高。

《纲要》强调，实现"十三五"时期发展目标，破解发展难题，厚植发展优势，必须牢固树立并切实贯彻创新、协调、绿色、开放、共享的发展理念。坚持创新发展、协调发展、绿色发展、开放发展、共享发展，是关系中国发展全局的一场深刻变革。创新、协调、绿色、开放、共享的新发展理念是具有内在联系的集合体，是"十三五"乃至更长时期中国发展思路、发展方向、发展着力点的集中体现，必须贯穿于"十三五"时期经济社会发展的各领域各环节。

着眼于实现第一个百年目标的"十三五"规划，系统阐明了国家未来发展的战略部署，是未来五年中国经济社会发展的路线图，为"十三五"期间中国经济社会发展明确了发展方向。

第二章　全面深化改革实现重大突破

中共十八大以来，以习近平同志为核心的党中央，积极而又稳妥地推进全面深化改革，坚决破除各方面体制机制弊端；改革全面发力、多点突破、纵深推进，着力增强改革系统性、整体性、协同性，压茬拓展改革广度和深度，推出 1500 多项改革举措，重要领域和关键环节改革取得突破性进展，主要领域改革主体框架基本确立；中国特色社会主义制度更加完善，国家治理体系和治理能力现代化水平明显提高，全社会发展活力和创新活力明显增强，全面深化改革取得重大突破。

一、中共十八届三中全会和全面深化改革的顶层设计

经过几十年改革实践，中共十八大以后中国改革进入攻坚期、深水区，剩下的都是难啃的硬骨头，改革的复杂性、敏感性，一点都不亚于改革开放初期。单方面的改革，也不足以带动全局。重大改革又牵一发而动全身。为平稳度过改革攻坚期、顺利跨越深水区，中共十八大以来以习近平同志为核心的党中央统筹协调解放思想和实事求是、全面推进和重点突破、改革发展稳定等重大关系，对全面深化改革做出顶层设计并积极推动试点先行。

（一）对全面深化改革做出顶层设计

2013 年召开的中共十八届三中全会通过了《中共中央关于全面深化改革若干重大问题的决定》，就全面深化改革做出总体部署，提出了改革的路线图和时间表，涉及 15 个领域、330 多项较大的改革举措，包括经济、政治、文化、社会、生态文明和党的建设等各个方面。[①] 这次全会开启了全面深化改革、系统整体设计推进改革的新时代，具有划时代的意义。

中共十八届三中全会明确了全面深化改革的总目标、重点和依据。完善和发展中国特色社会主义制度，推进国家治理体系和治理能力现代化被作为中国全面深化改革的总目标。经济体制改革则是全面深化改革的重点。全面深化改革，必须立足于中国长期处于社会主义初级阶段这个最大实际，坚持发展仍是解决中国所有问题的关键这个重大战略判断，以经济建设为中心，发挥经济体制改革牵引作用，推动生产关系同生产力、上层建筑同经济基础相适应，推动经济社会持续健康发展。

明确了全面深化改革的重要遵循。必须坚持党的领导，贯彻党的基本路线，不走封闭僵化的老路，不走改旗易帜的邪路，坚定走中国特色社会主义道路，始终确保改革正确方向；坚持解放思想、实事求是、与时俱进、求真务实，一切从实际出发，总结国内成功做法、借鉴国外有益经验，勇于推进理论和实践创新；坚持以人为本，尊重人民主体地位，发挥群众首创精神，紧紧依靠人民推动改革，促进人的全面发展；坚持正确处理改革发展稳定关系，胆子要大、步子要稳，加强顶层设计和摸着石头过河相结合，整体推进和重点突破相结合，提高改革决策科学性，广泛凝聚共识，形成改革合力。

---

① 《习近平谈治国理政》，外文出版社 2014 年版，第 100—101 页。

（二）为推动全面深化改革提供机制保障

为集中力量推进改革，专门成立中央全面深化改革领导小组①，中共中央总书记习近平同志亲自担任组长，任务就是统一部署和协调一些重大问题，再把工作任务分解下去逐一落实。

2014年1月22日下午，习近平主持召开中央全面深化改革领导小组第一次会议。会议审议通过了《中央全面深化改革领导小组工作规则》《中央全面深化改革领导小组专项小组工作规则》《中央全面深化改革领导小组办公室工作细则》；审议通过了中央全面深化改革领导小组下设经济体制和生态文明体制改革、民主法制领域改革、文化体制改革、社会体制改革、党的建设制度改革、纪律检查体制改革六个专项小组名单；审议通过了《中央有关部门贯彻落实党的十八届三中全会〈决定〉重要举措分工方案》，研究了领导小组近期工作。这就为全面深化改革提供了组织保障。

中共十八届中央全面深化改革领导小组召开38次会议，对全面深化改革做出周密部署，压茬推动经济、政治、文化、社会、生态等各领域改革取得重大进展。

（三）以全面深化改革总目标为根本尺度

改革开放以来，中国共产党以全新视角治国理政，高度重视制度建设，特别强调领导制度、组织制度问题更带有根本性、全局性、稳定性和长期性。以习近平同志为核心的党中央，以巨大勇气和智慧提出全面深化改革总目标是完善和发展中国特色社会主义制度、推进国家治理体系和治理能力现代化。这是

---

① 2018年3月改为中央全面深化改革委员会。

改革进程本身向前拓展提出的客观要求，体现了共产党对改革认识的深化和系统化，是共产党理论创新进程中的一个重大突破。

深刻理解和准确把握全面深化改革总目标是贯彻落实各项改革举措的关键。针对有人只讲国家治理体系和治理能力现代化，而忽略"完善和发展中国特色社会主义制度"，把全面深化改革总目标两句话割裂开看的错误倾向，习近平强调，全面深化改革总目标是两句话组成的一个整体，"前一句，规定了根本方向……后一句，规定了在根本方向指引下完善和发展中国特色社会主义制度的鲜明指向。两句话都讲，才是完整的。只讲第二句，不讲第一句，那是不完整、不全面的"①。完善和发展中国特色社会主义制度，规定了全面深化改革的根本方向。推进国家治理体系和治理能力现代化，是完善和发展中国特色社会主义制度的必然要求，也是坚持中国特色社会主义道路、建设社会主义现代化强国的题中应有之义。

国家治理体系和治理能力是一个国家制度和制度执行能力的集中体现。国家治理体系是在党领导下管理国家的制度体系，国家治理能力则是运用国家制度管理社会各方面事务的能力。② 国家治理体系和治理能力是一个有机整体，相辅相成，有了好的国家治理体系才能提高治理能力，提高国家治理能力才能充分发挥国家治理体系的效能。③ 习近平指出："我们讲过很多现代化，

① 中共中央文献研究室编：《习近平关于全面建成小康社会论述摘编》，中央文献出版社2016年版，第80—81页。

② 中共中央文献研究室编：《习近平关于全面深化改革的论述摘编》，中央文献出版社2014年版，第24页。

③ 中共中央文献研究室编：《习近平关于全面深化改革的论述摘编》，中央文献出版社2014年版，第24页。

包括农业现代化、工业现代化、科技现代化、国防现代化等，国家治理体系和治理能力现代化是第一次讲。"① 国家治理体系和治理能力现代化的提出，是深化对治国理政规律认识的结果，标志着中国特色社会主义理论的重大创新和发展。

从历史的高度看，怎样治理社会主义社会这样的全新社会，在以往的世界社会主义实践中没有解决得很好。在领导中国革命的进程中，中国共产党就不断思考未来建立什么样的国家治理体系问题。新中国成立后，继续探索这个问题，取得了重要成果。改革开放以来，更加重视制度建设，基本形成了一整套国家治理体系，治理能力也有明显提高。从总体上看，中国国家治理体系和治理能力是好的，是有独特优势的，是适应国情和发展要求的。中共十八大以来，以习近平同志为核心的党中央统筹推进经济、政治、文化、社会、生态文明等各领域体制机制改革，涉及范围之广、出台方案之多、触及利益之深、推进力度之大前所未有，中国特色社会主义制度更加完善，国家治理体系和治理能力现代化水平明显提高。

但必须看到，相比中国经济社会发展和人民群众的要求，相比世界日趋激烈的国际竞争，相比实现国家长治久安，中国在国家治理体系和治理能力方面还有许多亟待改进的地方，制度还没有达到更加成熟更加定型的要求，有些方面甚至成为制约发展和稳定的重要因素。因此，必须通过全面深化改革，不断完善国家治理体系，提高运用制度有效治理国家的能力。2014年2月，习近平指出："今天，摆在我们面前的一项重大历史任务，就是推动中国特色社会主义制度更加成熟更加定型，为党和国家事业发展、为人民幸福安康、为社会和谐稳定、为国家长治久安提供一

① 中共中央文献研究室编：《习近平关于全面深化改革的论述摘编》，中央文献出版社2014年版，第26页。

整套更完备、更稳定、更管用的制度体系。"① 从形成更加成熟更加定型的制度看，中国社会主义以往实践的主要历史任务是建立社会主义基本制度，并在这个基础上进行改革，现在已经有了很好的基础。未来的主要历史任务是完善和发展中国特色社会主义制度。中共十九大明确提出到 2035 年基本实现国家治理体系和治理能力现代化，到 21 世纪中叶实现国家治理体系和治理能力现代化，明确了完成全面深化改革总目标的时间表。

推进国家治理体系和治理能力现代化，就是要适应时代变化，不断改革不适应实践发展要求的体制机制，在创新中使各方面体制机制更加科学、更加完善；就要求不断提高党科学执政、民主执政、依法执政水平，提高国家机构履职能力，提高人民群众依法管理国家事务、经济社会文化事务、自身事务的能力；就要求尽快提高各级干部、各方面管理者的思想政治素质、科学文化素质、工作本领，尽快提高党和国家机关、企事业单位、人民团体、社会组织等的工作能力。推进国家治理体系和治理能力现代化，是要学习和借鉴人类文明的一切优秀成果，但要从中国的现实条件出发来创造性前进。②

（四）全面深化改革要坚持正确的方法论

为推动全面深化改革，习近平坚持人民中心、突出问题导向，亲力亲为，提出注意改革的系统性整体性协同性，正确处理好全面深化改革的重大关系，尤其是改革发展稳定的关系、改革和法治的关系，强调以钉钉子精神抓落实，为全面深化改革提供

---

① 《完善和发展中国特色社会主义制度　推进国家治理体系和治理能力现代化》，《人民日报》2014 年 2 月 18 日。

② 中共中央文献研究室编：《习近平关于协调推进"四个全面"战略布局论述摘编》，中央文献出版社 2015 年版，第 84 页。

了科学方法论指导。

处理好全面深化改革的重大关系。改革涉及深度利益调整和制度调整，重要领域的改革牵一发动全身，必须从纷繁复杂的事物表象中把准改革脉搏，把握全面深化改革的内在规律，特别是要把握全面深化改革的重大关系，处理好解放思想和实事求是的关系、整体推进和重点突破的关系、顶层设计和摸着石头过河的关系、胆子要大和步子要稳的关系、改革发展稳定的关系。其中，处理好改革发展稳定关系，是推动党和国家事业发展的重要经验，也是推进经济社会进步的重要方法。作为中国社会主义现代化建设的重要支点，改革是经济社会发展的强大动力，发展是解决一切经济社会问题的关键，稳定是改革发展的前提。现在，中国既处于发展的重要战略机遇期，也处于社会矛盾凸显期，在社会稳定中推进改革发展尤为重要。要坚持把改革的力度、发展的速度和社会可承受的程度统一起来，把改善人民生活作为正确处理改革发展稳定关系的结合点，在保持社会稳定中推进改革发展，通过改革发展促进社会稳定。

更加注重改革的系统性、整体性、协同性。现在，中国改革进入攻坚期和深水区，非全面改革不能进步。改革推进中面临的矛盾越来越大、问题越来越多，有的牵涉复杂的部门利益，有的在思想认识上难以统一，有的要触动一些人的"奶酪"，有的需要多方面配合、多措施并举。这就需要从系统、整体和协同角度推进改革。以往在推进改革实践中，有时过于注重局部、力图单兵突进，不仅大大降低了改革成效，而且使得有的部门改革甚至陷入改不动、改不下去的困境。注重改革系统性、整体性、协同性是全面深化改革的内在要求，也是推进改革的重要方法。改革越深入，越要注意协同，既抓改革方案协同，也抓改革落实协同，更抓改革效果协同，促进各项改革举措在政策取向上相互配合、在实施过程中相互促进、在改革成效上相得益彰。

一分部署，九分落实。要以钉钉子精神抓落实，做到抓铁有痕、踏石留印。习近平强调，改革推进到今天，比认识更重要的是决心，比方法更重要的是担当；① 要明确各部门各单位落实改革方案的责任和要求，提高改革方案穿透力。中央和地方要上下齐心、形成合力。承担牵头任务的中央有关部门，是抓落实的主责单位，要切实担负起改革落地的责任，特别是要注意打通改革推进的"最后一公里"。地方各级党委要着力抓好有关重要改革部署的具体落实。党政主要负责同志是抓改革的关键，党政一把手"理解改革要实，谋划改革要实，落实改革也要实，既当改革的促进派，又当改革的实干家"。落实要真见成效，必须搞好督察。要调配充实专门督察力量，开展对重大改革方案落实情况的督察，做到改革推进到哪里、督察就跟进到哪里。当然，改革方案落地过程中要因地制宜，逐层细化，精准有效，改什么、怎么改都要根据实际来，不能一刀切。特别是直接面向基层群众的改革，要把抓改革落实同做群众工作结合起来，讲究方式方法，确保群众得实惠。要防止空喊改革口号，防止简单转发、照搬中央文件，防止机械式督察检查考核，避免多头督察、重复检查。还要处理好政策顶层设计和分层对接、政策统一性和差异性的关系，加强政策解读和指导把关。最后要强化责任担当，对推出的各项改革方案要进行实效评估，看看是否确实推进了，看看群众是否在改革中增强了获得感，及时发现和解决问题。

坚持以法治思维和法治方式推进改革，凡属重大改革都要于法有据。在整个改革过程中，都要高度重视运用法治思维和法治

① 《习近平总书记系列重要讲话读本》（2016 年版），学习出版社 2016 年版，第 82 页。

方式，发挥法治的引领和推动作用，加强对相关立法工作的协调，确保在法治轨道上推进改革。改革开放越深入越要强调法治。在改革实践中，研究改革方案和改革措施要同步考虑所涉及的立法问题，及时提出立法需求和建议。把那些实践证明行之有效的改革成果，及时上升为法律。实践条件还不成熟、需要先行先试的，按照法定程序给予授权。对不适应改革要求的法律法规，要及时修改和废止。

纵观世界，改革开放并不一定成功，有的国家在改革开放中陷入动荡，有的执政党在改革开放中丢失政权。中国之所以获得改革开放的巨大成功，与中国以辩证唯物主义和历史唯物主义为指导，坚持人民立场，采取正确的策略方法有很大关系。恩格斯指出："马克思的整个世界观不是教义，而是方法。它提供的不是现成的教条，而是进一步研究的出发点和供这种研究使用的方法。"① 中国要继续探索新时代改革方法论，推动全面深化改革达到更高境界。

二、全面深化改革取得重大突破

全面深化改革实施后，习近平特别提出要突出全面性，他认为所谓全面者，就是要统筹推进各领域改革，就需要有管总的目标，也要回答推进各领域改革最终是为了什么、要取得什么样的整体结果这个问题。② 推进全面改革时，中共提出要以经济体制

① 《马克思恩格斯选集》第 4 卷，人民出版社 1995 年版，第 742—743 页。

② 中共中央文献研究室编：《习近平关于全面深化改革论述摘编》，中央文献出版社 2014 年版，第 26 页。

改革为重点、为主轴，牵引其他领域的改革，必须坚持社会主义市场经济方向。这种抓重点带动全局的改革思路，推动全面深化改革取得重大突破。

（一）经济体制改革深入推进

根据中共十八届三中全会关于全面深化改革的总体部署，中国强调坚持社会主义市场经济方向，牢牢抓住经济体制改革这个重点，在精准概括经济发展逻辑的前提下，积极妥善处理政府与市场关系，大力推进供给侧结构性改革，经济体制改革不断深化，经济发展保持了健康平稳态势。

牢牢把握经济发展新常态的"大逻辑"。中共十八大后，中共中央综合分析世界经济长周期和中国发展阶段性特征及其相互作用，做出中国经济发展进入"新常态"的重大战略判断。2014年12月，习近平指出："我国经济发展进入新常态，是我国经济发展阶段性特征的必然反映，是不以人的意志为转移的。认识新常态，适应新常态，引领新常态，是当前和今后一个时期我国经济发展的大逻辑。"① 中国经济呈现出新常态，有几个主要特点：一是经济发展从高速增长转为中高速增长；二是经济结构不断优化升级，第三产业、消费需求逐步成为主体，城乡区域差距逐步缩小，居民收入占比上升，发展成果惠及更广大民众；三是从要素驱动、投资驱动转向创新驱动。2016年7月1日，习近平指出："要坚持以经济建设为中心，坚持以新发展理念引领经济发展新常态，加快转变经济发展方式、调整经济发展结构、提高发展质量和效益，着力推进供给侧结构性改革，推动经济更有效率、更有质量、更加公平、更可持续地发展，加快形成崇尚创新、注重协调、倡导绿色、厚植开放、推进共享的机制和环境，

---

① 《习近平谈治国理政》第2卷，外文出版社2017年版，第233页。

不断壮大我国经济实力和综合国力。"① 这种对经济发展状态的精准判断和明确指示为经济领域改革指明了方向。

紧紧抓住经济体制改革这一重点。中共十八届三中全会指出，经济体制改革是全面深化改革的重点，核心问题是处理好政府和市场的关系，使市场在资源配置中起决定性作用和更好发挥政府作用。这是中共历史上第一次明确提出让市场在资源配置中起决定性作用。做出这个论断，有利于在全党全社会树立关于政府和市场关系的正确观念，有利于转变经济发展方式、转变政府职能、抑制消极腐败现象。当然，市场在资源配置中起决定性作用，并不是起全部作用。发展社会主义市场经济，既要发挥市场作用，也要发挥政府作用，但市场作用和政府作用的职能是不同的。更好发挥政府作用，就是强调科学的宏观调控，有效的政府治理；就是强调政府的职责和作用主要是保持宏观经济稳定，加强和优化公共服务，保障公平竞争，加强市场监管，维护市场秩序，推动可持续发展，促进共同富裕，弥补市场失灵。对政府和市场的准确定位，是经济领域改革的必然要求，也是改革目标。

积极推进供给侧结构性改革。推进供给侧结构性改革，是适应和引领经济发展新常态的重大创新，是适应国际金融危机发生后综合国力竞争新形势的主动选择。中国经济增速自2010年以来波动下行，持续多年，经济运行呈现出不同以往的态势和特点，"供给和需求不平衡、不协调的矛盾和问题日益凸显，突出表现为供给侧对需求侧变化的适应性调整明显滞后。这就需要在适度扩大总需求的同时加快推进供给侧结构性改革"②。供给侧

---

① 习近平：《在庆祝中国共产党成立95周年大会上的讲话》，《人民日报》2016年7月2日。

② 王一鸣、陈昌盛、李承健：《正确理解供给侧结构性改革》，《人民日报》2016年3月29日。

结构性改革，就是用改革的办法推进结构调整，减少无效和低端供给，扩大有效和中高端供给，增强供给结构对需求结构的适应性和灵活性，提高全要素生产率。就此有权威人士指出："推进供给侧结构性改革，既有明确的理念，也有清晰的思路，还有具体的任务。各地区各部门要按照创新、协调、绿色、开放、共享'五大发展理念'的要求，适应经济发展新常态，实行宏观政策要稳、产业政策要准、微观政策要活、改革政策要实、社会政策要托底的总体思路，围绕去产能、去库存、去杠杆、降成本、补短板'五大重点任务'，坚定地干、大胆地干、扎实地干、精准地干、决不回头地干。"①

国有企业改革进入新阶段。国有企业是中国特色社会主义的重要物质基础和政治基础，是中国共产党执政兴国的重要支柱和依靠力量。改革开放以来，国企改革一直是经济改革领域的重要内容。十八大以来，国企改革成为全面深化改革的重要组成部分。2014 年 10 月 24 日，经习近平批准，中央企改革领导小组在国务院设立。自此国企改革进入新阶段。2015 年 8 月 24 日，《中共中央国务院关于深化国有企业改革的指导意见》颁布实施，明确指出改革的指导思想是"高举中国特色社会主义伟大旗帜，认真贯彻落实党的十八大和十八届三中、四中全会精神，深入学习贯彻习近平总书记系列重要讲话精神，坚持和完善基本经济制度，坚持社会主义市场经济改革方向，适应市场化、现代化、国际化新形势，以解放和发展社会生产力为标准，以提高国有资本效率、增强国有企业活力为中心，完善产权清晰、权责明确、政企分开、管理科学的现代企业制度，完善国有资产监管体制，防止国有资产流失，全面推进依法治企，加强和改进党对国有企业

① 龚雯、许志峰、王珂：《七问供给侧结构性改革——权威人士谈当前经济怎么看怎么干》，《人民日报》2016 年 1 月 4 日。

的领导，做强做优做大国有企业，不断增强国有经济活力、控制力、影响力、抗风险能力，主动适应和引领经济发展新常态，为促进经济社会持续健康发展、实现中华民族伟大复兴中国梦作出积极贡献"①。该指导意见对处理好政企关系、合理安排薪酬制度、管好国有资本等国企改革关键问题进行了详细部署。这是中国推动国有企业改革新的顶层设计，为国有企业改革绘制了蓝图、拟定了时间表和路线图。2016 年 7 月 4 日，全国国有企业改革座谈会在北京召开。习近平就此作出重要批示，强调国有企业是壮大国家综合实力、保障人民共同利益的重要力量，必须理直气壮做强做优做大，不断增强活力、影响力、抗风险能力，实现国有资产保值增值。要坚定不移深化国有企业改革，着力创新体制机制，加快建立现代企业制度，发挥国有企业各类人才积极性、主动性、创造性，激发各类要素活力。要按照创新、协调、绿色、开放、共享的发展理念的要求，推进结构调整、创新发展、布局优化，使国有企业在供给侧结构性改革中发挥带动作用。要加强监管，坚决防止国有资产流失。要坚持党要管党、从严治党，加强和改进党对国有企业的领导，充分发挥党组织的政治核心作用。这一重要批示为国有企业改革进一步指明了方向。2016 年 10 月全国国有企业党的建设工作会议在北京召开，对加强和完善党对国有企业的领导、加强和改进国有企业党的建设，使国有企业成为党和国家最可信赖的依靠力量，做出部署。这都为国企改革保持正确方向提供了组织保障。

国企改革中混合所有制改革值得期待。习近平指出，"要积极发展混合所有制经济，强调国有资本、集体资本、非公有资本等交叉持股、相互融合的混合所有制经济，是基本经济制度的重

① 《中共中央国务院关于深化国有企业改革的指导意见》，《人民日报》2015 年 9 月 14 日。

要实现形式，有利于国有资本放大功能、保值增值、提高竞争力。这是新形势下坚持公有制主体地位，增强国有经济活力、控制力、影响力的一个有效途径和必然选择"①。混合所有制具有宏观与微观两个层面。宏观层面是国有企业与非国有企业（民营企业、外资企业等）共存的"混合所有制经济"。微观层面则是国有资本与非国有资本（民营、外资、职工出资等）的"混合所有制企业"，通常为明确出资方权利，采用股份制。混合所有制经济在中国出现和发展，主要源于国有企业改革，源于寻找公有制同市场经济相结合的形式和途径。2013 年 11 月，中共十八届三中全会提出"积极发展混合所有制经济"。2014 年《政府工作报告》进一步提出"加快发展混合所有制经济"。国企民企融合成为新一轮国资国企改革重头戏。2014 年，国务院国资委选择中国建材集团、国药集团开展混合所有制改革试点。截至 2017 年底，两家集团各自 70%、90% 的营业收入都来自混合所有制企业。2016 年以来，国家在电力、石油、天然气、铁路、民航、电信、军工等重要行业领域，先后选择三批 50 家国有企业开展混合所有制改革试点，其中中央企业 28 家。2016 年 8 月，混合所有制企业员工持股试点正式启动，全国有近 200 家企业开展这一试点。通过各项试点，国有企业积极探索混合所有制改革有效方法，加快形成可复制可推广的经验，起到以点带面的作用。总体看，上述相关改革试点进展良好，达到了预期效果。②

2016 年下半年以来，国企改革重组的步伐明显加大，动作频频，社会各界的期望也越来越高。截至 2016 年底，中央企业混

---

① 中共中央文献研究室编：《十八大以来重要文献选编》（上），中央文献出版社 2014 年版，第 500—501 页。

② 翁杰明：《积极有序推进新时代国有企业混合所有制改革》，《学习时报》2018 年 11 月 19 日。

合所有制企业户数占比已达到 67.7%，一半以上的省级地方监管企业及各级子公司中混合所有制企业数量占比也超过了 50%。但也应该看到，无论是在理论认知层面，还是在实践操作层面，混合所有制改革仍存在一些误区，围绕混合所有制改革的争论也一直没有停止。只有走出误区，混合所有制改革才能更好地推进，取得应有的积极效果。①

在这一轮国企改革中，中国联通的混合所有制改革试点值得关注。中国的经济改革，通常在全面实施之前，会选择部分企业或地区开展试点以确认效果。这次混合所有制改革也是如此。2016 年起，已经先后两次在电力、石油、天然气、铁路、民航、电信、军工等七大领域共选择了 19 家国企开展试点，其中包括位居中国移动和中国电信之后的中国第三大国有电信运营商中国联通。中国联通是国务院国有资产监督管理委员会管辖的央企之一，在上证所 A 股上市。中国联通较其他央企率先以稀释国有股权的方式进行混改，把主业作为改革的对象。2017 年 8 月 20 日中国联通通过其下属 A 股上市公司中国联合网络通信股份有限公司发布的《中国联通关于混合所有制改革有关情况的专项公告》中指出，本次混改的总体思路是"通过整体设计，积极引入境内投资者，降低国有股权比例，将部分公司股权释放给其他国有资本和非国有资本，实质性地推进混合所有制改革，以市场化为导向健全企业制度和公司治理机制，聚焦公司主业、创新商业模式，规模发展基础业务和创新业务，全面提高企业效率和竞争能力，实现公司战略目标，为国民经济和社会信息化、供给侧结构性改革、新旧动能转换做出积极贡献"。中国联通本次混改通过增资扩股、股权转让、员工持股三种途径，共募集资金约 780 亿

---

① 黄群慧：《破除混合所有制改革的八个误区》，《经济日报》2017年 8 月 4 日。

人民币。募集的资金将用于优化 4G 网络、建设 5G 网络以及实现创新业务规模突破。本轮混改结束后，新引入的战略投资者：中国人寿、腾讯信达、百度鹏寰、京东三弘、阿里创投、苏宁云商、光启互联、淮海方舟、中国国有企业结构调整基金和兴全基金将持有中国联通股约 35.19%，而中国联通集团的持股比例则降至 36.67%。由于中国联通是国企，按规定必须保持国有资本控股。其实本次混改后，中国联通集团仍然维持对中国联通的控股，加上中国国有企业结构调整基金和中国人寿的股份，国有资本依旧超过半数。因此，战略投资者等非国有资本，只能屈居"小股东"，有关公司重要决策的发言权有限。中国联通本次混改引入的战略投资者都与其主业关联度高、互补性强。通过与新引入的战略投资者在云计算、大数据、物联网、人工智能、家庭互联网、数字内容、零售体系、支付金融等领域开展深度战略合作，开拓新领域。中国联通负责人在 2017 年 12 月举行的混合所有制改革论坛上透露，中国联通第一大股东的股权已下降到了 36.67%，不再持有 51% 以上的股权。此次改革最大的变化是国有部分股权实现了多元化，使公司更加市场化。中国联通"混"的工作基本已经结束，下一步的重头戏在于"改"。中国联通计划在公司内部成立资本运营公司，通过二级单位的资本运作来补足短板，提高公司的创新能力。从股权结构看，中国联通混改后引入了非国有的股东，向实质性混合所有制迈出了步伐，这只是一个起步，未来公司治理和经营机制的真正转变还需要漫长的过程。2019 年 3 月 13 日，中国联通公布了 2018 年度业绩报告，这也是中国联通混改后交出的第一份年报。联通方面表示，2018 年是中国联通的混改元年，过去的一年里公司积极践行新发展理念，深化实施聚焦创新合作战略，积极推进互联网化运营，全面深化混合所有制改革，发展速度、质量和效益明显提升，企业活力明显增强。2018 年，联通实现主营业务收入人民币 2637 亿元，同比增长 5.9%，税息折旧及摊销前利润 852 亿元，同比增长 4.3%，利润总额 121 亿元，归属于母公司的净利润 41 亿元。看来，联通混改成效初显。

在经济领域推进改革的同时，中共中央高度重视"三农"问题和城镇化问题。习近平指出：中国要强，农业必须强；中国要美，农村必须美；中国要富，农民必须富。[①] 近几年来中央每年都发布涉农一号文件（2013 年一号文件的主题是"加快发展现代农业进一步增强农村发展活力"、2014 年一号文件的主题是"全面深化农村改革加快推进农业现代化"、2015 年一号文件的主题是"加大改革创新力度加快农业现代化建设"、2016 年一号文件的主题是"落实发展新理念加快农业现代化实现全面小康目标"、2017 年一号文件的主题是"深入推进农业供给侧结构性改革加快培育农业农村发展新动能"），针对农村农业存在的问题，精准发力，推动"三农"工作取得重大明显进展。中共中央还着力推进以人为核心的新型城镇化，并取得宝贵经验，为进一步深入实施经济改革提供了良好基础。

（二）政治体制改革稳步推进

中共十八大报告明确提出："政治体制改革是我国全面改革的重要组成部分。必须继续积极稳妥推进政治体制改革，发展更加广泛、更加充分、更加健全的人民民主。"[②] 据此，中共十八届三中全会从加强社会主义民主政治制度建设、推进法治中国建设、强化权力运行制约和监督体系等三个方面做出推动政治体制

---

① 中共中央文献研究室编：《十八大以来重要文献选编》（上），中央文献出版社 2014 年版，第 658 页。

② 《中国共产党第十八次全国代表大会文件汇编》，人民出版社 2012 年版，第 23 页。

改革的部署。中共十八大和中共十八届三中全会的有关部署，标志着新一轮中国政治体制改革扬帆起航。

在人民当家作主方面，习近平指出："保证和支持人民当家作主不是一句口号、不是一句空话，必须落实到国家政治生活和社会生活之中。"① 2013 年开始实行城乡按相同人口比例选举人大代表，这是新中国成立以来第一次。在十二届全国人大代表中，党政领导干部的比例比上届下降了 6.93%，来自基层的工农代表比上届提高了 5.18%，来自基层一线的代表更多了。从 2013 年 10 月十二届全国政协开始召开双周协商座谈会，中共十九大召开后继续坚持。村民代表会议制度不断健全成熟，民众参与力度大大增加。

在行政体制改革方面，提出按照建立中国特色社会主义行政体制的目标，深入推进政企分开、政资分开、政事分开、政社分开，持续推进简政放权、放管结合、优化服务，建立权责统一、权威高效的依法行政体制，建设职能科学、结构优化、廉洁高效、人民满意的服务型政府。其中，转变政府职能是深化行政体制改革的核心。政府职能转变仍不到位，政府对微观经济运行干预过多过细，宏观经济调节还不完善，市场监管问题较多，社会管理亟待加强，公共服务比较薄弱。近几年来，党中央国务院努力推行政治体制改革，尤其在削减行政审批权力和给企业减税方面，改革力度很大。中央人民政府连续五年把加快转变职能、简政放权作为开年第一场国务院常务会议的议题。2017 年 2 月 8 日召开的国务院常务会议透露，2013 年以来中央层面统一取消、停征、减免涉企政府性基金和行政事业性收费 496 项，地方取消收

① 中共中央宣传部编：《习近平新时代中国特色社会主义思想三十讲》，学习出版社 2018 年版，第 160 页。

费 600 项以上。①

纪检监察体制改革迅速推进。中共十八大以来，纪检部门充分发挥了反腐利剑作用。为更好发挥作用，中共十八届三中全会明确提出改革党的纪律检查体制，健全反腐败领导体制和工作机制，改革和完善各级反腐败协调小组职能。2014 年 1 月 22 日，中央全面深化改革领导小组成立，纪检监察体制改革小组是下设六个专项小组之一。2014 年 6 月 30 日，中共中央政治局召开会议，审议通过了《党的纪律检查体制改革实施方案》，对纪律检查体制改革的指导思想、目标要求、主要任务、方法措施和时间进度做出安排。此后，纪检监察体制改革有条不紊展开，主要开展的工作有：中央纪委带头调整优化内部机构，围绕"三转"、聚焦主业，发挥改革示范引领作用；落实"两个责任"即党委主体责任和纪委监督责任，制定切实可行的责任追究制度；落实"两个为主"即查办腐败案件以上级纪委领导为主，各级纪委书记、副书记的提名和考察以上级纪委会同组织部门为主；落实"两个全覆盖"即中央纪委向中央一级党和国家机关派驻纪检机构全覆盖和对地方、部门、企事业单位巡视全覆盖；稳步推进国家监察委员会建立工作。

此外，还健全了反腐倡廉法规制度体系，完善了惩治和预防腐败、防控廉政风险、防止利益冲突、领导干部报告个人有关事项、任职回避等方面的法律法规，开始推行新提任领导干部有关事项公开制度试点。这些都在《中国共产党纪律处分条例》《中国共产党廉洁自律准则》等党内法规中有明确规定。

群团改革进展顺利。群团改革是全面深化改革的重要组成部分。2015 年 7 月 6 日至 7 日中央党的群团工作会议在北京召开，

---

① 《2013 年后，496 项中央层面收费被取消、停征、减免》，新华网 2017 年 2 月 26 日。

这在中共历史上是第一次。这次会议的主要任务是分析研究新形势下党的群团工作面临的新情况新问题，总结成功经验，解决突出问题，推动改革创新。习近平在会上强调，对党的群团工作取得的显著成绩，必须充分肯定，同时必须注重解决存在的问题，特别是要重点解决脱离群众的问题。工会、共青团、妇联等群团组织要增强自我革新的勇气，抓住巩固和拓展党的群众路线教育实践活动成果、开展"三严三实"专题教育的时机，在群团组织中深入推动思想教育、问题整改、体制创新，转变思想观念，强化群众意识，改进工作作风，提高工作水平。① 会后不久，《中共中央关于加强和改进党的群团工作的意见》颁布实施。2015年11月，《全国总工会改革试点方案》经中央全面深化改革领导小组审议通过，工会改革工作正式启动。2016年8月，中共中央办公厅印发了《共青团中央改革方案》，9月印发《全国妇联改革方案》，12月印发《中国侨联改革方案》。群团改革进入快车道。

（三）文化体制改革成效明显

一个国家、一个民族的强盛，是以文化兴盛为支撑的。没有文化的弘扬和繁荣，一个国家、一个民族就失去了文脉和滋养，就不可能屹立于世界。中共十八大以来，文化体制改革攻坚克难、纵深推进，重点任务全面发力，取得重大进展和阶段性成效。

一是制定总体方案明确改革的路线图时间表。2013年8月19日，习近平在全国宣传思想工作会议上强调，要在继续大胆推进改革、推动文化事业全面繁荣和文化产业快速发展、建设社会

———————

① 《切实保持和增强政治性先进性群众性　开创新形势下党的群团工作新局面》，《人民日报》2015年7月8日。

主义文化强国的同时，把握好意识形态属性和产业属性、社会效益和经济效益的关系，始终坚持社会主义先进文化前进方向，始终把社会效益放在首位。这为新形势下深化文化体制改革指明了前进方向、提供了根本遵循。2014 年 3 月，《深化文化体制改革实施方案》正式出台，明确了改革的指导思想、目标思路、主要任务和政策保障，为今后一个时期的文化改革发展规划了路线图、确立了时间表、布置了任务书。改革总的思路和布局是，紧紧围绕一个核心目标，着力抓住两个关键环节，加快构建五个体系。"一个核心目标"，即培育和弘扬社会主义核心价值观、建设社会主义文化强国；"两个关键环节"，即完善文化管理体制、深化国有文化单位改革；"五个体系"，即构建现代公共文化服务体系、现代文化市场体系、优秀传统文化传承体系、对外文化传播和对外话语体系、文化政策法规体系。

二是大力培育和弘扬社会主义核心价值观，推动核心价值观法治化。当代中国，中华民族、中国人应该坚守的社会主义核心价值观，就是富强、民主、文明、和谐，自由、平等、公正、法治，爱国、敬业、诚信、友善。近年来，党和政府通过发挥榜样作用、从娃娃抓起、从学校抓起、运用各种文化形式，让广大群众共同践行社会主义核心价值观。习近平十分重视社会主义核心价值观，强调培育和践行社会主义核心价值观。2014 年 2 月，中央政治局专门就培育和弘扬社会主义核心价值观进行集体学习，对全社会提了要求。五四青年节，习近平到北京大学去，对大学师生讲了这个问题。5 月底，他在上海考察工作时，对领导干部弘扬和践行社会主义核心价值观提了要求。六一儿童节前夕，他在北京海淀区民族小学同师生们座谈时讲了这个问题。6 月上旬，又在两院院士大会上对院士们提了这方面要求。9 月教师节前一天，他到北京师范大学同师生座谈，再次强调了这个问题。在文艺工作座谈会上，也对文艺界提出这方面要求。

为把践行社会主义核心价值观推向深入，2016 年 10 月 11 日下午，中央全面深化改革领导小组第二十八次会议审议通过了《关于进一步把社会主义核心价值观融入法治建设的指导意见》，决定把社会主义核心价值观融入法治建设。把社会主义核心价值观的要求体现到宪法法律、行政法规、部门规章和公共政策中，以法治体现道德理念、强化法律对道德建设的促进作用，有利于推动社会主义核心价值观更加深入人心。①

三是文化管理体制和国有文化单位改革继续深化。推动媒体融合发展，报网融合、台网融合迈出实质性步伐。2014 年 9 月，中央办公厅、国务院办公厅印发了《关于推动传统媒体和新兴媒体融合发展的指导意见》，提出要以中央主要媒体为龙头、以重点项目为抓手，切实推动媒体融合在重点工作、重要领域和重大项目上顺利布局。近年来，新闻单位全力推进重点项目建设，媒体融合发展步伐明显加快。推进文艺评奖制度改革，增强评奖导向性权威性。中宣部制定了《全国性文艺评奖改革方案》，对各类文艺评奖的具体设置和改革的操作流程做出规范，文艺作品评价体系得到进一步完善。推动"两效统一"，确保国有文化企业履行责任使命。2015 年 9 月，《关于推动国有文化企业把社会效益放在首位、实现社会效益和经济效益相统一的指导意见》印发实施，明确提出了对社会效益的具体要求，制定可量化、可核查的社会效益考核指标，明确社会效益考核权重应占 50% 以上，并将社会效益考核细化量化到政治导向、文化创作生产和服务、受众反应、社会影响、内部制度和队伍建设等具体指标中。

四是积极建构五大体系即"现代公共文化服务体系、现代文化市场体系、优秀传统文化传承体系、对外文化传播和对外话语

---

① 《中办国办印发〈关于进一步把社会主义核心价值观融入法治建设的指导意见〉》，《人民日报》2016 年 12 月 26 日。

体系、文化政策法规体系"。在构建现代公共文化服务体系方面，加快构建公共文化服务体系，成立了文化部牵头、26 个成员单位组成的国家公共文化服务体系建设协调组，制订方案、细化任务、形成合力；探索社会化公共文化服务保障机制，颁布《关于做好政府向社会力量购买公共文化服务工作的意见》；推进基层文化服务中心建设，印发《关于推进基层综合性文化服务中心建设的指导意见》，促进公共文化设施共建共享；加强贫困地区公共文化建设，出台《"十三五"时期贫困地区公共文化服务体系建设规划纲要》；制定颁布公共文化服务保障法，标志着中国公共文化服务法律保障取得历史性突破，人民群众基本文化权益和基本文化需求实现从行政性"维护"到法律性"保障"的跨越。

在现代文化市场体系构建方面，印发《关于进一步深化文化市场综合执法改革的意见》，促进文化市场持续健康发展；印发《关于推动传统出版和新兴出版融合发展的指导意见》，加快培育新兴出版业态；颁布实施《中华人民共和国电影产业促进法》，对电影创作、摄制，电影发行、放映，电影产业支持、保障，以及法律责任等分别做出详细规定。

在优秀传统文化传承体系方面，实施中华优秀传统文化传承发展工程，印发《关于实施中华优秀传统文化传承发展工程的意见》，提出总体目标是到 2025 年，中华优秀传统文化传承发展体系基本形成，研究阐发、教育普及、保护传承、创新发展、传播交流等方面协同推进并取得重要成果，具有中国特色、中国风格、中国气派的文化产品更加丰富，文化自觉和文化自信显著增强，国家文化软实力的根基更为坚实，中华文化的国际影响力明显提升。① 出台《关于支持戏曲传承发展的若干政策》，支持戏

---

① 《关于实施中华优秀传统文化传承发展工程的意见》，《人民日报》2017 年 1 月 26 日。

曲传承发展，形成共促传承发展的良好局面。① 戏曲振兴工程列入"十三五"时期经济社会发展规划纲要。此外，在对外文化传播和对外话语体系和文化政策法规体系建构方面，也取得明显进展。

五是科技体制改革日益深化。中共十八大以来，中央对科技体制改革和创新驱动发展作出部署，出台了一系列重大改革举措。2015 年 9 月，中共中央办公厅、国务院办公厅印发了《深化科技体制改革实施方案》，提出到 2020 年，在科技体制改革的重要领域和关键环节取得突破性成果，基本建立适应创新驱动发展战略要求、符合社会主义市场经济规律和科技创新发展规律的中国特色国家创新体系，进入创新型国家行列。按照中央部署和改革方案，近年来科技改革日益深化。（1）推动科技领域事业单位改革。2016 年 1 月，中央全面深化改革领导小组审议通过《科协系统深化改革实施方案》。（2）以增加知识价值为导向的分配政策制定出台。2016 年 8 月，中央全面深化改革领导小组审议通过《关于实行以增加知识价值为导向分配政策的若干意见》。2016 年以来，财政部、国家自然科学基金委、国家社科基金规划办等部门出台了有关政策，加大了智力报偿力度，"买醋的钱也可以买酱油了"。（3）科技计划管理改革取得决定性进展。部际联席会议制度不断完善，30 多个部门共同协商，合力推进国家科技计划统筹协调，促进科技创新与各领域发展的协同。（4）发布《国有科技型企业股权和分红激励暂行办法》，出台《关于完善股权激励和技术入股所得税政策的通知》，有利于激励创新的中长期分配机制初步建立。（5）创新服务职能进一步强化，研究形成

① 《关于支持戏曲传承发展的若干政策》，中国政府网 2015 年 7 月 17 日。

《国家科技决策咨询制度建设方案》。①

六是做好文化体制改革的基础性工作。文化体制改革是在党中央领导下进行的。为了推动文化体制改革，明确改革的方向，中共十八大后，习近平出席全国宣传工作会议发表重要讲话、主持召开文艺工作座谈会、新闻工作座谈会、哲学社会科学座谈会等，明确了文化体制改革的价值取向。

2013 年 8 月 19 日至 20 日全国宣传思想工作会议在北京召开。中共中央总书记习近平出席会议并发表重要讲话，强调宣传思想工作一定要把围绕中心、服务大局作为基本职责，胸怀大局、把握大势、着眼大事，找准工作切入点和着力点，做到因势而谋、应势而动、顺势而为。

第一，明确了经济建设和意识形态工作的重要性及其关系。习近平指出，经济建设是党的中心工作，意识形态工作是党的一项极端重要的工作。② 中共十一届三中全会以来，中国共产党始终坚持以经济建设为中心，集中精力把经济建设搞上去、把人民生活搞上去。只要国内外大势没有发生根本变化，坚持以经济建设为中心就不能也不应该改变。这是坚持党的基本路线 100 年不动摇的根本要求，也是解决当代中国一切问题的根本要求。同时，只有物质文明建设和精神文明建设都搞好，国家物质力量和精神力量都增强，全国各族人民物质生活和精神生活都改善，中国特色社会主义事业才能顺利向前推进。

第二，明确了宣传思想工作的主要任务。习近平指出，宣传思想工作就是要巩固马克思主义在意识形态领域的指导地位，巩固全党全国人民团结奋斗的共同思想基础。党员、干部要坚定马

---

① 《创新中国跑出加速度——2016 年重大科技成果盘点》，《科技日报》2016 年 12 月 30 日。

② 《习近平谈治国理政》，外文出版社 2014 年版，第 153 页。

克思主义、共产主义信仰，脚踏实地为实现党在现阶段的基本纲领而不懈努力，扎扎实实做好每一项工作，取得"接力赛"中我们这一棒的优异成绩。领导干部特别是高级干部要把系统掌握马克思主义基本理论作为看家本领，老老实实、原原本本学习马克思列宁主义、毛泽东思想，特别是邓小平理论、"三个代表"重要思想、科学发展观。党校、干部学院、社会科学院、高校、理论学习中心组等都要把马克思主义作为必修课，成为马克思主义学习、研究、宣传的重要阵地。新干部、年轻干部尤其要抓好理论学习，通过坚持不懈学习，学会运用马克思主义立场、观点、方法观察和解决问题，坚定理想信念。习近平指出，要深入开展中国特色社会主义宣传教育，把全国各族人民团结和凝聚在中国特色社会主义伟大旗帜之下。要加强社会主义核心价值体系建设，积极培育和践行社会主义核心价值观，全面提高公民道德素质，培育知荣辱、讲正气、作奉献、促和谐的良好风尚。①

第三，明确党性和人民性的统一。习近平强调，党性和人民性从来都是一致的、统一的。坚持党性，核心就是坚持正确政治方向，站稳政治立场，坚定宣传党的理论和路线方针政策，坚定宣传中央重大工作部署，坚定宣传中央关于形势的重大分析判断，坚决同党中央保持高度一致，坚决维护中央权威。所有宣传思想部门和单位，所有宣传思想战线上的党员、干部都要旗帜鲜明坚持党性原则。坚持人民性，就是要把实现好、维护好、发展好最广大人民根本利益作为出发点和落脚点，坚持以民为本、以人为本。要树立以人民为中心的工作导向，把服务群众同教育引导群众结合起来，把满足需求同提高素养结合起来，多宣传报道人民群众的伟大奋斗和火热生活，多宣传报道人民群众中涌现出

---

① 《胸怀大局把握大势着眼大事　努力把宣传思想工作做得更好》，《人民日报》2013 年 8 月 21 日。

来的先进典型和感人事迹，丰富人民精神世界，增强人民精神力量，满足人民精神需求。①

第四，思想宣传坚持团结稳定鼓劲、正面宣传为主。习近平指出，这是宣传思想工作必须遵循的重要方针。中国正在进行具有许多新的历史特点的伟大斗争，面临的挑战和困难前所未有，必须坚持巩固壮大主流思想舆论，弘扬主旋律，传播正能量，激发全社会团结奋进的强大力量。关键是要提高质量和水平，把握好时、度、效，增强吸引力和感染力，让群众爱听爱看、产生共鸣，充分发挥正面宣传鼓舞人、激励人的作用。在事关大是大非和政治原则问题上，必须增强主动性、掌握主动权、打好主动仗，帮助干部群众划清是非界限、澄清模糊认识。

第五，创新宣传思想工作。习近平强调，在长期实践中，共产党的宣传思想工作积累了十分丰富的经验。这些经验来之不易、弥足珍贵，是做好今后工作的重要遵循，一定要认真总结、长期坚持，并在实践中不断丰富和发展。"明者因时而变，知者随世而制。"宣传思想工作创新，重点要抓好理念创新、手段创新、基层工作创新，努力以思想认识新飞跃打开工作新局面，积极探索有利于破解工作难题的新举措新办法，把创新的重心放在基层一线。要继续推进文化体制改革，推动文化事业全面繁荣和文化产业快速发展、建设社会主义文化强国。②

第六，做好对外开放条件下的宣传思想工作。习近平指出，在全面对外开放的条件下做宣传思想工作，一项重要任务是引导人们更加全面客观地认识当代中国、看待外部世界。宣传阐释中国特色，要讲清楚每个国家和民族的历史传统、文化积淀、基本

---

① 《胸怀大局把握大势着眼大事　努力把宣传思想工作做得更好》，《人民日报》2013 年 8 月 21 日。

② 《习近平谈治国理政》，外文出版社 2014 年版，第 155 页。

国情不同，其发展道路必然有着自己的特色；讲清楚中华文化积淀着中华民族最深沉的精神追求，是中华民族生生不息、发展壮大的丰厚滋养；讲清楚中华优秀传统文化是中华民族的突出优势，是最深厚的文化软实力；讲清楚中国特色社会主义植根于中华文化沃土、反映中国人民意愿、适应中国和时代发展进步要求，有着深厚历史渊源和广泛现实基础。中华民族创造了源远流长的中华文化，中华民族也一定能够创造出中华文化新的辉煌。独特的文化传统，独特的历史命运，独特的基本国情，注定了中国必然要走适合自己特点的发展道路。对中国传统文化，对国外的东西，要坚持古为今用、洋为中用，去粗取精、去伪存真，经过科学的扬弃后使之为我所用。习近平强调，对世界形势发展变化，对世界上出现的新事物新情况，对各国出现的新思想新观点新知识，要加强宣传报道，以利于积极借鉴人类文明创造的有益成果。要精心做好对外宣传工作，创新对外宣传方式，着力打造融通中外的新概念新范畴新表述，讲好中国故事，传播好中国声音。①

第七，进一步明确宣传思想部门的职责。习近平指出，宣传思想部门承担着十分重要的职责，必须守土有责、守土负责、守土尽责。宣传思想部门工作要强起来，首先是领导干部要强起来，班子要强起来。各级宣传部门领导同志要加强学习、加强实践，真正成为让人信服的行家里手。做好宣传思想工作必须全党动手。各级党委要负起政治责任和领导责任，加强对宣传思想领域重大问题的分析研判和重大战略性任务的统筹指导，不断提高领导宣传思想工作能力和水平。要树立大宣传的工作理念，动员各条战线各个部门一起来做，把宣传思想工作同各个领域的行政

---

① 《胸怀大局把握大势着眼大事　努力把宣传思想工作做得更好》，《人民日报》2013 年 8 月 21 日。

管理、行业管理、社会管理更加紧密地结合起来。①

召开文艺工作座谈会。2014年10月15日，习近平在北京主持召开了文艺工作座谈会，并发表重要讲话。习近平在讲话中深刻阐述了文艺和文艺工作的地位作用和重大使命，创造性地回答了事关文艺繁荣发展的一系列带有根本性、方向性的重大问题，对在新的历史条件下做好文艺工作做出了全面部署。讲话指出，实现中华民族伟大复兴需要中华文化繁荣兴盛，中国精神是社会主义文艺的灵魂，要创作无愧于时代的优秀作品，坚持以人民为中心的创作导向，加强和改进党对文艺工作的领导。这篇讲话对繁荣发展社会主义文艺，建设社会主义文化强国具有重要指导意义，为广大党员、干部和文艺工作者深入学习贯彻提供了基本文献。

习近平在讲话中明确指出，改革开放以来，中国文艺创作迎来了新的春天，产生了大量脍炙人口的优秀作品。同时，也不能否认，在文艺创作方面，也存在着有数量缺质量、有"高原"缺"高峰"的现象，存在着抄袭模仿、千篇一律的问题，存在着机械化生产、快餐式消费的问题。在有些作品中，有的调侃崇高、扭曲经典、颠覆历史，丑化人民群众和英雄人物；有的是非不分、善恶不辨、以丑为美，过度渲染社会阴暗面；有的搜奇猎艳、一味媚俗、低级趣味，把作品当作追逐利益的"摇钱树"，当作感官刺激的"摇头丸"；有的胡编乱写、粗制滥造、牵强附会，制造了一些文化"垃圾"；有的追求奢华、过度包装、炫富摆阔，形式大于内容；还有的热衷于所谓"为艺术而艺术"，只写一己悲欢、杯水风波，脱离大众、脱离现实。凡此种种都在警示，文艺不能在市场经济大潮中迷失方向，不能在为什么人的问

① 《胸怀大局把握大势着眼大事　努力把宣传思想工作做得更好》，《人民日报》2013年8月21日。

题上发生偏差，否则文艺就没有生命力。人类文艺发展史表明，急功近利，竭泽而渔，粗制滥造，不仅是对文艺的一种伤害，也是对社会精神生活的一种伤害。低俗不是通俗，欲望不代表希望，单纯感官娱乐不等于精神快乐。文艺要赢得人民认可，花拳绣腿不行，投机取巧不行，沽名钓誉不行，自我炒作不行，"大花轿，人抬人"也不行。① 在此基础上，中共明确提出要树立精品意识，并要坚持以人民为中心的创作导向。这就抓住了根本，为文化体制改革提供了方向指引。

召开新闻工作座谈会。2016 年 2 月 19 日，党的新闻舆论工作座谈会在北京召开。② 中共十八大以来，习近平高度重视党的新闻舆论工作，多次研究有关问题，做出重要部署。召开这次座谈会，目的是推动新闻舆论战线适应形势发展积极改革创新，全面提高工作能力和水平。为开好这次座谈会，习近平到人民日报社、新华社、中央电视台等三家中央新闻单位进行了实地调研。19 日上午，习近平首先来到人民日报社调研。调研时，他充分肯定人民日报创刊以来为党和人民事业做出的重要贡献，勉励编辑们不忘初衷、坚定信念，把报纸办得更好，为全国人民提供更多更好的精神食粮。在新媒体中心，习近平听取微博、微信、客户端工作介绍，并在一台电脑前坐下，通过新媒体平台发送语音信息，向全国人民致以元宵节的问候和祝福。习近平还来到人民网演播室，通过视频同人民日报记者连线，同福建宁德市赤溪村村民交流。赤溪村过去是个特困村，多年来在习近平亲自关心和指导下脱贫成效显著，2015 年 1 月 29 日习近平在一份反映该村扶

---

① 习近平：《在文艺工作座谈会上的讲话》，《人民日报 》2015 年 10 月 15 日。

② 《坚持正确方向创新方法手段　提高新闻舆论传播力引导力》，《人民日报》2016 年 2 月 20 日。

贫工作的材料上作出重要批示，强调脱贫攻坚要"艰苦奋斗、顽强拼搏、滴水穿石、久久为功"。在视频里，习近平先后同村党支部书记杜家住、长期关心支持赤溪村扶贫的退休干部王绍据对话，他向乡亲们问好，叮嘱他们保护好绿水青山，走出一条绿色发展、生态富民的路子。上午10点许，习近平来到新华社，观看了新华社"历史与发展"主题展览。新华社负责同志给习近平介绍说，他们正加快媒体融合发展，每天用8种文字向世界提供全媒体新闻和信息产品，习近平对此表示肯定。在新闻信息发稿中心，习近平通过视频同正在河南兰考县采访的新华社记者连线。记者向总书记汇报采访中看到的基层干部转变作风新面貌，习近平鼓励记者多深入基层、深入群众，及时发现和宣传基层干部先进典型。观看新华丝路数据库、中国照片档案馆数据管理系统等新闻信息产品展示时，习近平点击手机屏幕，通过新华社客户端为全国新闻工作者点赞。在新华社国内部，一位刚从河北正定县"走基层"回来的记者向总书记汇报塔元庄村的新变化，习近平请他转达对乡亲们的问候。习近平还走进国际部、参编部等工作平台，同一线编辑记者交流，向大家表示慰问。临近中午时，习近平来到中央电视台调研，听取中央电视台板块业务、媒体融合等情况介绍后，到总控中心观看电视传播能力建设视频展示，在《新闻联播》演播室、导控室向主持人和工作人员了解新闻制作导播流程，并亲自切换按钮体验模拟播出。习近平指出，中央电视台每天面对数亿观众，一定要紧跟时代、放眼全球，多设计一些融思想性、艺术性于一体的好栏目，多创办一些脍炙人口、寓教于乐的好节目。

2016年2月19日下午，习近平在人民大会堂主持召开党的新闻舆论工作座谈会。会上，媒体有关代表分别发言。听取发言后，习近平发表重要讲话指出，长期以来，中央主要媒体与党和人民同呼吸、与时代共进步，积极宣传马克思主义真理、宣传党的主张、反映群众呼声，在革命建设改革各个历史时期发挥了十分重要的作用。习近平不仅强调新闻舆论工作的重要性，还提出了新时代新闻舆论工作的职责和使命。他指出，做好党的新闻舆论工作，事关旗帜和道路，事关贯彻落实党的理论和路线方针政策，事关顺利推进党和国家各项事业，事关全党全国各族人民凝聚力和向心力，事关党和国家前途命运。必须从党的工作全局出发把握党的新闻舆论工作，做到思想上高度重视、工作上精准有力。在新的时代条件下，党的新闻舆论工作的职责和使命是：高举旗帜、引领导向，围绕中心、服务大局，团结人民、鼓舞士气，成风化人、凝心聚力，澄清谬误、明辨是非，联接中外、沟通世界。要承担起这个职责和使命，必须把政治方向摆在第一位，牢牢坚持党性原则，牢牢坚持马克思主义新闻观，牢牢坚持正确舆论导向，牢牢坚持正面宣传为主。

习近平在讲话中强调，党的新闻舆论工作坚持党性原则，最根本的是坚持党对新闻舆论工作的领导。党和政府主办的媒体是党和政府的宣传阵地，必须姓党。党的新闻舆论媒体的所有工作，都要体现党的意志、反映党的主张，维护党中央权威、维护党的团结，做到爱党、护党、为党；都要增强看齐意识，在思想上政治上行动上同党中央保持高度一致；都要坚持党性和人民性相统一，把党的理论和路线方针政策变成人民群众的自觉行动，及时把人民群众创造的经验和面临的实际情况反映出来，丰富人民精神世界，增强人民精神力量。新闻观是新闻舆论工作的灵魂。要深入开展马克思主义新闻观教育，引导广大新闻舆论工作者做党的政策主张的传播者、时代风云的记录者、社会进步的推动者、公平正义的守望者。他认为，新闻舆论工作各个方面、各个环节都要坚持正确舆论导向。各级党报党刊、电台电视台要讲导向，都市类报刊、新媒体也要讲导向；新闻报道要讲导向，副刊、专题节目、广告宣传也要讲导向；时政新闻要讲导向，娱乐

类、社会类新闻也要讲导向；国内新闻报道要讲导向，国际新闻
报道也要讲导向。

为做好新闻舆论工作，习近平强调要坚持党的新闻舆论工作
必须遵循的基本方针：团结稳定鼓劲、正面宣传为主。[①] 做好正
面宣传，要增强吸引力和感染力。真实性是新闻的生命。要根据
事实来描述事实，既准确报道个别事实，又从宏观上把握和反映
事件或事物的全貌。舆论监督和正面宣传是统一的。新闻媒体要
直面工作中存在的问题，直面社会丑恶现象，激浊扬清、针砭时
弊，同时发表批评性报道要事实准确、分析客观。随着形势发
展，党的新闻舆论工作必须创新理念、内容、体裁、形式、方
法、手段、业态、体制、机制，增强针对性和实效性。要适应分
众化、差异化传播趋势，加快构建舆论引导新格局。要推动融合
发展，主动借助新媒体传播优势。要抓住时机、把握节奏、讲究
策略，从时度效着力，体现时度效要求。要加强国际传播能力建
设，增强国际话语权，集中讲好中国故事，同时优化战略布局，
着力打造具有较强国际影响的外宣旗舰媒体。

开展新闻舆论工作关键在人才，靠党的领导。媒体竞争关键
是人才竞争，媒体优势核心是人才优势。要加快培养造就一支政
治坚定、业务精湛、作风优良、党和人民放心的新闻舆论工作队
伍。新闻舆论工作者要增强政治家办报意识，在围绕中心、服务
大局中找准坐标定位，牢记社会责任，不断解决好"为了谁、依
靠谁、我是谁"这个根本问题。要提高业务能力，勤学习、多锻
炼，努力成为全媒型、专家型人才。要转作风改文风，俯下身、
沉下心，察实情、说实话、动真情，努力推出有思想、有温度、
有品质的作品。要严格要求自己，加强道德修养，保持一身正

---

① 《坚持正确方向创新方法手段　提高新闻舆论传播力引导力》，
《人民日报》2016 年 2 月 20 日。

气。要深化新闻单位干部人事制度改革，对新闻舆论工作者在政治上充分信任、工作上大胆使用、生活上真诚关心、待遇上及时保障。加强和改善党对新闻舆论工作的领导，是新闻舆论工作顺利健康发展的根本保证。各级党委要自觉承担起政治责任和领导责任。领导干部要增强同媒体打交道的能力，善于运用媒体宣讲政策主张、了解社情民意、发现矛盾问题、引导社会情绪、动员人民群众、推动实际工作。①

召开哲学社会科学座谈会。2016 年 5 月 17 日上午，习近平在北京主持召开哲学社会科学工作座谈会并发表重要讲话。他强调，一个没有发达的自然科学的国家不可能走在世界前列，一个没有繁荣的哲学社会科学的国家也不可能走在世界前列。坚持和发展中国特色社会主义，哲学社会科学具有不可替代的重要地位，哲学社会科学工作者具有不可替代的重要作用。坚持和发展中国特色社会主义，必须高度重视哲学社会科学，结合中国特色社会主义伟大实践，加快构建中国特色哲学社会科学。座谈会上，发言代表分别介绍了哲学、经济学、科学社会主义、历史学、政治学、文学、法学、马克思主义理论、军事学等学科和领域的研究进展，并就如何推动哲学社会科学工作创新发展提出了意见和建议。大家发言后，习近平发表了重要讲话。

观察当代中国哲学社会科学，需要有一个宽广的视角，需要放到世界和中国发展大历史中去看。人类社会每一次重大跃进，人类文明每一次重大发展，都离不开哲学社会科学的知识变革和思想先导。现在，中国哲学社会科学学科体系不断健全，研究队伍不断壮大，研究水平和创新能力不断提高，马克思主义理论研究和建设工程取得丰硕成果。广大哲学社会科学工作者坚持以马

---

①《坚持正确方向创新方法手段　提高新闻舆论传播力引导力》，《人民日报》2016 年 2 月 20 日。

克思主义为指导，深入研究和回答中国发展和共产党执政面临的重大理论和实践问题，推出一大批重要学术成果，为坚持和发展中国特色社会主义做出了重大贡献。

新形势下，中国哲学社会科学地位更加重要、任务更加繁重。历史表明，社会大变革的时代，一定是哲学社会科学大发展的时代。当代中国正经历着历史上最为广泛而深刻的社会变革，也正在进行着人类历史上最为宏大而独特的实践创新。这种前无古人的伟大实践，必将给理论创造、学术繁荣提供强大动力和广阔空间。这是一个需要理论而且一定能够产生理论的时代，这是一个需要思想而且一定能够产生思想的时代。一切有理想、有抱负的哲学社会科学工作者都应该立时代之潮头、通古今之变化、发思想之先声，积极为党和人民述学立论、建言献策，担负起历史赋予的光荣使命。

坚持以马克思主义为指导，是当代中国哲学社会科学区别于其他哲学社会科学的根本标志，必须旗帜鲜明加以坚持。中国哲学社会科学的一项重要任务就是继续推进马克思主义中国化、时代化、大众化，继续发展 21 世纪马克思主义、当代中国马克思主义。中国广大哲学社会科学工作者要自觉坚持以马克思主义为指导，自觉把中国特色社会主义理论体系贯穿研究和教学全过程，转化为清醒的理论自觉、坚定的政治信念、科学的思维方法。

坚持以马克思主义为指导，首先要解决真懂真信的问题，核心要解决好为什么人的问题，最终要落实到怎么用上来。中国哲学社会科学要有所作为，就必须坚持以人民为中心的研究导向。脱离了人民，哲学社会科学就不会有吸引力、感染力、影响力、生命力。中国广大哲学社会科学工作者要坚持人民是历史创造者的观点，树立为人民做学问的理想，尊重人民主体地位，聚焦人民实践创造，自觉把个人学术追求同国家和民族发展紧紧联系在一起，努力多出经得起实践、人民、历史检验的研究成果。马克思主义是随着时代、实践、科学发展而不断发展的开放的理论体系，它并没有结束真理，而是开辟了通向真理的道路。把坚持马克思主义和发展马克思主义统一起来，结合新的实践不断作出新的理论创造，这是马克思主义永葆生机活力的奥妙所在。

加快构建中国特色哲学社会科学，按照立足中国、借鉴国外，挖掘历史、把握当代，关怀人类、面向未来的思路，着力构建中国特色哲学社会科学，在指导思想、学科体系、学术体系、话语体系等方面充分体现中国特色、中国风格、中国气派。

构建中国特色哲学社会科学，一是体现继承性、民族性。善于融通马克思主义的资源、中华优秀传统文化的资源、国外哲学社会科学的资源，坚持不忘本来、吸收外来、面向未来。坚定中国特色社会主义道路自信、理论自信、制度自信，说到底是坚定文化自信，文化自信是更基本、更深沉、更持久的力量。二是体现原创性、时代性。哲学社会科学有没有中国特色，归根到底要看有没有主体性、原创性。只有以中国实际为研究起点，提出具有主体性、原创性的理论观点，构建具有自身特质的学科体系、学术体系、话语体系，中国哲学社会科学才能形成自己的特色和优势。中国哲学社会科学应该以正在做的事情为中心，从中国改革发展的实践中挖掘新材料、发现新问题、提出新观点、构建新理论，加强对改革开放和社会主义现代化建设实践经验的系统总结，加强对发展社会主义市场经济、民主政治、先进文化、和谐社会、生态文明以及党的执政能力建设等领域的分析研究，加强对党中央治国理政新理念新思想新战略的研究阐释，提炼出有学理性的新理论，概括出有规律性的新实践。三是体现系统性、专业性。中国特色哲学社会科学应该涵盖历史、经济、政治、文化、社会、生态、军事、党建等各领域，囊括传统学科、新兴学科、前沿学科、交叉学科、冷门学科等诸多学科，不断推进学科体系、学术体系、话语体系建设和创新，努力构建一个全方位、全领域、全要素的哲学社会科学体系。加强教材体系建设，形成适应中国特色社会主义发展要求、立足国际学术前沿、门类齐全的哲学社会科学教材体系。习近平强调，构建中国特色哲学社会科学是一个系统工程，是一项极其繁重的任务，要加强顶层设计，统筹各方面力量协同推进。①

加强和改善党对哲学社会科学工作的领导，是繁荣发展中国哲学社会科学事业的根本保证。各级党委要把哲学社会科学工作纳入重要议事日程，加强政治领导和工作指导，一手抓繁荣发展、一手抓引导管理。各级领导干部特别是主要负责同志，既有比较丰富的自然科学知识，又有比较丰富的社会科学知识，以不断提高决策和领导水平。加强中国特色新型智库建设，建立健全决策咨询制度。哲学社会科学领域是知识分子密集的地方，把这支队伍关心好、培养好、使用好，让广大哲学社会科学工作者成为先进思想的倡导者、学术研究的开拓者、社会风尚的引领者、党执政的坚定支持者。实施以育人育才为中心的哲学社会科学整体发展战略，构筑学生、学术、学科一体的综合发展体系。实施哲学社会科学人才工程，着力发现、培养、集聚一批有深厚马克思主义理论素养、学贯中西的思想家和理论家，一批理论功底扎实、勇于开拓创新的学科带头人，一批年富力强、锐意进取的中青年学术骨干，构建种类齐全、梯队衔接的哲学社会科学人才体系。认真贯彻党的知识分子政策，做到政治上充分信任、思想上主动引导、工作上创造条件、生活上关心照顾。领导干部主动同专家学者打交道、交朋友，多听取他们的意见和建议。加强哲学社会科学优秀人才使用，让德才兼备的人才在重要岗位上发挥

① 习近平：《在哲学社会科学工作座谈会上的讲话（2016 年 5 月 17 日）》，《人民日报》2016 年 5 月 19 日。

作用。

哲学社会科学工作要提倡理论创新和知识创新，鼓励大胆探索，开展平等、健康、活泼和充分说理的学术争鸣，活跃学术空气。要大力弘扬优良学风，推动形成崇尚精品、严谨治学、注重诚信、讲求责任的优良学风，营造风清气正、互学互鉴、积极向上的学术生态。广大哲学社会科学工作者要立志做大学问、做真学问，严肃对待学术研究的社会效果，以深厚的学识修养赢得尊重，以高尚的人格魅力引领风气，在为祖国、为人民立德立言中成就自我、实现价值。①

（四）社会领域改革进步显著

中共十八届三中全会把"促进社会公平正义"定为社会体制改革的价值目标，顺应了转型期社会的基本需求。2014年2月，中央全面深化改革领导小组审议通过了《关于深化司法体制和社会体制改革的意见及贯彻实施分工方案》，提出要加快形成科学有效的社会治理体制，促进社会公平正义，保障人民安居乐业。

一是精准扶贫。全面建成小康社会，一个都不能少。消除贫困、改善民生、逐步实现共同富裕，是社会主义的本质要求，是中国共产党的重要使命。长期以来，党和政府做了大量工作，使七亿多农村贫困人口成功脱贫，这一成就得到世界赞誉。但中国扶贫攻坚形势依然严峻，截至2013年底，全国仍有7000多万贫困人口，不少群众贫困程度还很深。2013年11月3日，习近平考察湖南省花垣县湘西十八洞村时首次提出了"精准扶贫"的重要思想。为切实做好扶贫工作，2015年11月27日至28日，中

---

① 习近平：《在哲学社会科学工作座谈会上的讲话（2016年5月17日）》，《人民日报》2016年5月19日。

央扶贫开发工作会议在北京召开，中央政治局常委与地方党政主要负责人全部出席。在这个堪称"史上最高规格"的扶贫会上，吹响了消除绝对贫困、决胜小康社会的最强劲号角。习近平在会上指出："脱贫攻坚战的冲锋号已经吹响。我们要立下愚公移山志，咬定目标、苦干实干，坚决打赢脱贫攻坚战，确保到2020年所有贫困地区和贫困人口一道迈入全面小康社会。"① 这次会议结束后不久，《中共中央国务院关于打赢脱贫攻坚战的决定》公开发布。2016年国务院组织编制印发了《"十三五"脱贫攻坚规划》，中办、国办就落实《中共中央、国务院关于打赢脱贫攻坚战的决定》制定了10个配套文件，32个牵头部门和77个参与部门共出台118个政策文件或实施方案。

精准扶贫工作扎实推进。中国建起了脱贫攻坚责任制，中西部22个省份党委和政府向中央签订责任书。2016年底对这22个省份脱贫攻坚工作进行了督查巡查，开展成效考核，委托专家学者开展第三方评估。明确贫困县必须作为、提倡作为、禁止作为的九项标准。党建扶贫发出威力。开展建档立卡"回头看"，扶贫对象识别精准度进一步提高。各地共向贫困村选派驻村工作队12.8万个，派出驻村干部54万多人。全国选派18.8万名优秀干部到贫困村和基层党组织薄弱村担任第一书记，提升带动群众脱贫能力。社会力量广泛参与扶贫。东西部扶贫协作首次实现对全国30个民族自治州全覆盖，明确了京津冀协同发展中京津两市与河北省张家口、承德和保定三市的扶贫协作任务。启动"携手奔小康"行动，东部发达地区267个经济较强县（市、区）结对帮扶西部406个贫困县。国务院国资委组织中央企业设立贫困地

---

① 《脱贫攻坚战冲锋号已经吹响　全党全国咬定目标苦干实干》，《人民日报》2015年11月29日。

区产业投资基金，51 家央企参与出资。① 加上实施产业扶贫和根据中央部署各地积极实施发展生产脱贫一批、异地搬迁脱贫一批、生态补偿脱贫一批、发展教育脱贫一批、社会保障兜底一批"五个一批"工程，近些年成功实现几千万人口脱贫。相信经过上下艰苦努力，加上引导贫困群众树立宁愿苦干、不愿苦熬的观念，坚持扶贫和扶志扶智有机结合，脱贫攻坚战一定能如期完成。

十八洞村这几年的变化，能反映中国扶贫工作的进展。据红网记者报道，首先是传统苗寨焕然一新。十八洞村在武陵山腹地，湘西自治州花垣县深处，因村旁山中有 18 个天然溶洞得名。村内群山环绕，云追雾逐，苍翠秀美。但在 2013 年以前，这个偏远的地方，是个典型的贫困村。全村 939 人，人均耕地 0.83 亩。村里的劳动力大多外出在沿海发达地区务工，留在村里的非老即小。在精准扶贫政策实施后，村容村貌发生巨变。2018 年时全村 225 户房前屋后都铺上了青石板路，房屋在保持原有苗寨风格的基础上进行了修葺。4.8 公里村道拓宽硬化，全部铺上了沥青路面，双向两车道通行；核心景区配套建设了梨子寨停车场、公厕、成富家观景台、千米游步道。同时，升级改造了村小学和卫生室，建立了村级电商服务站，无线网络覆盖了全村。再次展现在公众面前的，俨然成为具有浓郁苗寨特色的美丽村落，十八洞村也成为当地知名的乡村旅游点，被评为"国家旅游扶贫重点村"，游客络绎不绝。其次是，特色产业多样开花。精准扶贫工作开展后，十八洞村人拧成一股绳，宜种则种，宜养则养，宜游则游，走出了一条以生态旅游、产业兴村为龙头的致富路，变青山绿水为金山银山，走上了脱贫奔小康的大路。2014 年 3 月 8日，十八洞村确定了五大产业：劳务经济；特色种植业，重点发

---

① 《脱贫攻坚首战全面告捷（打赢脱贫攻坚战）》，《人民日报》2017 年 2 月 17 日。

展烤烟、猕猴桃、野生蔬菜、冬桃、油茶等种植；特色养殖业，如养湘西黄牛、养猪和稻田养鱼；苗绣；旅游服务业。2017 年，千亩"十八洞村猕猴桃基地"开花挂果后，经检疫人员的监管，已成功出口港澳地区，人均年收入增加 5000 元以上。由于慕名而来的游客络绎不绝，十八洞村成了远近闻名的旅游胜地。当地村民，抓住机遇，办起来了农家乐。除了农家乐，十八洞村民还把苗绣、草鞋等传统手工艺品变成创收渠道。村里还开办了水厂，供给村民稳定的工作。还计划开发十八个溶洞。以后，游客们除了欣赏人文景观，还能领略自然风光。依靠多种产业开花，村里"钱景"一片大好。最后是脱贫之后"脱单"接力。除了物质上的脱贫，精神上的脱单也是习近平总书记十分牵挂的事。2018 年 9 月 24 日，十八洞村 44 岁的苗族单身汉施六金迎娶了花垣镇花桥村的吴春霞，一个漂亮的苗族姑娘。十八洞村的大龄单身汉，由 5 年前的 38 人变成 13 人。由于十八洞村偏远，贫穷，当时外面的姑娘根本不愿意嫁到十八洞村来。精准扶贫实施后，工作队想方设法帮忙解决大龄青年结婚难题，2015 年 12 月底，首场相亲大会开启，一些单身青年男子通过相亲大会结缘成功娶了媳妇。经过精准扶贫，他们不但实现了收入增加，还成功摆脱单身，过上越来越幸福的生活。① 从村容村貌到经济产业，从经济收入到精神状态，十八洞都发生了翻天覆地的变化，这些点滴变化，书写着一部"可推广可复制的精准扶贫之路"。2017 年 2 月 18 日，湖南省扶贫开发工作会议宣布，十八洞村脱贫出列。

二是实施户籍制度改革。一纸户籍，仿佛一堵高墙，将城里人与农村人分隔于墙的两边。给户籍松绑，解决农民进城的身份之困，户籍制度改革不仅关乎亿万百姓的切身利益，也直接关系到新型城镇化建设的成败。中共十八届三中全会明确提出："加

---

① 许敏：《十八洞村的巨变》，红网 2018 年 10 月 27 日。

快户籍制度改革，全面放开建制镇和小城市落户限制，有序放开中等城市落户限制，合理确定大城市落户条件，严格控制特大城市人口规模。"① 2014 年 7 月，国务院发布《关于进一步推进户籍制度改革的意见》，提出建立城乡统一的户口登记制度。取消农业户口与非农业户口性质区分和由此衍生的蓝印户口等户口类型，统一登记为居民户口。体现户籍制度的人口登记管理功能为户籍改革打下了坚实基础。2016 年 9 月 29 日发布《国家人权行动计划（2016—2020 年）》，提出要落实国务院户籍制度改革方案，取消农业户口与非农业户口性质区分，建立城乡统一的户籍登记制度。全面实施居住证暂行条例，推进居住证制度覆盖全部未落户城镇常住人口。

三是全面实施两孩政策。调整完善生育政策，促进人口长期均衡发展，是中共中央科学把握人口发展规律，从中华民族长远发展的战略高度出发做出的重大决策。2015 年 12 月底，中共中央、国务院发布了《关于实施全面两孩政策，改革完善计划生育服务管理的决定》，之后全国人大常委会修订了《中华人民共和国人口与计划生育法》。从 2016 年 1 月 1 日开始全面实施两孩政策。2016 年是实施全面两孩政策的第一年，也是实施单独两孩政策的第三年，政策效应逐步显现。全面两孩政策实施后，也有不少群众反映生育两孩压力比较大。针对两孩政策问题，2017 年 3 月 11 日，十二届全国人大五次会议新闻中心举行记者会，有关部门负责人回应了社会关心的生育问题：全面两孩政策从 2016 年年初实施后，成效初显、符合预判。影响群众生育意愿的因素，主要是三方面：妇女的职业发展，母亲生完孩子以后的再就业和求职方面的问题；婴幼儿抚育面临困难，托幼特别是三岁以

---

① 《三中全会〈决定〉：全面放开建制镇和小城市落户限制》，人民网 2013 年 11 月 15 日。

下小孩的托幼资源比较缺乏，多数家庭主要靠祖辈抚育第三代；经济上的压力。2015 年、2016 年国务院妇儿工委办公室和全国妇联妇女研究所的专项调查结果显示，83.1% 的妇女认为，影响她们生育决策的原因就是上述三个方面。2016 年 12 月底，全国住院分娩的婴儿活产数是 1846 万。这是 2000 年以来中国出生规模最大的一年，比"十二五"期间年均出生人口数增加了 140 万。2016 年的总和生育率达到 1.7%，而新世纪以来，总和生育率一直在 1.5%~1.6% 徘徊。数据说明，全面两孩政策实施的效果是相当明显、相当乐观的。预计"十三五"时期在全面两孩政策的影响下，每年出生人口的规模是在 1700 万至 1900 万之间波动。

就人口数量而言，中国不缺数量，不仅现在不缺，未来几十年甚至一百年都不会缺。到 2030 年峰值时期，有 14.5 亿左右的人口，到 2050 年还有 14 亿左右的人口，到 21 世纪末还有 11 亿以上。中国更应该关注的是中国人口的素质，同时也要特别关注中国人口的结构问题。2015 年，按照国际口径 15~64 岁的中国劳动年龄人口占总人口的 73%，数量是 10.03 亿，到 2020 年有9.85 亿，到 2030 年还有 9.52 亿，到了 2050 年还有 8 亿多。现在，美国劳动年龄人口占总人口的比重是 66%，欧洲是 67%，日本是 61%。欧美发达国家劳动年龄人口总数只有 7.3 亿，但是它的产出劳动生产率比中国高得多。因此，中国现在不缺劳动力，以后科技水平发展了，也还有很多替代措施和办法，劳动力的数量就更不是问题。从老龄化情况来看，2015 年，65 岁以上老年人占比是 10.3%，美国是 15%，欧洲是 18%，日本是 19%。从育龄妇女在总人口中的占比看，中国育龄妇女占 26%，美国现在占 23%，欧洲占 23%，日本只有 20%。[①] 调整政策后，政策效

---

① 《王培安：全面两孩政策实施成效初显，完全符合预判》，新华网2017 年 3 月 11 日。

应会影响以后的人口结构。未来，按照中央的要求，要坚持问题导向，总结地方的经验，按照工作方案和任务分工，进一步健全完善公共服务资源，促进人口长期均衡发展。

四是教育体制改革。教育是民族振兴和社会进步的基石，事关国家未来。（1）通过《国务院关于深化考试招生制度改革的实施意见》，全面启动考试招生制度改革，提出改革总的目标是形成分类考试、综合评价、多元录取的考试招生模式，健全促进公平、科学选才、监督有力的体制机制，构建衔接沟通各级各类教育、认可多种学习成果的终身学习立交桥。（2）现代学校制度建设迈出关键步伐。坚持和完善普通高校党委领导下的校长负责制，健全党委与行政议事决策制度和协调运行机制。加强学术组织建设，充分发挥学术委员会在学术事务方面的作用。（3）教育管理体制改革有力有序推进，先后取消或下放 21 项教育行政审批事项，评审评估评价事项减少三分之一。通过《关于深化职称制度改革的意见》，全面推开中小学教师职称制度改革，在中小学设置正高级教师职称（职务），拓宽中小学教师职业发展通道，此举让广大中小学教师圆了"教授梦"，广受好评。同时，也调动了他们学习研究的积极性。（4）积极稳妥做好教育对外开放工作。①（5）继续提高高等教育质量，部署"双一流"建设。建设世界一流大学和一流学科，是党中央、国务院做出的重大战略决策，亦是中国高等教育领域继"211 工程""985 工程"之后的又一国家战略，有利于提升中国高等教育综合实力和国际竞争力。2015 年 8 月 18 日，中央全面深化改革领导小组会议审议通过《统筹推进世界一流大学和一流学科建设总体方案》，对新时期高等教育重点建设做出新部署，将"211 工程""985 工

---

① 《"十二五"以来特别是党的十八大以来我国教育改革发展的辉煌成就》，《光明日报》2015 年 10 月 13 日。

程"及"优势学科创新平台"等重点建设项目，统一纳入世界一流大学和一流学科建设，并于同年 11 月由国务院印发，决定统筹推进建设世界一流大学和一流学科。2017 年 1 月，经国务院同意，教育部、财政部、国家发展和改革委员会印发《统筹推进世界一流大学和一流学科建设实施办法（暂行）》，9 月，教育部、财政部、国家发展改革委联合发布《关于公布世界一流大学和一流学科建设高校及建设学科名单的通知》，正式确认公布世界一流大学和一流学科建设高校及建设学科名单，首批双一流建设高校共计 137 所，其中世界一流大学建设高校 42 所（A 类 36 所，B 类 6 所），世界一流学科建设高校 95 所；双一流建设学科共计 465 个（其中自定学科 44 个）。建设目标是：推动一批高水平大学和学科进入世界一流行列或前列，加快高等教育治理体系和治理能力现代化，提高高等学校人才培养、科学研究、社会服务和文化传承创新水平，使之成为知识发现和科技创新的重要力量、先进思想和优秀文化的重要源泉、培养各类高素质优秀人才的重要基地，在支撑国家创新驱动发展战略、服务经济社会发展、弘扬中华优秀传统文化、培育和践行社会主义核心价值观、促进高等教育内涵发展等方面发挥重大作用。到 2020年，若干所大学和一批学科进入世界一流行列，若干学科进入世界一流学科前列。到 2030 年，更多的大学和学科进入世界一流行列，若干所大学进入世界一流大学前列，一批学科进入世界一流学科前列，高等教育整体实力显著提升。到 21 世纪中叶，一流大学和一流学科的数量和实力进入世界前列，基本建成高等教育强国。① 这为高等教育发展明确了目标和时间表。只要踏踏实实逐步提高高等教育质量，而不是搞大呼隆、大跃进，就会实现

---

① 《统筹推进世界一流大学和一流学科建设总体方案》，国发〔2015〕64 号。

这个目标。

五是深化医药体制改革。中共十八大以来，深化医药卫生体制改革取得明显进展，形成了一批符合实际、行之有效的经验做法。第一，推进公立医院改革。先后颁布《关于城市公立医院综合改革试点的指导意见》《关于整合城乡居民基本医疗保险制度的意见》等文件，截至 2016 年 8 月，18 个省实现城乡居民医保整合。第二，加强儿童医疗卫生服务改革。儿童健康事关家庭幸福和民族未来，但中国每千名儿童儿科执业（助理）医师数仅为 0.49 人，低于世界主要发达国家（0.85~1.3 人）。2016 年 3 月，中央全面深化改革领导小组审议通过了《关于加强儿童医疗卫生服务改革与发展的意见》，提出要紧紧围绕加强儿科医务人员培养和队伍建设、完善儿童医疗卫生服务体系、推进儿童医疗卫生服务领域改革、防治结合提高服务质量等关键问题，系统设计改革路径，切实缓解儿童医疗服务资源短缺问题。第三，推进家庭医生签约服务制度。2016 年 4 月，中央全面深化改革领导小组审议通过《关于推进家庭医生签约服务的指导意见》。这方便了百姓，也为医生提供了更为广阔的天地。第四，推动改革完善药品生产流通机制。2016 年 12 月，中央全面深化改革领导小组审议通过了《关于进一步改革完善药品生产流通使用政策的若干意见》。此外，新食品安全法等法规正式实施，用最严格的监管制度保障"舌尖上的安全"；药品医疗器械审评审批制度改革贯彻落实，让患者以更快速度、更低价格用上救命药、放心药；实施《中医药健康服务发展规划（2015—2020 年）》，建构医疗康复、老年护理、健康管理、健身养生等新兴产业组合发展的崭新格局……一系列改革举措的实施，推动中国医药卫生事业续写亮丽答卷。来自世界银行、世卫组织等多家国内外研究机构在 2017 年 7 月联合发布的中国医改调研报告时指出："人民健康水平总体达到中高收入国家平均水平，用较少投入取得较高健康绩效，赢得国际社会广泛赞誉。"①

推行改革以来，中国医疗卫生资源总量继续增加。截至 2017 年底，中国医疗卫生机构超过 98.7 万个，医疗卫生人员总量超过 1174 万，每千人口执业（助理）医师数 2.44 人，每千人口注册护士数 2.74 人，每千人口医疗卫生机构床位数 5.72 张，覆盖城乡的基层医疗卫生服务体系基本建成。在全国卫生健康领域，共有 200 余位院士，60 余位国医大师；在 2000 年至 2017 年间，医学科研共获得 597 项国家自然科学奖、国家技术发明奖和国家科技进步奖等国家奖励，其中吴孟超、王忠诚、王振义、屠呦呦和侯云德荣获国家最高科学技术奖；临床服务能力明显提升、重点疾病和关键技术领域取得重大突破、专科国际影响力显著增强、重大事件医疗救治保障能力明显提升。为了给患者提供安全有效的医疗服务，中国完善了相关配套政策文件和制度规范，先后发布 18 项医疗质量安全核心制度要点，为医疗质量管理提供指导，逐步完善国家、省、市三级质控组织体系，直接提升了中国医疗质量管理专业化水平。在中国，由于经济发展的不平衡，城乡和东西部之间的医疗水平相去甚远。随着医疗改革力度加大，经济社会的发展，这一差距日渐缩小，越来越多的百姓享有了健康公平的医疗服务。

"以人民健康为中心"是习近平为医改难题刻下的定盘星，他强调，要毫不动摇把公益性写在医疗卫生事业的旗帜上，不能走全盘市场化、商业化的路子。② 中共十八大以来，为了给人民群众提供优质的医疗服务，正在推进中的"中国式医改"诠释着

---

① 《一切为了人民的健康——党的十八大以来医药卫生体制改革成果述评》，《光明日报》2018 年 11 月 7 日。

② 《一切为了人民的健康——党的十八大以来医药卫生体制改革成果述评》，《光明日报》2018 年 11 月 7 日。

以人为本的理念，满足百姓不断增长的医疗服务需求。2017年，全国医疗卫生机构总诊疗人次数约为81.83亿，较2016年和2014年分别增加3.16%和7.64%；出院人次数约为2.43亿，较2016年和2014年分别增加7.55%和16.27%。为了给百姓提供更加优质的医疗服务，2015年，中国启动实施《进一步改善医疗服务行动计划》，通过优化服务流程、运用信息化手段、推行日间手术等措施减少排队次数、缩短缴费和候诊时间，4100余家医院可以为患者提供信息查询和推送服务，是三年前的四倍，有效减少了患者在医院内的重复排队缴费情况和往返医院次数；全部三级医院、80%以上的二级医院开展优质护理服务。

医改托起人民的健康梦。《2017年我国卫生健康事业发展统计公报》显示，2017年，中国居民人均预期寿命由2016年的76.5岁提高到76.7岁，婴儿死亡率从7.5‰下降到6.8‰，孕产妇死亡率从19.9/10万下降到19.6/10万，中国居民主要健康指标总体上优于中高收入国家平均水平。一项项新政正在密织着13亿多人民的健康保障网，丰富着健康中国的内涵。《"健康中国2030"规划纲要》指出，到2030年，中国人均预期寿命将进一步提高到79岁，接近高收入国家水平。到那时，民康国富，民健国强，中国必将为全人类可持续发展做出更大贡献。①

六是社会体制改革。社会体制改革是中国特色社会主义事业总体布局中社会建设的重要组成部分，是一项影响深远的社会变革。中共十八届三中全会明确提出进行社会体制改革，并成立社会体制改革专项小组。2014年2月，中央全面深化改革领导小组审议通过了《关于深化司法体制和社会体制改革的意见及贯彻实施分工方案》。党的十八大以来，社会体制改革涉及社会领域体

① 《一切为了人民的健康——党的十八大以来医药卫生体制改革成果述评》，《光明日报》2018年11月7日。

制机制的方方面面，有很多亮点，主要表现在以下几个方面。（1）深化就业体制改革。消除城乡、行业、身份、性别等一切影响平等就业的制度障碍和就业歧视，促进以高校毕业生为重点的青年就业和农村转移劳动力、城镇困难人员、退役军人就业，形成大众创业、万众创新的新局面。增强失业保险制度预防失业、促进就业功能，完善就业失业监测统计制度。（2）深化收入分配体制改革。规范收入分配秩序，建立个人收入和财产信息系统，保护合法收入，调节过高收入，清理规范隐性收入，取缔非法收入，增加低收入者收入，扩大中等收入者比重，努力缩小城乡、区域、行业收入分配差距。随着各种调节收入分配政策的力度加大，中国近年来衡量收入差距的基尼系数逐年平缓降低。（3）深化社会保障制度改革。推进实现基础养老金全国统筹，正式启动机关事业单位养老保险制度改革。建立健全合理兼顾各类人员的社会保障待遇确定和正常调整机制。建立公开规范的住房公积金制度，改进住房公积金提取、使用、监管机制。加快发展企业年金、职业年金、商业保险，构建多层次社会保障体系。（4）深化社会治理体制改革。改进社会治理方式，加强党委领导，发挥政府主导作用，鼓励和支持社会各方面参与，实现政府治理和社会自我调节、居民自治良性互动。坚持依法治理，加强法治保障，运用法治思维和法治方式化解社会矛盾。建立畅通有序的诉求表达、心理干预、矛盾调处、权益保障机制。全国上访和群体性事件不断上涨的势头得到有效遏制，社会秩序保持总体稳定。①

（五）生态体制改革积极作为

"环境就是民生，青山就是美丽，蓝天也是幸福。要像保护

---

① 李培林：《社会体制改革多亮点——党的十八大以来全面深化改革新实践》，《求是》2016 年第 5 期。

眼睛一样保护生态环境，像对待生命一样对待生态环境。"① 中共十八届三中全会把生态文明体制纳入改革总体布局。2014 年 1 月，中央全面深化改革领导小组第一次会议，明确建立经济体制和生态文明体制改革小组。2 月召开的中央全面深化改革领导小组会议审议通过了《关于经济体制和生态文明体制改革专项小组重大改革的汇报》。近年来围绕中央对生态文明制度建设的部署，各地区积极行动，生态文明体制改革迎难而上，取得一定成效。

注重顶层设计。2015 年 9 月，中央政治局会议审议通过了《生态文明体制改革总体方案》，明确改革目标是：到 2020 年，构建起由自然资源资产产权制度、国土空间开发保护制度、空间规划体系、资源总量管理和全面节约制度、资源有偿使用和生态补偿制度、环境治理体系、环境治理和生态保护市场体系、生态文明绩效评价考核和责任追究制度等八项制度构成的产权清晰、多元参与、激励约束并重、系统完整的生态文明制度体系，推进生态文明领域国家治理体系和治理能力现代化，努力走向社会主义生态文明新时代。方案提出要健全自然资源资产产权制度、建立国土空间开发保护制度、建立空间规划体系、完善资源总量管理和全面节约制度、健全资源有偿使用和生态补偿制度、建立健全环境治理体系、健全环境治理和生态保护市场体系、完善生态文明绩效评价考核和责任追究制度。

中共十八大以后按照党中央的有关部署，国务院相关部门积极作为，出台生态文明建设重大举措，生态文明体制改革取得明显进展。

一是实施新的环境保护法。2014 年修订通过的环境保护法于 2015 年 1 月 1 日正式实施。该法有新中国成立以来要求最严的环

---

① 《习近平张德江俞正声王岐山分别参加全国两会一些团组审议讨论》，《人民日报》2015 年 3 月 7 日。

保法之称，释放出强有力的环保监控信号。

二是加快实施主体功能区战略。以主体功能区规划为基础统筹各类空间性规划，推进"多规合一"。2016年8月，中央全面深化改革领导小组审议通过了《重点生态功能区产业准入负面清单编制实施办法》。编制重点生态功能区产业准入负面清单，对严格管制各类开发活动、减少对自然生态系统的干扰、维护生态系统的稳定性和完整性，意义重大。

三是出台了环境保护督察试行方案和生态环境监测网络建设方案。2015年7月，中央全面深化改革领导小组审议通过了《环境保护督察方案（试行）》《生态环境监测网络建设方案》。建立环保督察工作机制是建设生态文明的重要抓手，对严格落实环境保护主体责任、完善领导干部目标责任考核制度、追究领导责任和监管责任，具有重要意义。

四是实施国家公园体制。2015年12月，中央全面深化改革领导小组审议通过了《中国三江源国家公园体制试点方案》。在青海三江源地区选择典型和代表区域开展国家公园体制试点，实现三江源地区重要自然资源国家所有、全民共享、世代传承，促进自然资源的持久保育和永续利用，具有十分重要的意义。2016年12月，中央全面深化改革领导小组审议通过了《大熊猫国家公园体制试点方案》《东北虎豹国家公园体制试点方案》。为统筹生态保护和经济社会发展、国家公园建设和保护地体系完善，在统一规范管理、建立财政保障、明确产权归属、完善法律制度等方面取得实质性突破。

五是实施健全生态保护补偿机制。2016年3月，中央全面深化改革领导小组审议通过《关于健全生态保护补偿机制的意见》，目的是保护好绿水青山，让受益者付费、保护者得到合理补偿，促进保护者和受益者良性互动，调动全社会保护生态环境的积极性。2016年8月，中央全面深化改革领导小组审议通过了《关于在部分省份开展生态环境损害赔偿制度改革试点的报告》，同意在吉林、江苏、山东、湖南、重庆、贵州、云南七省市开展生态环境损害赔偿制度改革试点。

六是出台建设国家生态文明试验区意见。设立统一规范的国家生态文明试验区，目的是开展生态文明体制改革综合试验，为完善生态文明制度体系探索路径、积累经验。2016 年 6 月，中央全面深化改革领导小组审议通过了《关于设立统一规范的国家生态文明试验区的意见》《国家生态文明试验区（福建）实施方案》。在综合考虑各地现有生态文明改革实践基础、区域差异性和发展阶段等因素后，选择生态基础较好、资源环境承载能力较强的福建省、江西省和贵州省，成为首批试验区。2017 年 10 月中央印发《国家生态文明试验区（江西）实施方案》和《国家生态文明试验区（贵州）实施方案》。福建、江西、贵州这三个试验区将对 38 项制度开展创新试验，充分体现了国家生态文明体制改革综合试验平台的定位和作用。三个试验区还结合各自实际，提出自行开展的改革试验任务合计 28 项。比如，福建省完善环境资源司法保障机制、开展生态系统价值核算试点，江西省探索绿色生态农业推进机制、建立生态补偿扶贫机制，贵州省开发利用生态文明大数据、建立生态文明国际合作机制等，这些将极大地调动和发挥地方主动性和改革首创精神。贵州省林业局 2019 年 3 月 18 日发布的《2018 年贵州省国土绿化状况公报》显示，2018 年贵州森林覆盖率提高到 57%。作为中国首批国家生态文明试验区的福建省和江西省绿色"颜值"也节节攀高。近年来，贵州大力推进退耕还林、"两江"防护林体系建设、长江经济带生态修复治理等重点生态修复工程，划定生态保护红线并出台相关暂行管理办法，积极开展森林城市体系建设，森林面积不断扩大。数据显示，2018 年贵州共完成营造林 520 万亩，抚育森林 600 万亩，森林面积达 1.51 亿亩，森林蓄积 4.68 亿立方米。

贵州共有国家级湿地公园 45 处、国家级森林公园 30 处。同样作为国家生态文明试验区，福建省自 2014 年以来，森林面积净增150 万亩，达到 1.21 亿亩，森林覆盖率达到 66.8%，创历史新高。《江西省 2018 年国土绿化状况公报》显示，该省扎实开展国土绿化行动，2018 年完成造林 137.2 万亩、低产低效林改造217.3 万亩，森林覆盖率达到 63.1%，广大民众充分享受到绿色生态福祉。2019 年 2 月，美国航天局卫星数据表明，全球从 2000年到 2017 年新增的绿化面积中，约四分之一来自中国，贡献比例居全球首位。中国的贡献中 42% 来自植树造林，32% 来自集约农业。数据显示，中国人工林面积已由改革开放初期的 3.3 亿亩扩大到现在的 11.8 亿亩，稳居世界首位。生态试验区建设成效显著。

七是实施环保监测监察执法垂直管理制度改革、探索按照流域管理。实行环保监测监察执法垂管，能避免地方保护主义，尽最大程度督促环境保护工作认真开展。2016 年 7 月，中央全面深化改革领导小组审议通过了《关于省以下环保机构监测监察执法垂直管理制度改革试点工作的指导意见》，目的是建立健全条块结合、各司其职、权责明确、保障有力、权威高效的地方环保管理体制，确保环境监测监察执法的独立性、权威性、有效性。2017 年 2 月，中央全面深化改革领导小组还审议通过《按流域设置环境监管和行政执法机构试点方案》。

八是实行河长制。保护江河湖泊，事关人民群众福祉，事关中华民族长远发展。2016 年 10 月，中央全面深化改革领导小组审议通过了《关于全面推行河长制的意见》。全面推行河长制，目的是贯彻新发展理念，以保护水资源、防治水污染、改善水环境、修复水生态为主要任务，构建责任明确、协调有序、监管严格、保护有力的河湖管理保护机制，为维护河湖健康生命、实现河湖功能永续利用提供制度保障。要加强对河长的绩效考核和责任追究，对造成生态环境损害的，严格按照有关规定追究责任。2017 年施行的《浙江省河长制规定》明确将"河长制"定义为"由河长对其责任水域的治理、保护予以监督和协调，督促或者建议政府及相关主管部门履行法定职责、解决责任水域存在问题的体制和机制"。河长制，不是用新设立的河长来替代主管部门日常监督检查职责的制度，而是作为日常监督检查的补充和辅助，推动和帮助部门更好地履行职责。①

实际上，河长制最早在浙江先行先试。在浙江，每一块河道边都有河长公示牌，各级河长的姓名、电话以及职务等写得清清楚楚，而且蓝色的牌子很醒目，有任何问题都可以第一时间联系到人。浙江一共配备各级河长 5.7 万余名，其中省级河长 6 名、市级河长 272 名、县级河长 2786 名、乡级河长 19320 名、村级河长 35091 名，形成了省、市、县、乡、村"五级联动"的河长制体系，并将河长制延伸到小微水体，实现水体全覆盖。在"五级联动"河长制体系中，省级河长主要管流域，负责协调和督促解决责任水域治理和保护的重大问题；市、县级河长主要负责协调和督促相关主管部门制定和实施责任水域治理和保护方案；乡、村两级河长协调和督促水域治理和保护具体任务的落实，做好日常巡河工作。有的河长说，每周巡河，都需要拍照上传到河长APP 上。河长制不仅是让河流有了责任主体，定点到人，解决了原河道水环境管理责任不清、职责不明的问题，还改变了每一个临河而居的百姓的理念。以前没人管，大家你扔我也扔。现在有河长监管，有巡查员巡视，有保洁员，大家也不好意思再乱扔乱排了。村里人不仅开始约束自己和家人的行为，而且碰到陌生人向河道扔垃圾也会主动制止。除"官方河长"外，浙江还有各种

---

① 《全国首部河长制地方法规 10 月份起施行　浙江河长制迈上新台阶》，《浙江日报》2017 年 9 月 29 日。

护河队及志愿者，比如公安机关推行"河道警长"、共青团组织"河小青"巡河、妇联成立"巾帼护河队"、村集体有"池大爷""塘大妈"……初步统计，这样的民间河长有 10 万。如此一来，全民参与，人人成为水环境的守护者。统计显示，全省公众对治水的支持度多年来均在 96% 以上。

河长制推行后，浙江水环境实现历史性好转，全面完成消灭垃圾河 6500 公里，消灭黑臭河 5100 公里，基本清除了"黑、臭、脏"的感官污染。统计数据显示，2017 年全省地表水省控断面中，Ⅲ类以上水质断面占 82.4%，全省已消灭劣Ⅴ类水质断面。① 环保部开展的 2016 年度《水污染防治行动计划》（"水十条"）实施情况考核，浙江省列全国首位。2016 年底，浙江经验推广到了全国。在全国大部分地方，不管是大江大河还是小河小溪，几乎都能见到河长的身影。

九是推行湿地保护修复制度和出台海岸线保护与利用办法。2016 年 11 月，中央全面深化改革领导小组审议通过了《湿地保护修复制度方案》《海岸线保护与利用管理办法》。2016 年 12 月，中央全面深化改革领导小组审议通过了《围填海管控办法》。

加强党政领导干部生态文明建设责任制度建设。生态环境保护能否落到实处，关键在领导干部。2015 年 7 月，中央全面深化改革领导小组审议通过了《关于开展领导干部自然资源资产离任审计的试点方案》《党政领导干部生态环境损害责任追究办法（试行）》。开展领导干部自然资源资产离任审计试点，主要目标是探索并逐步形成一套比较成熟、符合实际的审计规范，明确审计对象、审计内容、审计评价标准、审计责任界定、审计结果运用等，推动领导干部守法守纪、守规尽责，促进自然资源资产节约集约利用和生态环境安全。要紧紧围绕领导干部责任，积极探

---

① 浙江省环境保护厅：《2017 年浙江省环境状况公报》。

索离任审计与任中审计、与领导干部经济责任审计以及其他专业审计相结合的组织形式，发挥好审计监督作用。贵州省思南县合朋溪镇原党委书记廖永生对离任审计自然资源记忆犹新，2016 年调离时，相关部门对其曾任职的乡镇自然资源资产"家底"进行了全面审计。二三十页的"生态账本"，记录了他任期内辖区生态环境质量的变化，也包括执行中央生态文明建设方针政策、遵守环保相关法律法规以及相关资金征管用等情况。"以前评价干部，很少说要看生态环境。那次审计，像经历了一次'大考'。"廖永生说总体情况还可以，但也发现了一些风险隐患，及时为自己和班子成员提了醒，"对待自然资源不能乱作为、胡作为"，"只看 GDP、不看生态环境的畸形政绩观将得到有效改变"。① 可见，生态保护指挥棒发挥出重要作用。

中央重拳惩治对污染环境负责的领导干部，推动了责任制的落实。习近平 2014 年到 2016 年多次对祁连山环境问题做出重要批示，但甘肃省没有真正落实。甘肃省原主要负责人消极应付中央指示，不作为不落实，对祁连山的生态环境破坏负有重大责任。在查实后，中共中央办公厅、国务院办公厅就甘肃祁连山国家级自然保护区生态环境问题发出通报。通报指出，祁连山是中国西部重要生态安全屏障，是黄河流域重要水源产流地，是中国生物多样性保护优先区域，国家早在 1988 年就批准设立了甘肃祁连山国家级自然保护区。长期以来，祁连山局部生态破坏问题十分突出。对此习近平多次做出批示，要求抓紧整改，在中央有关部门督促下，甘肃省虽然做了一些工作，但情况没有明显改善。2017 年 2 月 12 日至 3 月 3 日，由党中央、国务院有关部门组成中央督查组就此开展专项督查。在此之后，中央政治局常委

① 《从脆弱生态到满眼皆"绿"——国家生态文明试验区贵州的"绿色之路"》，新华网 2018 年 7 月 11 日。

会会议听取督查情况汇报，对甘肃祁连山国家级自然保护区生态环境破坏典型案例进行了深刻剖析，并对有关责任人做出严肃处理。

为严肃法纪，根据《中国共产党问责条例》《中国共产党纪律处分条例》《党政领导干部生态环境损害责任追究办法（试行）》等有关规定，按照党政同责、一岗双责、终身追责、权责一致的原则，经党中央批准，决定对相关责任单位和责任人进行严肃问责。通报指出，甘肃祁连山国家级自然保护区生态环境问题具有典型性，教训十分深刻。各地区各部门要切实引以为鉴、举一反三，自觉把思想和行动统一到党中央决策部署上来，严守政治纪律和政治规矩，坚决把生态文明建设摆在全局工作的突出地位抓紧抓实抓好，为人民群众创造良好生产生活环境。通报强调，各地区各部门必须坚决扛起生态文明建设的政治责任，牢固树立"四个意识"，深入学习领会习近平生态文明建设重要战略思想，深刻认识生态环境保护的重要性、紧迫性、艰巨性，增强责任感和使命感，下大气力解决人民群众反映强烈的生态环境突出问题，切实把生态文明建设各项任务落到实处。必须贯彻新发展理念，自觉践行习近平强调的"绿水青山就是金山银山"的理念，正确处理经济发展和生态环境保护的关系，推动形成绿色发展方式和生活方式，坚决摒弃损害甚至破坏生态环境的发展模式，坚决摒弃以牺牲生态环境换取一时一地经济增长的做法，把发展的基点放到创新上来，让良好生态环境成为人民生活的增长点、成为经济社会持续健康发展的支撑点、成为展现中国良好形象的发力点。通报要求，各地区各部门要进一步转变作风，勇于担当、真抓实干，紧盯生态环境重点领域、关键问题和薄弱环节，以钉钉子精神一项一项抓落实、一件一件抓整改，不彻底解决决不松手，务求取得实实在在的效果。要强化生态环境保护主体责任，抓紧建立生态环境保护责任清单，落实生态安全责任制，一级抓一级，层层传导压力。要组织开展经常性的环境污染问题排查、检查、督察，加大中央环境保护督察力度，形成强大震慑，倒逼责任落实。要加强生态环境执法，严格事前事中事后监管，严厉打击各类环境违法犯罪行为，特别是要抓住破坏生态环境的典型案例不放，严肃查处、公开曝光，让破坏生态环境者付出代价。

生态文明建设，是一场涉及生产方式、生活方式、思维方式和价值观念的革命性变革。通过树立绿色理念、制订总体方案、出台重大环保举措、加大环保追责力度，中国有理由相信，经过艰苦努力，建设天蓝、地绿、水净的美丽中国的目标一定会实现。

三、推动形成全面对外开放新格局

中共十八大以来，以习近平同志为核心的党中央准确把握和平、发展、合作、共赢的时代潮流和国际大势，从中国特色社会主义事业"五位一体"总布局和"四个全面"战略布局的战略高度，着眼于实现中华民族伟大复兴中国梦，以开放促改革、促发展、促创新，实现陆海内外联动、东西双向开放，推动构建全面对外开放新格局，谱写了中国与世界互利共赢的新篇章。

（一）建设自由贸易试验区

建设自由贸易试验区是中共中央、国务院在新形势下全面深化改革和扩大开放的战略举措，对探索建立新的政府经济管理体制，率先建立同国际投资和贸易通行规则相衔接的制度体系，推动高水平对外开放，具有重要意义。2013年设立中国（上海）自由贸易试验区，表明中国正在寻求进一步对外开放的道路，特别是服务贸易领域和投资领域要进一步对外开放。这一重大举措也表明中国未来的改革不是寻求地方的政策突破，而是寻求能够在全国可复制、可推广的制度性建设。中国（上海）自贸试验区充分发挥了先行先试的带头探索作用。

在总结上海自贸区经验基础上，2014年12月12日，国务院常务会议决定设立中国（广东）自由贸易试验区、中国（天津）自由贸易试验区、中国（福建）自由贸易试验区。其中广东自贸区立足面向港澳深度融合，天津自贸区与推动京津冀协同发展相契合，福建自贸区着重进一步深化两岸经济合作。2017年3月31日，国务院又批复成立中国（辽宁）自由贸易试验区、中国（浙江）自由贸易试验区、中国（河南）自由贸易试验区、中国（湖北）自由贸易试验区、中国（重庆）自由贸易试验区、中国（四川）自由贸易试验区、中国（陕西）自由贸易试验区等七个自贸区。这七个自贸区定位有各自鲜明特点，比如陕西自贸区主要是落实中央关于更好发挥"一带一路"建设对西部大开发带动作用、加大西部地区门户城市开放力度的要求，打造内陆型改革开放新高地，探索内陆与"一带一路"沿线国家经济合作和人文交流新模式。

2016年12月，习近平就自贸区建设提出希望，"望在深入总结评估的基础上，坚持五大发展理念引领，把握基本定位，强化使命担当，继续解放思想、勇于突破、当好标杆，对照最高标准、查找短板弱项，研究明确下一阶段的重点目标任务，大胆试、大胆闯、自主改，力争取得更多可复制推广的制度创新成果，进一步彰显全面深化改革和扩大开放的试验田作用"。① 为

---

① 《习近平对上海自贸试验区建设作出重要指示强调　解放思想勇于突破大胆试大胆闯自主改　力争取得更多可复制推广的制度创新成果》，《人民日报》2017年1月1日。

进一步推动自贸区建设，2017 年 3 月，国务院印发《全面深化中国（上海）自由贸易试验区改革开放方案》，继续支持上海自贸试验区先行先试。方案提出，上海自贸试验区要围绕重点任务和薄弱环节继续深化改革探索，坚持以制度创新为核心，解放思想、勇于突破、当好标杆，以可复制可推广为基本要求，主动服务"一带一路"建设和长江经济带发展，加强与上海国际经济、金融、贸易、航运中心建设和具有全球影响力的科技创新中心建设的联动，不断放大政策集成效应，在构建开放型经济新体制、深化投资管理体制改革、优化贸易监管服务体系、推进金融开放创新、完善创新促进机制等方面，率先挖掘改革潜力，破解改革难题，建设法治化、国际化、便利化营商环境。方案明确，上海自贸试验区要加强改革系统集成，建设开放和创新融为一体的综合改革试验区；要加强同国际通行规则相衔接，建立开放型经济体系的风险压力测试区；要进一步转变政府职能，打造提升政府治理能力的先行区；要创新合作发展模式，成为服务国家"一带一路"建设、推动市场主体走出去的桥头堡；要服务全国改革开放大局，形成更多可复制推广的制度创新成果。

方案强调，要坚决贯彻党中央、国务院部署，坚持稳中求进工作总基调，进一步解放思想、勇于突破，统筹谋划、加强协调，大胆实践、积极探索，支持上海自贸试验区先行先试。要加强组织领导，明确责任主体，精心组织实施，抓好改革措施的落实，有效防控各类风险。国务院自由贸易试验区工作部际联席会议办公室、上海市人民政府、有关部门要创新思路、寻找规律、解决问题、积累经验；要充分发挥积极性，及时总结评估试点任务实施效果，加强试点经验系统集成，持续形成可复制可推广的改革试点经验，进一步彰显自贸试验区全面深化改革和扩大开放试验田作用。

2017 年 4 月 1 日，上海市政府举行新闻发布会，就上海自贸试验区制度创新成果及建设推进情况进行了详细介绍。上海自贸试验区设立以来，以建设开放度最高的自由贸易园区为目标，把制度创新作为核心任务，把防范风险作为重要底线，把企业作为重要主体，把形成可复制、可推广的制度创新成果作为着力点，紧紧抓住自贸试验区建设的基本定位和关键环节，大胆试、大胆闯、自主改，在建立与国际通行规则相衔接的投资贸易制度体系、深化金融开放创新、加快政府职能转变和构建开放型经济新体制方面，取得了重要成果，总体上达到了预期目标。一是确立以负面清单管理为核心的投资管理制度，形成与国际通行规则一致的市场准入方式。以促进投资便利化为目标，建立准入前国民待遇加负面清单的外商投资管理制度。全国人大常委会已审议通过了修改《外资企业法》等四部法律规定的有关行政审批决定。建立企业准入"单一窗口"制度，变多个部门分头管理为"一表申报、一口受理、并联办事"的服务模式。率先探索"先照后证"、注册资本认缴制、统一营业执照样式等商事制度改革。90%左右的国民经济行业对外资实现了准入前国民待遇，超过90%的外商投资企业通过备案方式设立，办理时间由原来的8个工作日减少到1个工作日，申报材料由10份减少到3份。近10个部门的相关业务实现了"多证联办"。自挂牌至2017年2月，自贸试验区累计新设企业44018户，其中，内资企业35961户，占比81.7%，外资企业8057户，占比18.3%，社会投资活力大幅提升。①

二是确立符合国际高标准贸易便利化规则的贸易监管制度，形成具有国际竞争力的口岸监管服务模式。实现口岸监管部门"信息互换、监管互认、执法互助"，"一线放开、二线安全高效

① 《上海自贸试验区制度创新成果及建设推进情况》，中国（上海）自由贸易试验区网站2017年4月1日。

管住"贸易监管制度高效运行,构建了"自主申报、自助通关、自动审放、重点稽核"和"十检十放"等监管新模式。实施信息化和智能化为核心的贸易便利化改革和货物状态分类监管制度,建立了信息化监管为主、现场监管为辅的监管方式。建成上海国际贸易"单一窗口",实现"一个平台、一次提交、结果反馈、数据共享"。上海自贸试验区的海关特殊监管区域已实现一线进境货物当天入区,进出境时间较全关区平均水平分别缩短78.5%和31.7%,物流成本平均降低约10%。海关自动化作业率从挂牌初期的12.8%提升至56.2%,海关特殊监管区域海关监管作业无纸化率从8.4%提升至87%,无纸化报检企业覆盖率达到98%,卡口智能化验放率达到50%以上。上海口岸95%的货物申报、全部船舶申报通过国际贸易"单一窗口"办理,平台用户近5000家,服务企业17万家。世界贸易组织《贸易便利化协定》中,在货物放行与结关、进口货物移动两个条款上,试点内容已超过该协定明确的便利化程度。

三是确立适应更加开放环境和有效防范风险的金融创新制度,形成与上海国际金融中心建设的联动机制。创设自由贸易账户系统,建立宏观审慎管理的资本项目可兑换操作模式,实施"分类别、有管理"的资本项目可兑换。构建全国利率市场化改革的操作模式和人民币国际化的实施模式,建立市场利率稳定机制,稳步推进人民币跨境使用。建设面向国际的金融资产交易平台,实施证券"沪港通",推出黄金"国际版"和"上海金"人民币集中定价机制。积极创新金融领域管理方式,构建金融监管和风险防范机制。截至2017年4月,上海自贸试验区入驻持牌金融机构817家,占全市的53.9%。累计597家企业发生跨境双向人民币资金池业务,资金池收支总额7768.1亿元。2016年,跨境人民币结算总额已达11518亿元,占全市50.99%。共有51家金融机构通过分账核算系统验收,累计开立自由贸易账户6.5万个，自由贸易账户业务涉及 126 个国家和地区、3.2 万家境内外企业。设立了新型金融业态监测平台，对 11 大类、8.2 万家互联网金融、融资担保等新型金融企业实施动态预警监测。

四是确立以规范市场主体行为为重点的事中事后监管制度，形成透明高效的准入后全过程监管体系。以综合监管为基础，以专业监管为支撑，形成信息互联共享的协同监管机制，实施风险分类监管。构建鼓励企业自律的信用约束机制和社会力量参与的多元监督机制，建立企业年度报告和经营异常名录制度，在行业准入、认证鉴定等方面系统引入社会力量参与。建立安全审查和反垄断审查制度。上海已针对安全生产、食品药品等 12 个重点领域的严重失信行为，制定和实施了限制参与政府采购、限制申请财政资金等 43 项跨部门联动惩戒措施，基本形成了市场主体自律、业界自治、社会监督、政府监管互为支撑的综合监管格局，外商投资安全形势可控。

五是联动创新一级政府管理体制，实现符合市场经济规则的政府职能转变新突破。充分发挥上海自贸试验区管委会与浦东新区政府合署办公的优势，建立综合执法新体制。全面实施"证照分离"改革试点，对审批频次比较高、投资主体关注度大的 116 项行政许可事项先行开展改革试点。充分发挥上海自贸试验区和国家自主创新示范区的叠加优势，"双自联动"机制效应显现。

六是加强改革试点经验复制推广。上海自贸试验区的改革创新理念和 100 多项制度创新成果在全国复制推广。外商投资备案管理、企业准入"单一窗口"等 37 项投资领域改革措施在全国复制推广。先进区后报关、批次进出集中申报等 34 项贸易便利化改革措施，已在全国范围、长江流域范围、海关特殊监管区域等分阶段有序推广实施。跨境融资、利率市场化等 23 项金融制度创新改革成果分领域、分层次在全国复制推广。上海自贸试验区的主动开放、自主改革，探索了新形势下推动全面深化改革和扩大开放的新路径，为全国自贸试验区建设提供了可借鉴的经验和模式。

总体看，从确定试点到 2017 年三年左右，上海自贸试验区制度创新进一步激发了市场创新活力和经济发展动力。新注册企业 4 万家，超过上海自贸试验区挂牌前 20 多年总和。新注册企业活跃度超过 80%，民营企业占比已达到 88.77%。区内企业的跨境人民币交易结算额累计达 2.38 万亿元，在上海市占比达到42.2%。浦东新区一级地方政府职能转变成效显著，全部取消了64 项地方设定的行政审批事项。上海自贸试验区以十分之一的面积，创造了浦东新区四分之三的生产总值；以上海市五十分之一的面积，创造了上海市四分之一的生产总值，反映出制度创新而非优惠政策是驱动经济长远发展的持续动力。①

（二）推动人民币国际化

改革开放以前，中国实行高度集中的外汇管理体制，原则上不允许人民币携带出境，也不允许将人民币用于对外贸易和投融资活动的计价结算，人民币是完全意义上的国内货币。改革开放以后，对人民币跨境流通使用的限制逐步放松。而 2015 年 11 月底 IMF 正式宣布人民币加入 SDR 篮子货币，则意味着人民币已成为国际认可的国际化货币。

人民币纳入 SDR，是中国对外开放日益深化的重要标志。2016 年 9 月 30 日（华盛顿时间），IMF 宣布纳入人民币的 SDR 新货币篮子于 10 月 1 日正式生效。这反映了人民币在国际货币体系中不断上升的地位，有利于建立一个更强劲的国际货币金融

---

① 《上海举行自贸试验区制度创新成果及建设推进情况发布会》，中华人民共和国国务院新闻办公室网站 2017 年 4 月 1 日。

体系。新的 SDR 货币篮子包含美元、欧元、人民币、日元和英镑 5 种货币，权重分别为 41.73%、30.93%、10.92%、8.33% 和 8.09%。人民币纳入 SDR 是人民币国际化的里程碑，是对中国经济发展成就和金融业改革开放成果的肯定，有助于增强 SDR 的代表性、稳定性和吸引力，也有利于国际货币体系改革向前推进。

全球有 60 多家外国央行持有人民币外汇储备资产。而据国际货币基金组织的统计，截至 2018 年 9 月末，全球持有的人民币外汇储备规模折合 1925 亿美元，占 1.80%，较 2016 年首次披露时的占比提高了 0.73 个百分点，成为第六大国际储备货币。[①] 近年来，中国以人民币"入篮"为契机，深化金融改革，扩大金融开放，为促进全球经济增长、维护全球金融稳定和完善全球经济治理做出了积极贡献。

（三）成立亚洲基础设施投资银行

为应对全球化进程中的新挑战，通过对其成员的基础设施的投资，加强互联互通，促进经济和社会的发展，改善生态环境，最终消除贫困，中国倡议成立了亚洲基础设施投资银行（简称"亚投行"）。自 2016 年设立以来，亚投行获得了国际上普遍的肯定，逐步化解疑虑，悄然冰释担忧。从 57 个创始成员，发展到 93 个成员，"朋友圈"不断扩大，从主要集中在亚洲逐步扩展至全球。这种爆发性的增长在多边开发机构中并不多见。

亚投行坚持高标准，走创新道路。亚投行行长金立群在接受专访时表示，该机构在项目选择上有三个根本要求：财务可持续；环境保护，项目应有利于改善环境；得到所在地民众支持。

---

① 《对人民币国际化之路的反思与体会》，凤凰网财经 2019 年 3 月 28 日。

亚投行坚持开放共赢，走国际化道路。在接纳成员上不排外，一国不论大小、经济发展水平，只要有意向加盟，走完流程后即可加入；在人员招聘上，亚投行面向全球而非局限在成员内部，这在多边开发机构中非常少见。由于严格的管理制度和执行力度，国际三大信用评级机构都给予了亚投行最高的信用评级。包括联合国专门机构和区域开发银行在内的许多国际发展组织都与其达成合作。欧洲复兴开发银行行长苏马·查克拉巴蒂称，与亚投行的合作关系是该机构与其他国际开发金融机构之间"最友好的关系之一"。

亚投行成立以来，为成员国做了大量事情，累计批准项目投资逾 75 亿美元，为东亚、东南亚、南亚、中亚、西亚、非洲等六个地区 13 个国家的基建项目提供了资金支持，覆盖交通、能源、电信、城市发展等多领域，带动各类公共和私营资本近 400 亿美元进入相关项目。① 《2017 年亚投行年度报告》指出，亚投行的融资助力成员国数亿人改善了生活。2016 年 9 月 27 日，亚投行批准为马尼拉防洪项目提供 2.076 亿美元融资，这是亚投行在菲律宾首个融资项目。该项目总投资 5 亿美元，世行也提供与亚投行同等金额融资，其余 8479 万美元由菲律宾政府承担。菲律宾马尼拉市现有排水系统建于 20 世纪 70 年代，已严重老化失修。尤其在每年 6 月到 10 月的台风季，马尼拉市内洪涝频发，经常导致交通瘫痪及人员伤亡。48 岁的当地居民多米兹还记得，2009 年的一场台风引发的洪涝造成当地 747 人死亡，财产损失高达 19 亿美元。根据规划，马尼拉防洪项目将更新 36 个水泵站的设备，新建 20 个水泵站，重修市区水道，还包括垃圾处理、排水管道维修等配套基础设施建设。多米兹相信，防洪项目建成

① 《亚投行已累计批准项目投资逾 75 亿美元》，中国新闻网 2018 年 12 月 20 日。

后，他的家不会再被洪水淹没，未来的生活会更加美好。2016 年亚投行提供 2.165 亿美元贷款助力"千岛之国"印度尼西亚改造贫民窟，通过修建和改造水、电、路等基础设施提升民众生活质量，这一项目将令约 970 万居民直接受益，另有数百万居民间接受益。清理垃圾、拓宽道路、疏通下水、引入绿化和发展教育，为贫民窟社区带来了久违的生机与活力。

亚投行的成立是中国深度参与全球治理体系改革的体现。亚投行成员数的不断扩增，是国际社会对亚投行投出的信任票，更是投给中国的一张信任票。很多国家之所以积极加入亚投行，就是因为看到中国领导人提出的倡议得到具体落实，中国作为最大股东做到了言必信、行必果；就是因为中国注重交往时坚持互利共赢原则。

（四）推动涉外经贸体制改革

为加快对外开放，中国加快了涉外体制机制的改革，集中力量清理了一批"拦路虎"和"绊脚石"，对外贸易、双向投资等开放新体制加快完善。2015 年 1 月，《中华人民共和国外国投资法（草案征求意见稿）》向社会公开征求意见，准备采取准入前国民待遇和负面清单的外资管理方式，促进内外资企业一视同仁、公平竞争。该法被列入国务院 2018 年立法工作计划，2019年 3 月举行的十三届全国人大二次会议表决通过，自 2020 年 1 月1 日起施行。中国政府在北京开展了服务业扩大开放综合试点工作，主要是聚焦科学技术、互联网和信息、文化教育、金融、商务和旅游、健康医疗六大重点服务领域，降低或取消外资股权比例限制、部分或全部放宽经营资质和经营范围限制。

高水平引进来与大规模走出去，成为中国新时代开放型经济的重要特征。放眼全球，中国利用外资无疑是一道亮丽的风景线，引进外资规模不断增加，外资产业结构进一步优化。"走出去”稳中有进。2014年10月正式实施了《境外投资管理办法》，新办法确立“备案为主，核准为辅”的管理模式，并引入负面清单的管理制度，实现了98%的对外投资事项已不需要政府审核，对外投资效率大大提高。中国对外投资提速增效，中国海尔股份公司54亿美元收购通用电气家电业务是一大亮点。仅在2015年，中泰铁路、雅万高铁等全部采用中国技术、中国标准、中国装备的境外铁路项目纷纷启动。跨境电商方面也迈出重要步伐。2015年3月，中国杭州开展跨境电子商务综合试验区工作，监管创新、金融扶持、信用管理等体制机制创新释放“红利”。截至2015年11月底，杭州跨境电子商务交易规模从2014年不足2000万美元快速增至30.4亿美元。中国对外投资在带动世界经济增长、促进互利共赢方面发挥了重要作用。“引进来”与“走出去”基本平衡的双向投资布局日渐完善。开放带来进步，封闭自然落后。中国开放的大门不会关闭，只会越开越大。

第三章　全面依法治国迈出重大步伐

中共十八大以来，以习近平同志为核心的党中央高度重视依法治国，专门召开全会对依法治国予以部署，明确提出全面推进依法治国、加快建设社会主义法治国家的战略任务，并将全面依法治国纳入"四个全面"战略布局，法治国家建设取得了重大进展，全面依法治国迈出重大步伐。这必将载入中国历史史册，也会引起中国的巨大变革。

一、坚持走中国特色社会主义法治道路

对于中国法治建设取得的巨大成就，习近平指出，"大大小小可以列举出十几条、几十条，但归结起来就是开辟了中国特色社会主义法治道路这一条"①。中国特色社会主义法治道路，是社会主义法治建设成就和经验的集中体现，是建设社会主义法治国家的唯一正确道路。

① 中共中央文献研究室编：《十八大以来重要文献选编》（中），中央文献出版社 2016 年版，第 182 页。

（一）坚持走中国特色社会主义法治道路的提出

2012 年 11 月，中共十八大明确提出，法治是治国理政的基本方式，全面推进依法治国，要推进科学立法、严格执法、公正司法、全民守法。2013 年 2 月，习近平在主持中共十八届中央政治局第四次集体学习的讲话中指出，全面建成小康社会对依法治国提出了更高要求。全面贯彻落实党的十八大精神，全面推进科学立法、严格执法、公正司法、全民守法，坚持依法治国、依法执政、依法行政共同推进，坚持法治国家、法治政府、法治社会一体建设，不断开创依法治国新局面。"坚持依法治国、依法执政、依法行政共同推进，坚持法治国家、法治政府、法治社会一体建设，不断开创依法治国新局面"①。同年 10 月，中共十八届三中全会明确提出"推进法治中国建设"。②

2014 年 10 月，中共十八届四中全会以全面推进依法治国为主题，明确提出全面推进依法治国的指导思想、总目标、基本原则，回答了党的领导和依法治国的关系等一系列重大理论和实践问题，特别是鲜明提出坚持走中国特色社会主义法治道路、建设社会主义法治体系的重大论断，有力推进了社会主义法治国家建设。

（二）中国特色社会主义法治道路的核心要义

中国特色社会主义法治道路的核心要义有三方面：坚持中国共产党的领导，坚持中国特色社会主义制度，贯彻中国特色社会主义法治理论。

---

① 《习近平谈治国理政》，外文出版社 2014 年版，第 144 页。

② 中共中央文献研究室编：《十八大以来重要文献选编》（上），中央文献出版社 2014 年版，第 529 页。

　　中国共产党的领导是中国特色社会主义最本质的特征，是社会主义法治最根本的保证。坚持中国共产党的领导，是社会主义法治的根本要求。中国宪法确立了中国共产党的领导地位，这是历史的选择、人民的选择。坚持中国共产党的领导，是党和国家的根本所在、命脉所在，是全国人民的利益所系、幸福所系，是全面依法治国题中应有之义；依法治国是中国共产党提出来的，并在其带领人民的实践中提升为国家的战略布局。社会主义法治必须坚持党的领导，党的领导必须依靠社会主义法治。"坚持党的领导，不是一句空的口号，必须具体体现在党领导立法、保证执法、支持司法、带头守法上。"① 把党的领导贯彻到依法治国全过程和各个方面，坚持党的领导、人民当家作主、依法治国有机统一。只有在党的领导下依法治国、厉行法治，人民当家作主才能充分实现，国家和社会生活法治化才能有序推进。

　　中国特色社会主义制度是全面推进依法治国的根本制度保障。中国特色社会主义制度是当代中国发展进步的根本制度保障，是具有鲜明中国特色、明显制度优势、强大自我完善能力的先进制度。全面依法治国，必须以保障人民当家作主为核心，坚持和完善人民代表大会制度，坚持和完善中国共产党领导的多党合作和政治协商制度、民族区域自治制度以及基层群众自治制度，推进社会主义民主政治法治化。

　　中国特色社会主义法治理论是全面推进依法治国的行动指南。中国特色社会主义法治理论传承了中华传统法律文化的精华，借鉴了西方法治理论的优秀成果，系统总结了中国社会主义法治建设的实践经验，是马克思主义法治思想中国化的最新成果。中国特色社会主义法治理论博大精深、内涵丰富，深刻回答

---

　　①　中共中央文献研究室编：《十八大以来重要文献选编》（中），中央文献出版社 2016 年版，第 183 页。

了什么是社会主义法治，如何建设社会主义法治的问题。中国特色社会主义法治理论为全面依法治国、建设法治中国提供了科学的理论指导和坚实的学理支撑。

二、全面依法治国总目标

2014 年 10 月，中共十八届四中全会通过的《中共中央关于全面推进依法治国若干重大问题的决定》（以下简称《决定》），明确提出全面依法治国的总目标是建设中国特色社会主义法治体系、建设社会主义法治国家，为全面推进依法治国明确了努力方向。

（一）围绕全面依法治国总目标开展工作

《决定》对全面依法治国总目标进行了阐释：在中国共产党领导下，坚持中国特色社会主义制度，贯彻中国特色社会主义法治理论，形成完备的法律规范体系、高效的法治实施体系、严密的法治监督体系、有力的法治保障体系，形成完善的党内法规体系，坚持依法治国、依法执政、依法行政共同推进，坚持法治国家、法治政府、法治社会一体建设，实现科学立法、严格执法、公正司法、全民守法，促进国家治理体系和治理能力现代化。

全面依法治国总目标的提出，既明确了全面依法治国的性质和方向，又突出了全面推进依法治国的工作重点和总抓手，对全面推进依法治国具有纲举目张的意义。正如习近平所指出的，"依法治国各项工作都要围绕全面推进总目标来部署、来展开"①。

第一，坚定不移走中国特色社会主义法治道路。道路问题关

---

① 《习近平谈治国理政》第 2 卷，外文出版社 2017 年版，第 119 页。

系全局、决定成败。全面依法治国这件大事能不能办好，最关键的是方向正确与否，政治保证是不是坚强有力。习近平指出："全面推进依法治国，必须走对路。如果路走错了，南辕北辙了，那再提什么要求和举措也都没有意义了。"① "在坚持和拓展中国特色社会主义法治道路这个根本问题上，我们要树立自信、保持定力。"②

第二，建设中国特色社会主义法治体系是总抓手。全面推进依法治国涉及很多方面，在实际工作中必须有一个总揽全局、牵引各方的总抓手，这个总抓手就是建设中国特色社会主义法治体系。中国特色社会主义法治体系由五大体系组成，即完备的法律规范体系、高效的法治实施体系、严密的法治监督体系、有力的法治保障体系、完善的党内法规体系。在中国特色社会主义法治体系中，法律规范体系是前提和基础，法治实施体系是生命，法治监督体系是关键，法治保障体系是屏障，党内法规体系是核心。

第三，准确把握全面推进依法治国工作布局。中共十八届四中全会提出全面推进依法治国工作布局，即坚持依法治国、依法执政、依法行政共同推进，坚持法治国家、法治政府、法治社会一体建设。习近平指出："全面推进依法治国是一项庞大的系统工程，必须统筹兼顾、把握重点、整体谋划，在共同推进上着力，在一体建设上用劲。"③ 能不能做到依法治国，关键是党能不能坚持依法执政，各级政府能不能依法行政。习近平强调：

① 《习近平谈治国理政》第 2 卷，外文出版社 2017 年版，第 113 页。
② 《习近平谈治国理政》第 2 卷，外文出版社 2017 年版，第 114 页。
③ 《习近平谈治国理政》第 2 卷，外文出版社 2017 年版，第 119—120 页。

"法治国家、法治政府、法治社会三者各有侧重、相辅相成。"①三者相互联系、内在统一，是法治建设的三大支柱，缺少任何一个方面，全面推进依法治国的总目标都无法实现。

第四，准确把握全面推进依法治国的重点任务。如何建设中国特色社会主义法治体系，《决定》给出了答案，即实现科学立法、严格执法、公正司法、全民守法，促进国家治理体系和治理能力现代化。科学立法是全面推进依法治国的前提，严格执法是全面推进依法治国的关键，公正司法是全面推进依法治国的保障，全民守法是全面推进依法治国的基础。推进科学立法，关键是完善立法体制，深入推进科学立法、民主立法、依法立法，抓住提高立法质量这个关键。推进严格执法，重点是解决执法不规范、不严格、不透明、不文明以及不作为、乱作为等突出问题。推进公正司法，要以优化司法职权配置为重点，健全权力分工负责、相互配合、相互制约的制度安排。推进全民守法，必须着力增强全民法治观念。

第五，全面推进依法治国总目标必须坚持的基本原则。《决定》明确提出了实现全面推进依法治国必须坚持的五个基本原则，即坚持中国共产党的领导、坚持人民主体地位、坚持法律面前人人平等、坚持依法治国和以德治国相结合、坚持从中国实际出发。其中，坚持中国共产党的领导，解决的是全面推进依法治国的政治保证问题。坚持人民主体地位，解决的是全面推进依法治国的力量源泉问题。坚持法律面前人人平等，解决的是全面推进依法治国的价值追求问题。坚持依法治国和以德治国相结合，解决的是全面推进依法治国的精神支撑问题。坚持从中国实际出发，解决的是全面推进依法治国的实践基础问题。全面推进依法治国总目标的基本原则，回答了社会普遍关心的涉及依法治国的

---

① 《习近平谈治国理政》第 2 卷，外文出版社 2017 年版，第 120 页。

许多重大力量和实践问题，是全面推进依法治国的重要遵循。

（二）加快完善中国特色社会主义法律体系

法律是治国之重器，良法是善治之前提。中共十八大以来，中共中央坚持立法先行，深入推进科学立法、民主立法、依法立法，不断完善以宪法为核心的中国特色社会主义法律体系。

第一，健全宪法实施和监督制度。首先，设立国家宪法日。2014年11月，十二届全国人大常委会第十一次会议通过了关于设立国家宪法日的决定，明确将12月4日设立为国家宪法日，国家通过多种形式开展宪法宣传教育活动。其次，建立宪法宣誓制度。2015年7月，十二届全国人大常委会第十五次会议通过了《全国人民代表大会常务委员会关于实行宪法宣誓制度的决定》，要求各级人民代表大会及县级以上各级人民代表大会常务委员会选举或决定任命的国家工作人员，在就职时应当公开进行宪法宣誓。最后，加强执法检查。为保证法律严格实施，全国人大常委会持续加强和改进执法检查工作。据统计，2012—2017年，全国人大常委会共开展了26次执法检查。

第二，完善立法体制。加强中国共产党对立法工作的领导。不断健全立法工作向中共中央请示报告制度，重要法律的起草修改和立法工作中的其他重大事项，都由全国人大常委会党组及时向党中央请示报告。同时，充分发挥全国人大及其常委会在立法工作中的主导作用。以《民法总则》的审议通过为例，2017年3月，在全国人大代表审议的过程中，有700多位代表发言，提出近2000条意见建议，还不断明确立法权力边界。2015年《立法法》修改，规范了部门规章和地方政府规章权限，赋予所有设区的市地方立法权，明确设区的市可以对城乡建设与管理、环境保护、历史文化保护等方面的事项制定地方性法规，对地方立法体制做出重大调整。截至2017年10月，全国新赋予地方立法权的

240 个市、30 个自治州、4 个不设区的地级市中，已制定地方性法规 456 件，制定地方政府规章 193 件。

第三，加强重点领域立法。中共十八大以来，全国人大、国务院坚持立法先行，积极发挥立法的引领和推动作用，先后出台了一批法律法规。据统计，2012—2017 年，共制定修改法律 48 部、行政法规 42 部、地方性法规 2926 部、规章 3162 部，同时还通过"一揽子"方式先后修订法律 57 部、行政法规 130 部。① 这些法律法规涵盖了国家安全、生态环境保护、社会民生等重点领域，推动中国特色社会主义法律体系日趋完善。其中，2017 年 3 月十二届全国人大五次会议通过的《民法总则》，标志着中国《民法典》的编纂工作迈出坚实的第一步。

第四，科学立法、民主立法、依法立法水平进一步提高。中国加强人大对立法工作的组织协调，健全公布法律草案征求意见机制。以《刑法修正案（九）》修订为例，曾先后两次向全社会征求意见。《民法总则》草案先后三次通过互联网公开征求社会意见，并两次将草案印送全国人大代表。法治建设坚持立改废释并举。全国人大常委会采取统筹修法方式，审议通过了 13 个修法决定，涉及修改法律和有关法律问题的决定 74 件次。2013 年 12 月，全国人大常委会通过关于废止劳动教养法律规定的决定，依法废止了实施 50 多年的劳动教养制度。同时，加强违宪审查。全国人大常委会法工委积极开展主动审查和被动审查研究工作。2013—2016 年，对新公布的 42 件行政法规、98 件司法解释进行审查研究，发现有违反宪法法律的，依法依规予

---

① 陈冀平：《党的十八大以来法治建设新成就》，《十八大以来新发展新成就》，人民出版社 2017 年版，第 986 页。

以撤销和纠正。①

（三）加快进行法治政府建设

基本建成法治政府，是中共十八大提出的全面建成小康社会目标要求之一。2014 年 10 月，中共十八届四中全会提出法治政府建设的总体目标，即职能科学、权责法定、执法严明、公开公正、廉洁高效、守法诚信。2015 年 12 月，中共中央、国务院印发《法治政府建设实施纲要（2015—2020 年）》，进一步明确了法治政府建设的时间表、路线图，推动法治政府建设稳步前进。

依法履行政府职能。中共十八大以来，各级政府积极推进机构、职能、权限、程序、责任法定化，禁止行政机关法外设定权力。实施权力清单、责任清单制度，将政府职能、法律依据、职责权限等内容以权力清单的形式向社会公开。截至 2016 年底，全国 31 个省级政府部门均已公布权力清单。② 深入推进行政审批制度改革，加快转变政府职能。中共十八大以来，国务院部门累计取消行政审批事项 618 项，彻底清除非行政许可审批，中央指定地方实施行政许可事项目录清单取消 269 项，国务院行政审批中介服务清单取消 320 项，国务院部门设置的职业资格许可和认定事项削减比例达 70% 以上。③

健全依法决策机制。把公众参与、专家论证、风险评估、

①　陈冀平：《党的十八大以来法治建设新成就》，《十八大以来新发展新成就》，人民出版社 2017 年版，第 991 页。

②　中华人民共和国国务院新闻办公室：《中国人权法治化保障的新进展》，《人民日报》2017 年 12 月 16 日。

③　中华人民共和国国务院新闻办公室：《中国人权法治化保障的新进展》，《人民日报》2017 年 12 月 16 日。

合法性审查、集体讨论决定确定为重大行政决策法定程序，确保决策制度科学、程序正当、过程公开、责任明确。到 2017 年 9 月，已有 17 个省级政府和 23 个较大的市政府出台规范重大行政决策程序的规章。① 全面推行政府法律顾问制度，建立政府法制机构人员为主体、吸收专家和律师参加的法律顾问队伍，保证法律顾问在制定重大行政决策、推进依法行政中发挥积极作用。

深化行政执法体制改革，严格规范公正文明执法。在食品药品安全、工商质检、公共卫生、安全生产、资源环境、交通运输、城乡建设等领域进一步推行综合执法。开展行政执法公示制度、执法全过程记录制度、重大执法决定法制审核制度试点。创新行政执法方式，推广说服教育、劝导示范、行政奖励等非强制性执法手段。规范执法言行，推行人性化执法、柔性执法、阳光执法。实行行政执法人员持证上岗和资格管理制度。

强化对行政权力的制约和监督。中共十八大以来，中国各级政府不断加强对行政权力的监督，努力形成科学有效的权力运行制约和监督体系。一是加大行政问责力度，推进责任政府建设，普遍建立行政机关内部重大决策合法性审查机制，探索建立和实施重大决策终身责任追究制度及责任倒查机制。按照"谁决策、谁负责"的原则，对超越权限、违反程序决策造成重大损失的，严肃追究决策者责任。以生态文明建设为例，为健全生态文明制度体系，强化党政领导干部生态环境和资源保护职责，2015 年 8 月，中共中央办公厅、国务院办公厅印发《党政领导干部生态环境损害责任追究办法（试行）》，对 25 种党政领导干部生态环境损害情形实行党政同责、终身追责，提

① 张璁：《坚定不移走中国特色社会主义法治道路——访中央政法委秘书长汪永清》，《人民日报》2017 年 9 月 13 日。

高各级领导干部保护自然生态环境和环境权利的责任意识。二是加强行政应诉工作，自觉接受司法监督。2016年6月，国务院办公厅出台《关于加强和改进行政应诉工作的意见》，要求各级政府部门高度重视行政应诉工作，依法履行出庭应诉职责。三是加强审计监督。完善审计制度，保障依法独立行使审计监督权。中共十八大以来，审计署持续组织全国各级审计机关，对31个省区市、30多个中央单位开展审计，在监督约束行政权力等方面发挥了重大作用。

全面推进政务公开。阳光是最好的防腐剂。2016年2月，中共中央办公厅、国务院办公厅印发《关于全面推进政务公开工作的意见》和实施细则，要求坚持以公开为常态、不公开为例外，推进行政决策公开、执行公开、管理公开、服务公开和结果公开。各地区各部门以互联网政务信息数据服务平台和便民服务平台为依托，推动政务公开向标准化、规范化方向发展，提升了政务公开的实效性和便民度。各级政府积极完善政府新闻发言人、突发事件信息发布制度，及时回应社会公众的关切。

三、全面深化司法改革与建设高素质法治队伍

公正是法治的生命线。司法公正对社会公正具有重要引领作用，司法不公对社会公正具有致命破坏作用。中共十八大以来，各级政法机关在中共中央的坚强领导下，深入推进司法体制改革，不断提高司法公信力。高素质法治队伍是推进依法治国的坚强保障，必须得到重视与加强。

（一）全面深化司法改革

全面落实司法责任制改革。健全司法人员分类管理制度，根

据司法职业特点和履职要求，把法院检察院工作人员分为法官检察官、司法辅助人员、司法行政人员三类，实现各归其位、各司其职。全面推开法官、检察官员额制，把专业水平高、办案能力强、办案业绩突出的人员选入员额。全国法官人数从 19.88 万人精简到 12 万人，检察官人数从 15.8 万人精简到 8.6 万人。① 确立法官、检察官的主体地位，做到"让审理者裁判、由裁判者负责"。

推进以审判为中心的刑事诉讼制度改革。全面贯彻证据裁判规则，严格依法收集、固定、保存、审查、运用证据，完善证人、鉴定人出庭制度，保证庭审在查明事实、认定证据、保护诉权、公正裁判中发挥决定性作用。同时，坚持繁简分流，区别对待。从 2014 年 8 月起，在北京等 18 个城市 217 个基层法院、212 个基层检察院开展为期两年的刑事案件速裁程序改革试点。实践证明，试点法院速裁案件超过 90% 立案后 10 日内审结，被告人上诉率仅为 2%，审判效果和诉讼效率明显提升，当事人权利得到有效保护。② 2016 年 7 月，最高人民法院、最高人民检察院在北京等 18 个地区开展刑事案件认罪认罚从宽制度改革试点工作。对于犯罪嫌疑人、被告人自愿认罪、自愿接受处罚、积极退赃退赔的，依法从宽处理，在提高诉讼效率的同时，有效减少社会对抗，及时修复社会关系。

完善确保依法独立公正行使审判权和检察权制度。为确保法院、检察院依法独立公正行使职权，建立领导干部干预司法活动、插手具体案件处理的记录、通报和责任追究制度。2015 年以

① 中华人民共和国国务院新闻办公室：《中国人权法治化保障的新进展》，《人民日报》2017 年 12 月 16 日。

② 中华人民共和国国务院新闻办公室：《中国人权法治化保障的新进展》，《人民日报》2017 年 12 月 16 日。

来，中央政法委先后分两批通报了12起典型案例。① 建立健全司法人员履行法定职责保护机制。非法定事由，不得将法官、检察官调离、辞退或者做出免职、降级等处分。此外，最高人民法院先后设立六个巡回法庭，审理跨行政区域重大行政和民商案件。在北京、上海、广州三地设立知识产权法院，北京、上海在原有铁路运输法院和检察院基础上设立跨行政区划法院、检察院，在杭州设立互联网法院，这些举措确保了涉及地方利益的案件得到公正处理，进一步完善了法院检察院的组织体系。

保障人民群众诉讼权益。一是全面落实立案登记制度。2015年5月，最高人民法院改革法院案件受理制度，将立案审查制改为立案登记制，做到有案必立、有诉必理，充分保障当事人的诉权。据统计，自2015年5月人民法院实施立案登记制以来，当场登记立案率保持在95%以上。截至2017年9月，登记立案数量超过3900万件。② 二是修改完善法庭规则。自2015年2月起，人民法院开庭时，刑事被告人或上诉人不再穿着看守所的识别服出庭受理，正在服刑的罪犯不再穿着监狱的囚服出庭受审，彰显了现代司法文明。三是完善人民陪审员、人民监督员制度。2015年，最高人民检察院和最高人民法院分别发布人民监督员和人民陪审员改革试点方案，改革选任办法，扩大监督、陪审案件范围，充分发挥人民监督员和人民陪审员作用。四是完善国家赔偿和司法救助制度。通过出台司法解释和发布国家赔偿指导性案例，完善赔偿案件质证程序，规范精神损害抚慰金裁量标准。

---

① 张璁：《坚定不移走中国特色社会主义法治道路——访中央政法委秘书长汪永清》，《人民日报》2017年9月13日。

② 中华人民共和国国务院新闻办公室：《中国人权法治化保障的新进展》，《人民日报》2017年12月16日。

2013 年至 2017 年 6 月，各级法院受理国家赔偿案件 20027 件。[1]
同时，加强和规范国家救助工作，统一案件受理、救助范围、救助程序、救助标准、经费保障、资金方法，实现"救助制度法治化、救助案件司法化"。五是大力推进司法公开。人民法院建设审判流程公开、庭审活动公开、裁判文书公开、执行信息公开四大平台；检察机关建成案件信息公开系统，运行案件程序性信息查询、法律文书公开、重要案件信息发布和辩护与代理预约申请四大平台。开放、动态、透明、便民的阳光司法机制正在逐步形成。

（二）建设高素质法治队伍

建设高素质法治专门队伍，是全面依法治国的重要基础。中国必须按照政治过硬、业务过硬、责任过硬、纪律过硬、作风过硬的要求，建设信念坚定、执法为民、敢于担当、清正廉洁的政法队伍。完善国家统一法律职业资格制度，把拥护中国共产党领导、拥护社会主义法治作为律师从业的基本要求。建立公开选拔立法工作者、法官、检察官制度，以及法官检察官逐级遴选制度。

着力培养造就一批坚持社会主义法治体系的法治人才及后备力量。坚持用马克思主义法学思想和中国特色社会主义法治理论指导法学教育和法学研究，加强法学教师队伍建设。2013 年以来，实施了高等学校与法律实务部门人员互聘"双千计划"，加强了法学研究与实践相结合。

加强法律服务队伍建设，也是全面依法治国的重要步骤。加强律师队伍思想政治建设，把拥护中国共产党领导、拥护社会主义法治作为律师从业的基本要求，增强广大律师走中国特色社会

---

[1]　中华人民共和国国务院新闻办公室：《中国人权法治化保障的新进展》，《人民日报》2017 年 12 月 16 日。

主义法治道路的自觉性和坚定性。构建社会律师、公职律师、公司律师等优势互补、结构合理的律师队伍。提高律师队伍业务素质，完善执业保障机制。加强律师事务所管理，发挥律师协会自律作用，规范律师执业行为，监督律师严格遵守职业道德和职业操守，强化准入、退出管理，严格执行违法违规执业惩戒制度。加强律师行业党的建设，扩大党的工作覆盖面，切实发挥律师事务所党组织的政治核心作用。

四、全民法治观念明显增强

中共十八大以来，中国努力提升全民法治意识，弘扬社会主义法治精神，建设社会主义法治文化，增强全社会厉行法治的积极性和主动性，使全体人民成为社会主义法治的忠实崇尚者、自觉遵守者和坚定捍卫者。经过艰苦努力，全民法治观念明显增强。

（一）深入开展法治宣传教育

坚持把全民普法和守法作为依法治国的长期基础性工作，深入开展法治宣传教育，引导全民自觉守法、遇事找法、解决问题靠法。一是将法治教育纳入国民教育体系。2016 年 6 月，教育部、司法部、全国普法办联合印发《青少年法治教育大纲》，将法治教育覆盖教育各阶段，有效增强了青少年学生的法治观念和法律意识。截至 2016 年底，全国共建设法治教育基地 3 万多个，96.5% 以上的中小学配备了法治辅导员。二是实行国家机关"谁执法谁普法"普法责任制，明确国家机关是法治宣传教育的责任主体。三是在全社会开展宪法教育，弘扬宪法精神。实施"六五"普法规划和"七五"普法规划，推进全民普法和守法。①

（二）强化国家工作人员的法治观念

增强国人法治观念应该抓住领导干部这个"关键少数"。中共中央、国务院明确要求各级领导干部带头依法办事，带头遵法守法。2016 年 3 月，中组部、中宣部、司法部、人社部联合发布《关于完善国家工作人员学法用法制度的意见》，把遵守法律、依法办事作为考察干部的重要依据。中国各地普遍建立了党委（党组）理论学习中心组学习制度，把法治纳入干部录用和晋职培训，列入各级党校和干部学院的必修课。2016 年 12 月，中共中央办公厅、国务院办公厅发布《党政主要负责人推进法治建设第一责任人职责规定》，规定县级以上地方党委和政府主要负责人是推进法治建设第一责任人，履职情况纳入政绩考核指标体系。这就从体制机制上确保党员干部应逐步提高法治观念。

（三）加强公共法律服务和人民调解工作

一是加强公共法律服务和人民调解工作。根据中共十八届三中全会全面深化改革的部署，2014 年 2 月，司法部颁布《关于推进公共法律服务体系建设的意见》，2015 年 9 月 15 日，习近平主持召开中央全面深化改革领导小组第十六次会议，会议审议通过了《关于深化律师制度改革的意见》，对保障律师执业权利提出了明确要求。随后，最高人民法院、最高人民检察院、公安部、国家安全部、司法部出台《关于依法保障律师执业权利的规定》，着重对长期困扰律师执业的会见难、阅卷难、调查取证难，以及发问难、质证难、辩论难提出了解决办法。2016 年 6 月，中共中

---

① 《全国共建青少年法治教育基地 3 万多个》，法制网 2016 年 5 月 26 日。

央办公厅、国务院办公厅印发了《关于推行法律顾问制度和公职律师公司律师制度的意见》，要求积极推行法律顾问制度和公职律师、公司律师制度，提高依法执政、依法行政、依法经营、依法管理的能力水平，促进依法办事。

二是加快推进公共法律服务体系一体化建设，促进公共法律服务均等化。增加公共法律服务供给，消除无律师县，建立集律师、公证、司法鉴定、人民调解等功能于一体的公共法律服务大厅，推广"一村一社区一法律顾问"制度，完善"12348"免费法律咨询服务热线，使人民群众能便捷获得法律服务，有效维护人民群众自身权益。重点加强行业性、专业性人民调解工作，依法及时化解医疗、劳动等领域矛盾纠纷。2013年至2016年，共调解各类矛盾纠纷3719.4万件，其中行业、专业领域矛盾纠纷545万件。截至2016年，全国共有人民调解组织78.4万个，人民调解员385.2万人，覆盖全国城乡社区。2013年至2016年，每年调解矛盾纠纷900多万件，调解成功率达97%以上，促使大量矛盾纠纷化解在基层。①

三是加强法律援助工作。2015年6月，中共中央办公厅、国务院办公厅公布《关于完善法律援助的意见》，扩大民事、行政法律援助覆盖面，使人民群众能便捷获得法律服务，有效维护人民群众自身权益。

法律的权威源自人民的内心拥护和真诚信仰。中共十八大以来，伴随着全面依法治国战略布局的落地生根，法治正成为中国人民的信仰，中国特色社会主义法治建设已经迈上了新的征程。

---

① 中华人民共和国国务院新闻办公室：《中国人权法治化保障的新进展》，《人民日报》2017年12月16日。

五、积极发展社会主义民主政治

中共十八大以来，中国共产党的领导、人民当家作主、依法治国有机统一的制度建设全面加强，党的领导体制机制不断完善，社会主义民主不断发展，党内民主更加广泛，社会主义协商民主全面展开，爱国统一战线巩固发展，民族宗教工作创新推进。

（一）民主政治建设不断推进

发展社会主义民主政治是中国共产党始终不渝的奋斗目标，也是中国共产党治国理政面临的重大时代课题。中共十八大以来，以习近平同志为核心的党中央采取了一系列务实之举，推动中国民主政治建设的优势不断彰显，在国际上形成了"中国之治"与"世界之乱"的鲜明对照。

一是廓清在发展道路问题上的各种模糊和错误认识。习近平深刻指出，每个国家的政治制度都是在这个国家历史传承、文化传统、经济社会发展基础上长期发展、渐进改进、内生性演化的结果，不能想象突然就搬来一座政治制度上的"飞来峰"，否则就会水土不服，就会画虎不成反类犬，强调坚持中国特色社会主义道路，最根本的是坚持中国特色社会主义政治发展道路。这些重要论述进一步澄清了社会上的一些模糊认识，使"四个自信"更加深入人心。①

二是积极稳妥推进政治体制改革。中共中央在坚持中国根本

———————

① 中共中央文献研究室等编：《人民代表大会制度重要文献选编》（四），中国民主法制出版社、中央文献出版社2015年版，第1770页。

政治制度、基本政治制度上立场坚定、旗帜鲜明，同时把健全权力运行制约和监督体系作为政治体制改革的重要内容，坚持用制度管权管事管人，在加强党内监督、民主监督、法律监督、舆论监督的同时，决定成立国家监察委员会，实现公务人员监督全覆盖。这些举措进一步拓展和维护了人民群众享有的政治权利、民主权利，营造了风清气正的社会氛围。

行政体制改革取得明显进展。行政体制改革是政治体制改革的重要内容，是推动上层建筑适应经济基础的必然要求，必须随着改革开放和社会主义现代化建设发展不断推进。中共十八大以来，中共中央、国务院按照建立中国特色社会主义行政体制的目标，紧紧抓住转变政府职能这个核心，持续推进简政放权、放管结合、优化服务改革，大幅削减行政审批，推进监管体制改革，提高政府服务效能。中共十八大以来，国务院各部门取消或下放行政审批事项618项，取消中央指定地方实施行政审批事项283项。中共中央、国务院着眼处理好政府与市场的关系，着力推动构建"亲""清"新型政商关系，着力推动和完善"清单管理"模式。比如，制定政府权责清单，划定政府权力边界；试点市场准入负面清单制度，明确企业"法无禁止即可为"；加快编制行政事业性收费等各方面清单，公开接受社会监督。一系列政策举措极大激发了市场微观主体活力。据统计，2014—2016年，全国平均每天新增企业1.2万户，2017年前4个月平均每天新增1.5万户。同时，处理好政府与社会的关系，进一步释放社会创造力。2015年，中共中央办公厅、国务院办公厅印发《行业协会商会与行政机关脱钩总体方案》，明确提出行业协会商会与行政机关脱钩，促进行业协会商会成为依法设立、自主办会、服务为本、治理规范、行为自律的社会组织。2016年，中共中央办公厅、国务院办公厅印发《关于改革社会组织管理制度促进社会组织健康有序发展的意见》。在上述措施下，中国行业组织与行政机关脱钩正积极稳妥推进，社区社会组织得到较大发展，一些地方政府陆续推出了相关改革举措，行业组织和社会组织参与社会管理的广度和深度大大拓展。①

三是不断提升中国特色社会主义政治发展道路的影响力。中共中央坚持以我为主、兼容并蓄，以更加开放的胸襟和更加恢弘的气魄，在积极吸收借鉴人类政治文明有益成果的同时，鲜明地确立中国民主的模式。与西方比较，中国的政治发展道路最鲜明的优势就是坚持党的领导，形成了包括各民主党派、无党派人士在内的全体人民的共同信念、共同目标、共同行动。中国的政治制度具有鲜明特点，在实践中取得了显著成效，能够集中力量办大事，具有强大的组织动员和贯彻执行力，保持政局持续稳定，确保战略规划的连续性。中国的政治发展道路，为人类政治文明发展贡献了中国智慧、提供了中国方案。现在，越来越多的国家开始认同和研究中国政治制度和发展道路，不少发展中国家领导人日益认同中国的制度，连一些西方媒体也表示，中国的政治模式比西方更有效率、更为成功。

（二）人民代表大会制度的完善发展

中共十八大以来，人民代表大会制度始终与改革同步，与发展相融。全国人大常委会通过依法履职，在立法、监督、代表等方面，不断创新人大工作体制机制，形成了很多制度性成果。

在立法工作方面，着力推进重点领域立法，立法工作呈现出数量多、分量重、节奏快的特点。2013—2016 年，全国人大常委会共制定 17 部法律，修改 95 部法律，取得了一批新的重

---

① 《坚定不移走中国特色社会主义政治发展道路——访中央统战部常务副部长张裔炯》，人民网 2017 年 9 月 6 日。

要成果。十二届全国人大三次会议对《立法法》做出重要修改，进一步明确立法权限，赋予所有设区的市地方立法权。与时俱进完善立法体制，为局部地区或者特定领域先行先试提供法律依据和支持。同时，出台《关于建立健全全国人大专门委员会、常委会工作机构组织起草重要法律草案制度的实施意见》等重要文件，不断健全法律草案征求代表意见、基层立法联系点等制度。

在讨论决定重大事项方面，中共中央关于健全人大讨论决定重大事项制度、各级政府重大决策出台前向本级人大报告的部署得到落实，人大讨论决定重大事项的范围和程序进一步完善，人大常委会定期听取和审议国务院、最高人民法院、最高人民检察院工作报告。

在监督工作方面，强化公共资源配置和保障改善民生的监督，改进预算初审工作，制定《关于建立预算审查前听取人大代表和社会各界意见建议的机制的意见》，实施全口径预算监督。进一步规范执法检查、专题询问等监督方式，逐渐探索形成六个环节的"全链条"监督工作流程，进一步增强了人大监督的系统性、针对性和有效性。

在代表工作方面，十二届全国人大五次会议表决通过关于十三届全国人大代表名额和选举问题的决定草案，在全国人大代表中增加了一线工人、农民、专业技术人员代表的比例和农民工代表人数，切实保证人民当家作主的主体地位。特别是代表列席常委会会议、参加执法检查、参与专门委员会和工作委员会活动日渐常态化。中共十八大以来，全国人大常委会共邀请人大代表1440多人次列席常委会会议、1230多人次参加执法检查等活动。

（三）中国共产党领导的多党合作和政治协商制度的发展

中共十八大以来，中共中央不断推进中国政党制度建设，明确民主党派是中国特色社会主义参政党，基本职能拓展为参政议政、民主监督、参加中国共产党领导的政治协商。

近年来，围绕支持民主党派和无党派人士发挥作用，着力提升多党合作制度效能，中国做了许多开创性工作。2017年初，中共中央制定出台了支持民主党派中央开展重点考察调研的意见，首次对重点考察调研的选题、内容、形式、程序、成果协商等进行了规范，明确调研由中共中央统战部组织，各民主党派中央实施，中央和国家机关有关部门参与，地方党委和政府提供有力支持。这是历史上首次对民主党派重点考察调研工作出台规范性文件。2017年中共中央委托各民主党派的重点考察调研有两大主题，一是"一带一路"发展，二是"大力振兴和提升实体经济"。由八个民主党派围绕两大主题，确定各自具体调研方向。比如，民盟中央围绕推进制造强国战略和农业现代化发展，聚焦"中国制造2025"所提出十大重点领域之一的农业机械装备，经过反复研究和充分准备，并征求有关部委和研究机构的意见后，针对近年来中国农机化产业"大而不强"的问题，决定开展"以改革创新为引领，加快推进我国农业机械装备制造转型升级"主题调研。民盟中央调研组到江苏、山东进行了调研。调研组在江苏先后赴苏州、常州、镇江、南京等地，考察了久富公司、久保田公司、江苏常发集团、美国爱科集团、常州东风集团、金坛唐丰农机专业合作社、江苏沃德农业机械有限公司、江苏省农业机械鉴定站、南京六合区河王农机专业合作社等创新创业企业和服务机构，了解农业机械装备制造管理体制和转型创新情况。在山东，调研组先后赴日照、潍坊实地考察了山东五征集团、雷沃重工股份有限公司、潍坊谷合传动技术有限公司和潍坊富源增压器有限公司等农机装备生产企业，了解农机装备企业的生产情况、技术需求以及发展中面临的困难和问题。① 扎实调研为给中共中央提出意见打好坚实基础。中共十八大以来，各民主党派中央提出意见建议496 件，党外知识分子建言献策小组报送成果 350 多篇。

中共中央高度重视发挥民主党派民主监督作用，《中国共产党统一战线工作条例（试行）》规定了 10 种民主监督形式，包括在政治协商中提出意见和建议，在党委主要负责人召开的专门会议上对党委领导班子及其成员提出意见和建议，对党委党风廉政建设和反腐败工作提出意见和建议，向党委及其职能部门提出书面意见和建议，参加党委有关方针政策、重大决策部署执行和实施情况的检查，参加廉政建设情况检查、其他专项检查和执法监督工作，受党委委托就有关重大问题进行专项监督，民主党派成员、无党派人士中的人大代表在人大会议中提出意见和建议，参加人大及其常委会和各专门委员会组织的有关调查研究，在政协召开的各种会议、组织的视察调研中提出意见，或者以提案等形式提出批评和建议，对人民法院、人民检察院工作提出意见和建议，担任司法机关和政府部门的特约人员参加相关监督检查工作。近年来，受中共中央委托，各民主党派中央对口八个省区开展了脱贫攻坚民主监督。该项工作已经拓展到有脱贫攻坚任务的22 个省区的省级民主党派组织。

人民政协是中国人民爱国统一战线的组织、中国共产党领导的多党合作和政治协商的重要机构、中国政治生活中发扬社会主义民主的重要形式，在这个平台上进行政治协商、民主监督和参政议政，生动体现了社会主义民主政治的特色和优势。中共十八大以来，人民政协动员各级政协组织、广大政协委员把为制定和

---

① 《张宝文、陈晓光分别率调研组赴江苏、山东开展"以改革创新为引领，加快推进我国农业机械装备制造转型升级"调研》，中国民主同盟网站 2017 年 4 月 10 日。

实施"十三五"规划献计出力作为服务大局的主攻方向，2015 年集中三个月时间，连续开展 56 次视察调研和协商议政活动，2016 年围绕全面建成小康社会重点难点问题，开展了 92 项调研议政活动。

在人民政协的三项职能中，民主监督具有特殊重要意义。人民政协民主监督是在坚持中国共产党的领导、坚持中国特色社会主义基础上，参加人民政协的各党派团体和各族各界人士在政协组织的各种活动中，依据政协章程，以提出意见、批评、建议的方式进行的协商式监督。民主监督与政治协商、参政议政职能相互关联，又有所区别。民主监督的重点是党和国家重大方针政策和重要决策部署的贯彻落实情况，监督目的是协助党和政府解决问题、改进工作、增进团结、凝心聚力。在人民政协开展民主监督工作，源自中国共产党与各民主党派、无党派人士团结合作、互相监督的理论和实践，是中国社会主义民主政治的独特创造和一项重要制度安排，在国家政治生活中发挥着不可替代的重要作用，并随着社会主义建设和改革开放事业不断发展而发展。当前，共产党正在团结带领全国各族人民为实现"两个一百年"奋斗目标、实现中华民族伟大复兴的中国梦而努力奋斗。面对新形势新任务，进一步发挥人民政协民主监督的独特优势和重要作用，对于推进党和政府科学决策、民主决策、依法决策，推动党和国家大政方针、重大改革举措和重要决策部署贯彻落实，促进国家机关及其工作人员转变作风、改进工作、反腐倡廉，推动解决人民群众关心的实际问题，加强中国共产党同各民主党派、各人民团体、各族各界人士的团结合作，具有重要意义。

2017 年中共中央办公厅专门印发《关于加强和改进人民政协民主监督工作的意见》①，这是中共中央颁发的第一个关于加

---

① 《全国政协办公厅负责人就学习贯彻中办〈关于加强和改进人民政协民主监督工作的意见〉答记者问》，人民网 2017 年 3 月 7 日。

强和改进人民政协民主监督工作的专门文件。该文件明确了人民政协民主监督的意义、要求和内容、形式、程序、工作机制等，有力地推进了人民政协民主监督制度化规范化程序化。该意见规定了加强和改进人民政协民主监督工作的基本原则：坚持中国共产党的领导，坚定正确的政治方向，围绕中心、服务大局，依照宪法法律和政协章程有序开展；坚持问题导向，深入调查研究，实事求是反映情况，认真负责开展批评，务实提出建议，确保监督聚焦关键内容和环节；坚持平等协商，坦诚相见，畅所欲言，尊重不同意见表达，把协商民主贯穿于监督全过程；坚持增进团结，融协商、监督、参与、合作于一体，广泛凝聚共识、凝聚智慧、凝聚力量。该意见还规定人民政协民主监督的主要内容有八个方面：一是国家宪法法律和法规实施情况；二是党和国家大政方针、重大改革举措、重要决策部署贯彻执行情况；三是国民经济和社会发展规划、年度计划落实情况，财政预算执行情况；四是涉及人民群众切身利益的实际问题解决落实情况；五是国家机关及其工作人员遵纪守法、加强作风建设、密切联系群众、开展反腐倡廉等情况；六是政协提案、建议案和其他重要意见建议办理情况；七是参加政协的单位和个人贯彻统一战线方针政策、遵守政协章程、执行政协决议情况；八是党委交办的其他监督事项。这一意见明确人民政协民主监督的主要形式是会议监督、视察监督、提案监督、专项监督以及其他形式监督。还明确要求健全人民政协民主监督工作机制，包括知情明政机制、协调落实机制、办理反馈机制、权益保障机制。同时，中国注重突出人民政协民主监督工作的程序化和可操作性。一是确定监督议题。重点监督议题纳入政协年度协商计划，征求政府意见后，报党委讨论确定。二是组织监督活动。重点监督议题应安排政协主席会议成员牵头负责。三是报送监督意见。重点监督意见根据需要由政协主席会议研究审议后报送。四是办理监督意见。对于政协会议监督意见等报告，党委和政府应专题研究，或交相关部门办理；党政督查部门要加强对办理情况的督查。文件下发后关键要落实。要营造人民政协民主监督良好环境。提倡热烈而不对立的讨论、真诚而不敷衍的交流、尖锐而不极端的批评，营造畅所欲言、各抒己见、理性有度、合法依章的民主氛围。

（四）社会主义协商民主的新发展

社会主义协商民主是在中国共产党领导下，人民内部各方面围绕改革发展稳定的重大问题和涉及群众切身利益的实际问题，在决策之前和决策实施之中开展广泛协商，努力达成共识的重要民主形式。

2015 年，中共中央颁发《关于加强社会主义协商民主建设的意见》，从顶层设计的高度，系统谋划了协商民主的发展路径。主要包括政党协商、人大协商、政府协商、政协协商、人民团体协商、基层协商、社会组织协商等七种协商形式。

关于政党协商，2015 年，中共中央下发了《关于加强政党协商的实施意见》，明确了政党协商的主要内容，明确政党协商有会议协商、约谈协商、书面协商三种形式，进一步提升了政党协商的制度化规范化程序化水平。中共十八大以来中共中央、国务院或委托中央统战部召开的政党协商会议（包括协商会、座谈会、情况通报会）共计 112 场，就经济社会发展中的重大问题充分听取意见建议。

人大协商主要是在重大决策之前根据需要进行充分协商，更好地汇聚民智、听取民意，支持和保证人民通过人民代表大会行使国家权力。中共中央《关于加强社会主义协商民主建设的意见》提出，要鼓励基层人大在履职过程中依法开展协商，探索协商形式，丰富协商内容，为人大制度和人大工作的发展完善赋予了新的内涵，提出了新的要求。

政府协商主要是围绕有效推进科学民主依法决策，进一步增强决策透明度和公众参与度，解决好人民最关心最直接最现实的利益问题，推进政府职能转变，提高政府治理能力和水平。

政协协商是指在中国共产党领导下，参加人民政协的各党派团体、各族各界人士履行政治协商、民主监督、参政议政职能，围绕改革发展稳定重大问题和涉及群众切身利益的实际问题，在决策之前和决策实施之中广泛协商、凝聚共识的重要民主形式。截至 2017 年 7 月，已经举办了 70 多场双周协商座谈会，充分调动了政协委员参政议政的积极性主动性创造性。

中共十八大以来，人民团体协商、基层协商、社会组织协商在实践中也有了不同程度的探索发展，取得了阶段性成果。①

（五）统一战线在推进民主政治建设中发挥重要作用

统一战线，是指中国共产党领导的、以工农联盟为基础的，包括全体社会主义劳动者、社会主义事业建设者、拥护社会主义爱国者、拥护祖国统一和致力于中华民族伟大复兴爱国者的联盟。统一战线是中国共产党凝聚人心、汇聚力量的政治优势和战略方针，是夺取革命、建设、改革事业胜利的重要法宝，是增强党的阶级基础、扩大党的群众基础、巩固党的执政地位的重要法宝，是全面建成小康社会、加快推进社会主义现代化、实现中华民族伟大复兴中国梦的重要法宝。

中共十八大以来，作为中国特色社会主义民主政治的重要方面的爱国统一战线在推进民主政治建设中发挥重要作用。以习近平同志为核心的党中央高度重视统一战线，先后召开了中央统战工作会议等一系列重要会议，下发了《中国共产党统一战线工作

---

① 《坚定不移走中国特色社会主义政治发展道路——访中央统战部常务副部长张裔炯》，人民网 2017 年 9 月 6 日。

条例（试行）》等一批法规文件，成立中央统一战线工作领导小组加强党的领导，对统战工作进行了密集谋划和部署，推动党的统战事业蓬勃发展。2015 年 5 月，习近平在中央统战工作会议上特别强调，人心向背、力量对比是决定党和人民事业成败的关键，是最大的政治；统战工作的本质要求是大团结大联合，解决的就是人心和力量问题。① 这从根本上讲清了统一战线在党和国家事业中的重要法宝作用，为新形势下更好地发挥统一战线独特优势、服务民主政治建设指明了方向重点。

中共十八大以来，中共中央着眼巩固统一战线大陆范围内和大陆范围外两个范围联盟，把凝聚共识、争取人心工作提高到战略高度，不断增强凝聚力、扩大团结面；高度重视发挥统一战线智力优势，支持党外人士就中央重大决策部署、重点难点问题、重要工作落实等深入调查研究，为改革发展稳定建言献策，全国工商联积极承担国务院关于政策措施落实情况的第三方评估工作；充分调动各方面的资源和力量，引导统一战线成员参与创新驱动发展、"一带一路"建设、京津冀协同发展、长江经济带建设等国家重大战略，鼓励留学人员积极投身"中国制造 2025""互联网+"等战略，为实现"两个一百年"奋斗目标和中华民族伟大复兴中国梦提供了广泛力量支持。

_____

① 中共中央文献研究室编：《十八大以来重要文献选编》（中），中央文献出版社 2016 年版，第 556 页。

第四章　全面从严治党取得显著成效

办好中国的事情，关键在党，关键在全面从严治党。中国共产党的领导，是中国特色社会主义最本质的特征，是中国特色社会主义制度的最大优势。中共十八大以来，全面加强党的领导和党的建设，坚决改变管党治党宽松软状况。推动全党尊崇党章，增强政治意识、大局意识、核心意识、看齐意识，坚决维护党中央权威和集中统一领导，严明党的政治纪律和政治规矩，层层落实管党治党政治责任。坚持照镜子、正衣冠、洗洗澡、治治病的要求，开展党的群众路线教育实践活动和"三严三实"专题教育，推进"两学一做"学习教育常态化制度化，全党理想信念更加坚定、党性更加坚强。贯彻新时期好干部标准，选人用人状况和风气明显好转。党的建设制度改革深入推进，党内法规制度体系不断完善。把纪律挺在前面，着力解决人民群众反映最强烈、对党的执政基础威胁最大的突出问题。出台中央八项规定，严厉整治形式主义、官僚主义、享乐主义和奢靡之风，坚决反对特权。巡视利剑作用彰显，实现中央和省级党委巡视全覆盖。坚持反腐败无禁区、全覆盖、零容忍，坚定不移"打虎""拍蝇""猎狐"，不敢腐的目标初步实现，不能腐的笼子越扎越牢，不想腐的堤坝正在构筑，反腐败斗争压倒性态势已经形成并巩固发展。全面从严治党成效显著。

一、全面加强党的领导

坚持和加强党的全面领导，是党和国家的根本所系、命脉所在，也是全国各族人民的利益所在、幸福所在。习近平高度重视党的领导问题，以高超的政治智慧和巨大的政治勇气，全方位加强了党的领导，彻底纠正了一段时期以来党的领导存在弱化虚化的现象。

（一）全面加强党的领导势在必行

中国共产党的领导地位不是自封的，而是历史和人民做出的正确选择。正如邓小平曾说过的那样："在中国这样的大国，要把几亿人口的思想和力量统一起来建设社会主义，没有一个由具有高度觉悟性、纪律性和自我牺牲精神的党员组成的能够真正代表和团结人民群众的党，没有这样一个党的统一领导，是不可能设想的，那就只会四分五裂，一事无成。"[①]

中国特色社会主义进入新时代，中国人民的生活芝麻开花节节高，一年更比一年好，这与党的领导核心作用密不可分。可是，随着经济和社会的进一步发展，很多领域出现了弱化党的领导的现象。比如，十八届中央第九轮巡视在对辽宁、安徽、山东、湖南等四个省进行"回头看"时，发现"党的领导弱化"问题在这四个省份是普遍现象；十八届中央第十二轮巡视对14所中管高校党委开展专项巡视时，14所高校都被指出存在"党的领导弱化""党委领导核心作用发挥不够充分""党委领导作用发挥层层递减"等类似问题；北京市委巡视组对市质

---

① 《邓小平文选》第2卷，人民出版社1994年版，第341—342页。

监局党组等八个单位党组织进行了调查巡视，八个单位也都被指出存在"党委领导弱化"的问题。由此可见，党的领导弱化现象已成为影响全局的重大问题，坚持和加强党的领导已然迫在眉睫、势在必行。

以习近平同志为核心的党中央高度重视加强和改善党的领导，提高党的领导水平和执政水平，确保党始终成为中国特色社会主义事业的坚强领导核心。中共十八大报告指出："必须坚持党的领导。"2014年6月30日，习近平在中共中央政治局第十六次集体学习时再次强调，中国特色社会主义最本质的特征就是坚持中国共产党的领导，中国的事情要办好首先中国共产党的事情要办好。实现"两个一百年"奋斗目标，应对和战胜前进道路上的各种风险和挑战，关键在党。可见，我们不能一般的从党的建设角度来理解党的领导，而要从治国理政全局的高度来理解来把握。而且也不能把党的领导等同于一般的党的建设。

（二）全面加强党的领导

一个政党、一个国家，领导核心至关重要。坚持和加强党的全面领导，树立一个权威的领导核心是应有之义。2016年10月，中共十八届六中全会明确了习近平党中央的核心、全党的核心地位。这是中国共产党始终坚持民主集中制原则的必然结果，是全党全军全国人民的郑重选择。习近平在新的伟大斗争实践中已经成为党中央的核心、全党的核心。建设好8000多万名党员的大党、治理好13亿多人的大国，保证党的团结和集中统一、维护党的领导核心至关重要。全体党员干部必须坚持对党忠诚，严守政治纪律和政治规矩，不断增强"四个意识"，确保做好两个维护。党中央有核心、有权威，才能把全党凝聚起来，进而把全国人民紧密团结起来，形成万众一心、无坚不摧的磅礴力量，向着伟大事业、伟大梦想不断前进。

　　加强党的领导体现在通过中央全会对社会主义现代化建设进行全面部署。中共十八届三中全会研究了全面深化改革若干重大问题，提出全面深化改革的总目标，对全面深化改革作出系统部署；中共十八届四中全会研究了全面推进依法治国若干重大问题，提出全面推进依法治国的总目标，明确了全面推进依法治国的重大任务；中共十八届五中全会高度评价"十二五"时期中国发展取得的重大成就，深入分析了"十三五"时期中国发展环境的基本特征，提出"十三五"时期发展的指导思想和目标要求，强调要牢固树立并切实贯彻五大发展理念；中共十八届六中全会研究全面从严治党这一重大问题，明确习近平为中共中央的核心、中国共产党的核心，高度评价以习近平同志为核心的党中央全面从严治党取得的成就，号召全党同志团结在以习近平同志为核心的党中央周围，牢固树立政治意识、大局意识、核心意识、看齐意识，坚定不移维护党中央权威和党中央集中统一领导，继续推进全面从严治党，共同营造风清气正的政治生态，确保党带领人民不断开创中国特色社会主义事业新局面。

　　通过成立中央一级领导机构加强对事关全局的重大工作进行指导和协调。中共十八大以来，中共中央成立多个高层领导机构以推进国家治理体系建设，如中央全面深化改革领导小组、中央国家安全委员会、中央网络安全和信息化领导小组①、中央军委深化国防和军队改革领导小组、中央反腐败协调小组国际追赃工作办公室、中央军民融合发展委员会等等。

　　通过出台重要文件和召开高级别会议加强对各方面工作的指导。中共十八大以来，中共中央、国务院出台了一系列文件推动各项事业向前发展。例如，为促进人口长期均衡发展，2013 年

----

　　①　2018 年 3 月改为中央网络安全和信息化委员会。

12月，中共中央、国务院印发《关于调整完善生育政策的意见》，提出单独两孩政策。2015年12月，中共中央、国务院印发《关于实施全面两孩政策 改革完善计划生育服务管理的决定》。2016年1月，修改后的《中华人民共和国人口与计划生育法》正式实施，明确国家提倡一对夫妻生育两个子女。为遏制毒品对社会的危害，中共中央、国务院于2014年6月印发《关于加强禁毒工作的意见》。9月，全国禁毒工作会议决定，从2014年10月至2015年3月，在公安部确定的108个重点城市开展为期半年的百城禁毒会战。会战期间，全国共破获毒品犯罪案件11.5万余起，缴获毒品43.3吨。① 为加快林业改革步伐，2015年2月，中共中央、国务院印发《国有林场改革方案》和《国有林区改革指导意见》。2015年，中共中央、国务院还印发了十余份文件，内容涉及电力体制改革、生态文明体制改革、价格体制改革、法治政府建设、京津冀协同发展，以及农业现代化等多个方面。② 为推动区域发展，2016年2月，中共中央、国务院印发《中共中央 国务院关于全面振兴东北地区等老工业基地的若干意见》。5

① 中共中央党史研究室编：《党的十八大以来大事记》，人民出版社2017年版，第32页。

② 2015年，中共中央、国务院印发的文件还有：《中共中央 国务院关于进一步深化电力体制改革的若干意见》《中共中央 国务院关于构建和谐劳动关系的意见》《中共中央 国务院关于加快推进生态文明建设的意见》《中共中央 国务院关于构建开放型经济新体制的若干意见》《京津冀协同发展规划纲要》《生态文明体制改革总体方案》《中共中央 国务院关于推进价格体制改革的若干意见》《法治政府建设实施纲要（2015—2020年）》《中共中央 国务院关于落实发展新理念加快农业现代化 实现全面小康目标的若干意见》《中共中央 国务院关于深化体制机制改革加快实施创新驱动发展战略的若干意见》《中共中央 国务院关于深化国有企业改革的指导意见》等。

月，中共中央、国务院印发《长江经济带发展规划纲要》。① 为
加强耕地保护工作，2017 年 1 月，中共中央、国务院印发《关于
加强耕地保护和改进占补平衡的意见》，提出到 2020 年，全国耕
地保有量不少于 18.65 亿亩。2017 年，中共中央、国务院印发的
文件还有《中长期青年发展规划（2016—2025）》《中共中央
国务院关于加强和完善城乡社区治理的意见》《新时期产业工人
队伍建设改革方案》《关于深化石油天然气体制改革的若干意
见》《中共中央　国务院关于开展质量提升行动的指导意见》
《中共中央　国务院关于营造企业家健康成长环境弘扬优秀企业
家精神更好发挥企业家作用的意见》《关于对〈北京城市总体规
划（2016—2035）〉的批复》等。

　　中共十八大以来，中共中央、国务院通过召开一些高级别会
议，加强党的领导，推动各方面工作稳步前行。2013 年 12 月，
中共中央城镇化工作会议举行。会议提出，城镇化要以以人为
本、优化布局、生态文明、传承文化为基本原则，主要任务是推
进农业转移人口市民化、提高城镇建设用地利用效率、建立多元
可持续的资金保障机制、优化城镇化布局和形态、提高城镇化建
设水平、加强对城镇化的管理。这是改革开放以来中共中央召开
的第一次城镇化工作会议，对于加快新时代中国城镇化步伐具有
重要的指导意义。2014 年 11 月，中共中央外事工作会议举行。

---

　　① 2016 年，中共中央、国务院印发的文件还有《中共中央　国务院
关于深化投融资体制改革的意见》《中共中央　国务院关于完善产权保护
制度依法保护产权的意见》《中共中央　国务院关于推进安全生产领域改
革发展的意见》《中共中央　国务院关于推进防灾减灾救灾体制改革的意
见》《中共中央　国务院关于稳步推进农村集体产权制度改革的意见》
《中共中央　国务院关于深入推进农业供给侧结构性改革加快培育农业农
村发展新动能的若干意见》等。

习近平发表重要讲话，强调要高举和平、发展、合作、共赢的旗帜，统筹国内国际两个大局，统筹发展安全两件大事，牢牢把握坚持和平发展、促进民族复兴这条主线，维护国家主权、安全、发展利益，为和平发展营造更加有利的国际环境，维护和延长中国发展的重要战略机遇期，为实现"两个一百年"奋斗目标、实现中华民族伟大复兴的中国梦提供有力保障。2015 年 12 月，中共中央城市工作会议举行。会议强调，要转变城市发展方式，完善城市治理体系，提高城市治理能力，着力解决城市病等突出问题，不断提升城市环境质量、人民生活质量、城市竞争力，建设和谐宜居、富有活力、各具特色的现代化城市发展道路。

加强党的领导要靠完善的体制机制。一是建立健全党对重大工作的领导体制机制。在中央政治局及其常委会领导下，优化党中央决策议事协调机构。其他方面的议事机构要同党中央议事协调机构的设立调整相衔接。同时，不断强化党的组织在同级组织中的领导地位，实现党的组织的全覆盖，为实现党的领导奠定组织和制度基础。二是严格执行向党中央的请示报告制度。中央政治局常委会听取全国人大常委会、国务院、全国政协、最高人民法院、最高人民检察院党组工作汇报，这是保证党中央集中统一领导的一项重要制度安排。中央政治局成员每年应向党中央和总书记书面述职，中央书记处、中央纪律监察委员会，全国人大常委会党组以及国务院党组等机构要每年向中央政治局及其常委会报告工作，各地区各级党委遇有突发性重大问题和工作中的重大问题也要及时向党中央请示报告。三是严格执行民主集中制的具体制度。坚持民主基础上的集中和集中指导下的民主相结合，坚持集体领导与个人分工负责相结合，既坚持纪律又保持活力，努力在全党形成又有集中又有民主、又有纪律又有自由、又有统一意志又有个人心情舒畅的生动活泼的政治局面。

（三）加强党对国有企业的领导

国有企业是中国特色社会主义的重要物质基础和政治基础，是中国共产党执政兴国的重要支柱和依靠力量。新中国成立以来特别是改革开放以来，国有企业发展取得巨大成就。中国国有企业为中国经济社会发展、科技进步、国防建设、民生改善作出了历史性贡献，功勋卓著，功不可没。但在一段时间内，国有企业党的建设存在诸多问题，党的领导有所弱化。

中共十八大以来，习近平多次就做强做优做大国有企业、坚持党对国有企业的领导、加强国有企业党的建设，作出一系列重要指示。2015 年 7 月，中共中央办公厅印发《关于在深化国有企业改革中坚持党的领导加强党的建设的若干意见》强调，在协调推进"四个全面"战略布局的伟大进程中，必须毫不动摇坚持党对国有企业的领导，毫不动摇加强国有企业党的建设。随后，中央组织部会同国务院国资委党委召开中央企业党的建设工作座谈会，国务院国资委党委召开中央企业党建工作推进会，突出重点、强化措施，推动中央企业党建工作各项重点任务落实。为进一步健全和落实党建工作责任制，探索实行中央企业党组（党委）党建工作年度报告制度，2015 年 106 家中央企业都作了专题报告，近 30 家中央企业把党建工作要求和机构、人员、经费等写入公司章程，推动落实党组织法定地位。

坚持党的领导是中国国有企业的独特优势，而抓住"关键少数"是推动国有企业党建工作的重要抓手。中组部、国资委党委注重选好"一把手"，配强领导班子。选配中央企业党组（党委）专职副书记 29 人；加大企业领导人员交流力度，2014 年以来中管金融企业和中管企业新任 95 名正职中交流产生 52 人；从2015 年底开始，对中央企业领导班子和领导人员 2013—2015 年任期开展综合考评，逐户逐人反馈考评情况，充分发挥考评"指挥棒"作用。同时，严格企业领导人员日常管理，对班子不团结、促发展无策、抓党建不力的中央企业正职进行了调整。中央企业还积极探索加强和改进国企党建工作的方法途径，注重促进基层党建落实落地，督促企业规范基层党组织设置，按期进行换届，配齐党组织班子成员，16家中央企业开展党组织书记抓基层党建述职评议考核工作。

为进一步加强国有企业党的领导和党的建设工作，2016年10月10日至11日，在北京召开了全国国有企业党的建设工作会议，会议强调，要通过加强和完善党对国有企业的领导、加强和改进国有企业党的建设，使国有企业成为党和国家最可信赖的依靠力量，成为坚决贯彻执行党中央决策部署的重要力量，成为贯彻新发展理念、全面深化改革的重要力量，成为实施"走出去""一带一路"建设等国家战略的重要力量，成为壮大综合国力、促进经济社会发展、保障和改善民生的重要力量，成为共产党赢得具有许多新的历史特点的伟大斗争胜利的重要力量。要坚持有利于国有资产保值增值、有利于提高国有经济竞争力、有利于放大国有资本功能的方针，推动国有企业深化改革、提高经营管理水平，加强国有资产监管，坚定不移把国有企业做强做优做大。

习近平在会上讲话时从坚持和发展中国特色社会主义、巩固党的执政基础执政地位的高度，深刻回答了事关国有企业改革发展和党的建设的一系列重大问题。第一，坚持党的领导、加强党的建设，是中国国有企业的光荣传统，是国有企业的"根"和"魂"，是中国国有企业的独特优势。新形势下，国有企业坚持党的领导、加强党的建设，总的要求是：坚持党要管党、从严治党，紧紧围绕全面解决党的领导、党的建设弱化、淡化、虚化、边缘化问题，坚持党对国有企业的领导不动摇，发挥企业党组织的领导核心和政治核心作用，保证党和国家方针政策、重大部署在国有企业贯彻执行；坚持服务生产经营不偏离，把提高企业效益、增强企业竞争实力、实现国有资产保值增值作为国有企业党组织工作的出发点和落脚点，以企业改革发展成果检验党组织的工作和战斗力；坚持党组织对国有企业选人用人的领导和把关作用不能变，着力培养一支宏大的高素质企业领导人员队伍；坚持建强国有企业基层党组织不放松，确保企业发展到哪里、党的建设就跟进到哪里、党支部的战斗堡垒作用就体现在哪里，为做强做优做大国有企业提供坚强组织保证。

第二，坚持党对国有企业的领导是重大政治原则，必须一以贯之；建立现代企业制度是国有企业改革的方向，也必须一以贯之。中国特色现代国有企业制度，"特"就特在把党的领导融入公司治理各环节，把企业党组织内嵌到公司治理结构之中，明确和落实党组织在公司法人治理结构中的法定地位，做到组织落实、干部到位、职责明确、监督严格。

第三，党对国有企业的领导是政治领导、思想领导、组织领导的有机统一。国有企业党组织发挥领导核心和政治核心作用，归结到一点，就是把方向、管大局、保落实。要明确党组织在决策、执行、监督各环节的权责和工作方式，使党组织发挥作用组织化、制度化、具体化。要处理好党组织和其他治理主体的关系，明确权责边界，做到无缝衔接，形成各司其职、各负其责、协调运转、有效制衡的公司治理机制。

第四，党和人民把国有资产交给企业领导人员经营管理，是莫大的信任。要加强对国有企业领导人员的党性教育、宗旨教育、警示教育，严明政治纪律和政治规矩，引导他们不断提高思想政治素质、增强党性修养，从思想深处拧紧螺丝。要突出监督重点，强化对关键岗位、重要人员特别是一把手的监督管理，完善"三重一大"决策监督机制，严格日常管理，整合监督力量，形成监督合力。

第五，坚持全心全意依靠工人阶级的方针，是坚持党对国有企业领导的内在要求。要健全以职工代表大会为基本形式的民主管理制度，推进厂务公开、业务公开，落实职工群众知情权、参与权、表达权、监督权，充分调动工人阶级的积极性、主动性、创造性。企业在重大决策上要听取职工意见，涉及职工切身利益的重大问题必须经过职代会审议。要坚持和完善职工董事制度、职工监事制度，鼓励职工代表有序参与公司治理。

第六，国有企业领导人员是党在经济领域的执政骨干，是治国理政复合型人才的重要来源，肩负着经营管理国有资产、实现保值增值的重要责任。国有企业领导人员必须做到对党忠诚、勇于创新、治企有方、兴企有为、清正廉洁。国有企业领导人员要坚定信念、任事担当，牢记自己的第一职责是为党工作，牢固树立政治意识、大局意识、核心意识、看齐意识，把爱党、忧党、兴党、护党落实到经营管理各项工作中。面对日趋激烈的国内外市场竞争，国有企业领导人员要迎难而上、开拓进取，带领广大干部职工开创企业发展新局面。

第七，坚持党管干部原则，保证党对干部人事工作的领导权和对重要干部的管理权，保证人选政治合格、作风过硬、廉洁不出问题。要让国有企业领导人员在工作一线摸爬滚打、锻炼成长，把在实践中成长起来的良将贤才及时选拔到国有企业领导岗位上来。对国有企业领导人员，既要从严管理，又要关心爱护，树立正向激励的鲜明导向，让他们放开手脚干事、甩开膀子创业。要大力宣传优秀国有企业领导人员的先进事迹和突出贡献，营造尊重企业家价值、鼓励企业家创新、发挥企业家作用的浓厚社会氛围。

第八，全面从严治党要在国有企业落实落地，必须从基本组织、基本队伍、基本制度严起。要同步建立党的组织、动态调整组织设置。要把党员日常教育管理的基础性工作抓紧抓好。企业党组织"三会一课"要突出党性锻炼。要让支部成为团结群众的核心、教育党员的学校、攻坚克难的堡垒。要把思想政治工作作为企业党组织一项经常性、基础性工作来抓，把解决思想问题同解决实际问题结合起来，既讲道理，又办实事，多做得人心、暖人心、稳人心的工作。此外，他还强调各级党委要抓好国有企业党的建设，把党要管党、从严治党落到实处。地方各级党委要把国有企业党的建设纳入整体工作部署和党的建设总体规划。国有企业党委（党组）要履行主体责任。要加强国有企业党风廉政建设和反腐败工作，把纪律和规矩挺在前面，持之以恒落实中央八项规定精神，抓好巡视发现问题的整改，严肃查处侵吞国有资产、利益输送等问题。

在党中央的高度重视下，国有企业党组织作用不断提升，党建工作成效不断显现。一段时间以来，各地各单位认真落实中央部署要求，基层党组织作用不断增强，国有企业党建呈现不断加强的良好态势。截至 2015 年底，国有企业在岗职工 4162 万名，其中党员 1014.3 万名、占 24.4%，建立党组织 79.5 万个。一是基层基础得到加强。各地在深化国有企业改革中同步建立健全党的组织，2015 年全国新增国有企业党组织 2.1 万个。农业银行推动支部建在网点，单独建立党支部的达到 90%；中建总公司调整充实党务工作人员 700 多名。二是组织生活制度得到落实。中管金融企业和中央企业党组（党委）认真落实中心组学习、民主生活会等制度，主要负责同志带头讲专题党课。交通银行、航天科技等对落实"三会一课"等制度情况进行专项督查，山东、河北等地在国有企业推行党员活动日制度。三是党组织作用进一步发挥。国有企业党组织围绕推动供给侧结构性改革、维护经济安全和金融稳定，主动担当、积极作为。甘肃开展先锋引领行动，全省各类企业共创建党员示范岗 3 万余个，党员责任区 2.4 万个；武钢、鞍钢等在去产能中"一人一策"做好思想政治工作，保证 11 万余人平稳转岗分流。四是适应国有企业深化改革，党的建设工作及时跟进。在深化改革中，国有企业认真落实中央"四同步""四对接"等要求，力求党的建设同步推进、同步加强。中国银行在设立新的一级分行时，均同步设置党委办公室、党委组织部；上海上港集团80%以上的二级公司配备了专职书记。此外，混合所有制企业也按照"四个同步"要求，积极推进党建工作。把开展党建工作作为混改的前提条件，同步建立党的组织、开展党的工作；坚持"双向进入、交叉任职"，搭建党组织与法人治理结构有机融合的组织架构；坚持党管干部、党管人才原则，积极探索与法人治理结构相适应的选人用人机制；融入中心、服务大局，在凝聚职工、促进发展上彰显党组织独特优势；抓好文化融合、培育共同价值，提升企业党组织的向心力凝聚力亲和力。①

二、全面从严治党持续发力

中共十八大以来，以习近平同志为核心的党中央将全面从严治党视为重要历史使命。习近平指出：党和人民事业发展到什么阶段，全面从严治党就要跟进到什么阶段，坚持严字当头，把严的要求贯穿管党治党全过程，以自我革命的政治勇气着力解决党内存在的突出问题，做到管党有方、治党有力、建党有效。②

（一）全面从严治党的提出

从严治党不是中共十八大以后才提出的命题，而是从成立起

---

① 《将全面从严治党要求落到实处——党的十八大以来国有企业党建工作取得明显成效》，《人民日报》，2016年10月10日。

② 《习近平关于全面从严治党论述摘编》，中央文献出版社2016年版，第13页。

中共就一直高度重视的重大课题。十八大鲜明提出准备进行许多具有新的历史特点的伟大斗争，这些伟大斗争体现在管党治党方面，就是全面从严治党的动员令和集结号。

2014 年 10 月 8 日，习近平在党的群众路线教育实践活动总结大会上指出："今天这个大会，是对党的群众路线教育实践活动进行总结，对巩固和拓展教育实践活动成果、加强党的作风建设、全面推进从严治党进行部署。"① 这是中共中央首次提出"全面从严治党"的重大命题。2014 年 12 月 13 日到 14 日，习近平到江苏调研时指出要"协调推进全面建成小康社会、全面深化改革、全面推进依法治国、全面从严治党，推动改革开放和社会主义现代化建设迈上新台阶"②。这是"四个全面"战略布局第一次提出，也是全面从严治党概念的明确提出。此后，全面从严治党就成为全党管党治党的统一标示。

全面从严治党绝不是仅仅在"从严治党"前面加上"全面"二字那么简单，而是重大创新。2016 年 1 月 12 日，习近平在十八届中央纪律检查委员会第六次全体会议上的讲话中指出，"全面从严治党，核心是加强党的领导，基础在全面，关键在严，要害在治"，这不只是字面上的变化，更是实践的发展、认识的深化。"全面"就是管全党、治全党，面向全体党员、党组织，覆盖党的建设各个领域、各个方面、各个部门，重点是抓住"关键少数"；"严"就是真管真严、敢管敢严、长管长严；"治"就是从党中央到基层党支部都要肩负起主体责任，党委书记要把抓好

---

① 习近平：《在党的群众路线教育实践活动总结大会上的讲话》，《人民日报》2014 年 10 月 9 日。

② 《习近平在江苏调研时强调　主动把握和积极适应经济发展新常态　推动改革开放和现代化建设迈上新台阶》，《人民日报》2014 年 12 月 15 日。

党建作为必须担当的职责，各级纪委要担负起监督责任，敢于瞪眼黑脸，勇于执纪问责。从中共十八大以来的实践看，正是由于提出和始终坚持推进全面从严治党，党的建设才开创新局面。

（二）全面从严治党的实施

全面从严治党是中共十八大以来党的建设的主题。以习近平同志为核心的党中央把全面从严治党纳入战略布局，从作风建设这个环节突破，严抓党的思想建设、组织建设、政治建设、纪律建设，坚持反腐败无禁区、全覆盖、零容忍，全面强化党内监督，健全和完善党内法规制度体系，使中国共产党始终成为中国特色社会主义事业的坚强领导核心。

1. 以加强党的作风建设为切入口

2012年12月4日，中共中央政治局会议审议通过《十八届中央政治局关于改进工作、密切联系群众的八项规定》（以下简称《八项规定》）。《八项规定》要求，中央政治局全体同志要改进调查研究，切忌走过场、搞形式主义；要轻车简从、减少陪同、简化接待。要精简会议活动，切实改进会风；提高会议实效，开短会、讲短话，力戒空话、套话。要精简文件简报，切实改进文风，没有实质内容、可发可不发的文件、简报一律不发。要规范出访活动，严格控制出访随行人员，严格按照规定乘坐交通工具。要改进警卫工作，减少交通管制，一般情况下不得封路、不清场闭馆。要改进新闻报道，进一步压缩报道的数量、字数、时长。要严格文稿发表，除中央统一安排外，个人不公开出版著作、讲话单行本，不发贺信、贺电，不题词、题字。要厉行勤俭节约，严格执行住房、车辆配备等有关工作和生活待遇的规定。这一规定实际上中央政治局常委在11月29日参观中国国家博物馆举行的《复兴之路》展览时就开始执行了。本来从中南海到国家博物馆就五分钟的车程，那天却走了20多分钟。抓作风建设贵在坚持。中央纪委国家监委和各级纪检监察机关以钉钉子精神打好作风建设持久战，一个节点一个节点坚守，一个问题一个问题解决，盯紧盯牢、持之以恒，一刻不停歇地推动作风建设向纵深发展，以实际成效将"金色名片"越擦越亮。截至 2018 年 10 月底，全国累计查处违反中央八项规定精神问题 254808 起，处理 349552 人，给予党纪政务处分 206428 人。①

开展作风建设要有有效载体，执行八项规定就是其中一个载体。同时，中央决定开展群众路线实践教育活动，进一步加强党的作风建设。2013 年 4 月，中共中央政治局决定在全党自上而下分批开展党的群众路线教育实践活动。

开展群众路线实践教育活动，是传承党的优良作风，努力解决群众反映强烈的突出问题的必然要求。习近平指出，总体上看，当前各级党组织和党员、干部贯彻执行党的群众路线情况是好的，党群干群关系也是好的，广大党员、干部在改革发展稳定各项工作中冲锋陷阵、忘我奉献，发挥了先锋模范作用，赢得了广大人民群众肯定和拥护。这是主流，必须充分肯定。同时，必须看到，面对世情、国情、党情的深刻变化，精神懈怠危险、能力不足危险、脱离群众危险、消极腐败危险更加尖锐地摆在全党面前，党内脱离群众的现象大量存在，一些问题还相当严重，集中表现在形式主义、官僚主义、享乐主义和奢靡之风这"四风"上。②

2013 年 6 月 18 日，习近平在党的群众路线教育实践活动工作会议上发表重要讲话，对"四风"问题进行了概括分析。在形

---

① 王昊魁：《中央八项规定出台这六年》，《光明日报》2018 年 12 月 4 日。

② 中共中央文献研究室编：《十八大以来重要文献选编》（上），中央文献出版社 2014 年版，第 310 页。

式主义方面，主要是知行不一、不求实效，文山会海、花拳绣腿，贪图虚名、弄虚作假。有的不认真学习党的理论和做好工作所需要的知识，学了也是为应付场面，蜻蜓点水，浅尝辄止，不求甚解，无心也无力在实践中认真运用。有的习惯于以会议落实会议、以文件落实文件，热衷于造声势、出风头，把安排领导出场讲话、组织发新闻、上电视作为头等大事，最后工作却不了了之。有的抓工作不讲实效，不下功夫解决存在的矛盾和问题，难以给领导留下印象的事不做，形不成多大影响的事不做，工作汇报或年终总结看上去不漂亮的事不做，仪式一场接着一场，总结一份接着一份，评奖一个接着一个，最后都是"客里空"。有的下基层调研走马观花，下去就是为了出镜头、露露脸，坐在车上转，隔着玻璃看，只看"门面"和"窗口"，不看"后院"和"角落"，群众说是"调查研究隔层纸，政策执行隔座山"。有的明知报上来的是假情况、假数字、假典型，也听之任之，甚至通过挖空心思造假来粉饰太平。

在官僚主义方面，主要是脱离实际、脱离群众，高高在上、漠视现实，唯我独尊、自我膨胀。有的对实际情况不了解不关注，不愿深入困难艰苦地区，不愿帮助基层和群众解决实际问题，甚至不愿同基层和普通群众打交道，怕给自己添麻烦，工作上敷衍塞责、推诿扯皮、得过且过。有的不顾地方实际和群众意愿，喜欢拍脑袋决策、拍胸脯表态，盲目铺摊子、上项目，最后拍屁股走人，留下一堆后遗症。有的对上吹吹拍拍、曲意逢迎，对下吆五喝六、横眉竖目，门难进、脸难看、事难办，甚至不给钱不办事，收了钱乱办事。有的对待上级部署囫囵吞枣、断章取义，执行上级决定照本宣科、等因奉此，或者照猫画虎、生搬硬套，以前怎么做就怎么做，别人怎么做就怎么做，完全不顾本地本部门实际情况。有的官气十足、独断专行，老子天下第一，一切都要自己说了算，拒绝批评帮助，容不下他人，听不得不同意见。

在享乐主义方面，主要是精神懈怠、不思进取，追名逐利、贪图享受，讲究排场、玩风盛行。有的意志消沉、信念动摇，奉行及时行乐的人生哲学，"今朝有酒今朝醉"，"人生得意须尽欢"。有的追求物质享受，情趣低俗，玩物丧志，沉湎花天酒地，热衷灯红酒绿，纵情声色犬马。有的拈轻怕重，安于现状，不愿吃苦出力，满足于现有学识和见解，陶醉于已经取得的成绩，不立新目标，缺乏新动力，"清茶报纸二郎腿，闲聊旁观混光阴"。

在奢靡之风方面，主要是铺张浪费、挥霍无度，大兴土木、节庆泛滥，生活奢华、骄奢淫逸，甚至以权谋私、腐化堕落。有的修建豪华气派的办公大楼，甚至占地上百亩、耗资几个亿，搞得富丽堂皇，吃喝玩乐设施一应俱全。有的热衷于造节办节，节庆泛滥成灾，动辄花费几百万、几千万，劳民伤财啊！有的热衷于个人享受，住房不厌其大其多，车子不厌其豪华，菜肴不厌其精美，穿戴讲究名牌，对超出规定的生活待遇安之若素，还总嫌不够。有的要求超规格接待，住高档酒店，吃山珍海味，喝美酒佳酿，觥筹交错之后还要"意思意思"。有的兜里揣着价值不菲的会员卡、消费卡，在高档会馆里乐不思蜀，在高级运动场所流连忘返，在名山秀水间朝歌夜弦，在异国风情中醉生梦死，有的甚至到境外赌博场所挥金如土啊！有的作风不检点，甚至道德败坏、生活放荡，不以为耻、反以为荣。

这"四风"是违背中国共产党的性质和宗旨的，是当前群众深恶痛绝、反映最强烈的问题，也是损害党群干群关系的重要根源。党内存在的其他问题都与这"四风"有关，或者说是这"四风"衍生出来的。"四风"问题解决好了，党内其他一些问题解决起来也就有了更好条件。如果任由这些问题蔓延开来，后果不堪设想，那就有可能发生毛泽东同志所形象比喻的"霸王别姬"了。更为严重的是，党内一些同志对这些问题见怪不怪，甚至觉得理所当然，"久入鲍肆而不闻其臭"。这就更加危险。习近平指出，我们一定要牢记"奢靡之始，危亡之渐"的古训，对作风之弊、行为之垢来一次大排查、大检修、大扫除，切实解决人民群众反映强烈的突出问题。①

中央决定搞这次活动以为民务实清廉为主要内容，坚决反对形式主义、官僚主义、享乐主义和奢靡之风，以"照镜子、正衣冠、洗洗澡、治治病"为总要求，主要任务是教育引导党员、干部树立群众观点，弘扬优良作风，解决突出问题，保持清廉本色，使党员、干部思想进一步提高、作风进一步转变，党群干群关系进一步密切，进一步树立党的良好形象。

解决"四风"问题，要对准焦距、找准穴位、抓住要害，不能"走神"，不能"散光"。经过全党上下的努力，这次活动取得良好效果。一是广大党员、干部受到马克思主义群众观点的深刻教育，贯彻党的群众路线的自觉性和坚定性明显增强。通过活动，广大党员、干部精神上补了"钙"，进一步认识到人民是历史的创造者，共产党来自人民、植根人民，各级干部无论职位高低都是人民公仆、必须全心全意为人民服务；进一步增进了同群众的感情、拉近了同群众的距离，增强了同群众一块过、一块苦、一块干的自觉性；进一步掌握了贯彻群众路线的工作方法，看到了在联系服务群众中的差距，增强了做好群众工作的本领。广大党员、干部表示，自己找回了群众观点，站正了群众立场，强化了宗旨意识。许多党员、干部受到猛击一掌的警醒，感到以往热衷于装门面出政绩，做一点事情不怕群众不满意、就怕上级不知道，心里"小九九"打得多，把自己看重了，把群众看轻了。广大人民群众感到领导见得勤了，办事不卡壳了，政策能落

---

① 中共中央文献研究室编：《十八大以来重要文献选编》（上），中央文献出版社 2014 年版，第 313 页。

地了，能掏心窝子的党员、干部多了。

二是形式主义、官僚主义、享乐主义和奢靡之风得到有力整治，群众反映强烈的突出问题得到有效解决。这次活动以解决问题开局亮相、以正风肃纪先声夺人、以专项整治寻求突破，对"四风"问题进行大排查、大检修、大扫除，刹住了"四风"蔓延势头。从上到下、各个领域都压缩了会议、精简了文件，减少了评比达标、迎来送往活动，全面清理了超标超配公车、超标办公用房、多占住房，普遍压缩了"三公"经费、停建了楼堂馆所，狠刹了公款送月饼、贺卡、节礼和年货等行为，坚决整治了"会所中的歪风"、培训中心的腐败，坚决整治了"裸官""走读""吃空饷""收红包"及收购物卡、参加天价培训、党政领导干部在企业兼职等问题，广泛查处了吃拿卡要、庸懒散拖问题，高高在上、挥霍浪费、脱离群众现象明显扭转，党风、政风和社会风气为之一新。不少党员、干部表示，反"四风"治好了自己的"亚健康"，把自己从不胜其烦的应酬中解脱出来，有更多精力考虑工作、服务群众了。一些同志表示，这次活动教育了干部，也保护和挽救了一批干部。

三是恢复和发扬了批评和自我批评优良传统，探索了新形势下严肃党内政治生活的有效途径。广大党员、干部深入查摆问题，深挖问题根源，自我剖析触及了痛处。上下级之间不顾忌身份、不隐瞒观点，提意见开诚布公。领导班子成员脱去"隐身衣"，捅破"窗户纸"，相互批评不留情面。专题民主生活会和组织生活会敢于揭短亮丑、真刀真枪、见筋见骨，点准了穴位，戳到了麻骨，开出了辣味，起到了脸红心跳、出汗排毒、治病救人、加油鼓劲的作用。广大党员、干部普遍反映，自己经历了一次严格的党内政治生活锻炼，思想受到洗礼，灵魂受到触动。不少同志说，自己的对照检查材料数易其稿，每一次修改都是一次对标、一次醒悟。许多年轻党员、干部感慨，这次真是补了课，明白了党内政治生活是什么样、该怎么过。

四是以转作风改作风为重点的制度体系更加完善，制度执行力和约束力得到增强。这次活动坚持破立并举，注重建章立制。中央相继出台党政机关厉行节约反对浪费、国内公务接待管理、公务用车改革等一系列制度。各级根据中央八项规定精神，在联系服务群众、规范权力运行等方面制定和修订了一批工作制度和管理制度，扎紧了制度笼子，强化了对不良作风的刚性约束，按规矩办事、按规矩用权意识显著增强，越界犯规行为减少。不少领导干部说，过去习以为常、司空见惯的"四风"问题不敢小视了，一人说了就算、一拍脑袋就定、一拍胸脯就办不大行得通了，什么饭都敢吃、什么人都敢交、什么事都敢做受到节制了，头脑中在这几方面的"紧箍咒"自觉勒紧了。

五是影响群众切身利益的症结难点得到突破，党的执政基础更加稳固。作风问题，核心是党和人民群众的关系问题，根本是始终保持党同人民群众的血肉联系。这次活动积极回应群众关切，着力打通联系服务群众的"最后一公里"，形成了人往基层走、钱往基层投、政策往基层倾斜的良好导向，改作风改到群众心坎上。一大批多年积累的矛盾和问题得到有效化解，一大批信访积案得到切实解决。执法监管部门和窗口服务单位门难进、脸难看、事难办等突出问题得到有效整治，随意执法、选择性执法，不给好处不办事、给了好处乱办事的现象大为减少。软弱涣散的基层党组织得到初步整顿，党员、干部服务群众的自觉性得以增强。广大党员、干部从一系列部署要求中感受到了严肃，从敢于啃硬骨头、破老大难的行动中体会到了认真，从改进作风的实际成效中看到了希望，在全党全社会弘扬了正气。

针对有的人觉得作风问题容易反弹，很多人担心活动一结束就曲终人散，"四风"问题又"涛声依旧"了。还有一些人盼着紧绷的弦松一松，好让自己舒服舒服。一些人等着看中央还要出什么招，看左邻右舍有什么动静。对此，2014 年 10 月 8 日，习近平在党的群众路线教育实践活动总结大会上的讲话中指出："作风建设永远在路上，永远没有休止符，必须抓常、抓细、抓长，持续努力、久久为功。逆水行舟，一篙不可放缓；滴水穿石，一滴不可弃滞。"① 中共坚持把作风建设紧紧抓在手上，持续抓好各项整改任务的落实，绝不允许出现"烂尾"工程，决不能让"四风"问题反弹回潮。

在县处级以上主要领导干部中开展"三严三实"专题教育，也是加强作风建设的重要举措。2014 年 3 月，习近平同志在参加十二届全国人大二次会议安徽代表团审议时，提出了"三严三实"的要求。他指出："各级领导干部都要树立和发扬好的作风，既严以修身、严以用权、严以律己，又谋事要实、创业要实、做人要实。"② 严以修身，就是要加强党性修养，坚定理想信念，提升道德境界，追求高尚情操，自觉远离低级趣味，自觉抵制歪风邪气。严以用权，就是要坚持用权为民，按规则、按制度行使权力，把权力关进制度的笼子里，任何时候都不搞特权、不以权谋私。严以律己，就是要心存敬畏、手握戒尺，慎独慎微、勤于自省，遵守党纪国法，做到为政清廉。谋事要实，就是要从实际出发谋划事业和工作，使点子、政策、方案符合实际情况、符合客观规律、符合科学精神，不好高骛远，不脱离实际。创业要实，就是要脚踏实地、真抓实干，敢于担当责任，勇于直面矛盾，善于解决问题，努力创造经得起实践、人民、历史检验的实绩。做人要实，就是要对党、对组织、对人民、对同志忠诚老实，做老实人、说老实话、干老实事，襟怀坦白，公道正派。

---

① 中共中央文献研究室编：《十八大以来重要文献选编》（中），中央文献出版社 2016 年版，第 99 页。

② 《习近平谈治国理政》，外文出版社 2014 年版，第 381 页。

2015年4月，中共中央办公厅印发《关于在县处级以上主要领导干部中开展"三严三实"专题教育方案》。该方案要求，开展"三严三实"专题教育，要紧紧围绕协调推进"四个全面"战略布局，对照"既严以修身、严以用权、严以律己，又谋事要实、创业要实、做人要实"的要求，聚焦对党忠诚、个人干净、敢于担当，着力解决"不严不实"问题，切实增强践行"三严三实"要求的思想自觉和行动自觉，努力在深化"四风"整治、巩固和拓展党的群众路线教育实践活动成果上见实效，在守纪律讲规矩、营造良好政治生态上见实效，在真抓实干、推动改革发展稳定上见实效。该方案强调，坚持从严要求，强化问题导向，真正把自己摆进去，着力解决理想信念动摇、信仰迷茫、精神迷失，宗旨意识淡薄、忽视群众利益、漠视群众疾苦，党性修养缺失、不讲党的原则等问题；着力解决滥用权力、设租寻租，官商勾结、利益输送，不直面问题、不负责任、不敢担当，顶风违纪还在搞"四风"、不收敛不收手等问题；着力解决无视党的政治纪律和政治规矩，对党不忠诚、做人不老实，阳奉阴违、自行其是，心中无党纪、眼里无国法等问题，推动各级领导干部把"三严三实"作为修身做人用权律己的基本遵循、干事创业的行为准则，争做"三严三实"的好干部。该方案提出，坚持以上率下、示范带动。中央政治局带头开展"三严三实"专题教育。全国人大常委会党组、国务院党组、全国政协党组结合各自实际开展"三严三实"专题教育。同时，对省部级领导干部，市、县党政领导班子成员特别是党政主要负责同志，机关、企事业单位及其内设机构县处级以上领导干部和管理人员，分层提出要求。

中共把"三严三实"专题教育作为党的群众路线教育实践活动的延展深化，作为加强党的思想政治建设和作风建设的重要举措，要求融入领导干部经常性学习教育，不分批次、不划阶段、不设环节，不是一次活动。从2015年4月底开始，在各级党政机关、人民团体及其内设机构县处级以上领导干部和事业单位、国有企业中层以上领导人员中开展，各级同步进行。结合专题教育动员部署工作，县级以上党委（党组）书记要带头讲"三严三实"专题党课。党委（党组）中心组和内设机构党组织要开展"三严三实"专题学习研讨。到 2015 年底，机关、企事业单位及其内设机构县处级以上党员领导干部年度民主生活会和组织生活会，要以践行"三严三实"为主题进行。要强化整改落实和立规执纪，坚持边学边查边改，主要领导干部带头，列出问题清单，一项一项整改，进行专项整治，严格正风肃纪。对存在"不严不实"问题的领导干部，立足于教育提高，促其改进；对群众意见大、不能认真查摆问题、没有明显改进的，要进行组织调整。针对"不严不实"问题，建制度、立规矩，强化刚性执行。中央要求，把开展"三严三实"专题教育与做好当前改革发展稳定各项工作结合起来，与完成本地区本部门本单位重点工作任务结合起来，做到专题教育与日常工作有机融合、相互促进，两手抓、两不误。

要求别人做到的，自己首先要做到。中央领导在这次活动中依然率先示范。2015 年 12 月 28 日至 29 日，中共中央政治局召开专题民主生活会，围绕中央政治局带头践行严以修身、严以用权、严以律己、谋事要实、创业要实、做人要实的要求，联系中央政治局工作，联系中共十八大以来中央抓作风建设的实际，联系自身执行中央八项规定的实际，联系严格教育管理家属子女和身边工作人员的实际，联系周永康、薄熙来、徐才厚、郭伯雄、令计划等人案件的深刻教训，进行党性分析，开展批评和自我批评，总结中共十八大以来作风建设的实践，研究加强党风廉政建设、加强中央政治局自身建设的措施。

这次会议先审议了《关于三年来中央政治局贯彻执行中央八项规定、落实加强作风建设措施情况的报告》《关于对中央政治局践行"三严三实"要求、加强自身建设征求意见情况的报告》。随后，中央政治局同志逐个发言，按照党中央要求进行对照检查。会议自始至终严肃活泼，有交流讨论，有思想碰撞，有批评和自我批评，体现了"严"和"实"的要求，体现了对党和人民高度负责的态度，体现了开诚布公、团结和谐的精神。会议对"三严三实"专题教育给予肯定，认为这次专题教育聚焦"三严三实"，突出问题导向，对县处级以上领导干部在思想、作风、党性上进行了又一次集中"补钙"和"加油"。特别是绷紧了政治纪律和政治规矩这根弦，使深化党风廉政建设有了更加明确的方向。会议提出，要一鼓作气、敬终如始抓好专题教育靠后阶段的工作，推动领导干部践行"三严三实"常态化、长效化。中央政治局担负着把握中国特色社会主义事业航船方向、统筹协调党和国家重大决策部署、组织应对国内外重大矛盾风险的重要职责，要成为"三严三实"的表率。中央政治局的同志一言一行、一举一动都不只是个人的事，而是党和国家的事、人民的事、全局的事，必须模范遵守党章，在"三严三实"上有更高标准，努力成为高水平的马克思主义政治家。

习近平在讲话中肯定了中央政治局带头践行"三严三实"取得的成效，对中央政治局各位同志的对照检查发言进行了总结。并指出，中央政治局召开专题民主生活会，要动真格开展批评和自我批评，群策群力改进中央政治局的工作。这次专题民主生活会开得很好，大家讲认识、谈体会，摆问题、查不足，出主意、说措施，启发了思考和感悟，触动了思想和灵魂，很多意见建议对进一步做好中央政治局的工作很有帮助。习近平就中央政治局当好"三严三实"表率提出四点要求，一是自觉把"三严三实"要求体现到坚持坚定正确的政治方向上。在中央政治局的位置上工作，必须坚持坚定正确的政治方向，有坚定的马克思主义信仰、坚定的社会主义和共产主义信念，并为这种理想信念矢志不渝奋斗，无论遇到什么困难和挫折都不动摇或背离理想信念；必须有全心全意为人民服务的公仆情怀，心中时刻装着国家和人民，自觉为党的事业和人民幸福鞠躬尽瘁、死而后已；必须有较高的思想理论水平和领导艺术，坚持真理，开阔视野，熟悉国情，了解世界，模范执行民主集中制，善于驾驭和处理各种复杂矛盾，善于从政治上观察、分析、解决问题，善于组织带领人民群众一道前进；必须对党忠诚，知行合一，言行一致，表里如一，政治品质优秀，道德情操高尚，脱离一切低级趣味，时时处处以榜样力量感召干部群众。这些要求的核心，是做政治上的明白人，政治能力要强，思想定力、战略定力、道德定力要特别过硬，经得起大风大浪考验。政治上的坚定源于理论上的清醒。要自觉加强理论学习，掌握马克思主义立场、观点、方法，同时要用各种科学知识把自己更好武装起来，增强政治敏锐性和政治鉴别力。

二是自觉把"三严三实"要求体现到落实党中央重大决策部署上。中央政治局的同志必须有很强的看齐意识，经常、主动向党中央看齐，向党的理论和路线方针政策看齐。制定各方面决策部署，首先有正确大局观，站在党和国家大局上想问题、看问题，把所分管方面的工作同党中央重大决策部署衔接起来、统一起来。无论综合性决策还是专项性决策，都找准在全局中的合理定位，做到科学决策、民主决策、依法决策，在把握客观规律的基础上确定工作目标和举措。统筹谋划、通盘考虑各方面因素，兼顾各方面利益，协调各方面关系，明确轻重缓急，使各方面资源发挥最大效用。有很强的责任意识，敢于负责、敢作敢为，党中央定下来的事情就一定抓好，使各项工作既为一域争光、又为全局添彩。

三是自觉把"三严三实"要求体现到对分管方面的管理上。中央政治局的同志践行"三严三实"，既要以身作则，又要注重管理引导。把抓工作同抓管理在各个环节结合起来，善于在工作中总结管理经验、发现管理漏洞、指导完善管理措施。有很强的带队伍意识，既管事又管思想管作风，特别要明确要求和督促所管方面坚决贯彻执行党的路线方针政策和党中央重大决策部署，同党中央保持一致；明确要求和督促所管方面正确履行职能，提高工作质量和工作效率；明确要求和督促所管方面按干部制度和干部条件选人用人，使各方面干部和人才各得其所，优秀干部能脱颖而出、健康成长；明确要求和督促所管方面落实全面从严治党要求，严格执行党的建设各项制度和规定，营造良好政治生态。发现不严不实问题，都严肃指出，敢于板起脸来批评，并督促改正。

四是自觉把"三严三实"要求体现到严格要求自己上。中央政治局的同志不能有权力上、地位上的优越感。无论公事私事，都要坚持党性原则，都要加强自我约束，鼓励和欢迎下级和身边工作人员监督，不折不扣执行党的纪律和规矩。对亲属子女和身边工作人员，要严格教育、严格管理、严格监督，发现问题及时提醒、坚决纠正。①

这次具有重要意义的会议强调，周永康、薄熙来、徐才厚、郭伯雄、令计划等人的所作所为说明：一个党员的党性，不是随着党龄增长和职务提升而自然提高的，不加强修养和锤炼，党性不仅不会提高，反而会降低，甚至可能完全丧失。共产党严肃查处他们，是对党、对国家、对人民负责，也是对历史负责。要深刻汲取教训，在践行"三严三实"上定位准、标杆高、行之笃，以实际行动不辜负人民重托。经过"三严三实"专题教育，广大县处级以上主要领导干部在思想、作风、党性上得到升华，推动

---

① 《习近平就政治局作表率提四点要求》，《人民日报》海外版 2015年 12 月 30 日。

党内政治生态不断改善。要认识到，践行"三严三实"是党员领导干部一辈子的事，是一个基础性、长远性的工程，必须长期坚持，不可松懈。

2016 年 2 月，中共中央决定在全体党员中开展"两学一做"学习教育活动，坚持用党章党规规范党员干部的言行，用习近平系列重要讲话精神武装全党，引导全体党员做"四讲四有"① 的合格党员。"两学一做"学习教育，是推动党内教育从"关键少数"向广大党员拓展、从集中性教育向经常性教育延伸的重要举措，也是加强党的作风建设的重要途径。

党章是立党、治党、管党的总章程，是全党最基本、最重要、最全面的行为规范。对这个拥有 8000 多万党员的大党来说，把全党同志的思想统一到党章上来，自觉按党章行动，意义十分重大。关于党章，习近平有很多重要论述。他在 2012 年 11 月 16 日在十八届中共中央政治局会议上的重要讲话中指出，党章就是党的根本大法，是全党必须遵循的总规矩。各级领导干部要把学习党章作为必修课，走上新的领导岗位的同志要把学习党章作为第一课，带头遵守党章各项规定。2016 年 4 月在安徽调研时他又指出，"两学一做"，基础在学，首先要学好党章。全党学习贯彻党章的水平，决定着党员队伍党性修养的水平，决定着各级党组织凝聚力和战斗力的水平，决定着全面从严治党的水平。不论是高级干部还是普通党员，要做合格党员，学习贯彻党章都是第一位的要求。

2017 年初，习近平对"两学一做"学习教育作出重要指示，强调要落实好"两学一做"学习教育常态化制度化各项举措，保证党的组织履行职能、发挥核心作用，保证领导干部忠诚干净担

---

① "四讲四有"，即讲政治、有信念，讲规矩、有纪律，讲道德、有品行，讲奉献、有作为。

当、发挥表率作用，保证广大党员以身作则、发挥先锋模范作用，为统筹推进"五位一体"总体布局和协调推进"四个全面"战略布局提供坚强组织保证。2017 年 3 月，中共中央决定推进"两学一做"学习教育常态化制度化，以保证党的组织履行职责、发挥核心作用；保证党员领导干部忠诚干净担当、发挥表率作用；保证广大党员以身作则、发挥先锋模范作用。深入推进"两学一做"学习教育常态化制度化，重点在真学实做上深化拓展，从而夯实全面从严治党这一基础性工程，前述"三个作用"是检验学习教育成效的试金石。

2. 严肃党内政治生活

全面从严治党首先从党内政治生活管起、严起。中共十八大以来，中共中央把严肃党内政治生活、净化党内政治生态摆在更加突出的位置来抓。2016 年 10 月，中共十八届六中全会深刻总结党内政治生活的历史经验，分析全面从严治党面临的形势和任务，提出办好中国的事情，关键在党，关键在党要管党、从严治党。党要管党必须从党内政治生活管起，从严治党必须从党内政治生活严起。全会审议通过了《关于新形势下党内政治生活的若干准则》和《中国共产党党内监督条例》，为新时代加强和规范党内政治生活、净化政治生态提供了基本遵循和制度性保障。

新形势下加强和规范党内政治生活，必须以党章为根本遵循，坚持党的政治路线、思想路线、组织路线、群众路线，着力增强党内政治生活的政治性、时代性、原则性、战斗性，着力增强党自我净化、自我完善、自我革新、自我提高能力，着力提高党的领导水平和执政水平、增强拒腐防变和抵御风险能力，着力维护党中央权威、保证党的团结统一、保持党的先进性和纯洁性，努力在全党形成又有集中又有民主、又有纪律又有自由、又有统一意志又有个人心情舒畅生动活泼的政治局面。

中共认为加强和规范党内政治生活，重点是各级领导机关和领导干部，关键是高级干部特别是中央委员会、中央政治局、中央政治局常务委员会的组成人员。严肃党内政治生活，必须把坚定理想信念作为开展党内政治生活的首要任务；党在社会主义初级阶段的基本路线是党内政治生活正常开展的根本保证；坚决维护党中央权威、保证全党令行禁止，是加强和规范党内政治生活的重要目的；纪律严明是党内政治生活的重要内容；坚持全心全意为人民服务的根本宗旨，是加强和规范党内政治生活的根本要求；民主集中制是党内政治生活正常开展的重要制度保障；党内民主是党的生命，是党内政治生活积极健康的重要基础；坚持正确选人用人导向，是严肃党内政治生活的组织保证；党的组织生活是党内政治生活的重要内容；批评和自我批评是加强和规范党内政治生活的重要手段；监督是权力正确运行的根本保证，是加强和规范党内政治生活的重要举措；建设廉洁政治，坚决反对腐败，是加强和规范党内政治生活的重要任务。

这次重要会议后，各级党组织严格党的组织生活制度，坚持和改进"三课一会"等党内政治生活方式，切实开展批评和自我批评，有效解决了党组织生活不经常、不认真、不严肃的问题，加强和规范了党内政治生活，净化了党内政治生态。

3. 把纪律规矩挺在前面

全面从严治党就要严明纪律。中共是靠革命理想和铁的纪律组织起来的马克思主义政党，纪律严明是共产党的光荣传统和独特优势。坚持全面从严治党，加强纪律建设尤为重要。从严治党，最根本就是要使全党各级组织和全体党员、干部都按照党内政治生活准则和党的各项规定办事。2014年5月9日，习近平在参加河南兰考县委常委班子专题民主生活会时强调：我们这么大一个政党，靠什么来管好自己的队伍？靠什么来战胜风险挑战？除了正确理论和路线方针政策外，必须靠严明规范和纪律。我们提出那么多要求，要多管齐下、标本兼治来落实，光靠觉悟不够，必须有刚性约束、强制推动，这就是纪律。没有规矩不成方圆。全面从严治党就要严明党的政治纪律和政治规矩，坚持把纪律规矩挺在前面。中共十八大以来，以习近平同志为核心的党中央推动党的纪律建设不断深化。

2013年1月，中共十八届中央纪委二次全会提出要严明党的政治纪律。在这次会上，习近平指出，严明党的纪律，首要的就是严明政治纪律。党的纪律是多方面的，但政治纪律是最重要、最根本、最关键的纪律，遵守党的政治纪律是遵守党的全部纪律的重要基础。[①]

政治纪律是各级党组织和全体党员在政治方向、政治立场、政治言论、政治行为方面必须遵守的规矩，是维护党的团结统一的根本保证。一个政党，不严明政治纪律，就会分崩离析。在遵守和维护政治纪律方面，绝大多数党组织和党员干部做得是好的。但也有少数党员干部政治纪律意识不强，在原则问题和大是大非面前立场摇摆，有的对涉及党的理论和路线方针政策等重大政治问题公开发表反对意见。有的地方和部门对维护党的政治纪律重视不够，个别的甚至对中央方针政策和重大决策部署阳奉阴违。有的党员干部想说什么说什么，想干什么干什么。有的还专门挑那些党已经明确规定的政治原则来说事，口无遮拦，毫无顾忌，以显示自己所谓的"能耐"，受到敌对势力追捧，对此他们不以为耻、反以为荣。这些问题在共产党内和社会上造成恶劣影响，给党的事业造成严重损害。中共决不允许有不受党纪国法约束，甚至凌驾于党章和党组织之上的特殊党员。因此，必须加强政治纪律。中共历史表明，干部在政治上出问题，对党的危害不亚于腐败问题，有的甚至比腐败问题更严重。在政治问题上，任

---

① 中共中央文献研究室编：《十八大以来重要文献选编》（上），中央文献出版社2014年版，第131—132页。

何人同样不能越过红线，越过了就要严肃追究其政治责任。有些事情在政治上是绝不能做的，做了就要付出代价，谁都不能拿政治纪律和政治规矩当儿戏。

遵守党的政治纪律，最核心的，就是坚持中国共产党的领导，坚持党的基本理论、基本路线、基本纲领、基本经验、基本要求，同党中央保持高度一致，自觉维护中央权威。中共认为同党中央保持一致不是一个空洞口号，而是一个重大政治原则。在指导思想和路线方针政策以及关系全局的重大原则问题上，全党必须在思想上政治上行动上同党中央保持高度一致。各级党组织和领导干部要牢固树立大局观念和全局意识，正确处理保证中央政令畅通和立足实际创造性开展工作的关系，任何具有地方特点的工作部署都必须以贯彻中央精神为前提。要防止和克服地方和部门保护主义、本位主义，决不允许"上有政策、下有对策"，决不允许有令不行、有禁不止，决不允许在贯彻执行中央决策部署上打折扣、做选择、搞变通。对党的决议和政策如有不同意见，在坚决执行的前提下，可以声明保留，并且可以把自己的意见向党的上级组织直至中央提出，这是党员的权利。但是，决不允许散布违背党的理论和路线方针政策的意见，决不允许公开发表违背中央决定的言论，决不允许泄露党和国家秘密，决不允许参与各种非法组织和非法活动，决不允许制造、传播政治谣言及丑化党和国家形象的言论。①

维护中央权威，贯彻落实党的理论和路线方针政策，是政治纪律，绝对不能违反。同时，要自觉维护党委权威，不能自己当行政领导自己最大，自己当书记也是自己最大，这是典型的个人主义表现。2013 年 9 月 23 日至 25 日，习近平在参加河北省委常

① 中共中央文献研究室编：《十八大以来重要文献选编》（上），中央文献出版社 2014 年版，第 132 页。

委班子专题民主生活会时指出，干部在不断进步中经常由正转副、由副转正，由党转政、由政转党，不能什么时候都是老子天下第一，什么时候都以自己为主。要按规矩办事，不是个人有主见、有个性就要说了算，哪有这个道理？这些最终也体现思想道德修养，体现党性修养。没有敬畏之心，最后是要栽大跟头的。所有干部都要在党组织里忠实履行自己的职责，这是规矩。

党章是中国共产党的总章程、总规矩。严明政治纪律要从遵守和维护党章入手。每一个共产党员特别是领导干部都要牢固树立党章意识，自觉用党章规范自己的一言一行，在任何情况下都要做到政治信仰不变、政治立场不移、政治方向不偏。不论担任何种职务、从事何种工作，首先要明白自己是一名在党旗下宣过誓的共产党员，要用入党誓词约束自己。强化程序观念，该报告的必须报告，该打招呼的必须打招呼，该履行的职责必须履行，该承担的责任必须承担，少些"迈过锅台上炕"的做法，也少些"事后诸葛亮"的行为。要有担当意识，遇事不推诿、不退避、不说谎，向组织说真话道实情，勇于承担责任。

2015年1月13日，习近平在中国共产党第十八届中央纪律检查委员会第五次全体会议上的讲话中，明确指出遵守政治纪律和政治规矩，重点要做到五个方面。一是必须维护党中央权威，决不允许背离党中央要求另搞一套，全党同志特别是各级领导干部在任何时候任何情况下都必须在思想上政治上行动上同党中央保持高度一致，听从党中央指挥，不得阳奉阴违、自行其是，不得对党中央的大政方针说三道四，不得公开发表同中央精神相违背的言论。二是必须维护党的团结，决不允许在党内培植私人势力，要坚持五湖四海，团结一切忠实于党的同志，团结大多数，不得以人画线，不得搞任何形式的派别活动。三是必须遵循组织程序，决不允许擅作主张、我行我素，重大问题该请示的请示，该汇报的汇报，不允许超越权限办事，不能先斩后奏。四是必须服从组织决定，决不允许搞非组织活动，不得跟组织讨价还价，不得违背组织决定，遇到问题要找组织、依靠组织，不得欺骗组织、对抗组织。五是必须管好亲属和身边工作人员，决不允许他们擅权干政、谋取私利，不得纵容他们影响政策制定和人事安排、干预正常工作运行，不得默许他们利用特殊身份谋取非法利益。

把纪律挺在前面，自然要求加强党的组织纪律。党的力量来自组织，组织能使力量倍增。共产党是按照马克思主义建党原则建立起来的政党，共产党以民主集中制为根本组织制度和领导制度，组织严密是中共的光荣传统和独特优势。近百年来，共产党栉风沐雨、历经坎坷，不断从胜利走向胜利，发展成为世界第一大执政党，组织严密是重要保证。在革命战争时期，"三大纪律八项注意"对于严肃党纪军纪发挥了重要作用。毛泽东曾表扬东北野战军在锦州不吃群众一个苹果，解放军进上海睡在马路上，志愿军爱惜朝鲜人民一草一木，等等，这些都是纪律严明的具体体现。在社会主义建设时期，严明组织纪律是中国改变一穷二白落后面貌的重要因素。在改革开放新时期，严明组织纪律保证了中国既不走封闭僵化的老路、也不走改旗易帜的邪路，而是沿着中国特色社会主义道路阔步前进。

2014 年 1 月 14 日，在中共十八届中央纪委三次全会上，习近平指出，计划经济时期，社会资源配置靠各级组织完成，组织的作用在各个层次各个领域都十分明显，个人对组织的依靠感和归属感很强。改革开放和发展社会主义市场经济，改变了原有的资源配置方式和组织管理模式，越来越多的单位人变成社会人，各种复杂的人际关系和利益关系对党内生活带来不可低估的影响，引发了种种问题，组织观念薄弱、组织涣散就是其中一个需要严肃对待的问题。比如，有的个人主义、自由主义严重，目无组织纪律，跟组织讨价还价，不服从组织安排；有的党组织和领导干部在处理一些应该由中央和上级组织统一决定的重要问题时，事前不请示、事后不报告，搞先斩后奏、边斩边奏，甚至斩而不奏；有的变着法儿把一件完整的需要汇报的大事情分解成一件一件可以不汇报的小事项，让组织程序空转；有的领导班子既有民主不够、个人说了算问题，也有集中不够问题，班子里各自为政，把分管领域当成"私人领地"，互不买账，互不服气，内耗严重；有的只对领导个人负责而不对组织负责，把上下级关系搞成人身依附关系；有的办事不靠组织而靠熟人、靠关系，形形色色的关系网越织越密，方方面面的潜规则越用越灵；有的党组织对党员、干部疏于管理，缺乏严肃认真的组织生活，等等。组织纪律松弛已经成为党的一大忧患。组织观念、组织程序、组织纪律都要严起来。不严起来，就是一盘散沙。①

如何在新形势下加强全党的组织纪律性，是特别需要共产党认真思考和回答的重大课题。2014年1月，中共十八届中央纪委三次全会明确提出加强党的组织纪律要求。习近平提出，要切实增强党性，切实遵守组织制度，切实加强组织管理，切实执行组织纪律。加强组织纪律，必须认真执行民主集中制，着力解决发扬民主不够、正确集中不够、开展批评不够、严肃纪律不够等问题。要发扬党内民主，营造民主讨论的良好氛围，鼓励讲真话、讲实话、讲心里话，允许不同意见碰撞和争论，同时善于进行正确集中，防止议而不决、决而不行。习近平明确指出，执行民主集中制，一把手以身作则很关键。要推动各级一把手自觉坚持集体领导，带头发扬党内民主，严格按程序办事、按规矩办事，坚决反对和防止个人或少数人专断。要正确认识组织意图和领导个人意图的联系与区别，任何时候任何情况下，都要自觉防止个人凌驾于组织之上。

---

① 中共中央文献研究室编：《十八大以来重要文献选编》（上），中央文献出版社2014年版，第765页。

严明组织人事纪律。吏治腐败是最大的腐败，用人腐败必然导致用权腐败。从严治党，必先从严治吏，要抓住管权治吏的要害，严肃查处用人腐败。从中共中央巡视的情况看，对用人腐败问题的反映很突出，违规用人问题十分普遍，干部制度形同虚设，有的地方拉票贿选、跑官要官、买官卖官问题严重。2013 年 9 月 23 日至 25 日，在参加河北省委常委班子专题民主生活会时，习近平强调：要严明组织人事纪律，对违反组织人事纪律的坚决不放过，决不姑息，发现一起，查处一起。

强化党的意识，强化组织意识。习近平指出："加强组织纪律性必须增强党性……全党同志要强化党的意识，牢记自己的第一身份是共产党员，第一职责是为党工作，做到忠诚于组织，任何时候都与党同心同德。"① 党员干部要毫无例外地把自己置于党的组织之下，正确处理个人与组织的关系，既要相信组织、依靠组织、服从组织，又要拥护组织、维护组织、服务组织，任何时候都与党同心同德、同向同行。党章规定的"四个服从"，既是党最基本的组织原则，也是最基本的组织纪律。党员、干部要正确对待组织，对党组织忠诚老实。要把相信组织、服从组织视为生命，始终把党放在心中最高位置，任何时候都与党同心同德。要时刻想到自己是党的人，是组织的一员，时刻不忘自己应尽的义务和责任，相信组织、依靠组织、服从组织，自觉接受组织安排和纪律约束，自觉维护党的团结统一。

除了抓政治纪律和组织纪律两个重点以外，党中央还特别强调纪律的执行。2015 年 1 月，中共十八届中央纪委五次全会强调把守纪律讲规矩摆在更加重要的位置。习近平指出，要坚持思想建党和制度治党，加强纪律建设，使纪律真正成为"带电的高压线"。2016 年 1 月，中共十八届中央纪委六次全会强调纪严于法、

---

① 《使纪律真正成为带电的高压线》，新华网 2014 年 1 月 14 日。

纪在法前。全会提出，必须严明党的纪律，把纪律挺在前面，用铁的纪律从严治党。坚持纪律面前一律平等，遵守纪律没有特权，执行纪律没有例外，党内决不允许存在不受纪律约束的特殊组织和特殊党员。

4. 打造忠诚干净担当的干部队伍

全面从严治党要抓重点。从严治党的重点就是各级领导干部。中共十八大以来，中共中央坚持以严的标准选拔干部、严的措施管理干部、严的纪律约束干部。习近平强调，抓好选人用人导向，打造忠诚干净担当的干部队伍。

2013 年 6 月，习近平在全国组织工作会议上提出新时代好干部标准。他指出，共产党历来高度重视选贤任能，始终把选人用人作为关系党和人民事业的关键性、根本性问题来抓。"好干部要做到信念坚定、为民服务、勤政务实、敢于担当、清正廉洁。"[①] 准确理解 20 个字 "好干部标准"，就要认识到坚定信念是保证。古人说，"志之所趋，无远弗届，穷山距海，不能限也。志之所向，无坚不入，锐兵精甲，不能御也"。习近平高度重视理想信念，把理想信念比喻为精神之钙，强调领导干部经常补"钙"，信念不坚定就会得软骨病，就会出各种问题。只有信念坚定的干部，才能在大是大非面前把得住原则，在金钱物欲面前守得住清贫，在风浪考验面前无所畏惧，在关键时刻靠得住、信得过。正如习近平指出的："对马克思主义的信仰，对社会主义和共产主义的信念，是共产党人的政治灵魂，是共产党人经受住任何考验的精神支柱。"[②]

为民服务是根本。为民服务是党的宗旨，是共产党一路走

---

① 中共中央文献研究室编：《十八大以来重要文献选编》（上），中央文献出版社 2014 年版，第 337 页。

② 《习近平谈信仰信念》，《人民日报》海外版 2017 年 6 月 7 日。

来的价值取向和成功密码。为人民服务不是一句口号，而是每一位党员干部的工作信条。一个党员干部工作好不好、群众满不满意，不是听他自我标榜，而是看他所言所行，所作所为。为民服务要用心投入，真心实意联系群众。只有真正为群众办实事办好事，做事才会硬气、做官才显正气。勤政务实是基础。勤政就是要勤于学习、多读书，勤于思考、善于思考、积极工作，甘当人民的勤务员。务实就是要扑下身子抓落实，察实情、办实事、求实效，学会把各项工作具体到人、具体到时间、具体到每个环节，从小处做起、把大事做细、把小事做实，从细微处着手，一步一步地把工作推向前进。为民服务是从共产党的宗旨价值角度对干部的要求，勤政务实是从工作角度讲的。敢于担当是力量。担当意味着付出、奉献甚至牺牲，关键时候站得出来，危难时候豁得出来。担当需要勇气，也需要能力。一个干部的担当、责任，最重要的是敢于承担难事、棘手的事、得罪人的事，在矛盾面前敢抓敢管、敢于碰硬，善于处理各种复杂的矛盾。领导干部既要有激情、有韧劲，更要办事管用。敢于担当，要出于公心，自觉站在党和人民的立场上看待得失。一事当前，首先要以党的事业为重，以人民群众的利益为重，而不能计较个人的名利、前途。敢于担当是从对事业的态度角度讲的，看的是勇气、决心。清正廉洁是保障。廉者，民之表也；贪者，民之贼也。腐败是破坏党的形象、影响党心民心、带坏政风民风的要害所在。清正廉洁落实在行动上就是要求干部面对权力带来的各种诱惑，常思贪欲之害，常怀律己之心，常弃非分之想，不拿原则当人情，不拿权力作交换。带头执行党风廉政建设责任制，遵守廉洁从政各项规定，主动接受各方监督，做到位高不擅权、权重不谋私。这是从操守角度讲的，看重干部的内心坚守。

　　2014年10月，习近平在对云南工作的指示中，要求党员干部要"对党忠诚、个人干净、敢于担当"。① 对党忠诚是从政的前提，就是要求干部做到在党言党、在党忧党、在党为党，就是要求干部忠于党、忠于祖国、忠于人民、忠于法律。邓小平 1949 年 9 月曾以"论忠诚与老实"为题专门作过一次报告。他指出：忠诚就是将全部真情率直而老实地向党坦白出来，就是要忠实于党的事业，忠实于人民的事业。凡是有利于党的事业、人民的事业就办；不利于党的事业、人民的事业就反对，就斗争。他强调，党员从入党的第一天起就要检查自己合不合乎一个共产党员的标准。如果不合乎，就要痛切反省、赶快改造。拿这样的标准来教育党，党就会进步；来教育同志，同志也会进步。这些重要思想观点，对于教育党员干部对党绝对忠诚，牢记初心使命，具有重要启示。

个人干净是从政的底线。所谓干净就是思想纯洁、为官廉洁、形象清洁。从思想上看，党员干部要守住个人干净的从政底线，要做到常敲"律己警钟"、常扫"思想灰尘"、常做"廉政体检"。要发扬"每日三省吾身"的精神，每天想想自己有没有行为失当、举止失范、言语失态，自觉用法纪来约束自己，用道德来规范言行。从廉洁上看，党员干部要慎独、慎初、慎微和自重、自省、自警，"不为人知、小节无碍、下不为例"等想法不能成为放纵、开脱、原谅自己的借口。从清洁上看，不仅要经常提醒自己"常在河边走，可能要湿鞋"，也要努力做到"常在河边走，就是不湿鞋"，自觉接受组织、社会、群众的监督，让监督的"医生"为自己进行全方位体检。

敢于担当是从政的要求。习近平指出："'为官避事平生耻。'担当大小，体现着干部的胸怀、勇气、格调，有多大担当才能干

---

① 李纪恒：《党员干部要始终做到忠诚干净担当——深入学习习近平总书记关于好干部标准的重要论述》，《求是》2015 年第 1 期。

多大事业。"① 干部敢于担当是党的事业发展的需要，是干部的职责所在，是百姓的需求所指。领导干部首先要有敢于担当的态度，以"天下兴亡、匹夫有责"的责任感融入到谋事创业中，自觉抵制"耍滑头、绕道走、变相办"等为官不实的问题，不当"平庸官""滑头官""太平官"。有敢于担当的勇气，以"苟利国家生死以，岂因祸福避趋之"的勇气投入到矛盾斗争中。面对大是大非不装聋作哑，敢于亮剑；面对歪风邪气不随波逐流，敢于坚持原则。有敢于担当的行动，领导干部既有"路见不平一声吼"，努力解决百姓所急所盼所想，又"斗罢艰险再出发"，具备担当的本领，还有"踏平坎坷成大道"的豪迈。

"对党忠诚、个人干净、敢于担当"是修身之本、为政之道、成事之要。干部只要将其作为座右铭，融入党性修养和各项工作的全过程，内化于心净灵魂，外化于行做好事，那么，这样的干部一定是组织放心和群众满意的好干部。

2015年1月，习近平在中央党校第一期县委书记研修班学员座谈会上强调指出，做县委书记就要做焦裕禄式的县委书记，始终做到心中有党、心中有民、心中有责、心中有戒。这是新时期以习近平同志为核心的党中央对"好干部"标准提出的进一步明确要求。心中有党，就是要求党员干部牢筑忠党之魂，始终把党的利益放在高处，处理好党性和人民性的关系，永远把党的整体利益放在第一位。心中有民，就是要求干部深怀为民之心，时刻坚持以人民为中心，将人民对于美好生活的向往作为自己的奋斗目标，摆正定位、放低身段、放下"官架子"，自觉解民之忧、为民服务。心中有责，就是要求干部做到有权就有责，把自己担任的工作看作是党和人民赋予的重托和责任，如履薄冰、兢兢业

---

① 中共中央文献研究室编：《十八大以来重要文献选编》（上），中央文献出版社2014年版，第340页。

业，牢记心中的责任，才能始终做到"在其位，谋其政"，做到守土有责、守土尽责、敢于负责。心中有戒，就是要求干部严守纪律规矩，明确权力边界，做到不越界、不逾矩，真正做到心有所畏、言有所戒、行有所止。

2015年12月11日至12日，习近平出席全国党校工作会议时指出："实现第一个百年奋斗目标、全面建成小康社会，进而实现第二个百年奋斗目标、实现中华民族伟大复兴的中国梦，关键在于培养造就一支具有铁一般信仰、铁一般信念、铁一般纪律、铁一般担当的干部队伍。"①"四个铁一般"的提出标志着习近平关于干部队伍的重要论述又增加了丰富的内涵。

加强干部队伍建设，还必须强化党组织在干部选拔任用中的领导和把关作用，防止"带病提拔"；严肃整治用人上的不正之风和腐败现象，严厉查处跑官要官、买官卖官等问题；实行领导干部个人有关事项报告制度和抽查核实制度；建立重大决策终身责任追究制度及责任倒查机制，大力整治"为官不为""庸官""懒政"等问题；探索建立容错纠正机制，宽容干部在工作中特别是改革创新中的失误。

5. 全面强化党内监督

全面强化党内监督，充分发挥巡视利剑作用。中共十八大以来，以习近平同志为核心的党中央积极探索完善党内监督制度的途径和办法，不断创新党内监督方式。近几年，加强监督的主要做法有以下几个方面。

一是推动建立中央统一领导、党委（党组）全面监督、纪律检查机关专责监督、党的工作部门职能监督、党的基层组织日常监督、党员民主监督的党内监督体系。二是实践监督执纪"四种形态"，即经常开展批评和自我批评、约谈函询，让"红红脸、

---

① 习近平：《在全国党校工作会议上的讲话》，《求是》2016年第9期。

出出汗"成为常态；党纪轻处分、组织调整成为违纪处理的大多数；党纪重处分、重大职务调整的成为少数；严重违纪涉嫌违法立案审查的成为极少数。三是明确巡视是政治巡视不是业务巡视，发挥巡视利剑作用。四是实现派驻监督全覆盖，向中央一级党和国家机关全面派驻纪检组，充分发挥"派"的权威和"驻"的优势。

中共中央将巡视作为党内监督战略性制度安排，确立巡视工作方针，发现问题、形成震慑、标本兼治，创新组织制度和方式方法，第一次实现一届任期巡视全覆盖。中共十八届中央委员会共开展 12 轮巡视，巡视 277 个地方、单位组织，对 16 个省区市开展"回头看"，对四个单位进行"机动式"巡视，实现对省区市和新疆生产建设兵团、中央和国家机关、国有重要企业、中央金融单位和中管高校的巡视全覆盖，充分发挥了政治"显微镜"和政治"探照灯"的作用。

三、反腐败斗争形成压倒性态势

中共十八大以来，以习近平同志为核心的党中央，铁腕治吏、铁腕反腐，坚持反腐无禁区、全覆盖、零容忍，坚定不移"打虎""拍蝇""猎狐"，不敢腐的目标初步实现，不能腐的笼子越扎越牢，不想腐的堤坝正在构筑，反腐败斗争压倒性态势已经形成并巩固发展。之所以把反腐败单列，而未放到前面部分，主要因为这工作很重要，成效也很明显。

（一）坚定不移打"老虎"

党风廉政建设和反腐败斗争是一场输不起的斗争，不得罪成百上千的腐败分子，就要得罪 13 亿人民。这是一场再明白不过的政治账、人心相悖的账。十八大以后，中央严肃查处一批大案要案，持续形成强大威慑。

2012年12月6日，中共中央纪委公布四川省委副书记李春城涉嫌严重违纪接受组织调查，拉开了中共十八大以来查处腐败大案要案的序幕。几年间，中共中央严肃查处了周永康、薄熙来、郭伯雄、徐才厚、孙政才、令计划等严重违纪案件，要求全党汲取教训，坚定政治方向，明辨大是大非，严明政治纪律，维护党的团结统一。

大案要案的处理清除了党内的隐患。2014年12月5日，中共中央政治局会议审议并通过中共中央纪律检查委员会《关于周永康严重违纪案的审查报告》，决定给予周永康开除党籍处分，对其涉嫌犯罪问题及线索移送司法机关依法处理。经查，"大老虎"周永康严重违反党的政治纪律、组织纪律、保密纪律；利用职务便利为多人谋取非法利益；滥用职权帮助亲属、情妇、朋友从事经营活动获取巨额利益，造成国有资产重大损失；泄露党和国家机密；严重违反廉洁自律规定，本人及亲属收受他人大量财物；与多名女性通奸并进行权色、钱色交易。调查中还发现周永康其他涉嫌犯罪线索。周永康的所作所为完全背离党的性质和宗旨，严重违反党的纪律，极大损害党的形象，给党和人民事业造成重大损失，影响极其恶劣。2015年6月11日，天津市第一中级人民法院依法对周永康受贿、滥用职权、故意泄露国家秘密案进行了一审宣判，认定周永康犯受贿罪，判处无期徒刑，剥夺政治权利终身，并处没收个人财产；犯滥用职权罪，判处有期徒刑七年；犯故意泄露国家秘密罪，判处有期徒刑四年，三罪并罚，决定执行无期徒刑，剥夺政治权利终身，并处没收个人财产。周永康当庭表示，服从法庭判决，不上诉。周永康这么高级别的干部出大问题，确实辜负了党多年的培养，走上犯罪道路令人深思。如果不秉法处理，危害极大。

针对社会上的一些议论和担忧，习近平在中央政治局常委会上说："巡视发现的问题线索，凡是违纪违法的都要严肃查处。不要怕问题多，问题多的单位可以把握节奏。要一网打尽，有多少就处理多少……不管级别有多高，谁触犯法律都要问责，都要处理，我看天塌不下来。"① 2014 年 6 月，中央政治局常委会听取 2014 年中央巡视组首轮巡视情况汇报。习近平再次指出，对巡视发现的领导干部的问题线索，中纪委要抓紧研究，分类处理，该查出的坚决查处，"没有限额，不设指标"。"一年多来，比较一下，已处理了几十个部级干部，比过去多了不少，但不要算这个账，有贪必反，有腐必惩！"② 这话说得掷地有声。有贪必反、有腐必惩，是确保党的机体健康的保障，也是党的事业兴旺发达的前提。

中共中央纪委在查处重大案件的过程中，注意把握政策、突出重点，严肃查处中共十八大后不收敛、不收手，问题线索反映集中、群众反映强烈，现在重要岗位且可能还要提拔使用的领导干部，把三类情况同时具备的作为重中之重。截至 2017 年 10 月，经中共中央批准立案审查的省军级以上党员干部及其他中管干部 440 人。其中，十八届中央委员、候补委员 43 人，中央纪委委员 9 人。全国纪检监察机关共接受信访举报 1218.6 万件（次），处置问题线索 267.4 万件，立案 154.5 万件，处分 153.7 万人，其中厅局级干部 8900 余人，县处级干部 6.3 万人，

①　中共中央纪律检查委员会、中共中央文献研究室编：《习近平关于党风廉政建设和反腐败斗争论述摘编》，中央文献出版社、中国方正出版社 2015 年版，第 110 页。

②　《习近平总书记关于全面从严治党重要论述用典摘登——狭路相逢勇者胜》，《中国纪检监察报》2019 年 1 月 11 日。

涉嫌犯罪被移送司法机关处理 5.8 万人。①

（二）坚持不懈拍"苍蝇"

苍蝇虽小，危害很大。尤其是苍蝇天天在群众身边飞来飞去，老百姓可能对高层并不了解，但对基层存在的小微腐败十分痛恨。在反腐败的问题上，中共中央既坚持打"远在天边"的"老虎"，又坚持拍"近在眼前"的"苍蝇"，让人民群众切实感受到反腐败斗争取得的成效。

中共中央纪委坚持突出审查重点，加大对"小官大贪"惩处力度，严肃查处贪污挪用、截留私分、虚报冒领扶贫资金，在"三资管理"、民生惠民、土地征收等领域搞"雁过拔毛"、吃拿卡要、强占掠夺、优亲厚友等群众身边的不正之风和腐败问题。据统计，2012 年 12 月至 2017 年 6 月，全国共处分乡科级及以下党员干部 134.3 万人，处分农村党员干部 64.8 万人。②

在查处"苍蝇"时发现，地方存在小官巨贪的现象。小官巨贪案件，是指职务犯罪人员职务、级别不高（特指基层科级以下干部），但涉案金额在 50 万元以上的案件。2012 年以来，江苏省镇江市检察机关查办此类案件共 60 件 72 人，其中，2012 年查办 6 件 7 人，2013 年查办 12 件 13 人，2014 年查办 13 件 16 人，2015 年查办 17 件 23 人，2016 年上半年已查办 12 件 13 人，呈逐年上升趋势。在所办案件中，涉案金额 50 万元至 100 万元有 12 件，占查办案件总数的 20%；涉案金额达 100 万元至 500 万元有 37 件，占查办案件总数的 62%；500 万元至 1000 万元有 4 件，占查办案件总数的 7%；1000 万元至 1 亿元有 5 件，占查办案件

---

① 《十八届中央纪律检查委员会向中国共产党第十九次全国代表大会的工作报告》，《人民日报》2017 年 10 月 30 日。

② 《砥砺奋进的 5 年》，国家统计出版社 2017 年版，第 341 页。

总数的 8%；1 亿元以上有 2 件，占查办案件总数的 3%。小官巨贪案件频发，不仅危害后果严重，而且群众反映强烈，严重影响了干群关系，亟须引起重视。

小官巨贪现象中，基层党政领导干部占相当比例。随着国家对基层基础工作扶持力度不断加大，基层党政领导干部直接管理和发放的资金量较大，极易滋生严重腐败。重要岗位权力节点和民生民利领域成发案重灾区。涉案人员系统化、群体化现象明显。作案手段日趋智能化、隐蔽化。小官巨贪案件多为"能人腐败"，作案大都经过精心策划，手法多样。不惩治小官巨贪，就很难服众。经过大力反腐小微腐败逐渐减少，党群关系更加密切。

（三）不惜代价去"猎狐"

中共中央把追逃追赃作为遏制腐败蔓延的重要一环，把反腐败追逃追赃提升到国家政治和外交层面，纳入反腐败工作总体部署。

2014 年 1 月，在中共十八届中央纪委三次全会上，习近平强调指出："不能让外国成为一些腐败分子的'避罪天堂'。腐败分子即使逃到天涯海角，也要把他们追回来绳之以法，五年、十年、二十年都要追，要切断腐败分子的后路。"① 2014 年 6 月 27 日，中共中央决定设立中央反腐败协调小组国际追逃追赃工作办公室。中央和省级反腐败协调小组建立起集中统一的协调机制，加强基础工作，摸清底数，建立外逃人员数据库，制定责任追究制度，落实外逃人员所在党组织追逃责任。7 月 22 日，公安部部署代号为"猎狐 2014"的专项行动。截至 12 月 4 日，公安机关

---

① 《习近平在中央有关会议上对国际追逃追赃工作的重要讲话》（摘录），《中国纪检监察报》2017 年 11 月 15 日。

从 60 个国家和地区缉捕境外在逃经济犯罪嫌疑人 428 人。这一数字是 2013 年"猎狐"行动战果的近 3 倍。

面对重重阻碍、道道难关，海外"猎狐"的历史性突破，不仅体现在缉拿逃犯的阶段性战果上，更体现在国际反腐合作的制度性建设上。2014 年 11 月 8 日，亚太经合组织（APEC）第 26 届部长级会议在北京闭幕。会议通过了由中国政府主导的《北京反腐败宣言》，并成立 APEC 反腐执法合作网络（ACT-NET），旨在加强亚太地区追逃追赃等方面的国际合作，携手打击跨境腐败行为。引人注目的是，中国和美国为反腐合作网络的联合主席，秘书处设在中国。

对于逃往境外的腐败分子，"猎狐"行动布下了天罗地网，清除腐败的"避风港"。"猎狐"行动已成为中国开展国际追逃追赃工作的形象标志，使外逃贪官的生存空间越来越窄，做到有腐必除、有逃必抓、釜底抽薪。

2015 年 3 月 26 日，中央反腐败协调小组国际追逃追赃工作办公室首次启动针对外逃腐败分子的"天网"行动。4 月 22 日，国际刑警组织中国国家中心局集中公布 100 名外逃人员红色通缉令。截至 2017 年 10 月，共从 90 多个国家和地区追回外逃人员 3453 名、追赃 95.1 亿元，"百名红通人员"中已有 48 人落网。[①]有关部门表示，将秉持"天涯海角、有逃必追"的理念，持之以恒、矢志不渝地推进境外追逃追赃工作。

（四）深化国际反腐败执法合作

中国积极倡导构建国际反腐败新秩序，参与制定相关规则，为全球反腐败治理贡献中国方案。一是推动联合国、二十国集

---

① 《十八届中央纪律检查委员会向中国共产党第十九次全国代表大会的工作报告》，《人民日报》2017 年 10 月 30 日。

团、亚太经合组织、上海合作组织、金砖国家等建立反腐败合作机制。包括主导制定《北京反腐败宣言》和《反腐败追逃追赃高级原则》，设立二十国集团执法合作网络。二是同美国、英国、加拿大、澳大利亚、新西兰等国建立双边执法合作机制，搭建联合调查、快速遣返、资产追缴便捷通道。

中国已经同法国、意大利等 50 个国家签署了引渡条约，与美国、加拿大、澳大利亚、新西兰等 60 个国家签订了刑事司法协助类条约，与美国等 47 个国家和地区签署金融情报交换合作协议，与俄罗斯、丹麦等 21 个国家签署了 29 份反腐败合作文件。

此外，2013 年，中央纪委先后开通了官网、设立"曝光台"、网上举报等平台，多渠道听取民声民意，与百姓共同遏制腐败。还加大了群众监督和政府曝光力度，大力发挥对腐败分子的警示作用。

四、思想建党和制度治党同向发力

制度事关根本，关乎长远。习近平指出，推进全面从严治党，既要解决思想问题，也要解决制度问题。① 全面从严治党，必须让思想建党和制度治党同向发力，把制度贯穿其中，加快形成覆盖党的领导和党的建设各方面的党内法规体系，全方位扎牢制度的笼子，不断提升制度治党、依规治党的水平。

（一）高度重视党的思想建设

思想建党是中国共产党革命年代就形成的优良传统，坚定理

---

① 《习近平新时代中国特色社会主义思想学习纲要》，学习出版社、人民出版社 2019 年版，第 237 页。

想信念成为党一路前行的强大动力。毛泽东曾说，《共产党宣言》"特别深地铭刻在我的心中，建立起我对马克思主义的信仰。我一旦接受了马克思主义是对历史的正确解释以后，我对马克思主义的信仰就没有动摇过。"① 刘少奇曾回忆说那时他把《共产党宣言》看了又看，看了好几遍……经过一段时间的深思熟虑，最后决定参加共产党，同时也准备献身于党的事业。② 邓小平把《共产党宣言》称为"我的入门老师"。可见，正是坚定的理想信念使中国的先进分子成为共产主义者，义无反顾地为中国人民的幸福、为中华民族的复兴不懈奋斗。

中共十八大以来，习近平经常强调革命理想高于天，并指出："回顾党的奋斗历程可以发现，共产党之所以能够不断历经艰难困苦创造新的辉煌，很重要的一条就是共产党始终重视思想建党、理论强党，坚持用科学理论武装广大党员干部的头脑，使全党始终保持统一的思想、坚定的意志、强大的战斗力。"十八大以来党的思想建设就特别强调坚定理想信念，坚守共产党人的精神追求。坚定理想信念就是坚定共产主义远大理想和中国特色社会主义共同理想，这是中国共产党人的精神支柱和政治灵魂，也是保持党的团结统一的思想基础。

崇高信仰、坚定信念不会自发产生，必须用科学理论武装头脑，把理想信念建立在对科学理论的理性认同上，建立在对历史规律的正确认识上。这就需要党员干部认真学习马克思主义、毛泽东思想，尤其是学习中国特色社会主义理论体系，不断筑牢理想信念。

---

① 《毛泽东与〈共产党宣言〉的不解之缘》，《人民周刊》2018 年第 5 期。

② 《刘少奇传》，中央文献出版社 2008 年版，第 32—33 页。

（二）高度重视党内法规制度建设

中共十八大以来，中共坚持依法治国与制度治党、依规治党统筹推进，决定加强对权力运行的制约和监督，把权力关进制度的笼子里。2013 年 1 月，习近平在十八届中央纪委二次全会上指出："要善于用法治思维和法治方式反对腐败，加强反腐败国家立法，加强反腐倡廉党内法规制度建设，让法律制度刚性运行。"① 2013 年 12 月，中共中央成立党的建设制度改革专项小组。随后出台了《深化党的建设制度改革实施方案》，提出 26 项重点举措，为加强党的制度建设提供了重要依据和遵循。

2014 年 10 月，中共十八届四中全会提出加强党内法规制度建设，形成完善的党内法规体系。这次会议指出，依法执政，既要求党依据宪法治国理政，也要求党依据党内法规管党治党。党内法规既是管党治党的重要依据，也是建设社会主义法治国家的有力保障。2015 年 6 月，习近平在听取 2015 年首轮专项巡视汇报时指出，各级党委（党组）要坚持全面从严治党、依规治党、坚持不懈加强领导班子建设，完善党内法规监督体系，健全党内法规制度。

2016 年 12 月，中国共产党历史上第一次召开全国党内法规工作会议，通过了《关于加强党内法规制度建设的意见》，提出党内法规制度建设的指导思想、总体目标和重大举措，作出总体部署。习近平作出批示，强调加强党内法规制度建设是全面从严治党的长远之策、根本之策，必须坚持依法治国与制度治党、依规治党统筹推进、一体建设。

---

① 　中共中央文献研究室编：《十八大以来重要文献选编》（上），中央文献出版社 2014 年版，第 135—136 页。

（三）党内法规制度体系建设取得重要进展

中共十八大以来，中共中央围绕规范党内政治生活、权力监督和制约等重大问题进行立规定制，将党内法规制度与国家法律相衔接，健全和完善了党内法规制度。

2013 年 5 月，中共中央出台了《中国共产党党内法规制定条例》和《中国共产党党内法规和规范性文件备案规定》，使中国共产党首次拥有了正式的党内"立法法"。2013 年 7 月，印发《中共中央关于废止和宣布失效一批党内法规和规范性文件的决定》。2013 年 11 月，中共中央出台《中央党内法规制定工作五年规划纲要（2013—2017 年）》，提出在五年时间内形成涵盖党的建设和党的工作主要领域、适应管党治党需要的党内法规制度体系框架。2014 年 10 月，印发《中共中央关于再废止和宣布失效一批党内法规和规范性文件的决定》。这两个决定分别对 1978 年至 2016 年、新中国成立至 1977 年出台的中共中央党内法规和规范性文件进行集中清理，共全面筛查 2.3 万多件中央文件，梳理出 1178 件中央党内法规和规范性文件，废止 322 件、宣布失效 369 件。这是中国共产党历史上第一次对已有的党内法规进行集中清理，及时废止了不合时宜或基本失效的法规制度，提高了党内法规制度的时效性，为进一步完善党内制度体系奠定坚实基础。

截至 2017 年 10 月，中国共产党先后制定或修订出台了《中国共产党廉洁自律准则》《中国共产党纪律处分条例》等 80 多部党内法规，初步形成了涵盖党的建设和党的工作主要领域、适应管党治党需要的党内法规体系框架，基本实现用制度治党。中共管党治党制度化水平不断提高。

（四）加强党内法规制度的执行

规矩、制度制定之后，关键的问题在于能否得到真正执行，使其落到实处。中共中央通过出台一系列改革举措来推动党内法规实现真正落地。

为严格执行《党政机关厉行节约反对浪费条例》和《党政机关国内公务接待管理规定》，中共中央大刀阔斧进行公务用车改革，坚决清理不合规的办公用房，严格按规定使用"三公"经费。为落实《党政领导干部选拔任用工作条例》，党内组织部门采取多种措施，对干部人事档案分级、分批进行系统专项审核。在干部教育培训方面，中共中央严格贯彻《干部教育培训工作条例》，加强对学员的管理，加强干部学风建设。

为让制度成为硬约束，中共中央加大了对违规行为的惩治和处罚力度，党委尤其是纪检部门对违纪党员的立案调查和处理坚决不留空白和死角。比如，中共中央对违反八项规定的党员给予严肃处理。据统计，截至 2017 年 8 月底，全国累计查处违反中央八项规定精神问题 18.4 万起，处理党员干部 25 万人，给予党纪政纪处分 13.6 万人，包括省部级干部 20 人。① 广大党员干部的精神面貌焕然一新，党心民心为之大振。

历经多年艰苦努力，以习近平同志为核心的党中央系统回答了党的建设为什么抓、谁来抓、抓什么、怎么抓等一系列重大问题，形成了习近平党建思想。在这一思想指导下，党的领导不断加强，党的建设取得丰硕成果。共产党涌现出一大批先进典型，罗阳、邹碧华、李保国、廖俊波、黄大年、海军潜艇基地官兵……他们在不同的岗位诠释了共产党员应有的品格和精神，汇聚起新时代砥砺前行的磅礴力量。

---

① 中共中央党史研究室编：《党的十八大以来大事记》，人民出版社、中共党史出版社 2017 年版，第 4 页。

第五章　制定实施重大发展战略

实施重大发展战略是推动党和国家事业发展、实现全面建成小康社会奋斗目标的重要抓手。中共十八大以来，以习近平同志为核心的党中央统筹实施科教兴国战略、人才强国战略、创新驱动战略、区域发展总体战略、军民融合发展战略等，推动了中国经济社会发展。

一、实施创新驱动战略

创新是引领发展的第一动力。科技创新是提高社会生产力和综合国力的战略支持，必须摆在国家发展全局的核心位置。中共十八大以来，中国共产党带领人民积极实施创新驱动发展战略，坚持走中国特色自主创新之路。

（一）实施创新驱动战略

2013 年 9 月 30 日上午，中共中央政治局以实施创新驱动发展战略为题举行第九次集体学习，把学习的"课堂"搬到了中关村。习近平在主持学习时强调，实施创新驱动发展战略决定着中华民族前途命运。全党全社会都要充分认识科技创新的巨大作用，敏锐把握世界科技创新发展趋势，紧紧抓住和用好新一轮科技革命和产业变革的机遇，把创新驱动发展作为面向未来的一项重大战略实施好。

中国以全球视野谋划和推动创新，提高原始创新、集成创新和引进消化吸收再创新能力，更加注重协同创新；深化科技体制改革，推动科技和经济紧密结合，加快建设国家创新体系，着力构建以企业为主体、市场为导向、产学研相结合的技术创新体系；完善知识创新体系，强化基础研究、前沿技术研究、社会公益技术研究，提高科学研究水平和成果转化能力，抢占科技发展战略制高点。

国家"十三五"规划专门就实施创新发展战略作出安排，提出把发展基点放在创新上，以科技创新为核心，以人才发展为支撑，推动科技创新与大众创业、万众创新有机结合，塑造更多依靠创新驱动、更多发挥先发优势的引领型发展。明确提出实施国家科技重大专项，在重大创新领域组建一批国家实验室，争取在一定时间内突破重大技术瓶颈，加快新技术新产品新工艺研发应用，加强技术集成和商业模式创新。

近年来，国家积极完善科技创新评价标准、激励机制、转化机制，调动了科研人员的积极性。推动实施知识产权战略，加强了知识产权保护。其中实施的"大众创业、万众创新"是近些年来推动创新战略实施的大手笔。推进"大众创业、万众创新"，是发展的动力之源，也是富民之道、公平之计、强国之策，对于推动经济结构调整、打造发展新引擎、增强发展新动力、走创新驱动发展道路具有重要意义，是稳增长、扩就业、激发亿万群众智慧和创造力，促进社会纵向流动、公平正义的重大举措。2014年9月在夏季达沃斯论坛上，李克强第一次提出，要在960万平方公里土地上掀起"大众创业""草根创业"的新浪潮，形成"万众创新""人人创新"的新势态。此后，他在首届世界互联网大会、国务院常务会议和2015年《政府工作报告》等场合中频频阐释这一关键词。每到一地考察，他几乎都要与当地年轻的"创客"会面，希望激发民族的创业精神和创新基因。2015年6月11日，国务院印发《关于大力推进大众创业万众创新若干政策措施的意见》。这是为了改革完善相关体制机制，构建普惠性政策扶持体系，推动资金链引导创业创新链、创业创新链支持产业链、产业链带动就业链而制定的法规。该意见里明确了总体思路是：按照"四个全面"战略布局，坚持改革推动，加快实施创新驱动发展战略，充分发挥市场在资源配置中的决定性作用和更好发挥政府作用，加大简政放权力度，放宽政策、放开市场、放活主体，形成有利于创业创新的良好氛围，让千千万万创业者活跃起来，汇聚成经济社会发展的巨大动能。不断完善体制机制、健全普惠性政策措施，加强统筹协调，构建有利于"大众创业、万众创新"蓬勃发展的政策环境、制度环境和公共服务体系，以创业带动就业、创新促进发展。这一意见从创新体制机制，实现创业便利化；优化财税政策，强化创业扶持；搞活金融市场，实现便捷融资等多个方面进行了详细布置。

推动"大众创业、万众创新"适合中国当前的发展阶段，是能让中国经济继续腾飞的一个重要的战略措施。通过中国政府的一系列努力，中国创新能力持续增强。据《国家创新指数报告2016—2017》显示，世界创新格局基本稳定，中国国家创新指数排名提升至第17位。中国创新资源投入持续增加，创新能力发展水平大幅超越了其经济发展阶段，遥遥领先于世界其他发展中国家，突出表现在知识产出效率和质量快速提升、企业创新能力稳步增强等方面。随着创新资源的持续投入以及科技体制机制改革的不断深入，中国创新效率将进一步提升，国家创新能力综合排名将向创新型国家行列稳步迈进。

（二）实施创新驱动战略取得硕果

持续投入和关注，肯定有回报。屠呦呦获 2015 年诺贝尔生理学或医学奖，这是世界科学界对中国科学的再认识和肯定，也圆了中国人百年来诺贝尔科学奖的梦想，刷新了中共十八大以来中国科学的创新高度，也使她摘取了中国科技界的最高荣誉——2016 年度国家最高科学技术奖。"群星璀璨，硕果累累"，这八个字是对中共十八大以来中国科学成就最恰当的总结。

从中国最高科技奖获得者，从拓荒爆炸力学的郑哲敏，到中国核武器事业开拓者和中国核试验科学技术体系创建者之一的程开甲，从研制中国第一部三坐标雷达的王小谟到中国高能化学激光奠基人、分子反应动力学奠基人之一张存浩，到"两弹一星"元勋于敏，还有 40 年磨一剑的赵忠贤，在打破大块铁基超导体高温极限的同时，一举站上高温超导科研实验的最高峰，在新的世界纪录上留下了中国人的名字。从这些国家最高科技奖获奖者身上，可以清晰地看到，一大批具有国际影响力的原始创新成果，正推动中国从世界科技大国向世界科技强国迈进。

中国科技创新与体制机制创新"双轮驱动"，引领中国向创新型国家的目标迈进。中国自主创新能力大幅提高，取得了大量具有世界先进水平的重大创新成果，令人振奋，催人奋进。世界最大单口径射电望远镜建成使用；世界首颗量子科学实验卫星"墨子号"发射升空；使用中国自主研发芯片的超级计算机"神威·太湖之光"多次刷新世界纪录。还有，"两系法杂交水稻技术研究与应用""多光子纠缠及干涉度量""大亚湾反应堆中微子实验发现的中微子振荡新模式"，一系列获得国家科学技术奖的重大科技创新成果，在世界科技舞台上展现出中国科技的创新力量，形成了足能与世界一流比肩、刷新纪录的"高峰"，成果领跑世界。①

2015 年 11 月 2 日，万众瞩目的大飞机 C919 总装下线，露出"真容"。它是中国第一架自行设计制造，具有完全知识产权的大型客机，反映了中国创新能力大幅提升、创新体系建设迈向世界前列。2016 年，中国进入创新型国家行列。同年中低端技术产品出口全面超过日本。

2017 年 6 月 26 日，具有中国完全自主知识产权、达到世界先进水平的中国标准动车组"复兴号"率先在京沪高铁成功双向首发，并将于 9 月 21 日实施新的列车运行图时率先实现 350 公里时速运营。这意味着时隔六年，中国高铁迎来了时速 350 公里的回归。恢复时速 350 公里，中国创新已经具备了这样的底气。可以说，在全球新一轮科技革命大潮中，中国吹响了建设世界科技强国的号角，《国家创新驱动发展战略纲要》颁布施行，科技体制改革和管理方式创新加快推进，《中国制造 2025》提出，面向 2030 年的科技创新重大项目部署启动。这一切表明，创新驱动战略正在结出胜利果实。

（三）用好人才这个第一资源

为落实创新发展战略，国家还明确实施人才优先发展战略，加快建设人才强国。一是建设规模宏大的人才队伍。推动人才结构战略性调整，突出"高精尖缺"导向，实施重大人才工程，着力发现、培养、集聚战略科学家、科技领军人才、社科人才、企业家人才和高技能人才队伍。培养一批讲政治、懂专业、善管理、有国际视野的党政人才。善于发现、重点支持、放手使用青年优秀人才。改革院校创新型人才培养模式，引导推动人才培养

① 《让创新成为引领发展的第一动力——十八大以来我国创新驱动发展成就述评》，《光明日报》2017 年 9 月 7 日。

链与产业链、创新链有机衔接。

二是促进人才优化配置。建立健全人才流动机制，提高社会横向和纵向流动性，促进人才在不同性质单位和不同地域间有序自由流动。完善工资、医疗待遇、职称评定、养老保障等激励政策，激励人才向基层一线、中西部、艰苦边远地区流动。开展东部沿海地区与中西部地区、东北等老工业基地人才交流和对口支援，继续实施东部城市对口支持西部地区人才培训工程。

三是营造良好的人才发展环境。完善人才评价激励机制和服务保障体系，营造有利于人人皆可成才和青年人才脱颖而出的社会环境。发挥政府投入引导作用，鼓励人才资源开发和人才引进。完善业绩和贡献导向的人才评价标准。保障人才以知识、技能、管理等创新要素参与利益分配，以市场价值回报人才价值，强化对人才的物质和精神激励，鼓励人才弘扬奉献精神。营造崇尚专业的社会氛围，大力弘扬新时期工匠精神。实施更积极、更开放、更有效的人才引进政策，完善外国人永久居留制度，放宽技术技能型人才取得永久居留权的条件。加快完善高效便捷的海外人才来华工作、出入境、居留管理服务。扩大来华留学规模，优化留学生结构，完善培养支持机制。培养推荐优秀人才到国际组织任职，完善配套政策，畅通回国任职通道。近年来中国实施的"千人计划""万人计划"等人才工程取得明显进展。

中国人深刻体会到创新正在改变生活：共享单车，打通了城市出行的"最后一公里"；高铁，北京—广州朝发夕至；网购，足不出户"逛超市"；新媒体，随时阅览海量信息。创新还驱动了社会革新：微信一出，移动运营商不得不转变经营模式；余额宝现身，引发商业银行的变革；新能源的开发利用，倒逼电力体制改革。也许人们还没来得及看清这些变化，3D 打印、云计算、大数据、人工智能已纷至沓来。新的工业革命正在到来。中国要抓住历史性机遇，更好实施创新驱动战略，推动国家健康快速发展。

二、深入实施区域发展总体战略

实施区域发展总体战略是在中国特色社会主义进入新时代，以习近平同志为核心的党中央紧扣中国社会主要矛盾变化，按照高质量发展的要求提出的重要战略举措，对于坚持协调发展理念，促进中国经济社会持续健康发展具有重要而深远的意义。

（一）树立协调发展理念，推动实施区域发展总体战略

中共十八大以来，以习近平同志为核心的党中央在治国理政中的一个重大建树是提出了创新、协调、绿色、开放、共享的发展理念。新发展理念建立在对经济社会发展规律深入把握的基础上，对于实现"两个一百年"奋斗目标、实现中华民族伟大复兴的中国梦具有重大指导意义。其中，协调发展注重解决发展不平衡问题，它既是治国理政的基本发展理念之一，又是推进各项工作的一个具体要求。贯彻落实协调发展理念，在宏观和战略层面，必须牢牢把握中国特色社会主义事业总体布局，正确处理发展中的重大关系，不断增强发展的整体性协调性，在协调发展中拓展发展空间；在微观和战术层面，必须统筹兼顾，着力补齐发展短板、克服瓶颈制约，在加强薄弱领域中增强发展后劲。

促进区域协调发展是坚持协调发展的一项核心内容。中共十八届五中全会强调，推动区域协调发展，塑造要素有序自由流动、主体功能约束有效、基本公共服务均等、资源环境可承载的区域协调发展新格局。为此，要站在全局高度认识促进区域协调发展的极端重要性。区域发展不平衡会导致一系列矛盾和问题，影响经济发展和社会稳定大局，必须牢固树立不断促进区域协调发展的思想；把缩小地区差距作为一项需要持续推进的重大任

务，着力解决区域发展中存在的突出问题，推动落后地区加快发展，促进关键领域"填平补齐"；积极探索解决抑制地区差距扩大、区域发展不平衡的制度举措，通过市场和政府的有机协同，形成动态促进区域协调发展的体制机制。

中国"十三五"规划专门就实施区域总体发展战略作出部署，提出深入实施西部开发、东北振兴、中部崛起和东部率先发展的区域发展总体战略，创新区域发展政策，完善区域发展机制，促进区域协调、协同、共同发展，努力缩小区域发展差距。

为此必须健全区域协调发展机制，创新区域合作机制，加强区域间、全流域的协调协作。完善对口支援制度和措施，通过发展"飞地经济"、共建园区等合作平台，建立互利共赢、共同发展的互助机制。建立健全生态保护补偿、资源开发补偿等区际利益平衡机制。鼓励国家级新区、国家级综合配套改革试验区、重点开发开放试验区等平台体制机制和运营模式创新。

（二）实施京津冀协同发展战略

为深入实施区域发展总体战略，中共中央和国务院决定实施京津冀协同发展战略和推进长江经济带建设。推动京津冀协同发展，坚持优势互补、互利共赢、区域一体，调整优化经济结构和空间结构，探索人口经济密集地区优化开发新模式，建设以首都为核心的世界级城市群，辐射带动环渤海地区和北方腹地发展。

一是有序疏解北京非首都功能，降低主城区人口密度。重点疏解高耗能高耗水企业、区域性物流基地和专业市场、部分教育医疗和培训机构、部分行政事业性服务机构和企业总部等。高水平建设北京市行政副中心。规划建设集中承载地和"微中心"。北京市委、市政府已搬至通州办公。

二是优化空间格局和功能定位，构建"一核双城三轴四区多节点"的空间格局。优化产业布局，推进建设京津冀协同创新共同体。北京重点发展知识经济、服务经济、绿色经济，加快构建高精尖产业结构。天津优化发展先进制造业、战略性新兴产业和现代服务业，建设全国先进制造研发基地和金融创新运营示范区。河北积极承接北京非首都功能转移和京津科技成果转化，重点建设全国现代商贸物流重要基地、新型工业化基地和产业转型升级试验区。

三是构建一体化现代交通网络，建设高效密集轨道交通网，强化干线铁路建设，加快建设城际铁路、市域（郊）铁路并逐步成网，充分利用现有能力开行城际、市域（郊）列车，客运专线覆盖所有地级及以上城市。完善高速公路网络，提升国省干线技术等级。构建分工协作的港口群，完善港口集疏运体系，建立海事统筹监管新模式。打造国际一流航空枢纽，构建航空运输协作机制。

四是扩大环境容量和生态空间，构建区域生态环境监测网络、预警体系和协调联动机制，削减区域污染物排放总量。比如，河北下大力气削减钢铁产能，取得良好效果。

五是推动公共服务共建共享，建设区域人力资源信息共享与服务平台，衔接区域间劳动用工和人才政策。优化教育资源布局，鼓励高等学校学科共建、资源共享，推动职业教育统筹发展。建立健全区域内双向转诊和检查结果互认制度，支持开展合作办医试点。实现养老保险关系在三省市间的顺利衔接，推动社会保险协同发展。

中共十八大以来，京津冀协同发展战略着眼于解决"大城市病"和同质发展竞争，取得了一系列重大进展。主要是：明确协同发展的方向和路径，形成了比较完整的规划体系；着力攻克协同发展瓶颈，在交通一体化、生态环境保护、产业升级转移三个领域实行率先突破，不断取得重要成果；加快构建协同发展体制机制，推动实施一批重大改革创新试验；致力于补齐协同发展短板，公共服务共建共享取得实质性突破；强化基础设施支撑，一批重大工程和重要项目落地建设。作为京津冀协同发展战略的核心，疏解北京非首都功能工作稳妥有序推进：加快北京城市副中心规划建设；实行集中疏解和分散疏解相结合，推动一批疏解示范项目向北京周边和天津、河北转移。尤其重要的是，中央决定设立河北雄安新区，这是深入推进京津冀协同发展的一项重大决策部署。雄安新区与规划建设的北京城市副中心一道，将在承接适宜功能和人口转移、推动京津冀协同发展方面发挥十分重要的作用；同时，将在建设绿色生态宜居城市，实现创新发展、协调发展、开放发展方面提供示范。

（三）实施长江经济带发展战略

实施长江经济带发展战略，也是深入实施区域总体发展战略的重要方面。中共中央要求，实施长江经济带发展战略，必须坚持生态优先、绿色发展的战略定位，把修复长江生态环境放在首要位置，推动长江上中下游协同发展、东中西部互动合作，建设成为中国生态文明建设的先行示范带、创新驱动带、协调发展带。

一是建设沿江绿色生态廊道，推进全流域水资源保护和水污染治理，长江干流水质达到或好于Ⅲ类水平。二是构建高质量综合立体交通走廊，依托长江黄金水道，统筹发展多种交通方式。三是优化沿江城镇和产业布局，提升长三角、长江中游、成渝三大城市群功能，发挥上海"四个中心"引领作用，发挥重庆战略支点和连接点的重要作用，构建中心城市带动、中小城市支撑的网络化、组团式格局。根据资源环境承载力，引导产业合理布局和有序转移，打造特色优势产业集群，培育壮大战略性新兴产业，建设集聚度高、竞争力强、绿色低碳的现代产业走廊。加快建设国际黄金旅游带。培育特色农业区。

长江经济带发展战略坚持生态优先、绿色发展的战略定位，各项工作进展顺利。国家相继出台了指导意见和总体规划，明确了发展的方向、目标和重点。以此为基础，制定了重点领域的专项规划和实施方案，形成了系统的规划政策体系。生态环境保护专项行动、重点工程建设和制度建设全面展开，"共抓大保护"取得积极成效。以畅通黄金水道为依托推进综合立体交通走廊建设，一批重点工程陆续开工。依托重要试验平台，大力推进产业转型升级和新型城镇化建设，进一步培育形成一批带动区域协同发展的增长极。

（四）深入实施区域总体发展战略

以习近平同志为核心的党中央深入实施西部开发、东北振兴、中部崛起、东部率先发展的区域发展总体战略，创新区域发展政策，完善区域发展机制，进一步促进区域协调、协同、共同发展。

继续把深入实施西部大开发战略放在优先位置。贯彻落实深入实施西部大开发战略的指导意见和西部大开发"十二五"规划，充分发挥"一带一路"建设的引领带动作用，加快内外联通通道和区域性枢纽建设，进一步提高基础设施水平；加强产业平台建设，促进优质生产要素流动、特色优势产业发展和高新产业集聚；强化体制创新，优化政策支持，提升区域基本公共服务水平；推动开展各类区际利益平衡机制试验，促进资源节约和环境保护。在此基础上，进一步出台实施西部大开发"十三五"规划。近几年，西部地区经济增速在各大区域中一直保持领先态势。

大力推动东北地区等老工业基地振兴。针对经济发展新常态下东北地区经济下行压力较大的情况，中共中央、国务院出台了解决近期问题和推动中长期发展的一系列重要规划和政策文件，着力推动体制机制改革、经济结构调整、科技管理创新和营商环境改善；支持设立多种类型的创新转型试验示范平台，促进改革开放深化和新经济新动能培育；出台专门工作方案，推动东北地区与东部地区发达省市开展对口合作。在中央战略与政策的大力推动下，经过各方面的共同努力，东北地区经济总体上处于筑底回升过程中。

大力促进中部地区崛起。制定实施新时期促进中部地区崛起规划，并进一步强化支持政策体系，推动中部地区加快建设贯通南北、连接东西的现代立体交通体系和现代物流体系；支持打造功能平台，推动承接产业转移，培育一批产业集群，加快发展现代农业、先进制造业和战略性新兴产业；推动深化重点城市合作，培育壮大沿江沿线城市群和城市圈增长极。在经济下行压力较大的环境下，中部地区一直保持较快发展，成为全国经济平稳发展的重要支撑力量。

积极支持东部地区率先发展。推进重点领域改革试验，着力实施创新驱动发展战略，打造具有国际影响力的创新高地；推动产业进一步优化升级，促进新兴产业和现代服务业加快发展，着力打造全球先进制造业基地；支持深化改革开放，建立健全国际化管理体制，完善全方位开放型经济体系，促进在更高层次上参与国际合作和竞争；探索陆海统筹新机制，不断拓展经济发展空间。经过努力，东部地区在调整转型中进一步焕发了生机活力，在全国继续发挥重要增长引擎和辐射带动作用。①上海自贸区、深圳示范区、海南自贸港等大手笔安排，会更加助力东部地区发展。此外，中共还加大了对革命老区、民族地区、边疆地区和贫困地区扶持力度，区域总体发展战略正在得到全面贯彻落实。

---

①　范恒山：《十八大以来我国区域战略的创新发展》，《人民日报》2017年6月14日。

三、实施军民融合发展战略

实施军民融合发展战略是在国家总体战略中兼顾发展和安全的必由之路，是建设巩固国防和强大军队的现实需要，也是加快推动军民融合深度发展的必然要求。近年来，中国军民融合取得丰硕成果，军地资源共享程度得到提高，军民融合产业蓬勃兴起，但总体上仍处于刚进入初步融合向深度融合的过渡阶段，存在不少矛盾和问题。

（一）做出军民融合发展战略的部署

中共十八届五中全会和"十三五"规划对实施军民融合发展战略作出部署，明确提出完善军民融合发展体制机制，健全军民融合发展的组织管理、工作运行和政策制度体系。建立国家和各省（自治区、直辖市）军民融合领导机构。推进军民融合发展立法。坚持军地资源优化配置、合理共享、平战结合，促进经济领域和国防领域技术、人才、资金、信息等要素交流，加强军地在基础设施、产业、科技、教育和社会服务等领域的统筹发展。探索建立军民融合项目资金保障机制。深化国防科技工业体制改革，建立国防科技协同创新机制，实施国防科技工业强基工程。改革国防科研生产和武器装备采购体制机制，加快军工体系开放竞争和科技成果转化，引导优势民营企业进入军品科研生产和维修领域。加快军民通用标准化体系建设。

除健全体制机制外，落实中央这一重大战略，还必须做好以下工作。实施军民融合发展工程，在海洋、太空、网络空间等领域推出一批重大项目和举措，打造一批军民融合创新示范区，增强先进技术、产业产品、基础设施等军民共用的协调性。加强国防边海防基础设施建设。深化国防动员领域改革，健全完善国防动员体制机制。密切军政军民团结。党政军警民合力强边固防，大力推进政治安边、富民兴边、军事强边、外交睦边、科技控边，提高边境综合管控能力，维护边境地区安全稳定。这些必将极大促进军民融合发展开拓新局面，形成全要素、多领域、高效益的军民深度融合发展新格局。

（二）全要素、多领域、高效益的军民融合深度发展格局基本形成

从突出强化军民融合发展顶层设计，到接连出台相关政策制度；从军民融合产业蓬勃兴起，到"军转民""民参军"热潮涌动……中共十八大以来，中共中央把军民融合发展上升为国家战略，从党和国家事业发展全局出发进行总体设计，组织管理体系基本形成，战略规划引领不断强化，重点改革扎实推进，法治建设步伐加快，军民融合发展呈现整体推进、加速发展的良好势头，全要素、多领域、高效益的军民融合发展格局加快形成。

以航天科技为例。中国航天近年来军民融合发展的步伐愈发轻快。在国家古籍保护政策牵引下，中国航天科技集团一院与国家图书馆、国家古籍保护中心联合研制了古籍整体战略储备系统解决方案，提供防火、防水、防虫、防酸等多方面保护，具备轻便战备转运、全方位环境监控、快捷物联管理等功能。中国航天科技集团一院战术武器事业部将一系列军用优势技术融入该项目，填补了中国在古籍、文物、档案等储备领域系统解决方案的空白，成功践行了军民融合发展战略。

在中国航天科工集团，快舟一号甲通用型固体运载火箭圆满完成"一箭三星"商业发射服务，成功掌握低成本快速进入空间的先进技术；中国首个工业互联网平台 INDICS+CMSS 顺利搭建，为 140 万户各类企业提供普惠的免费服务与个性化的增值服务。

中国已有 2000 多项航天技术成果应用到国民经济的各个部门，对经济建设和社会发展作出巨大贡献。

（三）"民参军""军转民"壁垒加快破除

实施军民融合战略存在"民参军"热情高，但苦于门路难寻；"军转民"市场广，却仍存在体制机制束缚等突出问题。加快破除"民参军""军转民"壁垒是关键。中国航空工业集团科技委副主任、歼20总设计师杨伟院士表示，地方政府应更加主动积极搭建政府主导的信息沟通平台，创造更多沟通了解的机会，激发双方活力，逐步拓宽军民融合发展领域。

随着新版武器装备科研生产许可目录面向社会公布、全面推行装备承制资质与质量体系认证"两证合一"改革试点等工作的推进，有关部门以简明、务实、公开、透明的形式，为企业提供从申请到实施、从监管到退出等环节的工作指导，审查周期缩减一半，极大地减轻了企业负担和准入壁垒，越来越多的民营企业从中受益。

中国电子科技集团始终坚持走军民融合的发展道路，面向国家战略性新兴产业、国家公共安全和经济社会可持续发展需求，充分发挥电子信息产业国家队的技术优势和影响力，逐步完善产业发展激励与约束机制，初步形成了主业突出、结构合理的产业布局，实现了产业快速发展。中国电子科技集团董事长熊群力认为，军民融合发展是一项系统化工程，统筹军民共同发展、重塑新的体系和布局，必将使国防建设和国家经济建设的格局发生重大变化。

（四）高质量建设推动军民融合深度发展的"试验田"

以制度创新为重点任务，以破解影响和制约军民融合发展的体制性障碍、结构性矛盾、政策性问题为主攻方向，国家军民融合创新示范区正成为推动军民融合深度发展的"试验田"。

为推动改革不断深入，十九届中央军民融合发展委员会第一次全体会议审议通过了《国家军民融合创新示范区建设实施方案》，明确示范区建设的指导思想、主要目标、基本原则和遴选标准，努力探索军民融合发展新路径新模式，形成可复制可推广的经验做法。

山东省青岛市是著名的海军城，战略地位突出，涉海涉军产业发达，双拥共建传统悠久，军民融合发展特点鲜明。青岛西海岸新区是中国设立的第九个国家级新区，承担着军民融合和海洋强国两大国家战略实践任务，在19个国家级新区中唯一被赋予创建"军民融合创新示范区"的使命。

近来青岛通过聚焦"全要素"，拓宽"多领域"，力求"高效益"，畅通人才、资金、信息、管理等融合渠道，军民融合深度发展成为新旧动能转换和供给侧结构性改革的重要引擎，带动船舶制造、海工装备、电子信息产业升级和通用航空等产业快速发展，全市船舶海工产业产值达500亿元，电子信息产业产值突破2000亿元，地方经济总量和发展水平实现双提升。①

此外，中国还加快制造强国战略等。2015年颁布《中国制造2025》。这是在新的国际国内环境下，中国政府立足于国际产业变革大势，作出的全面提升中国制造业发展质量和水平的重大战略部署。其根本目标在于改变中国制造业"大而不强"的局面，通过10年的努力，使中国迈入制造强国行列，为到2045年将中国建成具有全球引领和影响力的制造强国奠定坚实基础。此外，中国还开始实施国家大数据战略，把大数据作为基础性战略

① 新华社记者胡喆、谭元斌、吴文诩：《开创新时代军民融合深度发展新局面——党的十八大以来我国军民融合发展成就综述》，新华网2018年3月11日。

资源，全面实施促进大数据发展行动，加快推动数据资源共享开放和开发应用，助力产业转型升级和社会治理创新。为推动国家大数据战略落地，中国在贵州建立了首个国家大数据综合试验区。对大数据战略的实施，彰显中国共产党领导下的中国更加深入地实施现代化建设，更有利于在国家间竞争中处于有利地位。

第六章　国防军队建设取得重大突破，港澳台工作有进展

中共十八大以来，中国着重围绕提升战斗力加强了国防军队建设，通过深化国防军队改革，革命性重塑了国防和军队，开启强军新征程。中国实现国家统一工作稳步推进，港澳工作稳中有进。

一、国防军队建设取得重大突破

中共十八大以来，着眼于实现中国梦、强军梦，以习近平同志为核心的党中央制定新形势下军事战略方针，全力推进国防和军队现代化。召开古田全军政治工作会议，恢复和发扬光荣传统和优良作风，人民军队政治生态得到有效治理。国防和军队改革取得历史性突破，形成军委管总、战区主战、军种主建新格局，人民军队组织架构和力量体系实现革命性重塑。加强练兵备战，有效遂行海上维权、反恐维稳、抢险救灾、国际维和、亚丁湾护航、人道主义救援等重大任务，武器装备加快发展，军事斗争准备取得重大进展。人民军队在中国特色强军之路上迈出坚定步伐。强军兴军开创新局面，国防军队建设实现革命性重塑。

（一）明确提出强军目标和军队使命任务

2012 年 11 月 15 日，中共十八届一中全会决定中央军委组成人员。中央军委深知时代给中国军队提出的严峻挑战和时代之问。当天，中央军委主席习近平主持召开新一届军委班子第一次常务会议，鲜明指出要始终以改革创新精神开拓前进，努力夺取军事竞争主动权。随后，习近平指出："关于军队建设和改革，我想的最多的就是，在党和人民需要的时候，我们这支军队能不能拉得上去、打胜仗，各级指挥员能不能带兵打仗、指挥打仗。"① 为回答这个时代之问，习近平着眼实现中国梦、强军梦，立足国家安全和发展战略全局，提出一系列重大战略思想，作出一系列重大决策部署，指挥一系列重大军事行动，开辟了共产党的军事指导理论新境界，在中国特色强军之路上迈出大步，为强军兴军打下坚实政治基础、思想基础、实践基础。

实现中华民族伟大复兴的中国梦，实质上就是强国梦。对军队来说，就是强军梦。中共十八大根据中国面临的国家安全局势和发展利益问题、传统安全威胁和非传统安全威胁相互交织的情况，郑重提出："建设与我国国际地位相称、与国家安全和发展利益相适应的巩固国防和强大军队，是我国现代化建设的战略任务。"② 面对以争夺战略主动权为本质的世界新军事革命深入发展，各主要国家纷纷调整安全战略、军事战略，调整军队组织形态，其速度之快、范围之广、程度之深、影响之大，为第二次世界大战结束以来所罕见的大变局。2012 年 11 月 16 日，中央军委

---

① 习近平：《论坚持全面深化改革》，中央文献出版社 2018 年版，第 100 页。

② 《中国共产党第十八次全国代表大会文件汇编》，人民出版社 2012 年版，第 38 页。

主席习近平在新一届军委扩大会议上指出："把国防和军队建设不断推向前进，必须把学习贯彻党的十八大精神作为首要政治任务抓紧抓好，必须毫不动摇坚持党对军队的绝对领导，必须坚决完成各项军事斗争任务，必须按照全面建设的思想努力推进军队的革命化现代化正规化建设，必须始终保持我军光荣传统和优良作风。"① 习近平强调："这场世界新军事革命是全方位、深层次的，覆盖了战争和军队建设全部领域，直接影响着国家的军事实力和综合国力，关乎战略主动权。"② 中国军队要始终以改革创新精神开拓前进，努力夺取军事竞争主动权。

确定新形势下的强军目标。2012 年 12 月 8 日上午，在中国改革开放前沿深圳经济特区考察的习近平登上停泊在蛇口港的"海口"号导弹驱逐舰，开始他就任党的总书记、中央军委主席之后的第一次南海之行。两天后，习近平出现在了原第四十二集团军炮火轰鸣的演兵场上。从提出"中国梦"到提出"强军梦"仅仅间隔 10 天。只有创造过辉煌的国家才懂得伟大复兴的真正含义，只有曾经饱受蹂躏的民族才对强国强军有如此深切的渴望。2013 年 3 月 11 日，习近平出席十二届全国人大一次会议解放军代表团全体会议，在认真听取了代表们的发言后发表重要讲话。习近平郑重地提出强军目标，他指出："建设一支听党指挥、能打胜仗、作风优良的人民军队，是党在新形势下的强军目标。听党指挥是灵魂，决定军队建设的政治方向；能打胜仗是核心，反映军队的根本职能和军队建设的根本指向；作风优良是保证，

①　《胡锦涛习近平出席中央军委扩大会议并发表重要讲话》，《人民日报》2012 年 11 月 18 日。

②　《准确把握世界军事发展新趋势　与时俱进大力推进军事创新》，《人民日报》2014 年 8 月 31 日。

关系军队的性质、宗旨、本色。"①

明确新的历史时期军队使命任务是，坚决维护中国共产党的领导和中国特色社会主义制度，坚决维护国家主权、安全、发展利益，坚决维护国家发展的重要战略机遇期，坚决维护地区与世界和平，为全面建成小康社会、实现中华民族伟大复兴提供坚强保障。军队必须担负以下战略任务：应对各种突发事件和军事威胁，有效维护国家领土、领空、领海主权和安全；坚决捍卫祖国统一；维护新型领域安全和利益；维护海外利益安全；保持战略威慑，组织核反击行动；参加地区和国际安全合作，维护地区和世界和平；加强反渗透、反分裂、反恐怖斗争，维护国家政治安全和社会稳定；担负抢险救灾、维护权益、安保警戒和支援国家经济社会建设等任务。②

实行新形势下积极防御军事战略方针。根据各个方向安全威胁和军队能力建设实际，坚持灵活机动、自主作战的原则，你打你的、我打我的，运用诸军兵种一体化作战力量，实施信息主导、精打要害、联合制胜的体系作战；根据中国地缘战略环境、面临安全威胁和军队战略任务，构建全局统筹、分区负责，相互策应、互为一体的战略部署和军事布势；应对太空、网络空间等新型安全领域威胁，维护共同安全；加强海外利益攸关区国际安全合作，维护海外利益安全。③

（二）全面实施政治建军、改革强军战略

政治建军是人民解放军的立军之本。习近平阐述并贯彻新的

---

① 《牢牢把握党在新形势下的强军目标　努力建设一支听党指挥能打胜仗作风优良的人民军队》，《人民日报》2013年3月12日。
② 《中国的军事战略》白皮书，2015年5月。
③ 《中国的军事战略》白皮书，2015年5月。

历史条件下政治建军方略。2014 年 10 月 30 日，习近平亲自决策和领导召开古田全军政治工作会议，着眼新的历史条件下，加强从思想上政治上建设军队。新形势下，军队政治工作只能加强不能削弱，只能前进不能停滞，只能积极作为不能被动应对。军队政治工作的时代主题是，紧紧围绕实现中华民族伟大复兴的中国梦，为实现党在新形势下的强军目标提供坚强政治保证。着力培养有灵魂、有本事、有血性、有品德的新一代革命军人。有灵魂就是要信念坚定、听党指挥，有本事就是要素质过硬、能打胜仗，有血性就是要英勇顽强、不怕牺牲，有品德就是要情趣高尚、品行端正。把铸牢军魂作为政治工作的核心任务，用党的创新理论武装官兵，增强思想政治教育的时代性和感召力，持续培育社会主义核心价值观和当代革命军人核心价值观，传承我党我军优良传统，抓好战斗精神培育，打造强军文化，锻造具有铁一般信仰、铁一般信念、铁一般纪律、铁一般担当的过硬部队。2017 年 7 月 28 日，在中国人民解放军迎来 90 华诞之际，中央军委在北京八一大楼隆重举行颁授"八一勋章"仪式。习近平为麦贤得、马伟明、李中华、王忠心、景海鹏、程开甲、韦昌进、王刚、冷鹏飞、印春荣十人佩挂勋章，颁发证书。以上十人以及于敏、林俊德、陈德明、巨孝成、黄旭华、廖湘科、邬江兴、付小兵等人的英雄事迹，成为新时代军人的楷模。中共十八大以来，人民军队内部反腐败工作坚持无禁区、全覆盖、零容忍，不敢腐的目标初步实现，不能腐的制度日益完善，不想腐的堤坝正在构筑，反腐败斗争形成压倒性态势。中共十八大以来，全军先后查处涉嫌严重违法违纪军级以上干部 100 多名，彰显了有腐必反、有贪必肃的坚定决心。

全面实施改革强军战略。中共十八大以来，中央军委围绕能打仗、打胜仗拓展和深化军事斗争准备，2013 年 11 月，中共十八届三中全会在北京举行。全会通过了《中共中央关于全面深化改革若干重大问题的决定》，在这个决定中，把深化国防和军队改革列为全面深化改革的重要任务。全会决定强调："紧紧围绕建设一支听党指挥、能打胜仗、作风优良的人民军队这一党在新形势下的强军目标，着力解决制约国防和军队建设发展的突出矛盾和问题，创新发展军事理论，加强军事战略指导，完善新时期军事战略方针，构建中国特色现代军事力量体系。"① 将国防和军队改革作为单独一部分写入全会决定，这在中央全会历史上还是第一次。2014 年 3 月 15 日，中央军委深化国防和军队改革领导小组正式成立，中央军委主席习近平担任组长，范长龙、许其亮担任副组长。同一天，召开领导小组第一次会议，审议通过了改革重要举措分工方案和改革工作路线图。深化国防和军队改革的指挥部正式成立，改革工作进入实质性推进阶段。习近平要求领导小组要履职尽责，对改革工作实施坚强领导。要强化集中统一领导，搞好总体设计、统筹协调、整体推进、督导落实，确保各项改革工作统一谋划、统一部署、统一推进、统一实施。要坚持科学议事决策，坚持走群众路线，充分发扬民主，广泛听取各方面意见。② 围绕改什么、怎么改，军委领导、各改革工作机构、军委改革办展开高强度、高密度、大范围的调研。仅从 2014 年 3 月到 10 月，就召开了 800 多个座谈会、论证会，覆盖 690 多个军地单位。900 多名在职和退休军地领导、专家，2165 名军以上单位班子成员和师旅级部队主官，3400 余条部队官兵意见，改革方案前后历经 150 多次调整、修改和完善。2015 年 1 月 27 日，习近平主持召开军委改革领导小组第二次全体会议，对拟制改革方案作出部署。7 月 14 日，习近平主持召开军委改革领导小组第三

① 《中共十八届三中全会在京举行》，《人民日报》2013 年 11 月 13 日。

② 《坚持以强军目标引领改革围绕强军目标推进改革　为建设巩固国防和强大军队提供有力制度支撑》，《人民日报》2014 年 3 月 16 日。

次全体会议，审议并原则通过《深化国防和军队改革总体方案建议》。7月22日、29日，习近平分别主持召开中央军委常务会议和中央政治局常委会会议，审议和审定《总体方案》。10月16日，习近平再次主持中央军委常务会议，审议通过《领导指挥体制改革实施方案》。①

深化国防和军队改革，是实现中国梦强军梦的时代要求，是强军兴军的必由之路，也是决定军队未来的关键一招。随着中央军委改革工作会议的召开，一场具有划时代意义的整体性、革命性变革正式启动。调整组建后，军委机关由原来的总参谋部、总政治部、总后勤部、总装备部等4个总部，改为7个部（厅）、3个委员会、5个直属机构共15个职能部门，即：军委办公厅、军委联合参谋部、军委政治工作部、军委后勤保障部、军委装备发展部、军委训练管理部、军委国防动员部、军委纪委、军委政法委、军委科技委、军委战略规划办公室、军委改革和编制办公室、军委国际军事合作办公室、军委审计署、军委机关事务管理总局。构建军委、战区两级联合作战指挥体制，彻底突破了长期实行的总部体制、大军区体制、大陆军体制，立起了军队新体制的"四梁八柱"，形成了军委管总、战区主战、军种主建的新格局。

2015年12月31日，中国人民解放军陆军领导机构、中国人民解放军火箭军、中国人民解放军战略支援部队成立大会在八一大楼隆重举行，习近平向陆军、火箭军、战略支援部队授予军旗并致训词。七大军区调整为五大战区。2016年1月16日零时，根据习近平的命令，沈阳、北京、兰州、济南、南京、广州、成都七大军区停止行使指挥权。东部、南部、西部、北部、中部等

① 《改革强军　奋楫中流——习主席和中央军委运筹设计深化国防和军队改革纪实》，《人民日报》2015年12月31日。

五大战区开始运转。2 月 1 日，习近平亲自向五大战区授予军旗并发布训令，开启了人民解放军联合作战体系建设的新篇章。人民解放军陆军 18 个集团军番号撤销，精简为 13 个集团军：中国人民解放军第七十一至第八十三集团军。2016 年，"一基地五中心"布局的军委联勤保障部队成立，即武汉联勤保障基地，无锡、桂林、西宁、沈阳、郑州联勤保障中心。9 月 13 日中央军委联勤保障部队成立大会在北京八一大楼隆重举行。习近平向武汉联勤保障基地和无锡、桂林、西宁、沈阳、郑州联勤保障中心授予军旗并致训词，代表中共中央和中央军委向联勤保障部队全体指战员致以热烈的祝贺。

通过这次改革，形成了军委—战区—部队作战指挥系统；军委—军种—部队领导管理系统，推进了实施军队规模结构和力量编成改革，优化了部队编成和布局，调整组建了一批新型作战力量，迈出了构建中国特色现代军事力量体系的历史性步伐。

（三）扎实推进科技兴军走中国特色强军之路

中共十八大以来，中央军委敏锐洞察和把握时代大势，牢牢抓住军队跨越发展关键时机，引领全军各级把创新摆在建设发展全局核心位置，坚持依靠科技进步提高部队建设质量，推动人民军队在激烈的国际军事竞争中努力掌握战略主动，奋力实现军事装备的快速发展。

中共十八大以来，一系列新型空空、空地、地空导弹，到先进战略导弹、巡航导弹；从新一代武装直升机、新型主战坦克，到北斗卫星导航系统、指挥自动化系统、战术软件等一大批信息化程度高、具备世界先进水平的武器装备列装部队。仅 2016 年，海军就有湘潭舰、保定舰、菏泽舰、银川舰等 20 余艘新型舰艇加入战斗序列，055 型万吨级导弹驱逐舰下水。2017 年 4 月 26 日，中国第二艘航空母舰出坞下水。空军首次飞越对马海峡、成体系"绕岛巡航"、奔袭数千公里演练岛礁空投，南海巡航常态化、体系化、实战化，海军三大舰队东海实弹过招。歼－20、运－20列装部队后开展编队训练。

2015年9月3日，在天安门广场举行的纪念中国人民抗日战争暨世界反法西斯战争胜利70周年的盛大阅兵式上，受阅的500余台各型装备，编成地面突击、防空反导、海上攻击、战略打击、信息支援、后装保障6个模块，体现了信息化战争的联合性特点和人民解放军保卫祖国安全、人民安宁生活的能力。这些装备全部为国产现役主战装备，84%是首次亮相，充分展示了中国国防和军队现代化建设的辉煌成就。① 2017年7月30日，庆祝中国人民解放军建军90周年阅兵在朱日和联合训练基地隆重举行。34个地面方队和空中梯队，组成陆上作战群、信息作战群、特种作战群、防空反导作战群、海上作战群、空中作战群、综合保障群、反恐维稳群、战略打击群9个作战群，按作战编组依次通过检阅台。这次阅兵，受阅装备近一半为首次亮相，集中体现了中国国防和军队现代化建设的最新成就。② 2018年4月12日，新中国历史上规模最大的海上阅兵在南海海域隆重举行，人民海军48艘战舰、76架战机、10000余名官兵组成战略打击、水下攻击、远海作战、航母打击、两栖登陆、近海防御、综合保障等七个作战群，以排山倒海之势破浪驶来。受阅飞机组成舰载直升机、反潜巡逻作战、预警指挥、远海作战、对海突击、远距支援掩护、制空作战等10个空中梯队，在受阅舰艇编队上方凌空飞过。水下蓝鲸潜行，海面战舰驰骋，天上银鹰翱翔，汇成一部雄浑的海

---

① 《纪念中国人民抗日战争暨世界反法西斯战争胜利70周年大会在京隆重举行》，《解放军报》2015年9月4日。

② 《庆祝中国人民解放军建军90周年阅兵在朱日和联合训练基地隆重举行》，《解放军报》2017年7月31日。

天交响曲。这次海上阅兵，辽宁舰航母编队精彩亮相，一大批新型潜艇、水面舰艇、作战飞机集中展示，中共十八大后列装舰艇占受阅舰艇一半以上。①

军事科研教学向纵深推进。中共十八大以来，人民解放军以军事科学院为龙头、军兵种研究院为骨干、院校和部队科研力量为辅助，重新调整组建军事科学院。2017 年 7 月 19 日，在新调整组建的军事科学院、国防大学、国防科技大学成立大会上，习近平向新调整组建的院校授军旗、致训词。全军和武警部队院校由 77 所调整为 43 所，构建起以联合作战院校为核心，以兵种专业院校为基础，以军民融合培养为补充的院校布局，军队院校教育、部队训练实践、军事职业教育三位一体新型军事人才培养体系正在形成。② 根据新的军情，中共成功实现裁减军队员额 30 万。在习近平主席的坚强领导下，全军和武警部队精心组织、稳扎稳打，以踏石留印、抓铁有痕的精神，深化国防和军队改革这场攻坚战取得明显成效。针对一段时间内军队特别是领导干部在理想信念、党性原则、革命精神、组织纪律、思想作风等方面存在的突出问题，以习近平同志为核心的中央军委大抓军队党风廉政建设，以雷霆之势反腐惩恶，在关键时刻扶危定倾，挽救了人民军队。习近平高度重视加强军队作风建设，以身作则、以上率下，领导推动全军各级深入抓好中央八项规定和军委十项规定落实，扎实开展学习教育整顿。

依法治军取得成效。2015 年 2 月，习近平亲自审定的《中央

---

① 《深入贯彻新时代党的强军思想　把人民海军全面建成世界一流海军》，《解放军报》2018 年 4 月 13 日。

② 《聚焦打赢，强体催生新战力（重塑）》，《人民日报》2017 年 10 月 15 日。

军委关于新形势下深入推进依法治军从严治军的决定》印发全军。该决定强调全面贯彻依法治军、从严治军方针，改进治军方式，实现从单纯依靠行政命令的做法向依法行政的根本性转变，从单纯靠习惯和经验开展工作的方式向依靠法规和制度开展工作的根本性转变，从突击式、运动式抓工作的方式向按条令条例办事的根本性转变。人民军队建设各个领域的法规制度，在已经颁布实施《中华人民共和国国防法》《中华人民共和国兵役法》的基础上，《中国人民解放军文职人员条例》《中国人民解放军内务条令（试行）》《中国人民解放军纪律条令（试行）》《中国人民解放军队列条令（试行）》等在中共十八大后密集出台。特别是围绕依法治官、依法治权的制度法规，如《严格军队党员领导干部纪律约束的若干规定》《厉行节约严格经费管理的规定》《关于加强军队基层风气建设的意见》陆续实施。推进健全军事法规制度体系和军事法律顾问制度，改革军事司法体制机制，创新纪检监察体制和巡视制度，完善审计体制机制，改进军事法律人才管理制度，建立健全组织法制和程序规则，全面提高国防和军队建设法治化水平。

中共十八大以来，科技强军和依法治军取得显著成效。人民解放军加强练兵备战，有效遂行海上维权、反恐维稳、抢险救灾、国际维和、亚丁湾护航、人道主义救援等重大任务，武器装备加快发展，军事斗争准备取得重大进展，在中国特色强军之路上迈出坚定步伐。

二、港澳台工作有进展

中共十八大以来，中央人民政府全面准确贯彻"一国两制"方针，牢牢掌握宪法和基本法赋予的中央对香港、澳门全面管治权，深化内地和港澳地区交流合作，保持香港、澳门繁荣稳定。坚持一个中国原则和"九二共识"，推动两岸关系和平发展，加强两岸经济文化交流合作，实现历史性会晤。妥善应对台湾局势变化，坚决反对和遏制"台独"分裂势力，有力维护台海和平稳定。

（一）有序推进香港澳门持续繁荣稳定

中共十八大以来，以习近平同志为核心的党中央引领 13 亿多人民万众一心、砥砺奋进，在实现中华民族伟大复兴中国梦的征程上，不断取得新胜利。作为中国特色社会主义重要组成部分的"一国两制"事业，也不断取得新成就新进步。全面准确贯彻"一国两制"方针，牢牢掌握宪法和基本法赋予的中央对香港、澳门全面管治权，深化内地和港澳地区交流合作，保持香港、澳门繁荣稳定成为香港澳门发展的主线。

全面准确贯彻"一国两制"。中共十八大强调，中央政府对香港、澳门实行的各项方针政策，根本宗旨是维护国家主权、安全、发展利益，保持香港、澳门长期繁荣稳定。全面准确贯彻"一国两制""港人治港""澳人治澳"、高度自治的方针，必须把坚持一国原则和尊重两制差异、维护中央权力和保障特别行政区高度自治权、发挥祖国内地坚强后盾作用和提高港澳自身竞争力有机结合起来，任何时候都不能偏废。2014 年 10 月 23 日，中共十八届四中全会审议通过《中共中央关于全面推进依法治国若干重大问题的决定》。该决定在"加强和改进党对全面推进依法治国的领导"章节中提出，"依法保障'一国两制'实践和推进祖国统一"。11 月 9 日，习近平在会见来北京出席亚太经合组织第二十二次领导人非正式会议的香港特区行政长官梁振英时说："中国共产党十八届四中全会提出了全面推进依法治国总目标，强调依法保障'一国两制'实践，保持香港、澳门长期繁荣稳定，依法保护港澳同胞利益。这是我国推进国家治理体系和治理能力现代化迈出的重要一步，对全面准确贯彻'一国两制'方针和基本法、促进香港长治久安具有重要意义。"① 在依法治港方针指导下，中央政府坚定支持香港特区政府依法施政，多次肯定特区政府在遏制"港独"、依法处置街头暴力活动等重大问题上严格按照《香港特别行政区基本法》、全国人大常委会有关决定和特别行政区法律办事。2016 年 11 月 7 日，针对香港立法会选举及个别候任议员在宣誓时宣扬"港独"主张，侮辱国家、民族引发的问题，全国人大常委会对基本法第 104 条作出解释，明确了参选和宣誓就任特别行政区法定职务的法定条件和要求。中共十八大以来，习近平多次强调，中央政府将继续坚定不移贯彻"一国两制"方针和基本法，坚定不移支持香港依法推进民主发展；希望特别行政区政府继续依法妥善处理香港政制发展问题。2014 年 8 月 31 日，十二届全国人大常委会第十次会议表决通过《全国代表大会常务委员会关于香港特别行政区行政长官普选问题和 2016 年立法会产生办法的决定》。全国人大常委会副秘书长李飞说："这是本着对国家、对香港高度负责的精神，在香港民主制度发展的重要时刻作出的一项重大决定。"②

中央政府继续高度关注香港的健康发展。2012 年 12 月，刚刚当选中共中央总书记的习近平首次离京考察，第一站选择了深圳。8 日上午，他来到莲花山公园，瞻仰邓小平同志铜像并敬献花篮。当他步行下山时，有香港记者问："习总书记，有没有话要对香港同胞讲？"习近平同志清晰有力地回答："香港一定会繁

---

① 《习近平会见梁振英》，《人民日报》2014 年 11 月 10 日。

② 《殷殷关怀暖香江　高瞻远瞩展未来——党的十八大以来以习近平同志为核心的党中央关心香港发展纪实》，《人民日报》2017 年 6 月 29 日。

荣昌盛的!"① 中共十八大以来，习近平多次会见香港特区行政长官梁振英和林郑月娥，并明确指出："中央政府支持香港经济繁荣和社会稳定的立场是一贯的、也是坚定不移的。希望特别行政区政府继续坚持依法施政，抓好发展经济、改善民生工作。"他特别强调："当前，谋发展、保稳定、促和谐是香港广大市民的共同愿望，也是特别行政区的主要任务。希望特别行政区政府团结社会各界，稳健施政，维护香港社会政治的稳定；抓住国家发展进入'十三五'时期的机遇，发展经济，改善民生；积极谋划长远发展，为'一国两制'的成功实践和香港的长期繁荣稳定打下坚实基础。"② 中共十八大以来，在以习近平同志为核心的党中央亲切关怀下，中央政府接连出台了一系列惠港政策，为香港带来实实在在的发展机遇和无比广阔的发展空间，成为保持香港长期繁荣稳定的有力保障。《内地与香港关于建立更紧密经贸关系的安排》（CEPA）是内地全面实施并接受世贸组织审议的最早的自由贸易协议之一，也是香港签署的第一个自贸协议。在内地已对香港全面实现货物贸易自由化的基础上，2015 年 11 月 27 日，旨在实现内地与香港服务贸易自由化的《内地与香港 CEPA 服务贸易协议》顺利签署，进一步确保香港始终享受内地最优惠的开放措施。在香港最具竞争力的金融领域，得益于中央政府的大力支持，跨境人民币业务蒸蒸日上，全球最大离岸人民币业务中心的地位岿然不动。2016 年，"十三五"规划纲要草案中，再次单独成章的港澳部分针对香港增添了支持建设亚太区国际法律及解决争议服务中心、发展创新及科技事业等全新表述。2017 年把"研

---

① 《殷殷关怀暖香江　高瞻远瞩展未来——党的十八大以来以习近平同志为核心的党中央关心香港发展纪实》，《人民日报》2017 年 6 月 29 日。

② 《习近平会见来京述职的梁振英》，《人民日报》2015 年 12 月 24 日。

究制定粤港澳大湾区城市群发展规划"写入《政府工作报告》。

港澳保持经济繁荣和社会稳定。特区政府新闻处发布的数据显示，香港有超过 150 家持牌银行，银行业对外交易量超过 2.3 万亿美元，在全球排名第六；全球前 100 家银行中，超过 70 家在香港经营业务；香港有 1900 多家上市公司，资本市值总额约 26 万亿港元，每日平均总成交金额达 600 多亿港元。2016 年，香港首次上市集资活动总额达 1950 亿港元，蝉联全球第一。① 从 2014 年起陆续推出的"沪港通""深港通"以及 2015 年 5 月获批的"债券通"，有力促进两地资本市场互联互通、共创双赢。其间，大陆同胞"个人游"试点城市逐步扩大，香港居民在内地开办个体工商户及香港专业人士北上执业获得许可，东深供水工程得到全力保障。正如行政长官梁振英在任内最后一份施政报告里满怀信心地讲述："中国在全球经济的倡导作用和主导地位越来越明显，香港'一国'和'两制'的双重优势和'超级联系人'作用越来越突出。在国家'十三五'规划和'一带一路'倡议下，香港本着'国家所需、香港所长'原则，机遇无限。"②

澳门抓住祖国内地加入世界贸易组织、《内地与澳门关于建立更紧密经贸关系的安排》签署、《泛珠三角区域合作框架协议》签署和中国内地部分省市开放对澳门的"个人游""自由行"以及国家"十二五"规划、"十三五"规划等将澳门纳入国家整体性发展的战略视域等机遇，乘经济全球化和祖国内地经济全面崛起的大势，走出了一条继续保持作为祖国内地对外开放的

① 《东风浩荡　春满香江——写在香港回归祖国 20 周年之际》，《人民日报》2017 年 6 月 25 日。

② 《殷殷关怀暖香江　高瞻远瞩展未来——党的十八大以来以习近平同志为核心的党中央关心香港发展纪实》，《人民日报》2017 年 6 月 29 日。

"窗口"，以及"世界旅游休闲中心""国际化的区域性经济贸易服务平台"的经济建设新路，不断丰富和深化"一国两制"这一理论创新与实践创新的具体内容，向全国人民、向全世界证明了"一国两制"科学构想充满生命力，不仅是解决历史遗留下来的澳门问题的最佳方案，也是澳门回归祖国后保持长期繁荣稳定的最佳制度安排和根本保证。

回归近20年来，澳门的"世界旅游休闲中心"和"国际化的区域性经济贸易服务平台"的优势地位逐步显现。不仅维护了澳门经济发展和经济繁荣的大局，也为澳门经济进一步发展奠定了比较扎实的基础，使"一国两制"的"澳门模式"在实践探索中逐步成型、成熟。澳门正继续与祖国一道共同进步、共同发展。

香港澳门回归祖国的事实证明，"一国两制"是解决历史遗留的香港、澳门问题的最佳方案，也是香港、澳门回归后保持长期繁荣稳定的最佳制度。香港、澳门回归祖国以来，"一国两制"实践取得举世公认的成功。中共十九大进一步筹划了香港和澳门的愿景和中国共产党对香港澳门发展的期望。习近平在十九大报告中指出："香港、澳门发展同内地发展紧密相连。要支持香港、澳门融入国家发展大局，以粤港澳大湾区建设、粤港澳合作、泛珠三角区域合作等为重点，全面推进内地同香港、澳门互利合作，制定完善便利香港、澳门居民在内地发展的政策措施。我们坚持爱国者为主体的'港人治港'、'澳人治澳'，发展壮大爱国爱港爱澳力量，增强香港、澳门同胞的国家意识和爱国精神，让香港、澳门同胞同祖国人民共担民族复兴的历史责任、共享祖国繁荣富强的伟大荣光。"①

---

① 习近平：《决胜全面建成小康社会　夺取新时代中国特色社会主义伟大胜利——在中国共产党第十九次全国代表大会上的报告（2017年10月18日）》，人民出版社2017年版，第55—56页。

（二）维护台海和平稳定坚决反对"台独"

中共十八大以来，以习近平同志为核心的党中央站在党和国家事业发展全局和实现中华民族伟大复兴中国梦的战略高度，敏锐洞察国内外形势和台海形势的发展变化，坚持一个中国原则和"九二共识"，推动两岸关系和平发展，加强两岸经济文化交流合作，实现两岸领导人历史性会晤。妥善应对台湾局势变化，坚决反对和遏制"台独"分裂势力，有力维护台海和平稳定。

以习近平同志为核心的党中央阐述了关于对台工作的重要思想，这些思想包括：第一，坚持从中华民族整体利益的高度把握两岸关系大局，高举共圆中国梦的精神旗帜，团结台湾同胞共同致力于中华民族伟大复兴；第二，坚持在发展的基础上解决台湾问题，从党和国家工作全局谋划对台工作；第三，坚持"和平统一、一国两制"方针，促进两岸同胞心灵契合；第四，坚持一个中国原则和"九二共识"，坚定维护两岸关系和平发展的政治基础；第五，坚持两岸关系和平发展的正确道路，扎实推进祖国和平统一进程；第六，坚持持续深化两岸经济社会融合发展，推动构建两岸命运共同体；第七，坚持践行"两岸一家亲"理念，持之以恒做台湾人民工作；第八，坚持反对和遏制"台独"，积极防范化解台海重大风险；第九，坚持把政治建设摆在首位，努力打造高素质对台工作干部队伍。①

坚持一个中国原则，是两岸关系改善发展的根本政治基础。1992 年 10 月，海协会和台湾海基会达成坚持一个中国原则的"九二共识"，促成了 1993 年 4 月两会领导人即海峡两岸关系协会汪道涵会长与海基会辜振甫董事长在新加坡举行会谈。"汪

---

① 中共中央台办理论学习中心组：《以习近平总书记对台工作重要思想引领新时代对台工作》，《求是》2018 年第 6 期。

辜会谈"，推进了两岸协商谈判，达成《汪辜会谈共同协议》，但由于李登辉及民进党推行"台独"政策，会谈后来中断。2008年5月，国民党重新上台后，两会互致函电，同意在"九二共识"基础上恢复中断近9年的商谈。2014年2月，国台办与台湾陆委会在此基础上建立起双方两岸事务主管部门常态化联系沟通机制。6月25日，双方两岸事务主管部门负责人在台湾桃园举行第二次会面。这标志着双方两岸事务主管部门建立常态化联系沟通机制。也正是在这一基础上，海峡两岸双方政治互信不断增加，各领域交流合作空前发展，为两岸领导人会面创造了条件。

2015年11月7日下午，中共中央总书记、国家主席习近平同台湾方面领导人马英九在新加坡会面，就进一步推进两岸关系和平发展交换意见。这是1949年以来两岸领导人的首次会面。在会见时习近平指出："今天是一个很特别的日子。两岸领导人见面，翻开了两岸关系历史性的一页。历史将会记住今天。"①习近平强调，我们今天坐在一起，是为了让历史悲剧不再重演，让两岸关系和平发展成果不得而复失，让两岸同胞继续开创和平安宁的生活，让我们的子孙后代共享美好的未来。面对新形势，站在两岸关系发展的新起点上，两岸双方应该胸怀民族整体利益、紧跟时代前进步伐，携手巩固两岸关系和平发展大格局，共同实现中华民族伟大复兴。习近平就此提出4点意见。第一，坚持两岸共同政治基础不动摇。7年来两岸关系能够实现和平发展，关键在于双方确立了坚持"九二共识"、反对"台独"的共同政治基础。没有这个定海神针，和平发展之舟就会遭遇惊涛骇浪，甚至彻底倾覆。在维护国家主权和领土完整这一原则问题上，我们的意志坚如磐石，态度始终如一。第二，坚持巩固深化两岸关

---

① 《习近平同马英九会面》，《人民日报》2015年11月8日。

系和平发展。第三，坚持为两岸同胞多谋福祉。两岸一家亲，家和万事兴。第四，坚持同心实现中华民族伟大复兴。当前，我们比以往任何时候都更加接近、更有能力实现这个伟大梦想。我们在几十年的时间内走完了世界上很多国家几百年的发展历程。我相信，实现中华民族伟大复兴，台湾同胞定然不会缺席。马英九表示，2008 年以来，两岸共同创造和平稳定的台海局势，获得两岸及国际社会普遍赞扬，要善加珍惜。"九二共识"是实现两岸关系和平发展的共同政治基础，两岸要巩固"九二共识"，扩大深化交流合作，增进互利双赢，拉近两岸心理距离，对外展现两岸关系可以由海峡两岸和平处理，同心协力，为两岸下一代创造更美好的未来。双方肯定 2008 年以来两岸关系和平发展取得的重要成果。双方认为应该继续坚持"九二共识"，巩固共同政治基础，推动两岸关系和平发展，维护台海和平稳定，加强沟通对话，扩大两岸交流，深化彼此合作，实现互利共赢，造福两岸民众，两岸同胞同属中华民族，都是炎黄子孙，应该携手合作，致力于振兴中华，致力于民族复兴。①

中国共产党和中央政府坚持两岸同胞是命运与共的骨肉兄弟，是血浓于水的一家人初衷。秉持"两岸一家亲"的理念，尊重台湾现有的社会制度和台湾同胞生活方式，愿意率先同台湾同胞分享大陆发展的机遇，为台湾同胞着想，不断扩大两岸经济文化交流合作，实现互利互惠，逐步为台湾同胞在大陆学习、创业、就业、生活提供与大陆同胞同等的待遇，增进台湾同胞福祉。2013 年 6 月 21 日，海峡两岸关系协会与台湾海峡交流基金会在上海签署《海峡两岸服务贸易协议》。2017 年 5 月，国台办发布了扩大台胞在大陆事业单位就业试点地域、鼓励支持台湾青年来大陆就业创业等多项便利在陆台胞生活、工作的重要措施。

---

① 《习近平同马英九会面》，《人民日报》2015 年 11 月 8 日。

两岸经济合作水平继续提升。2013 年至 2017 年上半年，两岸累计贸易额达到 8512.3 亿美元，其中 2014 年达到 1983 亿美元，创历史新高；累计新批准台资项目 12502 个，实际利用台资 87.97 亿美元；大陆核准赴台投资项目 327 个，总金额 20.72 亿美元。为有利于两岸经贸往来，还建立两岸货币清算机制，台湾银行人民币业务快速发展，人民币存款达到 3000 多亿元。两岸社会联系更加密切。2013 年至 2017 年上半年，两岸人员往来达到 4096.7 万人次，其中 2015 年达到 985.6 万人次，创历史新高，比 2012 年增长 188.8 万人次。经贸热带动了很多其他领域交流。比如，两岸基层民众交往频繁，仅参加海峡论坛的台湾基层民众 5 年累计就近 5 万人次。设立两岸青年就业创业基地和示范点 53 家，吸引 1000 多家台资企业和团队入驻。再比如，两岸教育交流合作取得新进展，文化交流合作形式更加丰富，增强了两岸同胞中华文化情感纽带。两岸工会、青年、妇女、体育、卫生、宗教、宗亲和民间信仰等各领域、各界别交流持续热络。①

坚决反对"台独"分裂势力及其活动。由于 2016 年 5 月民进党上台后，台湾当局拒不承认体现一个中国原则的"九二共识"，纵容支持各种形式的"去中国化"的"台独"分裂活动，阻碍两岸交流合作，煽动两岸民意对立，企图挟洋自重，岛内各种分裂势力动作频频、兴风作浪，对两岸关系和平发展构成了严峻挑战。外部势力也加大了干预、介入力度，台海局势出现了复杂严峻的局面。习近平明确指出："'台独'损害国家主权和领土完整，煽动两岸同胞敌意和对立，是台海和平稳定的最大威胁，只会给台湾同胞带来深重祸害。任何政党、任何人、任何时候、

---

① 《砥砺奋进　克难前行——党的十八大以来对台工作的不平凡历程》，《人民日报》海外版 2017 年 10 月 17 日。

以任何形式进行分裂国家活动，都将遭到全体中国人民坚决反对。"① 在中共十九大上，习近平进一步指出："我们坚决维护国家主权和领土完整，绝不容忍国家分裂的历史悲剧重演。一切分裂祖国的活动都必将遭到全体中国人坚决反对。我们有坚定的意志、充分的信心、足够的能力挫败任何形式的'台独'分裂图谋。我们绝不允许任何人、任何组织、任何政党、在任何时候、以任何形式、把任何一块中国领土从中国分裂出去！"② 这明确宣示了中国人民反对"台独"分裂势力及其活动的坚定决心和坚强意志，也再一次昭告了"台独"必然失败的历史下场。

中共十八大以来对台工作的成功实践充分证明，以习近平同志为核心的党中央对台海形势的分析判断精准、决策部署正确、工作成效显著，中国共产党和中国人民完全有能力有智慧解决好台湾问题。新形势下，中国共产党和中国人民将继续坚决维护一个中国原则，坚决反对"台独"，继续团结台湾各党派团体和各界同胞共同维护和推进两岸关系和平发展，持续促进和深化两岸经济社会融合，努力维护台海和平稳定，扎实推进祖国和平统一进程，为实现"两个一百年"奋斗目标和中华民族伟大复兴的中国梦作出新的贡献。

---

① 《习近平总书记会见中国国民党主席洪秀柱》，《人民日报》2016年11月2日。

② 《中国共产党第十九次全国代表大会文件汇编》，人民出版社2017年版，第46页。

第七章 推动构建新型国际关系和
人类命运共同体

中共十八大以来，以习近平同志为核心的党中央统筹国内国际两个大局、统筹发展安全两件大事，坚定奉行独立自主的和平外交政策，不断创新外交理念和实践，积极拓展外交布局，努力构建以合作共赢为核心的新型国际关系，推动打造人类命运共同体，成功走出一条中国特色大国外交之路，谱写了外交工作新篇章。

一、形成全方位多层次立体化外交布局

高举和平、发展、合作、共赢的旗帜，不断扩大与世界各国的友好交往和互利合作，构成了中共十八大以来中国特色大国外交工作的基本特点。

（一）坚持走和平发展道路

2013年1月，习近平在主持中共十八届中央政治局第三次集体学习时明确指出：走和平发展道路，是共产党根据时代发展潮流和我国根本利益作出的战略抉择。通过争取和平国际环境发展自己，又以自身发展维护和促进世界和平，不断提高中国综合实力，不断让广大人民群众享受到和平发展带来的利益，不断夯实

走和平发展道路的物质基础和社会基础。树立世界眼光，更好把国内发展和对外开放统一起来，把中国发展与世界发展联系起来，把中国人民利益同各国人民共同利益结合起来，不断扩大同世界各国的互利合作，以更加积极的姿态参与国际事务，共同应对全球性挑战，努力为全球发展做出贡献。①

2014 年 11 月，习近平在中央外事工作会议讲话再次强调："要高举和平、发展、合作、共赢的旗帜，统筹国内国际两个大局，统筹发展安全两件大事，牢牢把握坚持和平发展、促进民族复兴这条主线，维护国家主权、安全、发展利益，为和平发展营造更加有利的国际环境，维护和延长我国发展的重要战略机遇期，为实现'两个一百年'奋斗目标、实现中华民族伟大复兴的中国梦提供有力保障。"② 这就在坚持走和平发展道路的同时，明确规定了新时代中国外交工作的总任务。

（二）积极推动外交工作理论创新

在坚持和平发展道路的基础上，以习近平同志为核心的党中央根据国际国内形势的新变化和中华民族复兴的新要求，攻坚克难、砥砺前行，积极推动对外工作理论创新，开辟了中国特色大国外交工作的新境界。

中共十八大以来，中共中央形成和确立了一系列外交新理念、新思想和新战略。其主要内容包括：以维护党中央权威为统领加强党对对外工作的集中统一领导；以实现中华民族伟大复兴为使命推进中国特色大国外交；以维护世界和平、促进共同发展为宗旨推动构建人类命运共同体；以中国特色社会主义为根本增强战略自信；以共商共建共享为原则推动"一带一路"建设；以

---

① 《习近平谈治国理政》，外文出版社 2014 年版，第 247—249 页。
② 《习近平谈治国理政》第 2 卷，外文出版社 2017 年版，第 441 页。

互相尊重、合作共赢为基础走和平发展道路；以深化外交布局为依托打造全球伙伴关系；以公平正义为理念引领全球治理体系改革；以国家核心利益为底线维护国家主权、安全、发展利益；以对外工作优良传统和时代特征相结合为方向塑造中国外交独特风范，等等。① 这些对外工作新思想和新战略，立意高远、求真务实，彰显出正确的历史观、大局观和角色观，揭示了国际关系发展新方向，体现了中国外交全方位多层次立体化发展的要求，为完善外交总布局，深入推进中国特色大国外交实践提供了科学指导。

（三）全方位、多层次、立体化的对外工作布局不断拓展

中共十八大以来，习近平等党和国家领导人多次出访，足迹遍及五大洲50多个国家，以周边和大国为重点，以发展中国家为基础，以多边外交为舞台，以构建全球伙伴关系网络为主要路径，以参与和引领全球治理为开拓方向，以"一带一路"建设为对外合作重要渠道，实现对五大洲不同类型国家交往的全覆盖，对发展中国家整体合作机制的全覆盖，以点带面、点面结合、全面均衡、整体推进，拓展了全方位、多层次、立体化的对外工作布局，初步形成了全球伙伴网络。

作为负责任的大国，中国始终以人类和平发展大局为重，致力于推动与各大国关系全面均衡发展。中美关系在近年来总体保持稳定发展。2013年至2016年，习近平主席同奥巴马总统9次会晤，8次通话，特别是举行"庄园会晤""瀛台夜话""白宫秋叙""西湖长谈"，达成了一系列重要共识。2017年，美国新一届政府就职后，习近平主席与美国新任总统特朗普在美国佛罗里

---

① 《坚持以新时代中国特色社会主义外交思想为指导 努力开创中国特色大国外交新局面》，《人民日报》2018年6月24日。

达州海湖庄园、德国汉堡成功举行会晤。

中俄关系保持高水平运行。中共十八大以来，中俄高层交往频繁，习近平主席 6 次访俄或赴俄出席重要国际会议，连续两年首访俄罗斯，俄罗斯总统普京也 7 次访华或来华出席重要多边活动，两国元首的密切互动，推动了两国战略互信不断加深，务实合作不断深化。中俄全面战略协作伙伴关系进入历史最好时期，不断迈向更高水平。

中欧关系稳中有进。2013 年 11 月，第十六次中国—欧盟领导人会晤在北京举行。国家主席习近平会见欧洲理事会主席范龙佩和欧盟委员会主席巴罗佐，强调要准确定位中欧全面战略伙伴关系，实现中欧合作创新发展。国务院总理李克强同范龙佩、巴罗佐共同主持会晤。双方发表《中欧合作 2020 战略规划》，确定了中欧在和平与安全、繁荣、可持续发展、人文交流等领域加强合作的共同目标。2014 年 3 月，习近平首访欧盟总部，并提出要共同打造中欧和平、增长、改革、文明四大伙伴关系。2015 年 6 月，李克强出席第十七次中国—欧盟领导人会晤，与欧盟领导人共同探讨拓展中欧务实合作的新思路与新路径，双方同意加强中欧发展战略对接、设立中欧共同投资基金等五大合作平台。这些都为新时期中欧关系指明了方向。

中国同德法英等欧洲大国的合作在近年来全面提升。2013 年 4 月，法国总统奥朗德对中国进行国事访问，国家主席习近平同奥朗德会谈，双方决定进一步深化中法新型全面战略伙伴关系。2013 年 12 月，英国首相卡梅伦对中国进行正式访问。国家主席习近平会见卡梅伦时，强调要规划好中英关系未来，推动两国合作长期健康发展。2015 年 10 月，国家主席习近平对英国进行国事访问，中英双方决定共同建构全面战略伙伴关系，开启持久、开放、共赢的中英关系。同月，德国总理默克尔对中国进行正式访问。习近平等领导人会见默克尔，双方同意保持中德全方位战略伙伴关系健康、稳定、持续向前发展。中国国家领导人还与中东欧国家领导人举行多次会晤，并成功访问了荷兰、比利时、瑞士、芬兰等国，将中国与欧洲中小国家的关系提升到新高度。

周边外交工作得到高度重视。2013 年 10 月 24 至 25 日，党中央专门召开周边外交工作座谈会，这次会议明确了解决周边外交面临重大问题的工作思路和实施方案。会议强调，中国周边外交的基本方针，就是要坚持与邻为善，以邻为伴，坚持睦邻、安邻、富邻，突出体现亲、诚、惠、容的理念。在新的周边外交理念的引领下，中国不断深化同周边国家互利合作和互联互通，努力打造周边国家利益共同体和命运共同体。与东盟巩固面向和平繁荣的战略伙伴关系，与中亚各国全部建立战略伙伴关系，进一步深化与巴基斯坦、柬埔寨等国的传统友谊，并与印度、阿富汗、斯里兰卡以及韩国等结为战略伙伴。近年来，习近平等国家领导人访问了周边多数国家，20 多位周边国家元首和政府首脑来访或来华出席国际会议逾百人次。面对中国与菲律宾之间关系因所谓南海仲裁案而出现的一度困难的局面，中国也始终着眼两国关系与地区和平稳定大局，保持定力与耐心。在杜特尔特总统就任后，双方关系实现了全面转圜。中国还积极推动周边区域合作，推动 "10+1" "10+3"、东亚峰会、上海合作组织等各种区域合作机制相互补充、相互促进，为维护地区和平与发展作出重要贡献。

发展中国家外交是中国外交的根基。2013 年 3 月下旬，习近平在十八大后首次出访时就对坦桑尼亚、南非、刚果共和国等国进行了国事访问，并阐述了真实亲诚的对非政策理念。2015 年12 月初，习近平再次访非，在中非合作论坛约翰内斯堡峰会上发表主旨演讲，宣布将中非关系提升为全面战略合作伙伴关系，提出要构建以"政治上平等互信""经济上合作共赢""文明上交流互鉴""安全上守望相助""国际事务中团结协作"为主要内容的中非关系"五大支柱"。同时提出中方愿在未来3年内同非方重点实施"十大合作计划"，支持非洲基础设施建设，帮助非洲实现工业化、农业现代化。在中共十八大后的五年中，中国切实推进了中非全面战略合作伙伴关系，进一步完善了对非外交布局，开启了中非合作共赢、共同发展的新时代。在中东，中国积极启动全面合作、共同发展的中阿战略合作关系，构建中阿合作新格局。在拉美，中国着力建立平等互利、共同发展的中拉全面合作伙伴。2014年在巴西举行的中拉领导人会晤期间，习近平提出构建中拉关系"五位一体"新格局，倡议构建以"一个规划、三大引擎、六大领域"为主要内容的"1+3+6"合作新框架，得到与会领导人一致支持。2015年1月8日至9日，中国—拉共体论坛首届部长级会议在北京举行，双方共同制定了《中国与拉美和加勒比国家合作规划（2015—2019）》，中拉务实合作水平得到切实提升。在大洋洲，中国同澳大利亚、新西兰关系升格为全面战略伙伴，与斐济等南太平洋岛国建立了相互尊重、共同发展的战略伙伴关系。

在积极推进大国外交、周边外交以及与发展中国家外交的同时，中国的主场外交工作在中共十八大后精彩纷呈。中国成功主办了一系列具有广泛影响的国际外交活动。如2014年的亚信峰会和APEC领导人峰会，2016年的G20杭州峰会，2017年的"一带一路"国际合作高峰论坛和金砖国家领导人厦门会晤。此外还有博鳌亚洲论坛、中非论坛、中拉论坛、世界互联网大会、中国共产党与世界政党高层对话会等。这些主场外交形式多样，内容丰富，有效展示了中国理念和中国发展现状，显著提升了中国的国际影响力。

通过卓有成效的外交工作，中国外交舞台更加宽广，外交布局深入拓展，彰显出全方位多层次立体化的鲜明特点。中国编织起了遍布全球的"朋友圈"，初步构建起全球范围的伙伴关系网络。

二、倡导构建人类命运共同体

构建人类命运共同体重要战略思想，是习近平着眼人类发展和世界前途提出的中国理念、中国方案，受到国际社会的高度评价和热烈响应，已被多次写入联合国文件，产生日益广泛的影响，成为中国引领时代潮流和人类文明进步方向的鲜明旗帜。

（一）人类命运共同体概念的提出

中国共产党人既是中华民族利益的忠实代表，又始终积极推进人类和平与进步事业。倡导构建人类命运共同体，就是新时代中国领导人从人类前途和命运的高度，为解决当今世界和平与发展问题而提出的极富创意的中国理念。

中共十八大报告首次提出"人类命运共同体"概念，报告指出，"要倡导人类命运共同体意识，在追求本国利益时兼顾他国合理关切，在谋求本国发展中促进各国共同发展"①。

2013 年 3 月 23 日，在俄罗斯莫斯科国际关系学院发表重要演讲时，习近平再次谈到命运共同体并指出："这个世界，各国相互联系、相互依存的程度空前加深，人类生活在同一个地球村里，生活在历史和现实交汇的同一个时空里，越来越成为你中有我、我中有你的命运共同体。"② 可以说，各国之间的联系从来没有像今天这样紧密，世界人民对美好生活的向往从来没有像今天这样强烈，人类战胜困难的手段从来没有像今天这样丰富。中

---

① 中共中央文献研究室编：《十八大以来重要文献选编》（上），中央文献出版社 2014 年版，第 37 页。

② 《习近平谈治国理政》，外文出版社 2014 年版，第 272 页。

国抓住历史机遇，作出正确选择，推动构建人类命运共同体，开创人类更加光明的未来。

（二）倡导构建人类命运共同体

中共十八大后，中国国家主席习近平在国际场合积极倡导、不断阐发人类命运共同体理念，使这一崭新理念贯穿到政治、经济、安全、发展、文明、生态、网络空间等多个领域，其内涵不断丰富，外延不断拓展，对国际社会产生了广泛而深刻的影响。

2013 年 10 月 3 日，习近平在印度尼西亚国会发表题为《携手建设中国—东盟命运共同体》的演讲，提出要坚持讲信修睦、合作共赢、守望相助、心心相印和开放包容原则，以切实举措全方位建设中国—东盟命运共同体，造福于本地区人民和世界各国人民。在 2014 年 11 月的中央外事工作会议上，习近平在讲话中强调，要切实抓好周边外交工作，打造"周边命运共同体"。在 2015 年 3 月 28 日的博鳌亚洲论坛上，习近平在主旨演讲中强调要共同营造对亚洲、对世界都更为有利的地区秩序，通过迈向亚洲命运共同体，推动建设人类命运共同体。[①] 2015 年 4 月 21 日，习近平在巴基斯坦议会发表题为《构建中巴命运共同体，开辟合作共赢新征程》的演讲，强调中巴关系为全天候战略合作伙伴关系，要不断充实中巴命运共同体的内涵，更好造福两国人民，促进地区稳定和繁荣，为打造亚洲命运共同体发挥示范作用。

2015 年 9 月 28 日，在纪念联合国成立 70 周年的联合国大会一般性辩论中，习近平发表题为《携手构建合作共赢新伙伴，同心打造人类命运共同体》的讲话，从传承历史，开辟未来的大视野，高屋建瓴地指出，"当今世界，各国相互依存、休戚与共。

---

① 习近平：《迈向命运共同体，开创亚洲新未来——在博鳌亚洲论坛 2015 年年会上的主旨演讲》，《人民日报》2015 年 3 月 29 日。

我们要继承和弘扬联合国宪章的宗旨和原则，构建以合作共赢为核心的新型国际关系，打造人类命运共同体"。① 从而向世界各国发出了"打造人类命运共同体"的战略倡议。11 月 30 日，在出席气候变化巴黎大会开幕式时，习近平高度评价了《巴黎协议》在应对全球挑战和探索未来全球治理模式方面的推动作用，呼吁全世界在建设人类命运共同体的道路上携手共进。12 月 16 日，习近平出席第二届互联网大会开幕式并发表主旨演讲，明确提出各国应加强沟通、扩大共识、深化合作，"共同构建网络空间共同体"的建议。2016 年 4 月 1 日，习近平出席在华盛顿举行的第四届核安全峰会，明确提出"努力打造核安全命运共同体"的倡议。

2017 年 1 月 18 日，习近平在联合国日内瓦总部发表题为《共同构建人类命运共同体》的演讲，对构建人类命运共同体这一"中国倡议"和"中国方案"进行了全面深入的阐发。习近平指出，"这 100 多年全人类的共同愿望，就是和平与发展。然而，这项任务至今远远没有完成。"② 中国的方案是：构建人类命运共同体，实现共赢共享。构建人类命运共同体，关键在行动。国际社会要从伙伴关系、安全格局、经济发展、文明交流、生态建设等方面做出努力。坚持对话协商，建设一个持久和平的世界。不断完善机制和手段，更好地化解纷争和矛盾、消弭战乱和冲突。坚持共建共享，建设一个普遍安全的世界。坚持合作共赢，建设一个共同繁荣的世界。要坚持交流互鉴，建设一个开放包容的世界。每种文明都有其独特魅力和深厚底蕴，都是人类的

---

① 《习近平出席联大一般性辩论并发表重要讲话 继承弘扬联合国宪章宗旨和原则 中国将始终做世界和平的建设者、全球发展的贡献者、国际秩序的维护者》，《人民日报》海外版 2015 年 9 月 29 日。

② 《习近平谈治国理政》第 2 卷，外文出版社 2017 年版，第 538 页。

精神瑰宝。不同文明要取长补短、共同进步，让文明交流互鉴成为推动人类社会进步的动力、维护世界和平的纽带。坚持绿色低碳，建设一个清洁美丽的世界。习近平强调："构建人类命运共同体是一个美好的目标，也是一个需要一代又一代人接力跑才能实现的目标。中国愿同广大成员国、国际组织和机构一道，共同推进构建人类命运共同体的伟大进程。"①

习近平关于建设一个持久和平、普遍安全、共同繁荣、开放包容、绿色低碳的世界，构建人类命运共同体的倡议和思想，是应对全球挑战的中国方案和中国智慧。这一思想继承和发展了中国"大道之行也，天下为公"的传统政治理想，传承和发展了新中国不同时期重大外交思想和主张，反映了中外优秀文化和全人类共同价值追求，适应了新时代中国与世界关系的历史性变化，体现了中国共产党人深切的人类关怀和广阔的国际胸襟，反映了世界各国特别是广大发展中国家人民对建构一个美好世界的迫切愿望，揭示了人类社会通往和平与繁荣的必由之路，指明了世界发展和人类未来的前进方向。这一倡议和构想引起国际社会的强烈共鸣，"构建人类命运共同体"理念已被载入联合国多项决议。

三、推动构建新型国际关系

当代世界正处于大发展大变革大调整时期，和平与发展仍然是时代主题。世界多极化、经济全球化、社会信息化、文化多样化深入发展，全球治理体系和国际秩序变革加速推进，各国相互联系和依存日益加深，国际力量对比更趋平衡，和平发展大势不

---

① 《习近平谈治国理政》第 2 卷，外文出版社 2017 年版，第 548 页。

可逆转。同时，世界面临的不稳定性不确定性突出，世界经济增长动能不足，贫富分化日益严重，地区热点问题此起彼伏，恐怖主义、网络安全、重大传染性疾病、气候变化等非传统安全威胁持续蔓延，人类面临许多共同挑战。① 要应对各种严重挑战，国际社会亟须确立共商共建共享的全球治理观，切实变革全球治理体系，积极构建新型国际关系。

（一）新型国际关系战略构想的提出与发展

中共十八大以来，中国政府坚持独立自主的和平外交方针，坚定不移地走和平发展道路，坚定不移维护世界和平、促进共同发展，着力构建以合作共赢为核心的新型国际关系，积极推进全球治理体系变革，努力打造人类命运共同体。

2013 年 3 月 23 日，中国国家主席习近平在莫斯科国际关系学院发表演讲时指出："要跟上时代前进步伐，就不能身体已进入 21 世纪，而脑袋还停留在过去，停留在殖民扩张的旧时代里，停留在冷战思维、零和博弈老框框内。""面对国际形势的深刻变化和世界各国同舟共济的客观要求，各国应该共同推动建立以合作共赢为核心的新型国际关系，各国人民应该一起来维护世界和平、促进共同发展。"② 这是习近平第一次明确提出建立"以合作共赢为核心的新型国际关系"的战略构想。

2014 年 11 月，习近平在中央外事工作会议上强调："我们要坚持合作共赢，推动建立以合作共赢为核心的新型国际关系，坚持互利共赢的开放战略，把合作共赢理念体现到政治、经济、安

---

① 习近平：《决胜全面建成小康社会　夺取新时代中国特色社会主义伟大胜利——在中国共产党第十九次全国代表大会上的报告（2017 年 10 月 18 日）》，人民出版社 2017 年版，第 58 页。

② 《习近平谈治国理政》，外文出版社 2014 年版，第 273 页。

全、文化等对外合作的方方面面。要坚持正确义利观，做到义利兼顾，要讲信义、重情义、扬正义、树道义。要坚持不干涉别国内政原则，坚持尊重各国人民自主选择的发展道路和社会制度，坚持通过对话协商以和平方式解决国家间的分歧和争端，反对动辄诉诸武力或以武力相威胁。"① 从而将建立以合作共赢为核心的新型国际关系确立为中国外交工作的重要使命。

2015 年 9 月，在出席第七十届联合国大会期间，习近平在联合国讲坛上再次阐述了建构新型国际关系的迫切性及其现实路径。他指出，要实现构建合作共赢为核心的新型国际关系，打造人类命运共同体的目标，国际社会需要做出多方面努力。一是要建立平等相待、互商互谅的伙伴关系。世界的前途命运必须由各国共同掌握。世界各国一律平等，不能以大压小、以强凌弱、以富欺贫。要坚持多边主义，不搞单边主义；要奉行双赢、多赢、共赢的新理念，扔掉我赢你输、赢者通吃的旧思维。要倡导以对话解争端、以协商化分歧，在国际和区域层面建设全球伙伴关系，走出一条"对话而不对抗，结伴而不结盟"的国与国交往新路。大国之间相处，要不冲突、不对抗、相互尊重、合作共赢。大国与小国相处，要平等相待，践行正确义利观，义利兼顾，义重于利。二是要营造公道正义、共建共享的安全格局。弱肉强食是丛林法则，不是国与国相处之道。要摒弃一切形式的冷战思维，树立共同、综合、合作、可持续安全的新观念。要充分发挥联合国及其安理会在止战维和方面的核心作用，通过和平解决争端和强制性行动双轨并举，化干戈为玉帛。要推动经济和社会领域的国际合作齐头并进，统筹应对传统和非传统的安全威胁，防战争祸患于未然。三是要谋求开放创新、包容互惠的发展前景。要用好"看不见的手"和"看得见的手"，努力形成市场作用和

① 《习近平谈治国理政》第 2 卷，外文出版社 2017 年版，第 443 页。

政府作用有机统一、相互促进，打造兼顾效率和公平的规范格局。要秉承开放精神，推进互帮互助、互惠互利，共同营造人人免于匮乏、获得发展、享有尊严的光明前景。四是要促进和而不同、兼收并蓄的文明交流。文明相处需要和而不同的精神。只有在多样中相互借鉴、和谐共存，这个世界才能丰富多彩、欣欣向荣。文明之间要对话，不要排斥；要交流，不要取代。人类历史就是一幅不同文明相互交流、互鉴、融合的宏伟画卷。要尊重各种文明，平等相待，互学互鉴，兼收并蓄，推动人类文明实现创造性发展。五是要构筑尊崇自然、绿色发展的生态体系。建设生态文明关乎人类未来。国际社会应该携手同行，共谋全球生态文明建设之路，牢固树立尊重自然、顺应自然，保护自然的意识，坚持走绿色、低碳、循环、可持续发展之路。①

2017 年 1 月，在联合国日内瓦总部的演讲中，习近平进一步从世界走向和人类命运的高度全面论述了变革国际关系，构建人类命运共同体的这一重大问题。他强调国际社会要坚持对话协商、共建共享、合作共赢、交流互鉴等原则来处理国际关系。他特别强调，国家之间要构建对话不对抗、结伴不结盟的伙伴关系。大国要尊重彼此核心利益和重大关切，管控矛盾分歧，努力构建不冲突不对抗、相互尊重、合作共赢的新型关系。只要坚持沟通、真诚相处，"修昔底德陷阱"就可以避免。大国对小国要平等相待，不搞唯我独尊、强买强卖的霸道。任何国家都不能随意发动战争，不能破坏国际法治，不能打开潘多拉的盒子。核武器是悬在人类头上的"达摩克利斯之剑"，应该全面禁止并最终彻底销毁，实现无核世界。要秉持和平、主权、普惠、共治原则，把深海、极地、外空、互联网等领域打造成为各方合作的新

---

① 《习近平谈治国理政》第 2 卷，外文出版社 2017 年版，第 522—525 页。

疆域，而不是相互博弈的竞技场。①

习近平关于建构以合作共赢为核心的新型国际关系，打造人类命运共同体的倡议和构想，秉承新中国外交优良传统，符合联合国宪章关于主权平等、和平解决国际争端、促成国际合作等宗旨和原则，契合当今时代发展潮流，是对传统国际关系理论的超越和创新。这一倡议和构想在新的时代条件下更高举起和平与发展的旗帜，充分反映了人类文明持续发展的内在要求，为变革现实国际治理体系，推进国际关系民主化指明了方向，得到了国际社会的高度赞誉。

（二）积极推进构建新型国际关系的实践

在习近平关于构建新型国际关系重要论述的指引下，中共十八大以来，中国的外交工作以打造命运共同体作为处理国际关系的宏大视野，以合作共赢作为处理国际关系的核心理念，以共同利益作为处理国际关系的重要基础，积极推进构建新型国际关系，成为促进世界和平与发展的中坚力量。

政治上，中国始终坚持独立自主的和平外交政策，在和平共处五项原则基础上同所有国家发展友好合作。中国首先把建立伙伴关系确定为国家间交往的指导原则，同 80 多个国家和区域组织建立了不同形式的伙伴关系。伙伴关系不设假想敌、不针对第三方，体现了和平性、平等性、包容性。

经济上，推动形成包容性发展的新格局。中国在国际上积极倡导以公平、开放、全面、创新为核心的发展理念，推动各国增强发展能力、改善国家发展环境、优化发展伙伴关系、健全发展协调机制，为促进世界经济强劲、可持续、平衡增长作出重要贡

---

① 《习近平谈治国理政》第 2 卷，外文出版社 2017 年版，第 541—544 页。

献。中国全面参与联合国框架内可持续发展等问题的讨论与合作，积极推动制定 2030 年可持续发展议程。秉持共商、共建、共享原则，扎实推进"一带一路"建设，加强同沿线国家发展战略对接，为亚欧大陆和世界发展振兴注入强劲动力。积极推进互联互通建设，推动"一带一路"框架下重大互利合作项目全面展开并取得重要早期收获。大力深化国际产能合作，初步形成覆盖亚、非、欧、美四大洲的国际产能合作布局，使自身发展成果惠及更广泛的区域。中国还发起成立亚洲基础设施投资银行、丝路基金、金砖国家新开发银行，促进全球经济治理机制改革完善。中国于 2014 年 11 月成功举办亚太经合组织领导人北京会议，倡议推进亚太区域经济一体化，着力打造发展创新、增长联动、利益融合的开放型亚太经济格局，从而对亚太区域合作发挥重要引领作用。以举办 2016 年二十国集团杭州峰会和 2017 年"一带一路"国际合作高峰论坛为契机，中国积极引导二十国集团成员和"一带一路"参与国深化改革、推进创新、加强协调，为推动构建创新、活力、联动、包容的世界经济作出独特贡献。

安全上，积极提出维护国际地区安全的新思路。面对此起彼伏的国际地区热点以及纷繁复杂的各种全球性挑战，中国积极倡导共同、综合、合作、可持续的安全观，提出"解决热点问题三原则"，践行中国特色热点问题解决之道，为推动伊朗和朝鲜半岛核问题以及叙利亚、南苏丹、阿富汗等热点问题的政治解决作出重要贡献。倡导处理南海问题"双轨思路"，在坚决维护国家领土主权和海洋权益的同时，始终致力于同地区国家加强沟通、增进互信、妥处分歧、聚焦合作，共同维护南海和平稳定。中国积极参与国际反恐合作，同美国、俄罗斯、英国等 20 多个国家和地区组织举行反恐磋商和交流，积极参与联合国、上海合作组织、"全球反恐论坛"、东盟地区论坛等多边框架下反恐合作交流合作，为凝聚国际反恐共识，促进国际反恐合作发挥了应有作用。中国深入参与联合国维和行动，是安理会"五常"中派出维和人员最多的国家，贡献的维和经费已上升到世界第二位。中国加入联合国新的维和能力待命机制，建立 8000 人的维和待命部队，设立常备成建制维和警队。中国军舰连续 7 年在亚丁湾、索马里海域执行护航任务，先后为 6000 多艘中外船舶安全护航。中国还积极推进网络安全、应对气候变化国际合作，为维护世界和平与安全提供越来越多的公共产品。在非洲一些国家埃博拉疫情严重之际，中国率先驰援，开展了史上最大规模的援外医疗行动，在国际援非抗疫行动中发挥了示范作用。在马尔代夫淡水供应危机、尼泊尔特大地震等事件中全面开展救灾外交，等等。这些都充分展现了中国是负责任的大国。

文化上，大力开创不同文明交流互鉴的新气象。近年来，中国同美、俄、英、法、欧盟、印尼等多个国家和地区组织建立人文交流机制，推动科技、教育、文化、卫生、旅游、体育、青年、妇女等各领域交流合作。创办太湖世界文化论坛，以加强中外文化交流为宗旨，邀请各国知名人士共商不同文明对话与合作大计。倡议召开亚洲文明对话大会，加强青少年、民间团体、地方、媒体等各界交流，打造智库交流合作网络，让文明交流成为增进亚洲人民相互了解的桥梁、促进地区和平合作的平台。①

四、实施共建"一带一路"倡议

推进人类命运共同体，需要以更宽的胸襟、更广的视野拓展区域合作，共创新的辉煌。"一带一路"倡议就是中国领导人在

---

① 王毅：《构建以合作共赢为核心的新型国际关系——对"21 世纪国际关系向何处去"的中国答案》，《学习时报》2016 年 6 月 20 日。

新的历史条件下提出的推进区域合作，以经济上的互联互通造福世界人民，进而建构命运共同体的重要倡议和重大行动，充分彰显了新时代中国特色大国外交实践的魅力。

（一）"一带一路"倡议的形成

自 2013 年正式发起"一带一路"倡议始，中国国家领导人在国内外重要场合反复阐明此倡议，同时中国政府积极推进其实施，为促进"一带一路"沿线国家经济发展打造了新平台，提供了新动能。

2013 年 9 月 7 日，中国国家主席习近平在访问哈萨克斯坦期间，在纳扎尔巴耶夫大学发表重要演讲，首次表达了寻求共建"丝绸之路经济带"的重要倡议和宏大愿景。他提出："为了使我们欧亚各国经济联系更加紧密、相互合作更加深入、发展空间更加广阔，我们可以用创新的合作模式，共同建设'丝绸之路经济带'。这是一项造福沿途各国人民的大事业。"①

习近平在此次演讲中还建议，建设丝绸之路经济带，参与国之间要加强政策沟通，在政策和法律上为区域经济融合"开绿灯"；要加强道路联通。中国愿同各方积极探讨完善跨境交通基础设施，逐步形成连接东亚、西亚、南亚的交通运输网络，为各国经济发展和人员往来提供便利；要加强贸易畅通。各方应该就贸易和投资便利化问题进行探讨并做出适当安排，消除贸易壁垒，降低贸易和投资成本，提高区域经济循环速度和质量，实现互利共赢；要加强货币流通，降低流通成本，增强抵御金融风险能力，提高本地区经济国际竞争力；要加强民心相通。必须加强人民友好往来，增进相互了解和传统友谊，为开

---

① 《习近平谈治国理政》，外文出版社 2014 年版，第 289 页。

展区域合作奠定坚实民意基础和社会基础。①这实际上初步提出了互联互通的具体建议，为建设丝绸之路经济带提供了科学思路。

2013 年 10 月 3 日，习近平在访问印度尼西亚期间发表演讲，阐发了推进丝绸之路经济带由陆路到海路的构想。他指出："东南亚地区自古以来就是'海上丝绸之路'的重要枢纽，中国愿同东盟国家加强海上合作，使用好中国政府设立的中国—东盟海上合作基金，发展好海洋合作伙伴关系，共同建设 21 世纪'海上丝绸之路'。"②

至此，建设"丝绸之路经济带"与建设"21 世纪海上丝绸之路"一起，成为中国向世界各国提出的实现互联互通、互利共赢的重大倡议，也成为中国自身推进改革发展事业的新路径和新亮点。"一带一路"倡议在国际上树起了谋合作、求共赢的一面旗帜，得到多个国家和国际组织的积极支持参与。

（二）推进"一带一路"建设

2013 年 11 月，中共十八届三中全会通过《中共中央关于全面深化改革若干重大问题的决定》，明确提出要"建立开发性金融机构，加快同周边国家和区域基础设施互联互通建设，推进丝绸之路经济带、海上丝绸之路建设，形成全方位开放新格局。"③12 月，中央经济工作会议明确提出要："推进丝绸之路经济带建设，抓紧制定战略规划，加强基础设施互联互通建设。建设 21 世纪海上丝绸之路，加强海上通道互联互通建设，拉紧相互利益

---

① 《习近平谈治国理政》，外文出版社 2014 年版，第 289—290 页。

② 《习近平谈治国理政》，外文出版社 2014 年版，第 293 页。

③ 中共中央文献研究室编：《十八大以来重要文献选编》（上），中央文献出版社 2014 年版，第 526 页。

纽带。"① 以此作为提高对外开放水平的重要工作。这表明，推进"一带一路"建设不但成为中国外交工作的重要内容，而且已构成中国经济建设的战略规划。

为推动"一带一路"建设，中国加强了与沿线国家的沟通磋商，推动与沿线国家的务实合作。自 2013 年起，习近平、李克强等党和国家领导人先后出访多个沿线国家，出席了加强互联互通伙伴关系对话会、中阿合作论坛第六届部长级会议等会议，就双边关系和地区发展问题，多次与有关国家元首和政府首脑进行会晤，就共建"一带一路"达成广泛共识。中国与部分国家签署了共建"一带一路"合作备忘录，与一些毗邻国家签署了地区合作和边境合作的备忘录以及经贸合作中长期发展规划。通过沟通磋商，中国政府与沿线国家在基础设施互联互通、产业投资、资源开发、经贸合作、金融合作、人文交流、生态保护、海上合作等领域，推进了一批条件成熟的重点合作项目。此外，中国政府还不断强化对"一带一路"建设的政策支持，积极推动亚洲基础设施投资银行筹建，发起设立丝路基金，强化中国—欧亚经济合作基金投资功能。推动银行卡清算机构开展跨境清算业务和支付机构开展跨境支付业务。积极推进投资贸易便利化，推进区域通关一体化改革。中国各地成功举办了一系列以"一带一路"为主题的国际峰会、论坛、研讨会、博览会，对增进共识、深化合作发挥了重要作用。

2014 年 12 月 2 日，中共中央、国务院印发《丝绸之路经济带和 21 世纪海上丝绸之路建设战略规划》，对推进"一带一路"建设作出全面部署。2015 年 3 月 28 日，经国务院授权，国家发展和改革委员会、外交部、商务部联合发布《推动共建丝绸之路经济带和 21 世纪海上丝绸之路的愿景与行动》，该文件对"一带

---

① 《中央经济工作会议在北京举行》，《人民日报》2013 年 12 月 14 日。

一路"这一重大倡议的缘起、内涵、目的、基本原则、主要思路、合作的重点和机制，以及未来前景等问题作了介绍和规划。有关地方和部门也出台了配套规划。2015 年 10 月，中共十八届五中全会通过《关于制定国民经济和社会发展第十三个五年规划的建议》，强调要积极推进"一带一路"建设，开创对外开放新局面。根据此建议，国家十三五规划纲要将推进"一带一路"建设成为其中专门的一章。

2016 年 8 月 17 日，推进"一带一路"建设工作座谈会在北京召开，习近平在会上指出，以"一带一路"建设为契机，开展跨国互联互通，提高贸易和投资合作水平，推动国际产能和装备制造合作，本质上是通过提高有效供给来催生新的需求，实现世界经济再平衡。他强调，要"聚焦政策沟通、设施联通、贸易畅通、资金融通、民心相通，聚焦构建互利合作网络、新型合作模式、多元合作平台，聚焦携手打造绿色丝绸之路、健康丝绸之路、智力丝绸之路、和平丝绸之路，以钉钉子精神抓下去，一步一步把'一带一路'建设推向前进，让'一带一路'建设造福沿线各国人民"①。

（三）"一带一路"建设成效显著

经过多方面努力，"一带一路"建设从无到有、由点及面，进度超出预期。从 2013 年中国发起"一带一路"倡议到 2017 年这几年间，全球有 100 多个国家和国际组织积极支持和参与"一带一路"建设，联合国大会、联合国安理会等重要决议也纳入"一带一路"建设内容，以亚投行、丝路基金为代表的金融合作不断深入，一批有影响力的标志性项目逐步落地。在各参与方共同努力下，"一带一路"建设逐渐从理念转化为行动，从愿景转

---

① 《习近平谈治国理政》第 2 卷，外文出版社 2017 年版，第 503 页。

变为现实。参与各国在政策沟通、设施联通、贸易畅通、资金融通和民心相通方面都取得了丰硕成果。

政策沟通不断深化。中国同有关国家通过协调政策实现了战略对接和优势互补。包括俄罗斯提出的欧亚经济联盟、东盟提出的互联互通总体规划、哈萨克斯坦提出的"光明之路"、土耳其提出的"中间走廊"、蒙古提出的"发展之路"、越南提出的"两廊一圈"、英国提出的"英格兰北方经济中心"、波兰提出的"琥珀之路"等。中国同老挝、柬埔寨、缅甸、匈牙利等国的规划对接工作也全面展开。到2017年，中国已同40多个国家和国际组织签署了合作协议，同30多个国家开展机制化产能合作。通过各方战略对接有序展开，一批重点合作项目开工建设，形成一批早期收获成果并产生示范效应。中巴经济走廊成为"一带一路"建设境外全要素进展最快的项目。中蒙俄经济走廊规划纲要逐步实施。中俄开启"一带一路"建设与欧亚经济联盟对接进程。中国同阿拉伯国家决定以互联互通、产能合作和人文交流为三大支柱推进"一带一路"建设。非洲国家参与"一带一路"愿望强烈，中非共建的一大批产业园区、工业园区和铁路、公路等重大基础设施项目在非洲落地。欧洲国家积极响应中方关于"一带一路"同欧洲投资计划对接倡议。越来越多国家看好"一带一路"蕴含的巨大机遇和广阔前景，期待共同参与、共同建设、共同受益。①

设施联通不断加强。中国和相关国家一道共同加速推进雅万高铁、中老铁路、亚吉铁路、匈塞铁路等项目，建设瓜达尔港、比雷埃夫斯港等港口，规划实施一大批互联互通项目。以中巴、中蒙俄、新亚欧大陆桥等经济走廊为引领，以陆海空通道和信息

---

① 王毅：《党的十八大以来中国特色大国外交的光辉成就》，《十八大以来新发展新成就》上卷，人民出版社2017年版，第21页。

高速路为骨架，以铁路、港口、管网等重大工程为依托，一个复合型的基础设施网络正在形成。

贸易畅通不断提升。中国同"一带一路"参与国大力推动贸易和投资便利化，不断改善营商环境。仅哈萨克斯坦等中亚国家农产品到达中国市场的通关时间就缩短了90%。2014年至2016年，中国同"一带一路"沿线国家贸易总额超过3万亿美元。中国对"一带一路"沿线国家投资累计超过500亿美元。中国企业已经在20多个国家建设56个经贸合作区，为有关国家创造近11亿美元税收和18万个就业岗位。

资金融通不断扩大。融资瓶颈是实现互联互通的突出挑战。中国同"一带一路"建设参与国和组织开展了多种形式的金融合作。到2017年5月，亚洲基础设施投资银行已为"一带一路"建设参与国的9个项目提供17亿美元贷款，"丝路基金"投资达40亿美元，中国同中东欧"16+1"金融控股公司正式成立。这些新型金融机制同世界银行等传统多边金融机构各有侧重、互为补充，形成层次清晰、初具规模的"一带一路"金融合作网络。

民心相通不断促进。"一带一路"建设参与国弘扬丝绸之路精神，开展智力丝绸之路、健康丝绸之路等建设，在科学、教育、文化、卫生、民间交往等各领域广泛开展合作，为"一带一路"建设夯实民意基础，筑牢社会根基。中国政府每年向相关国家提供1万个政府奖学金名额，地方政府也设立了丝绸之路专项奖学金，鼓励国际文教交流。各类丝绸之路文化年、旅游年、艺术节、影视桥、研讨会、智库对话等人文合作项目百花纷呈，人们往来频繁，在交流中拉近了心与心的距离。①

为更好地推进"一带一路"建设，亟须召开一次高规格的相

---

① 《携手推进"一带一路"建设——在"一带一路"国际合作高峰论坛开幕式上的演讲》，《人民日报》2017年5月15日。

关国际会议，以总结经验，凝聚共识，开辟未来。2017年5月14日至15日，"一带一路"国际合作高峰论坛在北京举行，这是新中国成立以来中国首倡主办的层级最高、规模最大的主场外交活动。习近平在论坛开幕式上发表主旨演讲，出席并主持高峰论坛圆桌峰会。29位外国元首和政府首脑以及来自130多个国家和70多个国际组织的负责人和各界代表约1500人出席论坛。这次国际合作高峰论坛唱响开放包容、合作共赢的主旋律，为世界经济增长谋求动力，为经济全球化发展提振信心，凸显"中国倡议、全球响应、世界共赢"的积极效应，开启了"一带一路"建设的新篇章。

习近平在会议开幕式上发表《携手推进"一带一路"建设》的主旨演讲，系统梳理了"一带一路"建设四年来取得的丰硕成果，深刻阐释了共商、共建、共享的合作理念，强调要坚持以和平合作、开放包容、互学互鉴、互利共赢为核心的丝路精神，将"一带一路"建设成为和平、繁荣、开放、创新、文明之路。①

这次高峰论坛取得了丰富成果，论坛期间共形成270多项有代表性的成果清单，同中国签署"一带一路"相关协议的国家和国际组织总数达到68个，各方达成14项合作举措。高峰论坛还通过并发表了圆桌峰会联合公报，这是首份关于"一带一路"建设的国际性、权威性文件，既有理念引领也有行动规划，集中反映了"一带一路"国际合作目标、原则和举措的国际共识。

在中国的倡议和积极推动下，"一带一路"已建设为世界规模最大的国际合作平台，成为各方普遍欢迎的全球公共产品、实现经济全球化再平衡的有效途径和构建人类命运共同体的宝贵实践。

---

① 《习近平谈治国理政》第2卷，外文出版社2017年版，第506—513页。

第八章　新时代中国特色社会主义的战略部署

在中华民族复兴关键时刻召开的中共十九大，明确作出如期全面建成小康社会进而全面建设社会主义现代化强国的新部署。十九大以来，召开了全国两会，修改了宪法，进行了党和国家机构改革，经济社会发展稳步前进，改革开放不断深化，国防军队建设进入新阶段，外交工作取得新进展，党和国家事业开启了波澜壮阔的新征程。

一、中共十九大召开与踏上强国新征程

2017 年 10 月，中国共产党第十九次全国代表大会胜利召开。党的十九大是在全面建成小康社会决胜阶段、中国特色社会主义发展关键时期召开的一次十分重要的大会，在政治上、理论上、实践上取得了一系列重大成果，就新时代坚持和发展中国特色社会主义的一系列重大理论和实践问题阐明了大政方针，就推进党和国家各方面工作制定了战略部署，是中国共产党在新时代开启新征程、续写新篇章的政治宣言和行动纲领。

（一）回顾中共十八大以来的工作

中共十八大以来的五年，是党和国家发展进程中极不平凡的

五年。五年来，以习近平同志为核心的党中央科学把握世界和中国发展大势，顺应实践要求和人民愿望，以巨大的政治勇气和强烈的责任担当，举旗定向、谋篇布局、迎难而上、开拓进取，统揽伟大斗争、伟大工程、伟大事业、伟大梦想，统筹推进"五位一体"总体布局、协调推进"四个全面"战略布局，推出一系列重大战略举措，出台一系列重大方针政策，推进一系列重大工作，取得了改革开放和社会主义现代化建设新的重大成就，推动中华民族实现从站起来、富起来到强起来的历史性飞跃，写下举世瞩目的恢宏篇章。在民族复兴的伟大进军中，在振奋人心的辉煌成就中，中国故事展开新的内容，中国道路书写新的辉煌。

中共十九大提出中华民族伟大复兴"中国梦"，明确"两个一百年"奋斗目标，统筹"四个伟大"，坚定"四个自信"，推进"五位一体"总体布局和"四个全面"战略布局，提出创新、协调、绿色、开放、共享的新发展理念，等等。中共十八大以来，习近平以更宽广的视野、更长远的眼光，思考与把握国家当前和未来发展面临的一系列重大战略问题，在实践基础上推进理论创新，把中共对共产党执政规律、社会主义建设规律、人类社会发展规律的认识提高到新水平。

这五年年均经济增长7.2%，年均脱贫人口超过1300万，高铁、核电走出国门走向海外，"千年大计"雄安新区高起点规划、高标准建设，全面深化改革搭起四梁八柱，中国故事在世界范围内广泛传播，一系列巨大的发展成就，生动诠释了以习近平同志为核心的党中央治国理政新理念、新思想、新战略。以"鞋子论"说明制度要适合国情，以"笼子论"宣示制度反腐路径，以"眼睛""生命"强调生态文明建设，以"根"和"魂"倡导优秀传统文化，在这些生动表达的背后，是习近平立足历史方位、发展大局的战略思考。

中共十八大以来，中国取得极不平凡的成就。经济建设取得重大成就，全面深化改革取得重大突破，民主法治建设迈出重大步伐，思想文化建设取得重大进展，人民生活不断改善，生态文明建设成效显著，强军兴军开创新局面，港澳台工作取得新进展，全方位外交布局深入展开，全面从严治党成效卓著。从十八大到十九大五年来的成就是全方位的、开创性的，变革是深层次的、根本性的。这几年，中国共产党以巨大的政治勇气和强烈的责任担当，提出一系列新理念新思想新战略，出台一系列重大方针政策，推出一系列重大举措，推进一系列重大工作，解决了许多长期想解决而没有解决的难题，办成了许多过去想办而没有办成的大事，推动党和国家事业发生历史性变革。这些历史性变革，对党和国家事业发展具有重大而深远的影响。中华民族伟大复兴是"已经看得见桅杆尖头了"的航船，是"已见光芒四射喷薄欲出"的朝日。中国比历史上任何时期都更接近、更有信心和能力实现中华民族伟大复兴的目标。同时，也要清醒地认识到，这个目标绝不是轻轻松松、敲锣打鼓就能实现的，全党必须准备付出更为艰巨、更为艰苦的努力，完成这一代人的责任和使命。

在革命、建设和改革进程中，在长期艰苦卓绝的伟大斗争中，中国共产党历经挫折而不断奋起、历尽苦难而淬火成钢。中共十八大以来，中国共产党面对"四大考验""四种风险"和党内存在的突出问题，坚定不移全面从严治党，党内政治生活气象更新，党内政治生态明显好转，党的创造力、凝聚力、战斗力显著增强，党的团结统一更加巩固，党群关系明显改善，党在革命性锻造中更加坚强，焕发出新的强大生机活力。习近平指出："全党要坚定道路自信、理论自信、制度自信、文化自信。当今世界，要说哪个政党、哪个国家、哪个民族能够自信的话，那中国共产党、中华人民共和国、中华民族是最有理由自信的。"①
在全面建成小康社会决胜阶段、中华民族走向伟大复兴的关键时
期，中共十九大这一继往开来、承前启后的盛会作出战略部署，
推进实现中华民族伟大复兴中国梦。

（二）中共十九大召开的过程

2016 年 10 月，中共十八届六中全会发布《关于召开党的第
十九次全国代表大会的决议》之后，中共中央成立了十九大报告
起草组，由习近平担任组长，中央有关部门和地方负责同志、专
家学者参加，在中央政治局、中央政治局常委会直接领导下开展
工作。中共中央组织了 59 家单位就 21 个重点课题进行专题调
研，形成 80 份调研报告。报告起草组组成 9 个调研组，分赴 16
个省区市进行实地调研，还就一些问题请有关部门、25 家国家
高端智库试点单位提交了专题研究报告。这些调研成果为报告
起草工作打下了坚实基础。2017 年 7 月 26 日，习近平在省部级
主要领导干部专题研讨班上发表重要讲话，就党的十九大报告
涉及的若干重大问题作了深刻阐述，强调能否提出具有全局性、
战略性、前瞻性的行动纲领，事关党和国家事业继往开来，事
关中国特色社会主义前途命运，事关最广大人民根本利益。报
告起草工作始终贯穿着民主精神。报告稿形成后，广泛征求了
各方面意见，征求意见人数共 4700 余人。习近平亲自主持召开
了 6 次座谈会，直接听取各方面的意见和建议。起草组还听取
了部分老同志的意见。中共中央还专门听取了各民主党派中央、
全国工商联领导人和无党派人士的意见，许多意见都得到了采
纳。10 月 11 日至 14 日召开的中共十八届七中全会，讨论并通

---

① 习近平：《在庆祝中国共产党成立 95 周年大会上的讲话》，《人民
日报》2016 年 7 月 2 日。

过了党的十九大报告稿、十八届中央纪律检查委员会工作报告稿，决定正式提交党的十九大审查。全国40个选举单位分别召开党代表大会或党代表会议，选举产生了出席中共十九大的代表。经十九大代表资格审查委员会审查，确认2280名代表资格有效。他们将代表450多万个基层党组织和8900多万名党员出席中共十九大。

2017年10月18日至24日，举世瞩目的中国共产党第十九次全国代表大会在北京召开。习近平宣布大会的主题是：不忘初心，牢记使命，高举中国特色社会主义伟大旗帜，决胜全面建成小康社会，夺取新时代中国特色社会主义伟大胜利，为实现中华民族伟大复兴的中国梦不懈奋斗。

习近平代表第十八届中央委员会向大会作的题为《决胜全面建成小康社会　夺取新时代中国特色社会主义伟大胜利》的报告，共分13个部分：一、过去五年的工作和历史性变革；二、新时代中国共产党的历史使命；三、新时代中国特色社会主义思想和基本方略；四、决胜全面建成小康社会，开启全面建设社会主义现代化国家新征程；五、贯彻新发展理念，建设现代化经济体系；六、健全人民当家作主制度体系，发展社会主义民主政治；七、坚定文化自信，推动社会主义文化繁荣兴盛；八、提高保障和改善民生水平，加强和创新社会治理；九、加快生态文明休制改革，建设美丽中国；十、坚持走中国特色强军之路，全面推进国防和军队现代化；十一、坚持"一国两制"，推进祖国统一；十二、坚持和平发展道路，推动构建人类命运共同体；十三、坚定不移全面从严治党，不断提高党的执政能力和领导水平。

大会报告高举中国特色社会主义伟大旗帜，总结了中共十八大以来党和国家事业的历史性变革，作出了中国特色社会主义进入了新时代、中国社会主要矛盾已经转化为人民日益增长的美好生活需要和不平衡不充分的发展之间的矛盾等重大政治论断，系统阐述了新时代中国特色社会主义思想，明确提出了新时代坚持和发展中国特色社会主义的基本方略，深刻回答了新时代坚持和发展中国特色社会主义的一系列重大理论和实践问题，对决胜全面建成小康社会、开启全面建设社会主义现代化国家新征程作出了全面部署。大会批准了中央纪律检查委员会工作报告，审议通过了《中国共产党章程（修正案）》，选举产生了新一届中央委员会和中央纪律检查委员会。大会一致同意，在党章中把习近平新时代中国特色社会主义思想同马克思列宁主义、毛泽东思想、邓小平理论、"三个代表"重要思想、科学发展观一道确立为党的行动指南。

大会完成各项议程后，习近平发表重要讲话时指出："在全体代表共同努力下，这次大会开成了一次不忘初心、牢记使命、高举旗帜、团结奋进的大会。……今天，13 亿多中国人民意气风发、豪情满怀，我们 960 多万平方公里的祖国大地生机勃发、春意盎然，我们 5000 多年的中华文明光彩夺目、魅力永恒，我们党的领导和我国社会主义制度坚强牢固、充满活力，中国人民和中华民族前程伟大、前途光明。"① 中共十九大的召开不仅在国内受到了举国瞩目，万众聆听，在国外也引发热烈讨论，举世关注，吸引众多媒体的目光。大会也首次开设"党代表通道"，首次开通微信公众号，代表与媒体零距离，用鲜活的亲身实践回应关切，亿万人民与盛会同频共振。

（三）作出新的重大政治论断

"经过长期努力，中国特色社会主义进入了新时代，这是我

---

① 《中国共产党第十九次全国代表大会在京闭幕　习近平发表重要讲话》，新华网 2017 年 10 月 24 日。

国发展新的历史方位。"① 中共十九大作出的这一重大政治论断，是中国共产党坚持辩证唯物主义和历史唯物主义的方法论，从党和国家事业发展大局出发，从历史和现实、理论和实践、国内和国际结合上思考得出的正确结论。这一论断，清晰指出了党和国家事业所处的时代坐标，为明确下一阶段的历史任务、坚持和发展中国特色社会主义指明了方向。新时代建立在新中国成立特别是改革开放以来中国发展取得的重大成就的基础上，是中共十八大以来以习近平同志为核心的党中央领导党和国家事业发生历史性变革的结果。这一重大政治判断，精辟概括了当代中国发展变革的阶段性特征，科学把握了中国发展新的历史方位，准确标定了中国特色社会主义航船前行的时代坐标。

中国特色社会主义进入了新时代，是中国发展新的历史方位。这一重大政治判断，不是凭空作出的，而是有着充分的历史、时代、理论和实践的依据。概括说来，这一判断基于中国发展进入新阶段、中国共产党领导人民长期奋斗取得的伟大成就，基于社会主要矛盾发生新变化，基于党的奋斗目标有了新要求，基于中国面临新的国际环境。"中国特色社会主义进入新时代，意味着近代以来久经磨难的中华民族迎来了从站起来、富起来到强起来的伟大飞跃，迎来了实现中华民族伟大复兴的光明前景；意味着科学社会主义在二十一世纪的中国焕发出强大生机活力，在世界上高高举起了中国特色社会主义伟大旗帜；意味着中国特色社会主义道路、理论、制度、文化不断发展，拓展了发展中国家走向现代化的途径，给世界上那些既希望加快发展又希望保持自身独立性的国家和民族提供了全新选择，为解决人类问题贡献

① 习近平：《决胜全面建成小康社会　夺取新时代中国特色社会主义伟大胜利——在中国共产党第十九次全国代表大会上的报告（2017 年 10 月 18 日）》，人民出版社 2017 年版，第 10 页。

了中国智慧和中国方案。"① 中共十九大用"三个意味着"，从中华民族、科学社会主义、人类社会的维度，深刻阐明了这一判断深远的历史意义、政治意义和世界意义。

中国特色社会主义进入新时代，意味着近代以来久经磨难的中华民族迎来了从站起来、富起来到强起来的伟大飞跃，迎来了实现中华民族伟大复兴的光明前景。近代以来，西方列强的坚船利炮打开了中国的大门，中国人民遭受了战乱频仍、山河破碎、民不聊生的深重灾难，中华民族陷入了沉沉的黑暗之中。为了改变悲惨命运，中国共产党带领人民浴血奋战、艰辛探索、开拓创新，取得了革命、建设和改革的一个个胜利，使久经磨难的中华民族迎来了从站起来、富起来到强起来的伟大飞跃。

中国特色社会主义进入新时代，意味着科学社会主义在 21 世纪的中国焕发出强大生机活力，在世界上高高举起了中国特色社会主义伟大旗帜。500 年来，世界社会主义的大幕徐徐拉开，从空想到科学、从理论到实践、从一国到多国、从西方到东方，在人类文明进步的舞台上演绎了一幕幕社会主义兴衰成败的壮阔史诗。20 世纪 90 年代初，世界社会主义运动陷入低谷，一些人对社会主义的前途产生悲观情绪，质疑"中国的红旗到底还能打多久"。20 多年过去了，中国特色社会主义不仅大旗未倒，反而焕发出强大生机活力，奏响了科学社会主义在曲折中奋起的壮丽凯歌。

中国特色社会主义进入新时代，意味着中国特色社会主义道路、理论、制度、文化不断发展，拓展了发展中国家走向现代化的途径，给世界上那些既希望加快发展又希望保持自身独立性的

---

① 习近平：《决胜全面建成小康社会 夺取新时代中国特色社会主义伟大胜利——在中国共产党第十九次全国代表大会上的报告（2017 年 10 月 18 日）》，人民出版社 2017 年版，第 10 页。

国家和民族提供了新的选择，为解决人类问题贡献了中国智慧和中国方案。现代化，是人类社会文明进步的重要标志，是世界各国特别是发展中国家孜孜以求的目标。一段时间以来，西方国家曾宣称，欧美模式是走向现代化的唯一途径，除此之外别无他途。然而欧美模式并没有带来现代化的福音，反而使一些国家尝尽了照搬西方模式的苦果。相比之下，中国特色社会主义道路越走越宽广，道路自信、理论自信、制度自信、文化自信不断彰显，开创了一条迥异于西方的走向现代化之路。

中国特色社会主义进入新时代，国家社会主要矛盾也"已经转化为人民日益增长的美好生活需要和不平衡不充分的发展之间的矛盾"。从"物质文化需要"到"美好生活需要"，从解决"落后的社会生产"问题到解决"不平衡不充分的发展"问题，反映了中国社会发展的巨大进步，反映了发展的阶段性要求，反映了党和国家事业发展的重点要求。同时，针对社会主要矛盾的变化，报告提出了两个"必须认识到"即"必须认识到，我国社会主要矛盾的变化是关系全局的历史性变化，对党和国家工作提出了许多新要求。"① "必须认识到，我国社会主要矛盾的变化，没有改变我们对我国社会主义所处历史阶段的判断，我国仍处于并将长期处于社会主义初级阶段的基本国情没有变，我国是世界最大发展中国家的国际地位没有变。"② 这就对下一步的工作指明了道路，经济建设仍是中心工作，但在新时代更要注重抓全面

① 习近平：《决胜全面建成小康社会 夺取新时代中国特色社会主义伟大胜利——在中国共产党第十九次全国代表大会上的报告（2017 年10 月 18 日）》，人民出版社 2017 年版，第 11 页。

② 习近平：《决胜全面建成小康社会 夺取新时代中国特色社会主义伟大胜利——在中国共产党第十九次全国代表大会上的报告（2017 年10 月 18 日）》，人民出版社 2017 年版，第 12 页。

发展。牢牢把握社会主义初级阶段这个基本国情，牢牢立足社会主义初级阶段这个最大实际，牢牢坚持党的基本路线这个党和国家的生命线、人民的幸福线，"我们要在继续推动发展的基础上，着力解决好发展不平衡不充分问题，大力提升发展质量和效益，更好满足人民在经济、政治、文化、社会、生态等方面日益增长的需要，更好推动人的全面发展、社会全面进步"①。

中国特色社会主义进入新时代，在中华人民共和国发展史上、中华民族发展史上具有重大意义，在世界社会主义发展史上、人类社会发展史上也具有重大意义。新时代，是中国从大国走向强国的时代，是中国人民从小康走向富裕的时代，是中国从世界边缘走向世界中心的时代。走进这个伟大的时代，是这一代人的幸运。坚定信心，埋头苦干，为实现党的十九大确立的目标任务而奋斗，就一定能写好坚持和发展中国特色社会主义这篇大文章，让中国特色社会主义展现出更加强大的生命力。

（四）确立新的指导思想

时代是思想之母。新时代呼唤新理论，新理论引领新实践。习近平新时代中国特色社会主义思想是中共十九大报告的灵魂，是共产党划时代的重大理论创新，是马克思主义中国化的最新成果。习近平指出："中国共产党之所以能够完成近代以来各种政治力量不可能完成的艰巨任务，就在于始终把马克思主义这一科学理论作为自己的行动指南，并坚持在实践中不断丰富和发展马

---

① 习近平：《决胜全面建成小康社会　夺取新时代中国特色社会主义伟大胜利——在中国共产党第十九次全国代表大会上的报告（2017 年10 月 18 日）》，人民出版社 2017 年版，第 11—12 页。

克思主义。"① 习近平新时代中国特色社会主义思想，紧紧围绕坚持和发展中国特色社会主义，提出了一系列具有开创性意义的新理念新思想新战略，涵盖经济、政治、文化、社会、生态文明建设和党的建设各个领域，涉及改革发展稳定、内政外交国防、治党治国治军等各个方面，是一个系统完整、逻辑严密的科学理论体系。

习近平新时代中国特色社会主义思想，是对马克思列宁主义、毛泽东思想、邓小平理论、"三个代表"重要思想、科学发展观的继承和发展，是马克思主义中国化最新成果，是党和人民实践经验和集体智慧的结晶，是中国特色社会主义理论体系的重要组成部分，是全党全国人民为实现中华民族伟大复兴而奋斗的行动指南，必须长期坚持并不断发展。习近平新时代中国特色社会主义思想内涵十分丰富，包括新时代坚持和发展中国特色社会主义的总目标、总任务、总体布局、战略布局和发展方向、发展方式、发展动力、战略步骤、外部条件、政治保证等基本问题，并且根据新的实践对经济、政治、法治、科技、文化、教育、民生、民族、宗教、社会、生态文明、国家安全、国防和军队、"一国两制"和祖国统一、统一战线、外交、党的建设等 17 个方面作出理论分析和政策指导。

习近平新时代中国特色社会主义思想内涵丰富，其中最重要最核心的内容，就是"八个明确"：明确坚持和发展中国特色社会主义，总任务是实现社会主义现代化和中华民族伟大复兴，在全面建成小康社会的基础上，分两步走在本世纪中叶建成富强民主文明和谐美丽的社会主义现代化强国；明确新时代中国社会主要矛盾是人民日益增长的美好生活需要和不平衡不充分的发展之

---

① 习近平：《在庆祝中国共产党成立 95 周年大会上的讲话》，《人民日报》2016 年 7 月 2 日。

间的矛盾，必须坚持以人民为中心的发展思想，不断促进人的全面发展、全体人民共同富裕；明确中国特色社会主义事业总体布局是"五位一体"、战略布局是"四个全面"，强调坚定道路自信、理论自信、制度自信、文化自信；明确全面深化改革总目标是完善和发展中国特色社会主义制度、推进国家治理体系和治理能力现代化；明确全面推进依法治国总目标是建设中国特色社会主义法治体系、建设社会主义法治国家；明确党在新时代的强军目标是建设一支听党指挥、能打胜仗、作风优良的人民军队，把人民军队建设成为世界一流军队；明确中国特色大国外交要推动构建新型国际关系，推动构建人类命运共同体；明确中国特色社会主义最本质的特征是中国共产党领导，中国特色社会主义制度的最大优势是中国共产党领导，党是最高政治领导力量，提出新时代党的建设总要求，突出政治建设在党的建设中的重要地位。"八个明确"偏重于理论层面的高度概括和凝练，每一个"明确"都是具有原创性的新思想新观点，点明了总任务、总布局和主要矛盾，囊括了"五位一体"总体布局、"四个全面"战略布局、外交国防等各个方面，支撑起了宏伟思想大厦的整体框架，集中反映着共产党对科学社会主义在当今时代的理论思考和理论贡献。

伟大的理论不仅应该告诉人们"是什么"，给人以清晰的理论逻辑，而且能够指导人们"怎么办"，对实践有巨大的引领作用。中共十九大报告提出的"十四个坚持"，是新时代坚持和发展中国特色社会主义的基本方略，是对习近平新时代中国特色社会主义思想的实践展开。"十四个坚持"分别是：坚持党对一切工作的领导，坚持以人民为中心，坚持全面深化改革，坚持新发展理念，坚持人民当家作主，坚持全面依法治国，坚持社会主义核心价值体系，坚持在发展中保障和改善民生，坚持人与自然和谐共生，坚持总体国家安全观，坚持党对人民军队的绝对领导，

坚持"一国两制"和推进祖国统一，坚持推动构建人类命运共同
体，坚持全面从严治党。"十四个坚持"偏重于实践层面、方略
层面的展开，每一个都有很强的现实针对性和指导性，是思想化
为行动的导航仪、路线图、方法论。其中，前三个方面贯穿全局
和治国理政的全过程；其他十一个方面是具体领域的展开，具有
丰富的内容和内在逻辑，切不可等量观之。

　　"八个明确"和"十四个坚持"缺一不可、相辅相成，构成
了习近平新时代中国特色社会主义思想的主体内容，必须贯通起
来把握。"八个明确"是指导思想层面的表述，讲的是怎么看，
回答的是新时代坚持和发展什么样的中国特色社会主义的问题；
"十四个坚持"是行动纲领层面的表述，讲的是怎么办，回答的
是新时代怎样坚持和发展中国特色社会主义的问题。把这两者融
为一体，充分体现了习近平新时代中国特色社会主义思想理论与
实践相统一、战略与战术相结合的理论特色，为中国共产党从纷
繁复杂的事物表象中把准脉搏、掌握规律，不断提高攻坚克难、
驾驭复杂局面的能力，提供了行动指南和方法论指引。正如党的
十九大报告指出的，"我们必须在理论上跟上时代，不断认识规
律，不断推进理论创新、实践创新、制度创新、文化创新以及其
他各方面创新"①。

　　马克思主义是开放的与时俱进的理论体系，习近平新时代中
国特色社会主义思想开辟了当代中国马克思主义发展新境界。作
为马克思主义中国化最新成果，习近平新时代中国特色社会主义
思想是中国特色社会主义理论体系的重要组成部分，实现了马克
思主义基本原理同中国具体实际相结合的又一次历史性飞跃，开

---

　　①　习近平：《决胜全面建成小康社会　夺取新时代中国特色社会主
义伟大胜利——在中国共产党第十九次全国代表大会上的报告（2017 年
10 月 18 日）》，人民出版社 2017 年版，第 26 页。

辟了马克思主义新境界、开辟了中国特色社会主义新境界、开辟了党治国理政新境界、开辟了管党治党新境界，不仅指引中国特色社会主义道路、理论、制度、文化不断发展，而且为发展中国家走向现代化强国提供了路径启示，为解决人类问题贡献了中国智慧和中国方案。

中国共产党人的初心和使命，就是为中国人民谋幸福，为中华民族谋复兴。这个初心和使命是激励中国共产党人不断前进的根本动力。全党同志要永远与人民同呼吸、共命运、心连心，永远把人民对美好生活的向往作为奋斗目标，以永不懈怠的精神状态和一往无前的奋斗姿态，继续朝着实现中华民族伟大复兴的宏伟目标奋勇前进。全党要紧密团结在以习近平同志为核心的党中央周围，高举中国特色社会主义伟大旗帜，解放思想，改革创新，锐意进取，埋头苦干，带领全国各族人民为实现党的十九大确定的目标任务而奋斗。

（五）建设现代化强国的战略部署

中共十九大就建设社会主义现代化从社会主义经济建设、政治建设、文化建设、社会建设、生态文明建设等方面作出部署，为实现宏伟目标提供了基本遵循。

贯彻新发展理念、建设现代化经济体系，坚持质量第一、效益优先，以供给侧结构性改革为主线，推动经济发展质量变革、效率变革、动力变革，提高全要素生产率，着力加快建设实体经济、科技创新、现代金融、人力资源协同发展的产业体系，着力构建市场机制有效、微观主体有活力、宏观调控有度的经济体制，不断增强中国经济创新力和竞争力。要深化供给侧结构性改革，加快建设创新型国家，实施乡村振兴战略，实施区域协调发展战略，加快完善社会主义市场经济体制，推动形成全面开放新格局，努力实现更高质量、更有效率、更加公平、更可持续的发展。

健全人民当家作主制度体系、发展社会主义民主政治，坚持党的领导、人民当家作主、依法治国有机统一，加强人民当家作主制度保障，发挥社会主义协商民主重要作用，深化依法治国实践，深化机构和行政体制改革，巩固和发展爱国统一战线，巩固和发展生动活泼、安定团结的政治局面。

坚定文化自信、推动社会主义文化繁荣兴盛，牢牢掌握意识形态工作领导权，培育和践行社会主义核心价值观，加强思想道德建设，繁荣发展社会主义文艺，推动文化事业和文化产业发展，激发全民族文化创新创造活力。

提高保障和改善民生水平、加强和创新社会治理，抓住人民最关心最直接最现实的利益问题，优先发展教育事业，提高就业质量和人民收入水平，加强社会保障体系建设，坚决打赢脱贫攻坚战，实施健康中国战略，打造共建共治共享的社会治理格局，有效维护国家安全，使人民获得感、幸福感、安全感更加充实、更有保障、更可持续。

加快生态文明体制改革、建设美丽中国，推进绿色发展，着力解决突出环境问题，加大生态系统保护力度，改革生态环境监管体制，推动形成人与自然和谐发展现代化建设新格局。

面对国家安全环境的深刻变化，面对强国强军的时代要求，中共坚持走中国特色强军之路，全面贯彻新时代党的强军思想，贯彻新形势下军事战略方针，建设强大的现代化陆军、海军、空军、火箭军和战略支援部队，打造坚强高效的战区联合作战指挥机构，构建中国特色现代作战体系，全面推进国防和军队现代化，把人民军队全面建成世界一流军队。

保持香港、澳门长期繁荣稳定，必须全面准确贯彻"一国两制"、"港人治港"、"澳人治澳"、高度自治的方针，严格依照宪法和基本法办事，让香港、澳门同胞同祖国人民共担民族复兴的历史责任、共享祖国繁荣富强的伟大荣光。必须继续坚持"和平统一、一国两制"方针，扩大两岸经济文化交流合作，推动两岸同胞共同弘扬中华文化，推动两岸关系和平发展，推进祖国和平统一进程，绝不允许任何人、任何组织、任何政党、在任何时候、以任何形式、把任何一块中国领土从中国分裂出去。

中共十九大强调中国将坚持和平发展道路，高举和平、发展、合作、共赢的旗帜，恪守维护世界和平、促进共同发展的外交政策宗旨，坚定不移在和平共处五项原则基础上发展同各国的友好合作，积极促进"一带一路"国际合作，继续积极参与全球治理体系改革和建设，推动建设相互尊重、公平正义、合作共赢的新型国际关系，推动构建人类命运共同体，同世界各国人民一道建设持久和平、普遍安全、共同繁荣、开放包容、清洁美丽的世界。

打铁必须自身硬。中共要团结带领人民进行伟大斗争、推进伟大事业、实现伟大梦想，必须毫不动摇坚持和完善党的领导，毫不动摇把党建设得更加坚强有力。新时代党的建设总要求是：坚持和加强党的全面领导，坚持党要管党、全面从严治党，以加强党的长期执政能力建设、先进性和纯洁性建设为主线，以党的政治建设为统领，以坚定理想信念宗旨为根基，以调动全党积极性、主动性、创造性为着力点，全面推进党的政治建设、思想建设、组织建设、作风建设、纪律建设，把制度建设贯穿其中，深入推进反腐败斗争，不断提高党的建设质量，把党建设成为始终走在时代前列、人民衷心拥护、勇于自我革命、经得起各种风浪考验、朝气蓬勃的马克思主义执政党。要把党的政治建设摆在首位。全党必须增强政治意识、大局意识、核心意识、看齐意识，坚持党中央权威和集中统一领导，坚定执行党的政治路线，严格遵守政治纪律和政治规矩，在政治立场、政治方向、政治原则、政治道路上同党中央保持高度一致。

中共十九大作出实现现代化强国的"两步走"战略安排。改革开放之后，中国共产党对中国社会主义现代化建设作出战略安排，提出"三步走"战略目标。其中，解决人民温饱问题、人民生活总体上达到小康水平这两个阶段性目标已提前实现。从现在到 2020 年，是全面建成小康社会决胜期。从十九大到二十大，是"两个一百年"奋斗目标的历史交汇期。中国既要全面建成小康社会、实现第一个百年奋斗目标，又要乘势而上开启全面建设社会主义现代化国家新征程，向第二个百年奋斗目标进军。习近平在党的十九大上提出，从 2020 年到 21 世纪中叶可以分两个阶段来安排。第一个阶段，从 2020 年到 2035 年，在全面建成小康社会的基础上，再奋斗十五年，基本实现社会主义现代化。第二个阶段，从 2035 年到 21 世纪中叶，在基本实现现代化的基础上，再奋斗十五年，把中国建成富强民主文明和谐美丽的社会主义现代化强国。

其中第一个阶段，从 2020 年到 2035 年，在全面建成小康社会的基础上，再奋斗十五年，基本实现社会主义现代化。到那时，中国经济实力、科技实力将大幅跃升，跻身创新型国家前列；人民平等参与、平等发展权利得到充分保障，法治国家、法治政府、法治社会基本建成，各方面制度更加完善，国家治理体系和治理能力现代化基本实现；社会文明程度达到新的高度，国家文化软实力显著增强，中华文化影响更加广泛深入；人民生活更为宽裕，中等收入群体比例明显提高，城乡区域发展差距和居民生活水平差距显著缩小，基本公共服务均等化基本实现，全体人民共同富裕迈出坚实步伐；现代社会治理格局基本形成，社会充满活力又和谐有序；生态环境根本好转，美丽中国目标基本实现。

第二个阶段，从 2035 年到 21 世纪中叶，在基本实现现代化的基础上，再奋斗十五年，把中国建成富强民主文明和谐美丽的社会主义现代化强国。到那时，中国物质文明、政治文明、精神文明、社会文明、生态文明将全面提升，实现国家治理体系和治理能力现代化，成为综合国力和国际影响力领先的国家，全体人民共同富裕基本实现，中国人民将享有更加幸福安康的生活，中华民族将以更加昂扬的姿态屹立于世界民族之林。

这个新的"两步走"战略，完全可以和1987年"三步走"战略相提并论。前述经济政治文化等领域的具体战略部署和"两步走"战略安排构成了建设社会主义现代化强国的时间表、路线图，只要能够坚定不移贯彻落实这些部署，中国就一定能够在既定时间实现宏伟奋斗目标，迎来中华民族的伟大复兴。

（六）选举产生新一届党中央领导集体

2017年10月25日，举行中国共产党第十九届中央委员会第一次全体会议，出席全会的有中央委员204人，候补中央委员172人。中央纪律检查委员会委员列席会议。习近平主持会议并在当选中共中央委员会总书记后作了重要讲话。

全会选举了中央政治局委员、中央政治局常务委员会委员、中央委员会总书记；根据中央政治局常务委员会的提名，通过了中央书记处成员，决定了中央军事委员会组成人员；批准了十九届中央纪律检查委员会第一次全体会议选举产生的书记、副书记和常务委员会委员人选。

习近平、李克强、栗战书、汪洋、王沪宁、赵乐际、韩正当选为中央政治局常务委员会委员，习近平当选中央委员会总书记。决定习近平为中央军事委员会主席，许其亮、张又侠为副主席。批准赵乐际为中央纪律检查委员会书记。

这是一届成熟稳重、充满活力的中央领导集体，实现了新一轮的交替，他们身上承担着重大历史责任。10月24日，在中共十九大闭幕会上，习近平指出作为党的全国代表大会代表，使命光荣，责任重大，一定要牢记党的初心和使命，牢记自己肩负的神圣职责，认真学习党的理论和路线方针政策，贯彻落实党关于决胜全面建成小康社会、开启全面建设社会主义现代化国家新征程的战略部署，更加自觉地学习党章、遵守党章、贯彻党章、维护党章，在思想上政治上行动上同党中央保持高度一致；一定要密切同广大党员和人民群众的联系，及时反映广大党员和人民群众呼声，正确行使代表权利，自觉接受党和人民监督；一定要发挥模范带头作用，自觉按照新时代党的建设总要求改造和提高自己，积极投身新时代中国特色社会主义伟大实践，为党和国家事业贡献自己的智慧和力量，为全体党员作出表率，不辜负广大党员信任。

二、十三届全国人大一次会议和全国政协 十三届一次会议召开

2018年3月3日，全国政协十三届一次会议开幕，2100多名新一届全国政协委员为改革发展献诤言、谋良策。3月5日，十三届全国人大一次会议开幕。近3000名新一届全国人大代表谋划新时代改革发展大计。中国的发展进步与国家政治生活的节奏紧密相关。近几年，在党和国家发展进程中极不平凡。中共十八大以来，以习近平同志为核心的党中央团结带领全党全国各族人民迎难而上、革故鼎新，中国特色社会主义进入了新时代。在探索改革路、实现中国梦的伟大实践中，全国人大、人民政协与共和国的脉搏始终一起跳动。党和国家事业取得的历史性成就、发生的历史性变革里，处处体现着全国人大、人民政协不可替代的重要作用。

中共十九大擘画了到21世纪中叶中国发展的宏伟蓝图，开启了全面建设社会主义现代化国家新征程。十三届全国人大一次

会议审议宪法修正案草案和监察法草案，选举和决定任命新一届国家机构领导人员，决定一系列影响深远的重大事项。这次会议把党的主张和人民意愿凝聚为国家意志，贯彻落实习近平新时代中国特色社会主义思想和党的十九大精神，动员全党全国各族人民为决胜全面建成小康社会、夺取新时代中国特色社会主义伟大胜利而不懈奋斗。

（一）审议通过宪法修正案草案

宪法，是国家的根本大法，是治国安邦的总章程。唯有宪法与时俱进，才有各项事业发展的基业长青。中共十一届三中全会以来，中国宪法修改始终与改革开放同步。进入新时代，中国特色社会主义事业发展对修改宪法提出迫切要求。宪法修改是国家政治生活中的一件大事，是以习近平同志为核心的党中央从新时代坚持和发展中国特色社会主义全局和战略高度作出的重大决策，也是推进全面依法治国、推进国家治理体系和治理能力现代化的重大举措。2012 年 12 月 4 日，习近平强调，依法治国，首先是依宪治国；依法执政，关键是依宪执政。[①] 从中央政治局决定启动宪法修改工作，到《中共中央关于修改宪法部分内容的建议》在党内外一定范围征求意见；从中共十九届二中全会审议通过《中共中央关于修改宪法部分内容的建议》，到全国人大常委会形成《中华人民共和国宪法修正案（草案）》的议案，提请第十三届全国人民代表大会第一次会议审议并通过，这次宪法修改，是共产党坚持党的领导、人民当家作主、依法治国有机统一的生动体现。

2017 年 9 月 29 日，习近平主持召开中央政治局会议，决定启动宪法修改工作，明确提出了修改的总体要求和必须贯彻的

---

① 《习近平谈治国理政》，外文出版社 2014 年版，第 141 页。

"四个原则"。中共十九届二中全会审议通过了《中共中央关于修改宪法部分内容的建议》，在中共历史上首次以一次全会专门讨论宪法修改问题，在准确把握中国宪法发展的特点和规律基础上，为这次宪法修改指明了正确方向、提供了根本遵循。这次宪法修改，站在健全完善党和国家领导制度、推进国家治理体系和治理能力现代化的高度，作出了一系列重大制度设计，包括坚持党的领导、人大制度、统一战线制度、宪法宣誓制度、国家主席任期制度、国务院管理制度、地方立法制度、监察制度等等。这些重大修改，是保证党和国家长治久安的顶层设计和制度安排。

这次宪法修改，是 1982 年宪法实施以来最高立法机关第五次对国家根本大法的修改。通过历次修改，中国宪法在中国特色社会主义伟大实践中紧跟时代步伐，为改革开放和社会主义现代化建设提供了根本法治保障。实践证明，及时把党和人民创造的伟大成就和宝贵经验上升为国家宪法规定，实现党的主张、国家意志、人民意愿的有机统一，是共产党治国理政的一条成功经验。自 2004 年宪法修改以来，党和国家事业又有了许多重要发展变化。特别是中共十八大以来，以习近平同志为核心的党中央团结带领全国各族人民毫不动摇坚持和发展中国特色社会主义，统筹推进"五位一体"总体布局、协调推进"四个全面"战略布局，形成一系列治国理政新理念新思想新战略，推动党和国家事业取得历史性成就、发生历史性变革。由宪法及时确认党和人民创造的来之不易的伟大成就和宝贵经验，以更好发挥宪法的规范、引领、推动、保障作用，是实践发展的必然要求。

2017 年 10 月，中共十九大在新的历史起点上对新时代坚持和发展中国特色社会主义作出重大战略部署，提出了一系列重大政治论断，确立了习近平新时代中国特色社会主义思想在全党的指导地位，确定了新的奋斗目标，对党和国家事业发展具有重大指导和引领意义。在党的十九大文件起草和形成过程中，在全党全国上下学习贯彻党的十九大精神过程中，对中国现行宪法作出必要的修改完善日益提上日程。中国特色社会主义进入新时代，这是中国发展新的历史方位。中国宪法必须随着党领导人民建设中国特色社会主义实践的发展而不断完善发展。确立习近平新时代中国特色社会主义思想在国家政治和社会生活中的指导地位，把"中国共产党领导是中国特色社会主义最本质的特征"写入宪法总纲第一条，完善国家主席任期任职制度，深化国家监察体制改革，等等。这次宪法修改，根据新时代坚持和发展中国特色社会主义的新形势新任务，把中共十九大确定的重大理论观点和重大方针政策载入国家根本法，把党和人民在实践中取得的重大理论创新、实践创新、制度创新成果上升为宪法规定，体现了党和国家事业发展的新成就新经验新要求，必将更好地发挥宪法的规范、引领、推动、保障作用，在法治轨道上更好地坚持和发展中国特色社会主义。此次宪法修改，把宪法宣誓制度确定下来，健全宪法实施制度成为一个亮点。"我宣誓：忠于中华人民共和国宪法，维护宪法权威，履行法定职责，忠于祖国、忠于人民，恪尽职守、廉洁奉公，接受人民监督，为建设富强民主文明和谐美丽的社会主义现代化强国努力奋斗！"2018年3月17日上午，当选中华人民共和国主席、中华人民共和国中央军事委员会主席的习近平，抚按宪法、紧握右拳，庄严宣誓。75字的誓词在人民大会堂回荡，这是国家领导人首次进行宪法宣誓，也是宪法宣誓制度实行以来首次在全国人民代表大会上面对全国人大代表举行宪法宣誓仪式，既是对宪法权威的维护，也是对人民的庄严承诺。

《中华人民共和国宪法修正案》高票表决通过，顺应了时代要求和人民意愿。2018年8月24日，中央全面依法治国委员会成立，习近平亲自担任委员会主任，对新时代全面依法治国作出一系列新的重大部署，开启法治中国建设新征程。全国人大紧扣贯彻党中央重大决策部署，紧扣回应人民群众重大关切，紧扣厉行法治、推进全面依法治国，切实担负起使命责任，推动新时代的人民代表大会制度和人大工作与时俱进、完善发展。在围绕打好污染防治攻坚战对大气污染防治法实施情况展开力度空前的执法检查，坚持立法主动适应重大改革发展需要等方面不断做出富有成效的工作。同年，民法典各分编草案首次提交全国人大常委会审议，几代人孜孜以求的"中国民法典"梦想迈出新的坚实一步；英雄烈士保护法施行，以法律之名推动传承和弘扬英烈精神；设立上海金融法院，增设北京、广州互联网法院，不断适应新经济新业态发展形势；个人所得税法有了重大修改，给老百姓带来更多获得感和幸福感。

（二）审议通过监察法草案

中共十八大以来，以习近平同志为核心的党中央站在党和国家事业发展全局的高度，把全面从严治党纳入"四个全面"战略布局，以雷霆万钧之势，坚定不移"打虎""拍蝇""猎狐"，反腐败斗争压倒性态势已经形成并巩固发展，全面从严治党成效卓著。在反腐败斗争深入推进的同时，以习近平同志为核心的党中央高瞻远瞩、审时度势，着眼于加强党对反腐败工作的集中统一领导，健全党和国家监督体系，实现对所有行使公权力的公职人员监察全覆盖，作出了深化国家监察体制改革的重大决策部署。

制定监察法是深化国家监察体制改革的内在要求和重要环节。2015年1月，习近平在十八届中央纪委五次全会上发表重要讲话，明确要求修改行政监察法。2016年1月，习近平在十八届中央纪委六次全会上强调，要坚持党对党风廉政建设和反腐败工作的统一领导，扩大监察范围，整合监察力量，健全国家监察组织架构，形成全面覆盖国家机关及其公务员的国家监察体系。监察法是反腐败国家立法，是一部对国家监察工作起统领性和基础性作用的法律。制定监察法，将中共十八大以来全面从严治党的理论和实践创新成果，以法律形式固定下来，进一步推动反腐败工作法治化规范化，体现了全面从严治党、全面深化改革、全面依法治国的有机统一。2016年6月至10月，习近平先后6次主持召开中央全面深化改革领导小组会议、中央政治局常委会会议和中央政治局会议，专题研究深化国家监察体制改革、国家监察相关立法问题，确定了制定监察法的指导思想、基本原则和主要内容，明确了国家监察立法工作的方向和时间表、路线图。习近平发表了一系列重要讲话，为监察法立法工作提供了根本遵循。

中共十九大对深化国家监察体制改革作出新的部署，明确要求制定国家监察法，依法赋予监察委员会职责权限和调查手段，用留置取代"两规"措施。2017年11月7日起，监察法草案在中国人大网全文公开，征求社会公众意见。草案备受关注，共有3700多人提出1.3万多条意见建议。对这些意见建议，国家监察立法工作专班高度重视，进行了认真梳理、研究。11月30日，全国人大法律委员会召开会议，对监察法草案作了修改完善。12月22日至27日，十二届全国人大常委会第三十一次会议对监察法草案进行第二次审议，认为草案充分吸收各方意见，已经比较成熟，决定将其提请十三届全国人大一次会议审议。根据立法法的规定，决定提请全国人民代表大会会议审议的法律案，应当在会议举行的一个月前将法律草案发给代表。2018年1月31日，全国人大常委会办公厅将监察法草案发送十三届全国人大代表。代表们对草案进行了认真研读讨论，总体赞成草案，同时提出了一些修改意见。全国人大法律委员会召开会议，根据全国人大常委会组成人员和代表们提出的意见又对草案作了修改，并将修改情况向全国人大常委会委员长会议作了汇报。3月20日，十三届全国人大一次会议在人民大会堂举行闭幕大会，表决通过了《中华人民共和国监察法》。国家主席习近平签署第三号主席令予以公布。由此，全面从严治党、全面依法治国掀开新的篇章。

《中华人民共和国监察法》（简称《监察法》）旗帜鲜明、纲举目张，明确监察工作的指导思想和领导体制："坚持中国共产党对国家监察工作的领导"；明确监察工作的原则和方针："国家监察工作严格遵照宪法和法律，以事实为根据，以法律为准绳"；明确监察机关的性质、产生和职责："各级监察委员会是行使国家监察职能的专责机关""国家监察委员会由全国人民代表大会产生""地方各级监察委员会由本级人民代表大会产生""监察委员会依照本法和有关法律规定履行监督、调查、处置职责"。《监察法》直面问题、顺应实践，着力解决中国监察体制机制中存在的突出问题，明确将所有行使公权力的公职人员纳入监察范围，覆盖"公办的教育、科研、文化、医疗卫生、体育等单位中从事管理的人员""基层群众性自治组织中从事管理的人员"等人群；清除监察空白、反腐不留死角，实现从监督"狭义政府"到"广义政府"的转变，将公权力关进制度的笼子。《监察法》体现权责对等、彰显监督制约，按照"打铁必须自身硬"的要求，监察法专列两章，从接受人大监督，强化自我监督，明确监察机关与审判机关、检察机关、执法部门互相配合、互相制约的机制，监察机关及其工作人员的法律责任等方面，作出一系列细化规定。

2018年全国"两会"期间，全国人大常委会决定将宪法修正案草案提请十三届全国人大一次会议审议。监察法草案主动与宪法修正案"对标"，相关内容及表述均与宪法修改关于监察委员会的各项规定相衔接、相统一。3月11日，十三届全国人大一次会议第三次全体会议表决通过了《中华人民共和国宪法修正案》。此次宪法修改共有21条，其中11条与国家监察体制改革相关，在第三章"国家机构"中新增"监察委员会"一节，确立了监察委员会作为国家机构的宪法地位。先通过宪法修正案，然后再审议监察法草案，使国家监察体制改革于宪有据、监察法于宪有源。

（三）选举新一届国家机构领导人员

根据中共十九届三中全会通过的建议人选名单，2018 年全国两会期间，经过严格法定程序，新一届国家机构和全国政协领导人员相继产生，实现了中共十九大确定的党和国家领导人员新老交替大格局。2018 年 3 月 17 日上午，出席十三届全国人大一次会议第五次全体会议的 2970 名全国人大代表以无记名投票方式，全票选举习近平继续担任中华人民共和国主席、中华人民共和国中央军事委员会主席。这充分反映了全党全军全国各族人民的共同愿望和心声，充分体现了党的意志、人民意志、国家意志的高度统一。

从 3 月 14 日至 19 日的 6 天内，新一届国家机构和全国政协领导人员顺利产生，引领全国各族人民开启新时代中国特色社会主义事业的新航程。从 3 月 3 日至 3 月 20 日，政协常委会工作报告、提案工作报告、政协章程修正案草案、宪法修正案草案、监察法草案、政府工作报告、计划报告、预算报告、人大常委会工作报告、"两高"工作报告、国务院机构改革方案等等。根据大会安排，代表委员们认真审议或讨论。

2018 年是贯彻落实中共十九大精神的开局之年，也是开启新时代中国特色社会主义发展战略安排的起步之年，从那时起距如期实现第一个百年目标的日子只有 1000 多天。中国将铺展冲刺全面建成小康社会、开启现代化新征程的崭新开局，十九大擘画的宏伟战略安排在这次两会上变成"施工表"和"路线图"。会议提出，2018 年再减少农村贫困人口 1000 万以上；二氧化硫、氮氧化物排放量要下降 3%；严厉打击非法集资、金融诈骗等违法活动。两会上确定的一个个目标、出台的一项项举措，为全国人民奋勇前行、攻坚克难指明了方向。这次两会上表决通过的国务院机构改革方案着眼新时代的战略布局，一批部门不再保留，组建或重新组建自然资源部、生态环境部、农业农村部等，国务院正部级机构减少 8 个，副部级机构减少 7 个。这是着眼于转变政府职能、坚决破除体制机制弊端，为长远发展作出的全方位、战略性、根本性变革，具有划时代意义。作为一项重大政治体制改革，国家监察体制改革在本次两会上浓墨重彩：在宪法中增加"监察委员会"一节，确立监察委员会作为国家机构的法律地位，选举产生国家监察委员会主任，表决通过监察法，等等。中共十八大以来在推进党风廉政建设和反腐败斗争中形成的新理念新举措新经验，在本次两会上以法律形式固定下来，确保反腐败斗争在规范化、制度化轨道上行稳致远。

3 月 4 日下午，习近平看望参加全国政协十三届一次会议民盟、致公党、无党派人士、侨联界委员时发表重要讲话，强调了中国共产党领导的多党合作和政治协商制度的重大意义，深刻阐述了"新型政党制度"这一伟大政治创造的丰富内涵。日益完备健全的"中国式民主"制度，可以确保社会各界充分讨论，不同利益诉求协调，各方意见建议集中，进而推出最广泛接受认同的科学决策。325 件议案、7100 多件建议，433 篇委员大会书面发言、27 位委员大会口头发言、5360 件提案。既有农民代表，也有教授委员，各行各业的代表委员们履职尽责，充分发表意见建议，凝聚最大共识，贡献智慧力量。审议中，代表们对政府工作报告提出了一些意见和建议。国务院认真研究了代表们的审议意见，对政府工作报告做了进一步修改，共修改 86 处。党的主张、国家意志、人民心声在两会平台上实现交汇，凝聚成夺取新时代中国特色社会主义伟大胜利的澎湃动力。

2018 年是中国改革开放 40 周年，在这个春天召开的全国"两会"注定要开启改革开放再出发、抢抓战略机遇期的崭新开局。3月7日，习近平参加广东代表团审议，此举有深意。广东是改革开放的排头兵、先行地、实验区。站在新时代新起点，习近平要求广东的同志们进一步解放思想、改革创新，真抓实干、奋发进取，以新的更大作为开创广东工作新局面。"新时代属于每一个人，每一个人都是新时代的见证者、开创者、建设者。只要精诚团结、共同奋斗，就没有任何力量能够阻挡中国人民实现梦想的步伐！"① 3月20日上午，习近平在十三届全国人大一次会议闭幕会上坚定有力的讲话，彰显出伟大中华民族的豪情壮志，发出踏上新长征的动员，凝聚起亿万人民的磅礴力量。

总结过去五年的经验，坚持党的领导是人民代表大会制度的本质要求和最大优势，是做好人大工作的根本保证和关键所在。习近平新时代中国特色社会主义思想，为长期坚持、不断完善人民代表大会制度提供了科学理论指导。坚定坚持以习近平同志为核心的党中央集中统一领导，紧密联系中国特色社会主义发展要求，自觉运用马克思主义中国化最新成果指导实践、破解难题，人大制度和人大工作才能充满生机活力，更具时代性。未来三年，决胜全面建成小康社会，切实将人民当家作主落实到国家政治生活和社会生活中。对于每一位人大代表来说，坚持以人民为中心体现在时时处处尊重人民意志、保障人民权益、增进民生福祉、激发人民创造活力，体现在为人民用权、为人民履职、为人民服务，自觉接受人民监督，解决好关系群众切身利益的重点难点问题。中共十九大对推进全面依法治国、深化依法治国实践提出了新的要求。全国人大及其常委会坚持立法先行，发挥立法的引领和推动作用，在法治下推进改革、

---

① 《在第十三届全国人民代表大会第一次会议上的讲话》，《人民日报》2018年3月21日。

在改革中完善法治；切实用好宪法法律赋予的监督权，把保证法律正确有效实施作为推进全面依法治国的重要抓手，推动严格执法、公正司法、全民守法。

中共十八大以来，人民政协坚持团结和民主两大主题，围绕统筹推进"五位一体"总体布局和协调推进"四个全面"战略布局，不断完善协商议政格局，强化民主监督职能，拓展团结联谊工作，加强履职能力建设，进一步开拓了团结民主、务实进取、蓬勃发展的新局面。这几年的历程充分证明，只有坚持中国共产党的领导，坚持人民政协性质定位，坚持围绕中心、服务大局，才能实现广泛有效的协商民主，把新时代人民政协事业不断推向前进。中共十九大开启了全面建设社会主义现代化国家的新征程。面对着充满各种矛盾的国内国际新形势，将要进行具有许多新的历史特点的伟大斗争，尤其需要人民政协以习近平新时代中国特色社会主义思想为指引，认真履行政治协商、民主监督、参政议政职能，广泛凝聚实现中华民族伟大复兴的正能量。把学习贯彻习近平新时代中国特色社会主义思想作为重中之重，自觉将思想和行动统一到党的十九大作出的重大决策部署上来，是人民政协的首要政治任务；为决胜全面建成小康社会、夺取新时代中国特色社会主义伟大胜利献计出力，是人民政协的工作主线。人民政协努力化消极因素为积极因素，促进各党派团体、各族各界人士的大团结大联合，为实现十九大确定的奋斗目标减少阻力、增加助力、形成合力。

三、十三届全国人大二次会议召开

（一）会议概况

中华人民共和国第十三届全国人民代表大会第二次会议于

2019年3月5日在北京召开。第十三届全国人大二次会议主席团2019年3月4日上午在人民大会堂举行第一次会议。全国人大常委会委员长栗战书主持会议。

根据十三届全国人大二次会议大会主席团决定的代表提出议案截止时间，到3月11日12时，大会秘书处议案组共收到代表提出的议案491件。其中，代表团提出14件，代表联名提出477件。同时，议案组收到代表提出的建议、批评和意见约8000件。全国人大常委会副秘书长、大会秘书处议案组组长介绍，经过初步梳理分析，代表提出的议案，有关立法方面的487件，有关监督方面的4件。这些议案紧紧围绕党和国家工作大局，通过立法推动和保障重大决策、重大战略的落实。内容主要集中在以下几方面：

一是在全面深化改革、扩大对外开放方面，提出修改《公司法》《证券法》等，制定《社会信用法》《商业秘密法》等，依法平等保护产权，打造法治化营商环境；修改《著作权法》《商标法》等，加强知识产权保护；修改《反洗钱法》《信托法》，研究推动金融风险防控处置等方面的立法，防范化解重大金融风险；研究推动大数据、人工智能、自动驾驶等方面的立法，以法治方式引导和规范新技术新业态；制定《乡村振兴促进法》，修改《城乡规划法》等，推动实施乡村振兴战略。二是在保障和改善民生方面，提出修改《未成年人保护法》《老年人权益保障法》等，制定个人信息保护、学前教育等方面的法律，增强人民群众获得感、幸福感、安全感。三是在推进生态文明建设和绿色发展方面，提出制定《长江保护法》《资源综合利用法》《国家公园法》等，修改《固体废物污染环境防治法》等。四是在维护国家安全、创新社会治理方面，提出制定《生物安全法》《数据安全法》，修改《城市居民委员会组织法》等。五是在发展文化事业和文化产业方面，提出制定《文化产业促进法》《革命文物保护法》等。

代表建议关注较多的问题主要有：打好"三大攻坚战"，支持重大区域发展战略，解决中小企业融资难、融资贵问题，补齐农村基础设施短板等。3月15日，十三届全国人大二次会议完成各项议程顺利闭幕。

（二）《政府工作报告》主要内容①

在会上，李克强总理作了《政府工作报告》，总结了2018年的政府工作，对2019年工作作出了部署。关于2018年的工作成绩，《政府工作报告》指出，尽管中国发展面临多年少有的国内外复杂严峻形势，经济出现新的下行压力，在以习近平同志为核心的党中央坚强领导下，全国各族人民以习近平新时代中国特色社会主义思想为指导，砥砺奋进，攻坚克难，完成全年经济社会发展主要目标任务，决胜全面建成小康社会又取得新的重大进展。

一是经济运行保持在合理区间。国内生产总值增长6.6%，总量突破90万亿元。经济增速与用电、货运等实物量指标相匹配。居民消费价格上涨2.1%。国际收支基本平衡。城镇新增就业1361万人、调查失业率稳定在5%左右的较低水平。近14亿人口的发展中大国，实现了比较充分就业。

二是经济结构不断优化。消费拉动经济增长作用进一步增强。服务业对经济增长贡献率接近60%，高技术产业、装备制造业增速明显快于一般工业，农业再获丰收。单位国内生产总值能耗下降3.1%。质量和效益继续提升。

---

① 本小节内容主要引自李克强：《政府工作报告——二〇一九年三月五日在第十三届全国人民代表大会第二次会议上》，《人民日报》2019年3月17日。

三是发展新动能快速成长。嫦娥四号等一批重大科技创新成果相继问世。新兴产业蓬勃发展，传统产业加快转型升级。大众创业万众创新深入推进，日均新设企业超过 1.8 万户，市场主体总量超过 1 亿户。新动能正在深刻改变生产生活方式、塑造中国发展新优势。

四是改革开放取得新突破。国务院及地方政府机构改革顺利实施。重点领域改革迈出新的步伐，市场准入负面清单制度全面实行，简政放权、放管结合、优化服务改革力度加大，营商环境国际排名大幅上升。对外开放全方位扩大，共建"一带一路"取得重要进展。首届中国国际进口博览会成功举办，海南自贸试验区启动建设。货物进出口总额超过 30 万亿元，实际使用外资1383 亿美元、稳居发展中国家首位。

五是三大攻坚战开局良好。防范化解重大风险，宏观杠杆率趋于稳定，金融运行总体平稳。精准脱贫有力推进，农村贫困人口减少 1386 万，易地扶贫搬迁 280 万人。污染防治得到加强，细颗粒物（PM2.5）浓度继续下降，生态文明建设成效显著。

六是人民生活持续改善。居民人均可支配收入实际增长6.5%。提高个人所得税起征点，设立 6 项专项附加扣除。加大基本养老、基本医疗等保障力度，资助各类学校家庭困难学生近 1亿人次。棚户区住房改造 620 多万套，农村危房改造 190 万户。城乡居民生活水平又有新提高。

2018 年的成绩来之不易。中国面对深刻变化的外部环境，经济全球化遭遇波折，多边主义受到冲击，国际金融市场震荡，特别是中美经贸摩擦给一些企业生产经营、市场预期带来不利影响。中国面对的是经济转型阵痛凸显的严峻挑战。新老矛盾交织，周期性、结构性问题叠加，经济运行稳中有变、变中有忧。中国面对的是两难多难问题增多的复杂局面。实现稳增长、防风险等多重目标，完成经济社会发展等多项任务，处理好当前与长远等多种关系，政策抉择和工作推进的难度明显加大。经过全国上下共同努力，中国经济发展在高基数上总体平稳、稳中有进，社会大局保持稳定。这再次表明，在中国共产党领导下，中国人民有战胜任何艰难险阻的勇气、智慧和力量，中国的发展没有过不去的坎。

2018年中国政府主要做的工作有：一是创新和完善宏观调控，经济保持平稳运行。面对新情况新变化，中国坚持不搞"大水漫灌"式强刺激，保持宏观政策连续性稳定性，在区间调控基础上加强定向、相机调控，主动预调、微调。坚持实施积极的财政政策，着力减税降费、补短板调结构。下调增值税税率，扩大享受税收优惠小微企业范围，出台鼓励研发创新等税收政策。全年为企业和个人减税降费约1.3万亿元。优化财政支出结构，盘活财政存量资金，重点领域支出得到保障。坚持实施稳健的货币政策，引导金融支持实体经济。针对融资难融资贵问题，先后4次降低存款准备金率，多措并举缓解民营和小微企业资金紧张状况，融资成本上升势头得到初步遏制。及时应对股市、债市异常波动，人民币汇率基本稳定，外汇储备保持在3万亿美元以上。

二是扎实打好三大攻坚战，重点任务取得积极进展。制定并有序实施三大攻坚战三年行动方案。稳步推进结构性去杠杆，稳妥处置金融领域风险，防控地方政府债务风险，改革完善房地产市场调控机制。深入推进精准脱贫，加强扶贫力量，加大资金投入，强化社会帮扶，贫困地区自我发展能力稳步提高。全面开展蓝天、碧水、净土保卫战。优化能源和运输结构。稳妥推进北方地区"煤改气""煤改电"。全面建立河长制、湖长制。化肥农药使用量实现双下降。加强生态环保督察执法。积极应对气候变化。

三是深化供给侧结构性改革，实体经济活力不断释放。加大"破、立、降"力度。推进钢铁、煤炭行业市场化去产能。实施稳投资举措，制造业投资、民间投资增速明显回升。出台促进居民消费政策。全面推进"互联网+"，运用新技术新模式改造传统产业。深入推进简政减税减费。取消一批行政许可事项，"证照分离"改革在全国推开，企业开办时间大幅压缩，工业生产许可证种类压减三分之一以上。"双随机、一公开"监管全面实施。清理规范各类涉企收费，推动降低用能、用网和物流等成本。深化"互联网+政务服务"，各地探索推广一批有特色的改革举措，企业和群众办事便利度不断提高。

四是深入实施创新驱动发展战略，创新能力和效率进一步提升。大力优化创新生态，调动各类创新主体积极性。深化科技管理体制改革，推进关键核心技术攻关，加强重大科技基础设施、科技创新中心等建设。强化企业技术创新主体地位，将提高研发费用加计扣除比例政策扩大至所有企业。制定支持双创深入发展的政策措施。技术合同成交额增长30%以上。科技进步贡献率提高到58.5%。

五是加大改革开放力度，发展动力继续增强。深化国资国企改革，国有企业优化重组、提质增效取得新进展。针对民营企业发展遇到的困难和问题，千方百计帮助解忧纾困。推进财税体制改革，预算绩效管理改革全面启动。改革金融监管体制，完善利率、汇率市场化形成机制。农业农村、社会事业、生态环保等领域改革不断深化。推出对外开放一系列重大举措。共建"一带一路"引领效应持续释放，同沿线国家的合作机制不断健全，经贸合作和人文交流加快推进。出台稳外贸政策，货物通关时间压缩一半以上。下调部分商品进口关税，关税总水平由9.8%降至7.5%。新设一批跨境电商综合试验区。复制推广自贸试验区改革经验。大幅压缩外资准入负面清单，扩大金融、汽车等行业开放，一批重大外资项目落地，新设外资企业增长近70%。

六是统筹城乡区域发展，良性互动格局加快形成。乡村振兴战略有力实施，粮食总产量保持在 1.3 万亿斤以上。新型城镇化扎实推进，近 1400 万农业转移人口在城镇落户。推进西部开发、东北振兴、中部崛起、东部率先发展，出台一批改革创新举措。京津冀协同发展取得明显进展，长江经济带生态优先、绿色发展格局不断巩固。粤港澳大湾区规划建设迈出实质性步伐，港珠澳大桥建成通车。加大对革命老区、民族地区、边疆地区、贫困地区改革发展支持力度。新增高速铁路运营里程 4100 公里，新建改建高速公路 6000 多公里、农村公路 30 多万公里。城乡区域发展协调性持续增强。

七是坚持在发展中保障和改善民生，改革发展成果更多更公平惠及人民群众。针对外部环境变化给就业带来的影响，及时出台稳就业举措。大力推动义务教育教师工资待遇政策落实，加强乡村小规模学校和乡镇寄宿制学校建设，促进高等教育内涵式发展。建立企业职工基本养老保险基金中央调剂制度，提高退休人员基本养老金，城乡居民基础养老金最低标准从每月 70 元提高到 88 元。继续提高优抚、低保等标准，残疾人"两项补贴"惠及所有符合条件人员。加强退役军人服务管理工作，维护退役军人合法权益。深化医疗、医保、医药联动改革。稳步推进分级诊疗。提高居民基本医保补助标准和大病保险报销比例。加快新药审评审批改革，17 种抗癌药大幅降价并纳入国家医保目录。加快推进文化惠民工程，持续加强基层公共文化服务。全民健身蓬勃开展，体育健儿在国际大赛上再创佳绩。

八是推进法治政府建设和治理创新，保持社会和谐稳定。提请全国人大常委会审议法律议案 18 件，制定修订行政法规 37 部。改革调整政府机构设置和职能配置。深入开展国务院大督查，推动改革发展政策和部署落实。发挥审计监督作用。改革完善城乡基层治理。创新信访工作方式。改革和加强应急管理，及时有效应对重大自然灾害，生产安全事故总量和重特大事故数量继续下降。加强食品药品安全监管，严厉查处长春长生公司等问题疫苗案件。健全国家安全体系。强化社会治安综合治理，开展扫黑除恶专项斗争，依法打击各类违法犯罪，平安中国建设取得新进展。

关于 2019 年工作部署，李克强总理指出要注重把握好以下关系。一要统筹好国内与国际的关系，凝心聚力办好自己的事。中国仍处于并将长期处于社会主义初级阶段，仍是世界最大发展中国家。发展是解决中国一切问题的基础和关键，必须牢牢扭住经济建设这个中心，毫不动摇坚持发展是硬道理、发展应该是科学发展和高质量发展的战略思想，不断解放和发展社会生产力。在国际形势复杂多变的背景下，中国要保持战略定力，按确定的目标和部署推进工作，更好利用国际国内两个市场两种资源，敢于应对挑战，善于化危为机，牢牢把握发展主动权。二要平衡好稳增长与防风险的关系，确保经济持续健康发展。长期积累的诸多风险隐患必须加以化解，但要遵循规律，讲究方式方法，按照坚定、可控、有序、适度要求，在发展中逐步化解，坚决避免发生系统性、区域性风险。在当前经济下行压力加大情况下，出台政策和工作举措要有利于稳预期、稳增长、调结构，防控风险要把握好节奏和力度，防止紧缩效应叠加放大，决不能让经济运行滑出合理区间。同时，也不能只顾眼前，采取损害长期发展的短期强刺激政策，产生新的风险隐患。三要处理好政府与市场的关系，依靠改革开放激发市场主体活力。只要市场主体有活力，就能增强内生发展动力、顶住经济下行压力。要大力推进改革开放，加快建立统一开放、竞争有序的现代市场体系，放宽市场准入，加强公正监管，打造法治化、国际化、便利化的营商环境，让各类市场主体更加活跃。从根本上说，市场活力和社会创造力源于亿万人民积极性的发挥。要坚持以人民为中心的发展思想，尽力而为、量力而行，切实保障基本民生，推动解决重点民生问题，促进社会公平正义，让人民过上好日子。中国人民勤劳智慧，具有无限的创新创造潜能，只要充分释放出来，中国的发展就一定会有更为广阔空间。

政府工作报告还作出了详细的工作安排。第一，继续创新和完善宏观调控，确保经济运行在合理区间。坚持以市场化改革的思路和办法破解发展难题，发挥好宏观政策逆周期调节作用，丰富和灵活运用财政、货币、就业政策工具，增强调控前瞻性、针对性和有效性，为经济平稳运行创造条件。

第二，激发市场主体活力，着力优化营商环境。中国有上亿市场主体，而且还在不断增加。把市场主体的活跃度保持住、提上去，是促进经济平稳增长的关键所在。要深化"放管服"改革，降低制度性交易成本，下硬功夫打造好发展软环境。

第三，坚持创新引领发展，培育壮大新动能。发挥中国人力人才资源丰富、国内市场巨大等综合优势，改革创新科技研发和产业化应用机制，大力培育专业精神，促进新旧动能接续转换。

第四，促进形成强大国内市场，持续释放内需潜力。充分发挥消费的基础作用、投资的关键作用，稳定国内有效需求，为经济平稳运行提供有力支撑。

第五，对标全面建成小康社会任务，扎实推进脱贫攻坚和乡村振兴。坚持农业农村优先发展，加强脱贫攻坚与乡村振兴统筹衔接，确保如期实现脱贫攻坚目标、农民生活达到全面小康水平。

第六，促进区域协调发展，提高新型城镇化质量。围绕解决发展不平衡不充分问题，改革完善相关机制和政策，促进基本公共服务均等化，推动区域优势互补、城乡融合发展。

第七，加强污染防治和生态建设，大力推动绿色发展。绿色发展是构建现代化经济体系的必然要求，是解决污染问题的根本之策。要改革完善相关制度，协同推动高质量发展与生态环境保护。

第八，深化重点领域改革，加快完善市场机制。聚焦突出矛盾和关键环节，推动相关改革深化，健全与高质量发展相适应的体制机制，把市场活力和社会创造力充分释放出来。

第九，推动全方位对外开放，培育国际经济合作和竞争新优势。进一步拓展开放领域、优化开放布局，继续推动商品和要素流动型开放，更加注重规则等制度型开放，以高水平开放带动改革全面深化。

第十，加快发展社会事业，更好保障和改善民生。2019年财政收支平衡压力加大，但基本民生投入确保只增不减。支持社会力量增加非基本公共服务供给，满足群众多层次、多样化需求。

这些全方面的详细部署，为2018年工作明确了具体要求，成为中国政府施政的"路线图"。

第九章　党和国家机构改革稳步进行

中共十九大对深化机构和行政体制改革作出明确安排，要求"统筹考虑各类机构设置，科学配置党政部门及内设机构权力、明确职责"①。2018 年 2 月召开的中共十九届三中全会审议通过了《中共中央关于深化党和国家机构改革的决定》（下文简称《决定》）和《深化党和国家机构改革方案》（下文简称《方案》），对统筹推进党政军群机构改革作出了全面安排部署。这是以习近平同志为核心的党中央站在党和国家事业发展全局，适应新时代中国特色社会主义发展要求作出的重大决策部署，有利于提高党的执政能力和领导水平，调动各方面积极性、主动性、创造性，有效治理国家和社会，推动党和国家事业持续发展。

一、党和国家机构改革的背景和启动

社会主义社会是一个变革的社会，生产力发展、经济基础的

① 习近平：《决胜全面建成小康社会　夺取新时代中国特色社会主义伟大胜利——在中国共产党第十九次全国代表大会上的报告（2017 年 10 月 18 日）》，人民出版社 2017 年版，第 39 页。

变化需要不断完善生产关系和优化上层建筑。同时，推动中国从大国走向强国，就必须完善和发展中国特色社会主义制度，推进国家治理体系和治理能力现代化。党和国家机构改革就是在这种背景下展开的。

（一）进行党和国家机构改革的背景

党和国家机构职能体系是中国特色社会主义制度的重要组成部分，是共产党治国理政的重要保障。深化党和国家机构改革是推进国家治理体系和治理能力现代化的一场深刻变革。1981 年以来，党中央部门于 1982 年、1988 年、1993 年、1999 年集中进行了四次改革，国务院机构于 1982 年、1988 年、1993 年、1998 年、2003 年、2008 年、2013 年集中进行了七次改革，实现了从计划经济条件下的机构职能体系向社会主义市场经济条件下的机构职能体系的重大转变，逐步建立起具有中国特点的党和国家机构职能体系，为坚持和发展中国特色社会主义提供了重要体制机制保障。中共十九大后推动实施的党和国家机构改革，涉及的中央和国家机关部门、直属单位超过 80 个。改革调整幅度之大，触及利益之深，为改革开放以来之最。

中共十八大以来，党致力于深化党和国家机构改革，在一些重要领域和关键环节取得重大进展，为党和国家事业取得历史性成就、发生历史性变革提供了有力保障。中国特色社会主义进入新时代，党和国家机构设置和职能配置面临着新课题。面对新时代新任务提出的新要求，党和国家机构设置和职能配置同统筹推进"五位一体"总体布局、协调推进"四个全面"战略布局的要求还不完全适应，同实现国家治理体系和治理能力现代化的要求还不完全适应。比如：一些领域党的机构设置和职能配置还不够健全有力，保障党的全面领导、推进全面从严治党的体制机制有待完善；一些政府机构设置和职责划分不够科学，职责缺位和效能不高问题凸显，政府职能转变还不到位；一些领域权力运行制约和监督机制不够完善，滥用职权、以权谋私等问题仍然存在；等等。

习近平指出，"党政机构属于上层建筑，必须适应经济基础的要求。经济不断发展，社会不断进步，人民生活不断改善，上层建筑就要适应新的要求不断进行改革"①。2013 年 11 月，党的十八届三中全会通过的《中共中央关于全面深化改革若干重大问题的决定》提出，统筹党政群机构改革，理顺部门职责关系。

（二）党和国家机构改革的启动

随着全面深化改革不断推进，深化机构改革提上议事日程。2015 年，习近平要求中央全面深化改革领导小组对深化机构改革进行调研。此后，他多次主持会议研究这一课题。2017 年 7 月，习近平就深化机构改革作出批示，要求"坚持问题导向，把各地区各部门各方面对机构改革的意见摸清楚，把机构设置存在的问题弄清楚"②。

随后，中央改革办和中央编办组成 10 个调研组，分赴 31 个省区市、71 个中央和国家机关部门。短短一个月，当面听取了 139 位省部级主要负责同志的意见和建议。调查组还向 657 个市县的 1197 位党委和政府主要负责同志个人发放了问卷，收集了

① 《又踏层峰望眼开——〈中共中央关于深化党和国家机构改革的决定〉和〈深化党和国家机构改革方案〉诞生记》，《人民日报》2018 年 3 月 23 日。

② 《又踏层峰望眼开——〈中共中央关于深化党和国家机构改革的决定〉和〈深化党和国家机构改革方案〉诞生记》，《人民日报》2018 年 3 月 23 日。

31 个省份的深化地方机构改革调研报告。调研抓准了问题、凝聚了共识，充分表明了改革的必要性和紧迫性。

2017 年 12 月 11 日，习近平主持召开中共十九届三中全会文件起草小组第一次全体会议，宣布中央政治局常委会会议、中央政治局会议的决定：十九届三中全会专题研究深化机构改革问题。党中央决定成立十九届三中全会文件起草组，由习近平总书记担任组长，相关文件起草工作正式启动。本着对历史负责、对人民负责的态度，相关文件几经修改、一再完善，起草组的同志们字字斟酌、精益求精。仅《决定》就经历了框架稿、送审稿、征求意见稿、修改稿、讨论稿、再次修改稿等多个版本，几上几下、数易其稿的艰辛过程。2018 年 2 月 1 日，中办发出通知，就《决定》稿征求各地各部门意见。2 月 6 日，习近平主持召开座谈会，听取各民主党派、全国工商联和无党派人士的意见。各地各部门和党外人士提出的 550 条意见，文件起草组力求能吸收的尽量吸收，最终对《决定》稿修改 171 处。

在长期的研究和深邃的思考过程中，习近平提出了一系列关于深化党和国家机构改革的重要思想：必须从体制机制上对全面加强党的领导作出制度安排；必须践行以人民为中心的发展思想；必须进一步理清党政关系；必须坚持社会主义市场经济改革方向，使市场在资源配置中起决定性作用，更好发挥政府作用；必须充分发挥中央和地方两个积极性；必须构建适应实现国家治理体系和治理能力现代化的党和国家机构职能体系；必须坚持优化协同高效的机构改革原则；必须坚持以法治方式推进改革；必须统筹党政军群机构改革；必须处理好统和分、局部和全局、当前和长远、大和小的关系。这 10 条关于深化党和国家机构改革的重要思想，是对党和国家机构改革论证设计的指导思想，更是落实机构改革方案的根本遵循。

二、党和国家机构改革的指导思想、目标、原则

2018 年 2 月 26 日至 28 日，中共十九届三中全会审议通过了《决定》和《方案》，同意把《方案》的部分内容按照法定程序提交十三届全国人大一次会议审议。改革开放以来，中共召开的历届三中全会聚焦改革形成惯例。与以往主要围绕经济体制改革不同，十九届三中全会聚焦深化机构改革。这次全会审议通过的《决定》管大方向，《方案》管具体施工。

（一）明确党和国家机构改革的指导思想和目标

中共十九届三中全会对深化党和国家机构改革作出了四方面的部署，即完善坚持党的全面领导的制度；优化政府机构设置和职能配置；统筹党政军群机构改革；合理设置地方机构。深化党和国家机构改革，首要任务就是加强党对各领域各方面工作领导，通过优化党的组织机构，从机构职能上解决党对一切工作领导的体制机制问题，解决党长期执政条件下国家治理体系中党政军群机构职能关系问题，为有效发挥党的领导这一最大制度优势提供完善有力的体制机制保障、坚实的组织基础和有效的工作体系，确保党的领导更加坚强有力。转变政府职能是深化党和国家机构改革的重要任务，必须坚决破除制约使市场在资源配置中起决定性作用、更好发挥政府作用的体制机制弊端。而要加强党的集中统一领导、实现机构职能优化协同高效，必然要求统筹党政军群机构改革，理顺中央和地方职责关系，更好发挥各方面积极性。

《决定》明确这次改革的指导思想是，全面贯彻党的十九大精神，坚持以马克思列宁主义、毛泽东思想、邓小平理论、"三

个代表"重要思想、科学发展观、习近平新时代中国特色社会主义思想为指导，适应新时代中国特色社会主义发展要求，坚持稳中求进工作总基调，坚持正确改革方向，坚持以人民为中心，坚持全面依法治国，以加强党的全面领导为统领，以国家治理体系和治理能力现代化为导向，以推进党和国家机构职能优化协同高效为着力点，改革机构设置，优化职能配置，深化转职能、转方式、转作风，提高效率效能，为决胜全面建成小康社会、开启全面建设社会主义现代化国家新征程、实现中华民族伟大复兴的中国梦提供有力制度保障。

《决定》提出改革的目标是：构建系统完备、科学规范、运行高效的党和国家机构职能体系，形成总揽全局、协调各方的党的领导体系，职责明确、依法行政的政府治理体系，中国特色、世界一流的武装力量体系，联系广泛、服务群众的群团工作体系，推动人大、政府、政协、监察机关、审判机关、检察机关、人民团体、企事业单位、社会组织等在党的统一领导下协调行动、增强合力，全面提高国家治理能力和治理水平。

这一目标，布局合理，着眼长远。贯彻落实好就能够推动党和国家机构更加充满活力，更能提高效率。

（二）党和国家机构改革必须遵循的原则

中共十九届三中全会通过的《决定》明确改革必须遵循四条原则。一是坚持党的全面领导。党的全面领导是深化党和国家机构改革的根本保证。改革强化党的组织在同级组织中的领导地位，更好发挥党的职能部门作用，统筹设置党政机构，推进党的纪律检查体制和国家监察体制改革；优化党的组织、宣传、统战、政法、机关党建、教育培训等部门职责配置，加强归口协调职能，统筹本系统本领域工作；理顺党政机构关系，强化统筹协调，增强党的领导力，提高政府的执行力，打破所谓的党政界限，建立健全党中央对重大工作的决策协调机制。打破了以往机构改革大多局限于政府机构改革的做法，既横向统筹党政军群，又纵向统筹中央地方，充分发挥党总揽全局、协调各方的优势，并使其进一步制度化。

二是坚持以人民为中心。全心全意为人民服务是党的根本宗旨。贯彻以人民为中心的发展思想，改革为了人民也来自人民，文件起草过程中积极回应人民期待、广泛征求各方意见、借鉴吸纳基层有益探索。进入新时代，中国社会主要矛盾已经转化为人民日益增长的美好生活需要和不平衡不充分的发展之间的矛盾。机构职能体系必须适应人民新需求。《决定》和《方案》把实现好、维护好、发展好最广大人民根本利益，充分体现在机构设置和职能配置中。着眼于解决人民群众最盼最急最忧的突出问题，着力维护人民群众在经济、政治、文化、社会、生态等各方面的权益。

三是坚持优化协同高效。以往的机构改革强调"精简"，这次改革突出强调"优化协同高效"，确保一类事项原则上由一个部门统筹、一件事情原则上由一个部门负责。调动中央和地方两个积极性，一直以来是改革的重点。《决定》提出，确保集中统一领导；赋予省级及以下机构更多自主权；构建简约高效的基层管理体制；规范垂直管理体制和地方分级管理体制。改革使政府与市场定位更加清晰、协调，一方面通过改革让各类市场主体有更多活力和更大空间去发展经济、创造财富，实现资源配置效益最大化和效率最优化；另一方面发挥党和政府的积极作用，管好那些市场管不了或者管不好的事情。

四是坚持全面依法治国。依法治国是党领导人民治理国家的基本方式。实施机构改革方案需要制定或修改法律的，及时启动相关程序；依法依规完善党和国家机构职能，依法履行职责，依法管理机构和编制，确保改革在法治轨道上运行。坚持改革和法治相统一、相促进，既发挥法治规范和保障改革的作用，在法治下推进改革，做到重大改革于法有据，又通过改革加强法治工作，做到在改革中完善和强化法治。

三、党和国家机构改革的顶层设计与具体实施

中共十九届三中全会通过的《方案》就统筹推进党政军群机构改革作出了全面安排部署，是一个很好的顶层设计。按照这一顶层设计，党和国家机构改构顺利推进。

（一）精心设计党和国家机构改革

1. 党中央机构改革

中共中央机构改革主要是着眼于健全加强党的全面领导的制度，优化党的组织机构，建立健全党对重大工作的领导体制机制，更好发挥党的职能部门作用。包括：组建国家监察委员会，不再保留监察部、国家预防腐败局；组建中央全面依法治国委员会；组建中央审计委员会；中央全面深化改革领导小组、中央网络安全和信息化领导小组、中央财经领导小组、中央外事工作领导小组改为委员会；组建中央教育工作领导小组；组建中央和国家机关工作委员会，不再保留中央直属机关工作委员会、中央国家机关工作委员会；组建新的中央党校（国家行政学院）；组建中央党史和文献研究院，不再保留中央党史研究室、中央文献研究室、中央编译局；中央组织部统一管理中央机构编制委员会办公室；中央组织部统一管理公务员工作，不再保留单设的国家公务员局；中央宣传部统一管理新闻出版工作；中央宣传部统一管理电影工作；中央统战部统一领导国家民族事务委员会；中央统战部统一管理宗教工作，不再保留单设的国家宗教事务局；中央

统战部统一管理侨务工作，不再保留单设的国务院侨务办公室；优化中央网络安全和信息化委员会办公室职责；不再设立中央维护海洋权益工作领导小组；不再设立中央社会治安综合治理委员会及其办公室；不再设立中央维护稳定工作领导小组及其办公室；将中央防范和处理邪教问题领导小组及其办公室职责划归中央政法委员会、公安部。

2. 全国人大机构改革

这次全国人大机构改革适应了新时代中国社会主要矛盾的变化，完善了全国人大专门委员会设置。

整合全国人大内务司法委员会、财政经济委员会、教育科学文化卫生委员会的相关职责，组建全国人大社会建设委员会，作为全国人大专门委员会；全国人大内务司法委员会更名为全国人大监察和司法委员会；全国人大法律委员会更名为全国人大宪法和法律委员会。组建全国人大社会建设委员会，更能集中高效研究社会领域立法，更有利于推动社会建设，可谓意义重大。

3. 国务院机构改革

新一轮国务院机构改革着眼于转变政府职能，坚决破除制约使市场在资源配置中起决定性作用、更好发挥政府作用的体制机制弊端，着力推进重点领域、关键环节的机构职能优化和调整。

组建自然资源部，不再保留国土资源部、国家海洋局、国家测绘地理信息局；组建生态环境部，不再保留环境保护部；组建农业农村部，不再保留农业部；组建文化和旅游部，不再保留文化部、国家旅游局；组建国家卫生健康委员会，不再保留国家卫生和计划生育委员会，不再设立国务院深化医药卫生体制改革领导小组办公室；组建退役军人事务部；组建应急管理部，不再保留国家安全生产监督管理总局；重新组建科学技术部，不再保留单设的国家外国专家局；重新组建司法部，不再保留国务院法制办公室；优化审计署职责，不再设立国有重点大型企业监事会；组建国家市场监督管理总局，不再保留国家工商行政管理总局、国家质量监督检验检疫总局、国家食品药品监督管理总局；组建国家广播电视总局，不再保留国家新闻出版广电总局；组建中央广播电视总台；组建中国银行保险监督管理委员会，不再保留中国银行业监督管理委员会、中国保险监督管理委员会；组建国家国际发展合作署；组建国家医疗保障局；组建国家粮食和物资储备局，不再保留国家粮食局；组建国家移民管理局；组建国家林业和草原局，不再保留国家林业局；重新组建国家知识产权局；国务院三峡工程建设委员会及其办公室、国务院南水北调工程建设委员会及其办公室并入水利部，不再保留国务院三峡工程建设委员会及其办公室、国务院南水北调工程建设委员会及其办公室；调整全国社会保障基金理事会隶属关系；改革国税地税征管体制。

4. 全国政协机构改革

全国政协机构改革着眼于加强人民政协民主监督，增强人民政协界别的代表性，加强委员队伍建设，优化政协专门委员会设置。

组建全国政协农业和农村委员会，将全国政协经济委员会联系农业界和研究"三农"问题等职责调整到全国政协农业和农村委员会；全国政协文史和学习委员会更名为全国政协文化文史和学习委员会，将全国政协教科文卫体委员会承担的联系文化艺术界等相关工作调整到全国政协文化文史和学习委员会；全国政协教科文卫体委员会更名为全国政协教科卫体委员会。

5. 行政执法体制改革

根据不同层级政府的事权和职能，按照减少层次、整合队伍、提高效率的原则，大幅减少执法队伍种类，合理配置执法力量。

整合组建市场监管综合执法队伍；整合组建生态环境保护综合执法队伍；整合组建文化市场综合执法队伍；整合组建交通运输综合执法队伍；整合组建农业综合执法队伍。

6. 跨军地改革

着眼全面落实党对人民解放军和其他武装力量的绝对领导，贯彻落实党中央关于调整武警部队领导指挥体制的决定，按照军是军、警是警、民是民原则，推动展开改革。

将武警部队序列、国务院部门领导管理的现役力量全部退出武警，将国家海洋局领导管理的海警队伍转隶武警部队，将武警部队担负民事属性任务的黄金、森林、水电部队整体移交国家相关职能部门并改编为非现役专业队伍，同时撤收武警部队海关执勤兵力，彻底理顺武警部队领导管理和指挥使用关系。具体来说包括：公安边防部队不再列武警部队序列，全部退出现役；公安消防部队不再列武警部队序列，全部退出现役；公安警卫部队不再列武警部队序列，全部退出现役；海警队伍转隶武警部队；武警部队不再领导管理武警黄金、森林、水电部队，按照先移交、后整编的方式，将武警黄金、森林、水电部队整体移交国家有关职能部门，官兵集体转业改编为非现役专业队伍；武警部队不再承担海关执勤任务，参与海关执勤的兵力一次性整体撤收，归建武警部队。

7. 群团组织改革

群团认真落实党中央有关改革的决策部署，着力健全党委统一领导群团工作的制度，紧紧围绕保持和增强政治性、先进性、群众性这条主线，着力解决"机关化、行政化、贵族化、娱乐化"等问题，把群团组织建设得更加充满活力、更加坚强有力。

改革具体思路是：聚焦突出问题，改革机关设置、优化管理模式、创新运行机制，坚持眼睛向下、面向基层，将力量配备、服务资源向基层倾斜，更好适应基层和群众需要。促进党政机构同群团组织功能有机衔接，支持和鼓励群团组织承接适合由群团组织承担的公共服务职能，增强群团组织团结教育、维护权益、服务群众功能，充分发挥党和政府联系人民群众的桥梁纽带作用。

8. 地方机构改革

着力完善维护党中央权威和集中统一领导的体制机制，省市县各级涉及党中央集中统一领导和国家法制统一、政令统一、市场统一的机构职能要基本对应。

赋予省级及以下机构更多自主权，突出不同层级职责特点，允许地方根据本地区经济社会发展实际，在规定限额内因地制宜设置机构和配置职能。统筹设置党政群机构，在省市县对职能相近的党政机关探索合并设立或合署办公，市县要加大党政机关合并设立或合署办公力度。借鉴经济发达镇行政管理体制改革试点经验，适应街道、乡镇工作特点和便民服务需要，构建简约高效的基层管理体制。

党和国家机构改革的路线图已十分明确，不仅如此，《方案》还明确了改革的时间表：中央和国家机关机构改革在 2018 年年底前落实到位。省级党政机构改革方案在 2018 年 9 月底前报党中央审批，在 2018 年年底前机构调整基本到位。省以下党政机构改革，由省级党委统一领导，在 2018 年年底前报党中央备案。所有地方机构改革任务在 2019 年 3 月底前基本完成。

（二）党和国家机构改革的坚决实施

在习近平亲自领导指挥下，党和国家机构改革顺利推进。为确保机构改革在党中央的直接领导下有序推进，中央成立了深化党和国家机构改革协调小组，负责指导协调督促中央一级新机构的组建工作、审批部门"三定"规定和省级机构改革方案、统筹协调和研究解决改革实施工作中的重大问题。在协调小组领导下，对应成立了 9 个专项协调小组，分别牵头统筹归口领域改革工作，协调处理有关问题，及时向协调小组报告进展情况和重大问题。具体改革任务，则分配到相关部门，以部门为主体统筹进行，推进落实具体工作。中央层面建立起了一套条理清晰、逻辑严密的机构改革领导体制和工作机制，保证了改革思想一致、认识一致、步调一致。2018 年 3 月 24 日，深化党和国家机构改革推进会在北京召开。会议明确要求，各专项小组、各部门要尽快制订机构改革组织实施工作方案，包括转隶、集中办公、挂牌、拟订"三定"、文件收发、印章启用、经费和资产处置、档案移交等各个环节的具体安排，以此为各自机构改革组织实施的具体施工图和时间表。

2018 年 4 月 10 日，自然资源部正式挂牌。当天，自然资源部发布第 1 号公告，通报关于 2017 年国家土地督察工作的情况。作为一个整合了 8 个部门和单位相关职能的新部委，自然资源部的组建是中共中央为落实"绿水青山就是金山银山"的理念，解决自然资源所有者不到位、空间性规划重叠、部门职责交叉重复等问题作出的重大决策部署。应急管理部整合了 13 个部门和单位相关职能，被称为此次调整中的"超级大部"。3 月 22 日，应急管理部在北京召开机关干部大会，搭建了领导班子，全面启动组建工作。尽管人员没有到位、办公地点尚待确定，但在 4 月 16 日正式挂牌前，应急管理部就进入了"应急"状态，建立起了由部领导轮流在岗带班的 24 小时值班值守工作机制，一旦遇突发重特大安全事故或自然灾害，能第一时间做出响应。"白手起家、平地起楼"的退役军人事务部，克服重重困难，在短短 20 多天的时间内，完成了办公地点落实、人员转隶、后勤保障、初步运转等任务，实现了人员集中办公、业务有序开展。在不到 3 个月时间里，深化党和国家机构改革方案确定的 32 个新组建或重新组建部门和 9 个职能划转较多的部门，均制订了组织实施工作方案并报批；应集中办公的 32 个新组建或重新组建部门中，有 31 个实行了集中办公；应挂牌的 25 个新组建或重新组建部门中，全部完成挂牌；一系列与改革相关的举措紧锣密鼓、广泛落地，第一阶段工作目标基本完成。

与此同时，省级机构改革也在稳步推进。截至 2018 年 11 月，随着上海等地公布省级机构改革方案获批消息，全国 31 个省区市的省级机构改革方案已全部获得党中央、国务院批准。从公开的方案看，改革后的党政机构数量，北京为 65 个，重庆、天津为 64 个，上海为 63 个，广西为 58 个，海南和宁夏为 55 个，其他省、自治区、直辖市大多不超过 60 个。纵览各地机构改革方案，既与中央保持总体步调一致，又有因地制宜的"自选动作"。在机构设置上，凡涉及党中央集中统一领导和国家法制统一、政令统一、市场统一的机构职能，地方方案与中央基本对应。除了"规定动作"，不少省份还设置了各具特色的新机构。

有的省份在中央政策框架内，结合具体情况设置机构、配置职能。比如，山东为打造海洋高质量发展战略要地，组建省委海洋发展委员会和省海洋局；海南为适应国际旅游消费中心的建设要求，组建省旅游和文化广电体育厅。有的省、自治区在机构设置方面体现了区域经济发展的导向。比如，广西组建自治区北部湾经济区规划建设管理办公室；广东组建省推进粤港澳大湾区建设领导小组；海南省委全面深化改革委员会加挂省委自由贸易试验区（自由贸易港）工作委员会牌子。在"互联网+政务"加速推进的背景下，多个省市设置了大数据管理机构。比如，贵州组建省大数据发展管理局，山东组建省大数据局，安徽组建省数据资源管理局，北京、广西、重庆、浙江、河南、福建也设置了相应机构。广东和吉林两省将"政务服务"写入机构名称，分别组建了省政务服务数据管理局和省政务服务和数字化建设管理局。浙江、湖北、重庆等多地为加大金融监管的力度，组建了省级地方金融监督管理局。省级机构改革方案获批后，各地统筹推进全省（区、市）机构改革和其他各项工作。

党和国家机构改革坚持问题导向，突出重点领域，瞄准不适应新时代中国特色社会主义发展要求的领域、环节和方面，既立足实现第一个百年奋斗目标，针对突出矛盾，从党和国家机构职能上为决胜全面建成小康社会提供保障，又着眼于实现第二个百年奋斗目标，注重解决事关长远的体制机制问题，打基础、立支柱、定架构，为形成更加完善的中国特色社会主义制度创造有利条件。按照中央部署，从上到下统一思想，统一行动，锐意改革，深化党和国家机构改革的各项任务基本完成，系统完备、科学规范、运行高效的党和国家机构职能体系得以构建。

（三）地方改革新政

随着党和国家机构改革的深化，地方改革出现很多新气象，比如浙江的"最多跑一次"等，就是改革的产物，体现了机构改革后爆发出的活力。

2016 年底，"最多跑一次"改革在浙江首次被提出。这项"刀刃向内"、面向政府自身的自我革命，已然显现出成效。对全国而言，浙江作为"最多跑一次"的改革样本，铺开改革仍是"进行时"。"最多跑一次"改革是浙江在深入学习贯彻习近平关于全面深化改革重要论述基础上，对照"八八战略"中"进一步发挥浙江的体制机制优势"的要求，创造性提出的一项关乎全局的改革举措。"最多跑一次"改革是通过"一窗受理、集成服务、一次办结"的服务模式创新，让企业和群众到政府办事实现"最多跑一次"的行政目标。"这一改革对准发展所需、基层所盼、民心所向，是浙江落实中央全面深化改革部署的重要创新实践，也是浙江将改革向纵深推进的一块金字招牌。'最多跑一次'改革的成功实践，有力推动了实践基础上的理论创新。"①

"最多跑一次"改革涉及政府治理、公共管理、地方政府创新等各领域工作，应群众需求而生、为解决问题而变，既植根于浙江行政审批制度改革形成的体制机制优势，又在价值取向、流程优化、信息共享、力量整合等方面有了新的超越，是浙江省委、省政府向全省人民作出的承诺，体现的是以人为本，蕴含的是观念革新，推动的是转型发展，是一场从理念、制度到作风的全方位深层次变革。"最多跑一次"改革既创造着丰富的实践经验，需要认真总结提炼，也面临着许多现实课题，呼唤着理论的研究解答。比如，如何破解难点堵点、如何理顺体制机制、如何协同推进改革以及如何科学界定各部门的权力、如何创新工作流程、如何真正打破"信息孤岛"等问题，集中进行研究突破。为从立法方面保障这一创新举措，浙江2019年开始施行《浙江省保障"最多跑一次"改革规定》，如此，更有利于创新举措落地。

北京的改革也呈现出新气象。北京市"街乡吹哨、部门报到"改革的全面推行，让"看得见的管不了，管得了的看不见"的局面一去不复返。每当居民们生活中遇到难题，街道党委就会"吹哨"召集各相关部门来到"老街坊"议事厅，一起探讨解决问题的方案。此前，已经成功解决了地下管廊修建、违建拆除、流动商贩等一系列难题。以前一拖数年的城市治理顽疾，正在逐一得到破解，深感受益的市民纷纷表示："坚强有力的基层党组织，让我们的生活大变样。"②

---

① 沈轩：《"最多跑一次"改革的实践创新和理论价值》，《浙江日报》2018年3月12日。

② 《北京市：街乡吹哨　部门报到》，央广网2018年12月11日。

2018 年 2 月北京市印发《关于党建引领街乡管理体制机制创新　实现"街乡吹哨、部门报到"的实施方案》（以下简称《实施方案》），街道乡镇被赋予对相关重大事项提出意见建议权、对辖区需多部门协调解决的综合性事项统筹协调和督办权、对政府职能部门派出机构工作情况考核评价权。不仅如此，区政府职能部门对街道乡镇派出机构领导人员的任免，要事先征求街道乡镇党（工）委的意见，综合执法派驻人员日常管理考核也由街道乡镇党（工）委负责。实行"吹哨报到"后，区委、区政府赋予街道人权、事权、财权以及考核建议权，统筹起下沉到综合执法平台的力量，形成合力，有效解决"一个部门难执法、多个部门难协调"的问题。

平谷区金海湖镇的实践探索是"街乡吹哨、部门报到"的重要源头。对于"赋权"前后截然不同的治理效果，镇党委负责人说，过去也搞联合执法，但由于职责不清，造成联而不合，执法"断链"，常常是"你来他不来，腰来腿不来"。① 实行"吹哨报到"后，区委、区政府赋予乡镇"吹哨"和考核执法部门的权力，乡镇不仅腰杆硬了，也解决了没有执法权和执法力量不足等问题。

赋权的同时，北京市印发的《实施方案》还规定，聚焦街道抓党建、抓治理、抓服务的主责主业，按照职能定位，梳理、汇总形成全市统一的街道党工委和办事处的职责清单，作为街道履职的依据，推动街道工作制度化、规范化。街道在城市基层治理中处于承上启下的枢纽位置，但在实际工作中，由于条块关系不畅、权责不清，基层治理缺位推诿现象时有发生，群众抱怨最多的就是没人管。"赋权明责"消除了条块之间存在的职责交叉、

---

① 《镇书记指挥 16 个区级部门一把手》，《长江日报》2019 年 2 月 14 日。

混淆不清等问题，提高了街道在基层治理中的基础地位和统筹协调职能。

　　浙江、北京等地的这些地方新政，彰显了基层的活力，凸显了服务意识，有力推动了中国政治改革更加贴近群众，更加富有效率。

第十章　经济社会发展稳中有进

中共十九大召开后，面对极其错综复杂的国际国内形势，以习近平同志为核心的党中央团结带领全国各族人民砥砺前行，统筹推进"五位一体"总体布局，协调推进"四个全面"战略布局，改革开放和社会主义现代化建设稳中有进。同时，也要看到经济运行稳中有变、变中有忧，外部环境复杂严峻，经济面临下行压力。中国发展仍处于并将长期处于重要战略机遇期。世界面临百年未有之大变局，变局中危和机同生并存。2018 年 12 月召开的中央经济工作会议认为，在以习近平同志为核心的党中央坚强领导下，全党全国落实中共十九大作出的战略部署，坚持稳中求进工作总基调，按照高质量发展要求，有效应对外部环境深刻变化，迎难而上、扎实工作，宏观调控目标较好完成，三大攻坚战开局良好，供给侧结构性改革深入推进，改革开放力度加大，稳妥应对中美经贸摩擦，人民生活持续改善，保持了经济持续健康发展和社会大局稳定，朝着实现全面建成小康社会的目标迈出了新的步伐。①

---

① 《中央经济工作会议在北京举行》，《人民日报》2018 年 12 月 22 日。

一、较好完成宏观调控目标

2018 年以来，世界经济复苏进程中风险积聚，保护主义、单边主义明显抬头。全球股市、汇市、债市相继出现震荡，一些新兴经济体陷入货币危机。世界银行、国际货币基金组织等机构多次下调 2018 年全球的经济增速预期。加上中美贸易战，中国经济发展的不确定性明显上升，下行压力加大，企业经营困难增多。面对错综复杂的国际环境和艰巨繁重的国内改革发展稳定任务，在以习近平同志为核心的党中央坚强领导下，各地各部门增强忧患意识，坚定发展信心，抓住机遇，把握主动，努力办好自己的事，保持了经济持续健康发展和社会大局稳定。2018 年 12 月 13 日召开的中共中央政治局会议给出的 2018 年工作的判断是"各项宏观调控目标可以较好完成"。

（一）坚持稳中求进工作总基调

中共十九大后，中央协同出台稳就业、稳金融、稳外贸、稳外资、稳投资、稳预期的政策措施，最优政策组合迎来最大整体效果。中国就业再创佳绩。2018 年 11 月，全国城镇调查失业率仅 4.8%，不仅优于年度工作目标，更低于国际劳工组织预测的全球失业率 0.7 个百分点。前 11 月，全国城镇新增就业人数 1293 万人，有望连续第六年为超过 1300 万人口提供就业岗位。物价保持平稳。前 11 月，全国居民消费价格同比上涨 2.1%，在保持中高速增长的同时，中国物价水平与美欧日等发达经济体较为接近，明显低于主要新兴经济体。经济结构持续优化。前三季度，中国第三产业占 GDP 的比重达 53.1%，对经济增长贡献率高达 60.8%；最终消费支出对经济增长贡献率为 78%，比资本形成总额的贡献率高出 46.2 个百分点。质量效益不断提升。前三季度，全国单位 GDP 能耗同比下降 3.1%，能耗总量同比增长约 3.4%；企业效益持续改善，财政收入稳健增长，城乡居民人均可支配收入实际增速继续跑赢人均 GDP 增速。[①]

（二）经济迈向高质量发展

中共十九大以来，中国致力推动发展由高速增长阶段转向高质量发展阶段。中国经济告别"铺摊子"，专注"上台阶"，质量变革、效率变革、动力变革三轮驱动，推动产业结构转型升级，推动实体经济趋向做实做强做优。这一轮质量变革深入人心，核心技术屡获突破，中国制造弥补"缺芯少魂"，正在发生"脱胎换骨"的可喜变化。在湖南长沙，小到义齿、航空叶轮，大到方程式赛车，华曙高科凭借 3D 打印技术信手拈来。在广东深圳，由深圳国民技术公司研发的银行卡安全芯片，使国内同类芯片价格从 4 美元降至 4 元人民币以下。效率变革迎难而上。全要素生产率得到提高。破除垄断降低成本，简政放权提高效率。高质量发展离不开人才支撑。不少城市出现抢人大战，竞相引进高端人才。中国政府号召崇尚创新，鼓励创业，新动能对经济增长的贡献超过 30%。

（三）深化供给侧结构性改革

当前中国经济运行的主要矛盾仍然是供给侧结构性的，供给体系不适应需求结构变化，经济难以实现良性循环。供给侧结构性改革是改善供给结构、提高经济发展质量和效益的治本之策。推进经济发展，必须坚持以供给侧结构性改革为主线不动摇。

---

① 《风雨无阻，中国经济稳中有进——迈向高质量发展这一年（一）》，《人民日报》2018 年 12 月 18 日。

2018 年，中国推动深化供给侧结构性改革更多运用了市场化、法治化手段，明确"巩固、增强、提升、畅通"这八字方针，为当前和今后一个时期深化供给侧结构性改革、推动经济高质量发展指明了方向、提供了遵循。继续巩固"三去一降一补"成果，加大破、立、降力度，继续处置"僵尸企业"，推动更多产能过剩行业加快出清，降低全社会各类营商成本，有效减轻企业负担，加大基础设施等领域补短板力度。增强微观主体活力，发挥企业和企业家主观能动性，加快土地等要素市场化步伐，建立公平开放透明的市场规则和法治化营商环境，破除各类要素流动壁垒，促进正向激励和优胜劣汰，发展更多优质企业。提升产业链水平，注重利用技术创新和规模效应形成新的竞争优势，加快解决关键核心技术"卡脖子"问题，强化工业基础能力建设，培育和发展新的产业集群，保持好全球最完整的产业体系，提升中国在全球供应链、产业链、价值链中的地位。畅通经济循环，加快建设统一开放、竞争有序的现代市场体系，畅通生产、流通、分配、消费循环，提高金融体系服务实体经济能力，形成国内市场和生产主体、经济增长和就业扩大、金融和实体经济良性循环。

中央强力表态支持民营企业发展。在 2018 年 11 月 1 日召开的民营企业座谈会上，习近平发表重要讲话，高度评价改革开放40 年来民营经济为中国发展做出的重大贡献，充分肯定民营经济的重要地位和作用，深入分析当前民营经济发展遇到的困难和问题，明确提出了大力支持民营企业发展壮大六个方面的政策举措，为保持民营经济发展良好势头注入了强大动力，为民营经济走向更加广阔的舞台注入了坚定信心。①

---

① 《习近平主持召开民营企业座谈会强调　毫不动摇鼓励支持引导非公有制经济发展　支持民营企业发展并走向更加广阔舞台》，《人民日报》2018 年 11 月 2 日。

2018 年底的中央经济工作会议指出，2019 年宏观政策要强化逆周期调节，努力稳定总需求。继续实施积极的财政政策和稳健的货币政策，积极的财政政策要加力提效，实施更大规模的减税降费；稳健的货币政策要松紧适度，保持流动性合理充裕。中国市场规模已位居世界前列，今后潜力更大。要加快消费结构升级，发挥投资关键作用，扩大外贸进出口，保持合理的经济增长，为深化供给侧结构性改革、推动高质量发展提供必要的宏观环境。

中国实施供给侧结构性改革的重要目的是让要素流通更畅、企业负担更轻。用市场化法治化手段挑出"好苹果"，剔除"烂苹果"，供给侧结构性改革敢出招、出实招。2018 年以来，市场化债转股签约总金额达 2437 亿元，到位金额 1572 亿元，助推具有发展前景的高负债优质企业降杠杆。同时，加快出清"僵尸企业"，仅上半年，中国企业的破产立案和审结数量就分别达到 6392 件和 3311 件，为新动能孕育腾出了成长空间。近年加大力度的"放管服"改革让营商环境更好、创业心气更足。世界银行 10 月 31 日发布的报告显示，中国营商环境排名从 2017 年的第 78 位升至 2018 年的第 46 位，大幅提升 32 个位次。中国为中小企业改善营商环境实施的改革数量创纪录，位列 2018 年营商环境改善全球排名前十。改革数量居东亚太平洋地区之首，在全球经济改革数量中排名第二，得分和排名都大幅前移。全面扩大开放的举措让更多投资者分享中国的发展红利。2018 年以来，发布新版外商投资负面清单，大幅放开 22 个领域的外商投资市场准入，加强知识产权保护等，扩大开放的重磅举措接连出台。前 11 个月，全国新设立外商投资企业 54703 家，同比增长 77.5%。作为迄今世界上第一个以进口为主题的国家级展会，首届中国国际进口博览会吸引了逾 40 万境内外采购商，累计成交额逾 578 亿美元。① 一系列大举措，进一步向世界展示了中国主动开放市场、扩大对外开放、与各国人民共创美好生活的积极姿态。

（四）积极稳妥处理中美经贸摩擦

中美两国建交以来，双边经贸关系持续发展，利益交汇点不断增多，形成了紧密合作关系，不仅使两国共同获益，而且惠及全球。特别是进入 21 世纪以来，在经济全球化快速发展过程中，中美两国遵循双边协定和世界贸易组织等多边规则，拓展深化经贸合作，基于比较优势和市场选择形成了结构高度互补、利益深度交融的互利共赢关系。双方通过优势互补、互通有无，有力促进了各自经济发展和产业结构优化升级，同时提升了全球价值链效率与效益，降低了生产成本，丰富了商品种类，极大促进了两国企业和消费者利益。中美两国经济发展阶段不同，经济制度不同，存在经贸摩擦是正常的，关键是如何增进互信、促进合作、管控分歧。长期以来，两国政府本着平等、理性、相向而行的原则，先后建立了中美商贸联委会、战略经济对话、战略与经济对话、全面经济对话等沟通协调机制，双方为此付出了不懈努力，保障了中美经贸关系在近 40 年时间里克服各种障碍，不断向前发展，成为中美关系的压舱石和推进器。

但 "2017 年新一届美国政府上任以来，在'美国优先'的口号下，抛弃相互尊重、平等协商等国际交往基本准则，实行单边主义、保护主义和经济霸权主义，对许多国家和地区特别是中国作出一系列不实指责，利用不断加征关税等手段进行经济恫吓，试图采取极限施压方法将自身利益诉求强加于中国。面对这

---

① 《风雨无阻，中国经济稳中有进——迈向高质量发展这一年（一）》，《人民日报》2018 年 12 月 18 日。

种局面，中国从维护两国共同利益和世界贸易秩序大局出发，坚持通过对话协商解决争议的基本原则，以最大的耐心和诚意回应美国关切，以求同存异的态度妥善处理分歧，克服各种困难，同美国开展多轮对话磋商，提出务实解决方案，为稳定双边经贸关系作出了艰苦努力"①。

2017 年 8 月，美国贸易代表办公室宣布对中国发起"301 调查"。此举是根据美国《1974 年贸易法》第 301 条。该条款授权美国贸易代表可对他国的"不合理或不公正贸易做法"发起调查，并可在调查结束后建议美国总统实施单边制裁，包括撤销贸易优惠、征收报复性关税等。这一调查由美国自身发起、调查、裁决、执行，具有强烈的单边主义色彩。2018 年 3 月 23 日 0 时 50 分许，美国总统特朗普在白宫正式签署对华贸易备忘录，对从中国进口的 600 亿美元商品加征关税，并限制中国企业对美投资并购。宣布美国对中国航空航天、信息通信技术、机械等产品加收 25% 的关税。4 月 2 日起，中国对原产于美国的 7 类 128 项进口商品中止关税减让义务，在现行适用关税税率基础上加征关税，对水果及制品等 120 项进口商品加征关税税率为 15%，对猪肉及制品等 8 项进口商品加征关税税率为 25%。现行保税、减免税政策不变。4 月 4 日，中国发布对美国的关税反制措施。中国对原产于美国 106 项商品加征关税。4 月 5 日，中国就美国进口钢铁和铝产品 232 措施，启动争端解决程序。4 月 20 日起，进口原产于美国、欧盟和新加坡的卤化丁基橡胶时，各公司倾销幅度（26.0%~66.5%），向中华人民共和国海关提供相应的保证金。8 月 23 日，美方决定对 160 亿美元中国输美产品加征 25% 的关税的同时，中方决定对 160 亿美元自美进口产品加征 25% 的关税，并与美方同步实施。9 月 18 日，国务院关税税则委员会决定对原

---

① 《关于中美经贸摩擦的事实与中方立场》白皮书，2018 年 9 月 24 日。

产于美国的 5207 个税目、约 600 亿美元商品，加征 10% 或 5% 的关税，自 2018 年 9 月 24 日 12 时 01 分起实施。9 月 24 日，国务院新闻办公室发表《关于中美经贸摩擦的事实与中方立场》白皮书。12 月 14 日，国务院关税税则委员会决定从 2019 年 1 月 1 日起，对原产于美国的汽车及零部件暂停加征关税 3 个月，涉及 211 个税目。

美国政府的贸易保护主义行为和贸易霸凌主义行为，破坏了国际经济秩序，伤害了包括中美经贸交往在内的全球经贸关系，冲击了全球价值链和国际分工体系，干扰了市场预期，引发国际金融和大宗商品市场剧烈震荡，成为全球经济复苏的最大不确定因素和风险源。中美货物贸易差额是美国经济结构性问题的必然结果，也是由两国比较优势和国际分工格局决定的。中美双边货物贸易差额长期存在并不断扩大，是多重客观因素共同作用的结果，并不是中国刻意追求的结果。

第一，这是美国国内储蓄不足的必然结果。从国民经济核算角度看，一国经常项目是盈余还是赤字，取决于该国储蓄与投资的关系。美国经济的典型特征是低储蓄、高消费，储蓄长期低于投资，2018 年第一季度，美国净国民储蓄率仅为 1.8%。为了平衡国内经济，美国不得不通过贸易赤字形式大量利用外国储蓄，这是美国贸易逆差形成并长期存在的根本原因。自 1971 年以来，美国总体上处于贸易逆差状态，2017 年与 102 个国家存在贸易逆差。美国贸易逆差是一种内生性、结构性、持续性的经济现象。美国对中国的贸易逆差，只是美国对全球贸易逆差的阶段性、国别性反映。

第二，这是中美产业比较优势互补的客观反映。从双边贸易结构看，中国顺差主要来源于劳动密集型产品和制成品，而在飞机、集成电路、汽车等资本与技术密集型产品和农产品领域都是逆差。2017 年，中国对美农产品贸易逆差为 164 亿美元，占中国农产品贸易逆差总额的 33%；飞机贸易逆差为 127.5 亿美元，占中国飞机贸易逆差总额的 60%；汽车贸易逆差为 117 亿美元。因此，中美货物贸易不平衡是双方发挥各自产业竞争优势的情况下市场自主选择的结果。

第三，这是国际分工和跨国公司生产布局变化的结果。随着全球价值链和国际分工深入发展，跨国公司利用中国生产成本低、配套生产能力强、基础设施条件好等优势，来华投资设厂组装制造产品，销往包括美国在内的全球市场。从贸易主体看，据中国海关统计，2017 年中国对美货物贸易顺差的 59% 来自外商投资企业。随着中国承接国际产业转移和融入亚太生产网络，中国在很大程度上承接了过去日本、韩国等其他东亚经济体对美的贸易顺差。据美国商务部经济分析局统计，日本、韩国等东亚经济体占美国总逆差的比值，由 1990 年的 53.3% 下降为 2017 年的 11%，同期中国对美贸易顺差的占比则由 9.4% 上升为 46.3%。

第四，这是美国对华高技术产品出口管制的结果。美国在高新技术产品贸易方面拥有巨大竞争优势，但美国政府基于冷战思维，长期对华实施严格的出口管制，人为抑制了美国优势产品对华出口潜力，造成美企业丧失大量对华出口机会，加大了中美货物贸易逆差。据美国卡内基国际和平基金会 2017 年 4 月的报告分析，美国若将对华出口管制放松至对巴西的水平，美国对华贸易逆差可缩减 24%；如果放松至对法国的水平，美国对华贸易逆差可缩减 35%。[1] 由此可见，美国高技术产品对华出口的潜力远未充分发挥，美国不是不可以减少对华贸易逆差，只是自己关闭了增加对华出口的大门。

第五，这是美元作为主要国际货币的结果。第二次世界大战

---

[1]　《关于中美经贸摩擦的事实与中方立场》，《人民日报》2018 年 9 月 25 日。

结束后确立了以美元为中心的布雷顿森林体系，一方面，美国利用美元向世界各国征收"铸币税"，美国印制一张百元美钞的成本不过区区几美分，但其他国家为获得这张美钞必须提供价值相当于100美元的实实在在的商品和服务。另一方面，美元作为主要国际货币客观上需要承担为国际贸易提供清偿能力的职能，美国通过逆差不断输出美元。美国贸易逆差背后有其深刻的利益基础和国际货币制度根源。

此外，美国统计方法相对高估了中美货物贸易逆差额。中美双方的统计差异长期存在，且差异较大。2017年，中国统计对美货物贸易顺差为2758亿美元，美国统计对华逆差接近3958亿美元，相差1000亿美元左右。由中美两国商务部相关专家组成的统计工作组，每年就中美贸易统计差异进行一次比较研究。根据该工作组测算，美国官方统计的对华贸易逆差每年都被高估20%左右。根据中国海关和美国商务部普查局的统计，双方统计结果在最近十年来的走势和变动幅度大致相同。引起差异的原因包括进口价格和出口价格之间的差异、转口贸易增值、直接贸易加价、地理辖区、运输时滞等。①

中国和美国的贸易战考验双方智慧。中国在2019年派出了以刘鹤副总理为团长的代表团，赴美进行两轮磋商。4月3日至5日，中共中央政治局委员、国务院副总理、中美全面经济对话中方牵头人刘鹤与美国贸易代表莱特希泽、财政部长姆努钦在华盛顿共同主持第九轮中美经贸高级别磋商。双方讨论了技术转让、知识产权保护、非关税措施、服务业、农业、贸易平衡、实施机制等协议文本，取得新的进展。双方决定就遗留的问题通过各种有效方式进一步磋商。尽管美国方面宣布要对价值达3000

---

① 《关于中美经贸摩擦的事实与中方立场》，《人民日报》2018年9月25日。

亿美元的中国商品征税，中间有所摇摆，但有理由相信，中美贸易摩擦会常态化，却不会走向敌对化。因为，经济全球化是大势所趋，和平与发展是民心所向。把困扰世界的问题、影响本国发展的矛盾简单归咎于经济全球化，搞贸易和投资保护主义，企图让世界经济退回到孤立的旧时代，不符合历史潮流。同时，中美经贸关系事关两国人民福祉，也关乎世界和平、繁荣、稳定。对中美两国来说，合作是唯一正确的选择，共赢才能通向更好的未来。

二、三大攻坚战有力推进

中共十九大着眼于全面建成小康社会宏伟目标的实现，不仅提出要实施一系列重大发展战略，而且明确提出要打好防范化解重大风险、脱贫攻坚、污染防治三大攻坚战。十九大后，攻坚战正式打响，也已经取得明显进展。

（一）防范化解重大风险

打好防范化解重大风险攻坚战，重在金融领域风险防控。2018 年 12 月初，《商业银行理财子公司管理办法》正式落地。工、农、中、建四大国有商业银行，交行、招行等多家股份制商业银行相继宣布设立理财子公司。商业银行设立理财子公司开展资管业务，既给银行理财业务建起风险"隔离墙"，也让理财资金以合法、规范形式进入实体经济和金融市场。与此同时，2018 年以来，完善系统重要性金融机构与金融基础设施监管制度，积极稳妥推动结构性去杠杆，有序整治各类金融乱象，防范化解金融风险取得初步成效。

化解经济运行风险。2018 年 4 月，中央财经委员会第一次会议提出要以结构性去杠杆为基本思路，分部门、分债务类型实现宏观杠杆率稳定和逐步下降。金融管理部门加强协调配合，根据经济金融形势变化和预判，做好前瞻性预调微调。经过各地区各部门共同努力，宏观杠杆率总体稳定、结构优化，经济迈向高质量发展起步良好。企业部门杠杆率下降，住户部门杠杆率上升速率边际放缓，政府部门杠杆率持续回落。10月末，规模以上工业企业资产负债率为56.7%，比上年同期下降0.5个百分点。增强微观主体活力。进一步做好服务实体经济工作，小微企业、"三农"、脱贫攻坚等方面的融资得到重点支持。随着一系列缓解融资难融资贵政策措施出台，越来越多的银行资金流向以制造业为代表的实体经济。据银保监会统计，截至三季度末，金融机构对民营企业的贷款余额已达到30.4万亿元，普惠型小微企业贷款余额超过8.9万亿元，同比增长19.8%，高于各项贷款平均增速超过7个百分点。[①] 监管之手更加有力。防范化解金融风险，关键在于推进更深层次的金融改革，建立长效机制，防患于未然。严格执法强监管。近年来，中国债券市场发展总体平稳规范，但也出现了一些违法违规行为。此前，中国人民银行等部门联合发文，强化监管执法，加强协同配合，建立起统一的债券市场执法机制。深化改革强保障。强化银行业金融机构股权管理，完善公司法人治理结构，加快推进发行制度、并购重组制度改革，深化新三板改革，等等，一连串金融领域改革举措，为防风险提供更加持久稳固的制度保障。

就中国面临的重大风险，2019年1月21日，习近平在省部级主要领导干部坚持底线思维着力防范化解重大风险专题研讨班开班式上强调，要深刻认识和准确把握外部环境的深刻变化和中

---

① 《三大攻坚战，开局良好亮点多——迈向高质量发展这一年（二）》，《人民日报》2018年12月19日。

国改革发展稳定面临的新情况新问题新挑战，坚持底线思维，增强忧患意识，提高防控能力，着力防范化解重大风险，保持经济持续健康发展和社会大局稳定。①

（二）脱贫攻坚

完成脱贫攻坚，是全面建成小康社会的关键性指标。中共十九大把脱贫攻坚战作为决胜全面建成小康社会必须打赢的三大攻坚战之一，作出全面部署。2017年到2020年，有3000万左右农村贫困人口需要脱贫，难度很大。中共中央强调，必须清醒认识打赢脱贫攻坚战面临的困难和挑战，增强责任感和紧迫感，再接再厉、精准施策，以更有力的行动、更扎实的工作，集中力量攻克贫困的难中之难、坚中之坚，确保坚决打赢脱贫这场对如期全面建成小康社会、实现第一个百年奋斗目标具有决定性意义的攻坚战。

1. 精心部署

2018年5月31日，习近平主持召开中央政治局会议，审议《关于打赢脱贫攻坚战三年行动的指导意见》，为推动脱贫攻坚工作更加有效开展进一步完善顶层设计、强化政策措施、加强统筹协调。指导意见提出：实施好打赢脱贫攻坚三年行动，一是进一步完善顶层设计。特别是强调各项政策聚焦深度贫困地区和特殊贫困群体，改善贫困地区的发展条件、解决深度贫困地区群众的特殊困难。二是进一步强化政策措施。从加大产业扶贫力度、全力推进就业扶贫、深入推动易地扶贫搬迁、加强生态扶贫、着力

---

① 《习近平在省部级主要领导干部坚持底线思维着力防范化解重大风险专题研讨班开班式上发表重要讲话强调　提高防控能力着力防范化解重大风险　保持经济持续健康发展社会大局稳定》，《人民日报》2019年1月22日。

实施教育脱贫攻坚行动、深入实施健康扶贫工程、加快推进农村危房改造、强化综合保障性扶贫、开展贫困残疾人脱贫行动、开展扶贫扶志行动等 10 个方面强化各项到村到户到人的精准帮扶举措，从加快实施交通扶贫行动、大力推进水利扶贫行动、大力实施电力和网络扶贫行动、大力推进贫困地区农村人居环境整治等 4 个方面加快补齐贫困地区基础设施的短板。三是进一步加强统筹协调。加强财政、金融、土地、人才和科技等各个方面的支撑保障，动员全社会力量合力攻坚。会议还审议《乡村振兴战略规划（2018—2022 年）》，细化实化工作重点和政策措施，部署若干重大工程、重大计划、重大行动，形成了今后 5 年落实中央一号文件的政策框架。早在 2012 年 12 月，习近平在河北省阜平县考察扶贫开发工作时就指出，"全面建成小康社会，最艰巨最繁重的任务在农村、特别是在贫困地区。没有农村的小康，特别是没有贫困地区的小康，就没有全面建成小康社会"①。中共中央对"三农"工作作出的重大决策部署，是决胜全面建成小康社会、全面建设社会主义现代化国家的重大历史任务，是新时代做好"三农"工作的总抓手。

中共十八大以来，以习近平同志为核心的党中央带领全国人民向绝对贫困发起总攻。全党全社会广泛动员、合力攻坚，构筑起中国特色脱贫攻坚制度体系：（1）责任体系，中西部 22 个省份党政主要负责同志向中央签署脱贫攻坚责任书，逐级立下军令状，省市县乡村五级书记一起抓。（2）政策体系，中办、国办出台 13 个配套文件，中央和国家机关出台 230 多个政策文件或实施方案。各地相继出台和完善"1+N"的脱贫攻坚系列配套措施。（3）投入体系，2013—2017 年，中央财政专项扶贫资金累

---

① 习近平：《做焦裕禄式的县委书记》，中央文献出版社 2015 年版，第 16 页。

计投入 2822 亿元，年均增长 22.7%；省级财政专项扶贫资金累计投入 1825 亿元，年均增长 26.9%。（4）动员体系，发挥社会主义制度集中力量办大事的优势，动员各方面力量合力攻坚。（5）监督体系，把全面从严治党要求贯穿脱贫攻坚全过程各环节，扶贫领导小组对各地开展脱贫攻坚督查巡查。（6）考核体系，组织省际交叉考核、第三方评估、财政扶贫资金绩效评价和媒体暗访，实行最严格的考核评估制度。

2012 年至 2017 年五年时间，中国创造了减贫史上的最好成绩。全国农村贫困人口从 2012 年末的 9899 万人减少至 2017 年末的 3046 万人，累计减少 6853 万人，减贫幅度接近 70%；贫困发生率从 2012 年末的 10.2% 下降至 2017 年底的 3.1%，年均脱贫人数 1370 万人。① 贫困是世界性难题，反贫困是人类共同任务。改革开放 40 年来，中国成功使 8 亿多人摆脱贫困，创造了人类减贫史上的奇迹。

2. 精准扶贫、精准脱贫

坚持精准扶贫、精准脱贫基本方略，就是坚持中央统筹、省负总责、市县抓落实的工作机制，坚持大扶贫工作格局；坚持脱贫攻坚目标和现行扶贫标准，聚焦深度贫困地区和特殊贫困群体；突出问题导向，优化政策供给，下足绣花功夫，激发贫困人口内生动力，夯实贫困人口稳定脱贫基础，加强扶贫领域作风建设，切实提高贫困人口获得感；确保到 2020 年贫困地区和贫困群众同全国一道进入全面小康社会，为实施乡村振兴战略打好基础。

经过多年努力，精准扶贫、精准脱贫深入人心，脱贫攻坚已经成为全党全社会的思想共识和行动自觉。习近平强调，扶贫开发推进到如此程度，贵在精准，重在精准，成败之举在于精准。

---

① 《吹响大国攻坚的嘹亮号角》，《人民日报》2018 年 9 月 20 日。

坚持精准扶贫、精准脱贫，成为打赢脱贫攻坚战的基本方略。2018年2月12日，他在主持召开打好精准脱贫攻坚战座谈会时强调，要清醒认识把握打赢脱贫攻坚战面临任务的艰巨性，要清醒认识把握实践中存在的突出问题和解决这些问题的紧迫性，不放松、不停顿、不懈怠，提高脱贫质量，聚焦深贫地区，扎扎实实把脱贫攻坚战推向前进。在谈及脱贫攻坚伟大实践中积累的宝贵经验时，他特别强调，要坚持精准方略、提高脱贫实效，解决好扶持谁、谁来扶、怎么扶、如何退问题，扶贫扶到点上扶到根上。

脱贫攻坚要做到精准，首先必须摸清贫困底数。贫有百样，困有千种。各地结合实际，因地施策，做到"六个精准"，即扶贫对象精准、措施到户精准、项目安排精准、资金使用精准、因村派人精准、脱贫成效精准。2014年，在全国范围逐村逐户组织开展贫困识别，80多万人进村入户，基本摸清了中国贫困人口分布、致贫原因、脱贫需求等信息，建立起了全国统一的扶贫开发信息系统，建档立卡使中国贫困数据第一次实现了到村到户到人。与此同时，开展建档立卡"回头看"、挤"水分"、动态调整，全国贫困识别准确率达到98%以上，精确锁定脱贫攻坚的主战场。

精准扶贫，还体现在对症下药，分类施策，打造"五个一批"脱贫路径。发展生产脱贫一批，开展电商扶贫试点、旅游扶贫；易地搬迁脱贫一批，"十三五"期间1000万人口要"挪穷窝"；生态补偿脱贫一批，部分地区建档立卡贫困人口就地转成生态护林员；发展教育脱贫一批，贫困家庭子女免费接受职业教育、高中教育基本实现；社会保障兜底一批，农村低保和扶贫开发两项制度有效衔接，贫困人口逐步实现应扶尽扶，应保尽保。地处大别山区的湖北省罗田县夏家铺村，441户人，散居在5条山坳里。驻村工作队扎根夏家铺，和村干部一起入农户、摸实情，梳理扶贫台账：产业扶贫 27 户，搬迁移民 12 户，教育助学 12 户，大病救助 7 户，剩下的靠政策兜底。一户一个脱贫计划，一套扶贫措施，95 户贫困户的脱贫路径十分清晰。

脱贫攻坚，干部很关键。"火车跑得快、全靠车头带。"在全国脱贫攻坚战场上，驻村干部、第一书记奋战在脱贫一线，他们把责任扛在肩上，把任务抓在手上，打通扶贫政策落地"最后一公里"。贵州省六盘水市海嘎村海拔 2400 多米，村民大多住茅草屋、吃望天水。驻村第一书记来到这个山村，6 年时间带领全村人引进项目、发展产业、引水灌溉，村集体经济从零增长到 30 万元，村民人均收入从 1600 元增长到 7230 元。为了推动扶贫政策措施落地落实，中央累计向贫困村和软弱涣散村选派第一书记 43.5 万名，截至 2019 年初在岗的第一书记有 19.5 万名。全国累计向贫困村选派驻村干部 278 万名，截至 2019 年初在岗的驻村干部有 77.5 万名。第一书记和驻村干部出主意干实事，扶贫政策措施发挥最大作用。2017 年底，中共中央办公厅、国务院办公厅印发《关于加强贫困村驻村工作队选派管理工作的指导意见》，直指一些地方出现的驻村帮扶中选人不优、管理不严、作风不实、保障不力等问题，从健全体制机制入手，确保贫困村驻村工作队选派精准、帮扶扎实、群众满意。有的第一书记累倒在扶贫一线，有的为之付出生命代价，值得总结表彰。

脱贫致富不仅仅是贫困地区的事，也是全社会的事。[1] 中央单位把定点扶贫作为一项重大政治任务，不折不扣落实好帮扶承诺，严格开展考核监督，坚持发挥单位、行业优势与立足贫困地区实际相结合，积极创新帮扶举措。2018 年 9 月 17 日，中央单位定点扶贫工作推进会召开，会议学习贯彻习近平关于扶贫的重要论述，签署 2018 年定点扶贫责任书，安排部署下一阶段重点

---

[1] 《吹响大国攻坚的嘹亮号角》，《人民日报》2018 年 9 月 20 日。

工作。在脱贫攻坚进入最后攻坚阶段的新形势下，务实推进定点扶贫，明确目标要求，强化任务落实。10月30日，中央和国家机关脱贫攻坚先进集体、优秀个人表彰大会暨先进事迹报告会召开，对20个先进集体和50名优秀个人进行了表彰。中央和国家机关定点扶贫单位共选派扶贫干部500余人，其中驻村第一书记170多人。在全国已经宣布脱贫摘帽的153个贫困县中，中央和国家机关定点扶贫县达到30个，约占20%。以中央金融单位为例，中共十八大以来，中央金融单位共制定出台行业扶贫政策224个，向定点扶贫县区投入各类行业扶贫资金331亿元，惠及贫困人口超过72万人。在金融单位和社会各界的帮扶下，64个国家级贫困县累计脱贫86.6万户312万人。中国人民银行等22家金融单位组织系统内93万余人参与定点帮扶，累计向定点扶贫县派驻挂职干部369人；帮助引进扶贫龙头企业114家，投资25.31亿元，带动贫困人口13.6万人；培训基层干部、创业致富带头人、专业技术人员和贫困人口等8.9万人。

3. 聚焦深度贫困，提高脱贫质量

攻克深度贫困，是精准扶贫、精准脱贫的重中之重。需要集中力量支持深度贫困地区脱贫攻坚，改善深度贫困地区发展条件，解决深度贫困地区群众特殊困难。加大深度贫困地区政策倾斜力度。强化到村到户到人的精准帮扶举措；加大产业扶贫力度，全力推进就业扶贫；深入推动易地扶贫搬迁，加强生态扶贫；实施教育脱贫攻坚行动，深入实施健康扶贫工程；加快推进农村危房改造，强化综合保障性扶贫，开展贫困残疾人脱贫行动；开展扶贫扶志行动，树立脱贫光荣导向，弘扬自尊、自爱、自强精神，提高贫困群众自我发展能力。

习近平在2018年2月12日打好精准脱贫攻坚战座谈会上强调，全面打好脱贫攻坚战，要按照党中央统一部署，把提高脱贫质量放在首位，聚焦深度贫困地区，扎实推进各项工作。从脱贫

攻坚任务看，有 3000 万左右农村贫困人口需要脱贫，其中因病、因残致贫比例居高不下。习近平 2017 年 6 月在深度贫困地区脱贫攻坚座谈会上分析深度贫困地区时指出，"西藏和四省藏区、南疆四地州、四川凉山、云南怒江、甘肃临夏等地区，生存环境恶劣，致贫原因复杂，基础设施和公共服务缺口大，贫困发生率普遍在 20% 左右"①。"三区三州"贫困发生率高，贫困程度深，基础条件薄弱，致贫原因复杂，脱贫难度更大。

2018 年春节来临之际，习近平来到地处四川大凉山深处的昭觉县三岔河乡三河村、解放乡火普村，走进彝族贫困群众家中，实地考察。在基层主持召开工作座谈会时，他强调要把提高脱贫质量放在首位，警醒大家脱贫攻坚工作中的形式主义、官僚主义、弄虚作假、急躁和厌战情绪以及消极腐败现象仍然存在。他还强调，扶贫工作必须务实，脱贫过程必须扎实，脱贫结果必须真实，让脱贫成效真正获得群众认可、经得起实践和历史检验。脱贫攻坚进入倒计时，越往后，脱贫难度越大，越容不得半点松懈。2018 年 6 月，中共中央、国务院出台《中共中央国务院关于打赢脱贫攻坚战三年行动的指导意见》，核心理念就是要聚焦深度贫困地区和特殊贫困群体，建立以社会保险、社会救助、社会福利制度为主体，以慈善帮扶、社工助力为辅助的综合保障体系，进一步强化政策、创新举措，把提高脱贫质量放在首位。

解决深度贫困，必须以非常之策，解非常之困。比如在贵州，一年兴修 4 公里通组路、发展 20 个食用菌大棚、改造危房 30 户，一系列的惠民政策让贵州省荔波县佳荣镇拉先村赶上了好时候。这个深山贫困村，2017 年年底第一批香菇长出来时，全村男女老少都来参观，这是村民盼望多年的脱贫产业。2018 年，村

---

① 《在深度贫困地区脱贫攻坚座谈会上的讲话》，《人民日报》2017 年 9 月 1 日。

试验生产了 3 万个菌棒，可增收 30 万元，产业带来了脱贫希望。优化政策供给的同时，中央财政不断加力。预计到 2020 年，在保证现有扶贫投入不减的基础上，新增安排深度贫困地区脱贫攻坚资金 2140 亿元，[①] 交通扶贫、水利扶贫、旅游扶贫等措施加快补短板。

人无志则不立，扶智必扶志，从"要我干"变成"我要干"。攻克深度贫困堡垒，打赢脱贫攻坚战这场硬仗中的硬仗，离不开广大贫困群众积极主动的参与。激发贫困地区和贫困群众脱贫致富的内在活力，提高贫困地区和贫困群众自我发展能力，才能提高脱贫质量，实现更稳定更可持续的脱贫。西藏自治区白朗县嘎东镇村民的家，像一间生产车间：搓线、裁鞋样、缝鞋底、做鞋垫。几个贫困户分工合作，6 天就能手工完成一双售价 1200 元的藏靴。技能扶贫让更多贫困户有了自我发展能力，成千上万个贫困村的命运发生根本性改变。2013—2017 年，贫困地区农民人均收入年均实际增长 10.4%，比全国农村平均增速快 2.5 个百分点。

发展脱贫产业是实现脱贫的根本之策，也是稳脱贫的有力抓手，只有这样才能夯实脱贫基础。江西省万安县枧头镇茅坪村村民将自家大院的杂物间整改成了光普达太阳能电子厂扶贫车间，贫困户实现了照顾家人、田间生产、务工就业三不误。全县建立扶贫车间 71 家，吸纳 1000 余人在家门口务工，其中贫困户 518 人。此外，建立防止因病致贫返贫的长效保障机制，是稳脱贫的重要制度供给。在云南省镇雄县，过去是"辛辛苦苦奔小康，得场大病全泡汤"，全县因病致贫返贫率高达 30.67%。如今，通过县里的基本医保、大病保险、医疗救助、政府兜底"四重保障"

---

① 《财政部：2018—2020 年新增安排脱贫攻坚资金 2140 亿元》，人民网 2018 年 3 月 28 日。

政策，2017 年，建档立卡贫困人口住院实际报销比例达91.5%。① 2012—2017 年，中西部地区卫生投入年均增速达到13.0%。2017 年，中央财政对地方医疗卫生转移支付中，40.2%和 39.9%的资金投向了中部和西部地区。②

在确保如期完成脱贫任务的同时，中共中央把提高脱贫质量摆上更加突出的位置，统筹处理"后三年"与"三年后"的工作，加快建立健全稳定脱贫的长效机制，为巩固脱贫成果提供有效支撑和持久保障，确保贫困群众遇病不返贫、遇灾不返贫、遇困不返贫。2018 年以来，深度贫困地区脱贫攻坚成果喜人；国庆前夕，盐池县正式退出贫困县序列，成为宁夏西海固地区 9 个贫困县区中首个脱贫摘帽的县区；作为"三湾改编"发生地，革命老区江西永新县在科技部近 30 年的定点帮扶下，8 月宣布正式脱贫摘帽。中国脱贫攻坚的成功实践，为全球减贫事业贡献了中国方案。

4. 加强党的建设，保障脱贫攻坚

脱贫攻坚，加强党的建设是关键。各级党委和政府把打赢脱贫攻坚战作为重大政治任务，进一步落实脱贫攻坚责任制。完善脱贫攻坚考核监督评估机制，提高考核评估质量和水平，切实解决基层疲于迎评迎检问题。保持贫困县党政正职稳定，加强对脱贫一线干部的关爱激励。开展扶贫领域腐败和作风问题专项治理，集中力量解决扶贫领域形式主义、官僚主义的突出问题，坚决依纪依法惩治贪污挪用、截留私分、虚报冒领、强占掠夺等行为。深入宣传脱贫攻坚典型经验，宣传脱贫攻坚取得的成就。

加强新时代干部队伍建设，为打赢脱贫攻坚战提供了组织保障。2018 年 7 月，全国组织工作会议召开，习近平深刻阐述新时

① 《吹响大国攻坚的嘹亮号角》，《人民日报》2018 年 9 月 20 日。

② 《决胜全面小康的"脱贫答卷"——写在第五个国家扶贫日到来之际》，《人民日报》2018 年 10 月 17 日。

代党的组织路线，为新时代组织工作指明方向。中共十九大以来，中央先后出台《关于进一步激励广大干部新时代新担当新作为的意见》《关于适应新时代要求大力发现培养选拔优秀年轻干部的意见》等文件，激发广大党员干部以新担当新作为书写无愧于新时代的光辉业绩。10月，中共中央印发《2018—2022年全国干部教育培训规划》，明确提出，实施"贫困地区干部教育培训帮扶计划"，加强精准扶贫、精准脱贫教育培训，推动优质培训资源向贫困地区倾斜。东部地区做好对口支援西部地区、东北地区干部教育培训工作。

加强扶贫领域作风建设，切实提高贫困人口的获得感。2017年度，中央纪委办公厅印发通知，为贯彻落实中共十九大精神和习近平关于脱贫攻坚的系列重要讲话、批示精神，中央纪委决定从2018年到2020年持续开展扶贫领域腐败和作风问题专项治理，促进各级党委、政府以及相关职能部门认真履行脱贫攻坚的重大政治责任，为确保到2020年中国现行标准下农村贫困人口实现脱贫提供坚强有力的纪律保障。这次专项治理坚持问题导向，要求既紧盯重要领域或工作环节的突出问题，也瞄准本地区本部门存在的普遍性问题。专项治理从2018年开始，一直推进到2020年全面完成脱贫任务。之后还要不断深化治理成果，推动巩固脱贫成效。治理重点既有扶贫领域存在的突出问题，也有相关责任落实不力的问题。如，扶贫领域贪污侵占、行贿受贿、虚报冒领、截留挪用、挥霍浪费、吃拿卡要、优亲厚友等突出问题；地方党委、政府在脱贫攻坚工作中履行主体责任不力，态度不坚决、工作不扎实、敷衍应付等问题；相关职能部门履责不力、监管不严、推诿扯皮，不作为、慢作为、乱作为等问题；纪检监察机关履行监督责任不力等问题。在脱贫攻坚工作中搞形式主义、官僚主义，盲目决策、弄虚作假、数字脱贫、虚假"摘帽"等问题，也是治理重点。专项治理通过拓宽反映问题渠道、及时高效处置问题线索、严惩扶贫领域违纪违法问题、督促各地党委把扶贫领域腐败和作风问题作为巡视巡察工作重点、加强督办督查、持续公开通报曝光、深化工作成果、推动公开透明等一系列措施，确保治理取得实效。

2018 年 8 月，中央纪委公开曝光七起扶贫领域形式主义、官僚主义典型案例。从曝光的典型案例看，扶贫领域形式主义、官僚主义作风顽疾犹存，在一些地方和部门还很突出。有的对脱贫攻坚漠不关心、推诿扯皮，甚至拒不履行职责；有的对扶贫资金和项目管理不精细、监管不严格，导致资金滞留或被骗取、项目拖延造成严重损失浪费；有的怕吃苦、图轻松，慵懒懈怠，消极应付甚至弄虚作假。这些问题严重侵害贫困群众切身利益，伤害党和政府公信力，影响脱贫攻坚进程，依纪依法严肃加以查处。

与此同时，巡视利剑作用在扶贫领域开始显现。2018 年 10 月，十九届中央第二轮巡视工作正式启动，对内蒙古、吉林、安徽等 26 个地区和单位进行脱贫攻坚专项巡视。这是中央巡视组首次围绕一个主题、集中在一个领域开展专项巡视。10 月 9 日，中央第二轮巡视工作动员部署会召开。强调要持续深入学习贯彻习近平新时代中国特色社会主义思想和中共十九大精神，提高政治站位，强化巡视监督，推动落实脱贫攻坚政治责任，为打赢脱贫攻坚战提供有力保障。开展脱贫攻坚专项巡视，是贯彻党中央关于打赢脱贫攻坚战三年行动部署要求的重大举措，是坚持以人民为中心、发现和推动解决侵害群众利益问题的具体实践。

脱贫攻坚专项巡视是对被巡视党组织脱贫攻坚政治责任的监督和督促。突出"专"的特点，紧扣监督主题，准确把握工作定位和主要任务，紧紧围绕落实党中央脱贫攻坚方针政策、落实党委（党组）脱贫攻坚主体责任、落实纪委监委（纪检监察组）监督责任和有关职能部门监管责任、落实脱贫攻坚过程中各类监督检查发现问题整改任务，深入开展监督检查。盯住"关键少数"，聚焦脱贫攻坚重点对象，深入查找脱贫攻坚中普遍性、倾向性问题，充分发挥巡视监督独特作用。脱贫攻坚专项巡视主动与纪委监委的日常监督、专项治理、派驻监督、省区市的巡视巡察等衔接起来，与组织、审计、信访、承担扶贫督查考核任务相关部门工作协同起来，与民主监督、司法监督、群众监督、舆论监督等贯通起来。

在第五个国家扶贫日到来之际，2018年10月17日上午，全国脱贫攻坚奖表彰大会暨脱贫攻坚先进事迹报告会召开，对99名获奖个人和40个获奖单位进行表彰。习近平对脱贫攻坚工作作出重要指示，强调改革开放的40年，是中国逐步消除贫困的40年。40年的接续奋斗，让7亿多人口摆脱了贫困，创造了人类减贫史上的奇迹。中华民族千百年来存在的绝对贫困问题，就要历史性地得到解决，脱贫攻坚进入最为关键的阶段。他指出，行百里者半九十，越到紧要关头，越要坚定必胜的信念，越要有一鼓作气攻城拔寨的决心。只要各地区各部门切实担起责任、真抓实干，只要贫困地区广大干部群众继续奋发进取、埋头苦干，只要全党全国各族人民万众一心、咬定目标加油干，就一定能如期打赢脱贫攻坚这场硬仗。2019年4月16日，习近平在重庆考察并主持召开解决"两不愁三保障"突出问题座谈会，强调要准确把握脱贫攻坚形势，着力解决"两不愁三保障"问题，为此要强化责任落实、攻克坚中之坚、认真整改问题、提高脱贫质量、稳定脱贫攻坚政策、切实改进作风，要一鼓作气、越战越勇。①

中共十九大吹响了坚决打赢脱贫攻坚战的冲锋号，时间紧、任务重，必须真抓实干、埋头苦干、坚定信心，攻坚克难，奋力夺取脱贫攻坚战全面胜利。

---

① 习近平：《在解决"两不愁三保障"突出问题座谈会上的讲话》，《求是》2019年第16期。

（三）污染防治攻坚战

2018 年以来，围绕"主要污染物排放总量大幅减少，生态环境质量总体改善"的目标，污染防治攻坚战全面打响。习近平强调，要把解决突出生态环境问题作为民生优先领域。回应民生关切，从薄弱处集中攻坚，七大标志性战役成为打好污染防治攻坚战的突破口和"牛鼻子"。打赢蓝天保卫战，打好柴油货车污染治理攻坚战，治理城市黑臭水体，综合治理渤海，保护修复长江，保护水源地，治理农业农村污染，让天空更加湛蓝，让水体更加澄澈，让土壤更加洁净。2018 年前 10 个月，全国 338 个地级及以上城市 PM2.5 浓度同比下降 7.5%；前 9 个月，1940 个国家地表水评价断面中，水质优良（Ⅰ—Ⅲ类）断面比例达到 72.4%；水源地环境整治任务已基本完成。"生态惠民、生态利民、生态为民"理念成为生动实践。

中共强调用最严格制度最严密法治保护生态环境，加快制度创新，强化制度执行，让制度成为不可触碰的高压线。中央生态环境保护督察、"水十条"、"土十条"、史上最严环保法等多措并举，在此基础上，2018 年新亮相的环保税、新扩围的水资源税试点、新修订的水污染防治法等措施，展现坚决打赢污染防治攻坚战的决心和信心。2018 年 5 月，第一批中央生态环境保护督察"回头看"正式启动，剑指"表面整改""假装整改""敷衍整改"等形式主义、官僚主义问题，督促整改责任落实，为打好污染防治攻坚战提供坚实保障。从企业超排、小锅炉整治到工地扬尘管控，大气污染防治强化督查持续开展，京津冀、汾渭平原等重点区域污染问题得到遏制。

防治污染，必须从源头入手，调整"四个结构"，该增的增上去，该减的减下来。从产业结构看，减少过剩和落后产能，增加新的增长动能；从能源结构看，减少煤炭消费，增加清洁能源使用；从运输结构看，减少公路运输量，增加铁路运输量；从调整农业投入结构看，减少化肥农药使用量，增加有机肥使用量。仅 2018 年前 7 个月，全国就退出煤炭产能 8000 万吨左右，压减粗钢产能 2470 万吨，高技术制造业、战略性新兴产业增加值同比分别增长 11.6%、8.6%；中国非化石能源发电装机量已超过40%，化肥农药零增长提前 3 年实现。①

三、社会文化事业加快发展

中共十九大召开后，中共中央、国务院继续采取一系列措施加强社会建设，推动文化事业发展。在全国人民共同努力下，社会文化事业正以崭新的面貌向前发展。

（一）社会事业加快发展

中共十九大以后，全国各地各部门从人民群众最关心的事情做起，交出了一份温暖人心的民生答卷。比如，个税起征点上调，就业目标提前完成，养老金 14 年连涨；居住条件持续改善，户籍管理改革提速，创业门槛越来越低；学前教育发布指导意见，养老机构有了标准规范，抗癌新药纳入医保报销。这一项项民生改革新举措的接连出台，从更合理的收入分配结构、更多样的就业渠道，到更让人放心的消费环境，表明中国改革发力更准更稳，全面建成小康社会步履坚实，人民生活水平跃上新台阶。

从 2018 年 10 月 1 日起，中国个税起征点从每月 3500 元上调

---

① 《三大攻坚战，开局良好亮点多——迈向高质量发展这一年（二）》，《人民日报》2018 年 12 月 19 日。

至 5000 元。改革实施首月，工资薪金所得 2 万元以下的纳税人，减税幅度超过 50%，占税改前纳税人总数的 96.1%。全国个人所得税减税 316 亿元，6000 多万人不用再为工资薪金所得缴纳个税。国家统计局公布，前三季度，全国居民人均可支配收入 21035 元，扣除价格因素实际增长 6.6%，与 GDP 增长基本同步，快于人均 GDP 增速 0.4 个百分点。

2018 年，中国深入实施高校毕业生就业创业促进计划和基层成长计划，中央补助资金、招募名额和岗位开发进一步向贫困地区和扶贫岗位倾斜。大力推进失业保险援企稳岗和支持技能提升工作，仅上半年就向 16 万户企业发放稳岗补贴 52 亿元，惠及职工 1470 万人，向 22.4 万人次发放技能提升补贴 3.7 亿元。7 月 31 日，中共中央政治局会议提出"六稳"，要求把稳定就业放在更加突出的位置。12 月，国务院发布《关于做好当前和今后一个时期促进就业工作的若干意见》，对不裁员或少裁员的参保企业，可返还其上年度实际缴纳失业保险费的 50%。符合创业担保贷款申请条件的人员自主创业的，可申请最高不超过 15 万元的创业担保贷款。前 11 个月，全国城镇新增就业人数 1293 万人，全年 1100 万人的就业目标提前完成，并有望连续第六年为超过 1300 万人提供就业岗位。三季度末，全国城镇登记失业率为 3.82%，降至多年来低位。①

2018 年 7 月 1 日起，中国移动、中国电信、中国联通三大运营商取消手机流量漫游费，汽车进口关税下调，整车税率为 25% 的 135 个税号和税率为 20% 的 4 个税号的税率降至 15%；"十一"黄金周前，各地公布 981 个景区免费开放或门票降价措施，其中 5A、4A 级景区占比逾七成。2018 年前 11 月，全国社会消费品零

---

① 《民生答卷，枝叶关情暖人心——迈向高质量发展这一年（四）》，《人民日报》2018 年 12 月 21 日。

售总额 345093 亿元，同比增长 9.1%。各项民生改革措施形成合力、协同性更强。国家市场监管总局加强食品、保健食品等欺诈和虚假宣传整治力度，文化和旅游部的"利剑行动"共检查旅游企业 24390 家，公安部破获电信诈骗案件数万起，一连串重拳整治让消费者花钱更安心。"双 11"期间，各网购平台销售额强劲增长，仅天猫平台成交额就达 2135 亿元，创下历史新高。①

在中共中央的部署下，2018 年中国各地各部门瞄准民生领域的热点、难点、痛点，着力破解群众反映强烈的突出问题，取得明显成效。11 月，《中共中央国务院关于学前教育深化改革规范发展的若干意见》发布，要求积极扩大学前教育资源，加强师资建设。各省（区、市）要制定小区配套幼儿园建设管理办法，对存在配套幼儿园缓建、缩建、停建、不建和建而不交等问题的，不得办理竣工验收。"努力让每个孩子都能享有公平而有质量的教育"，《高中阶段教育普及攻坚计划（2017—2020 年）》继续施行，距 2020 年全国普及高中阶段教育的目标更近。城乡义务教育一体化改革稳步推进，缓解了"乡村弱、城镇挤"的问题，更多困难家庭的孩子有了同等受教育的机会。10 余个省份提高了最低工资标准，上海、广东、北京等 6 省市月最低工资标准已超2000 元。与此同时，中国企业劳动合同签订率连续保持在 90%以上，随着对《劳动合同法》的积极落实，劳动者合法权益得到更有效的保障。17 种抗癌药纳入医保报销目录，谈判药品价格平均降幅过半；"4+7"城市药品集中采购拟中选结果公示，拟中选药品价格平均降幅达 52%，百姓用药负担进一步减轻。同时，跨省异地就医费用直接结算有了重大进展，患者跑腿以及垫资的压力减少。《养老机构等级划分与评定》征求意见稿发布，养老机

---

① 《民生答卷，枝叶关情暖人心——迈向高质量发展这一年（四）》，《人民日报》2018 年 12 月 21 日。

构国家标准正在拟定，服务质量稳步提高，住养老院成为许多老人乐意选择的晚年生活方式之一。住建部数据显示：2018 年全国棚改已开工 616 万套，改善约 1400 万住房困难群众居住条件；全国公租房分配率超过 90%，更多居民的住房获得感明显提升。中国残联联合国家发改委等 15 部门印发《关于扶持残疾人自主就业创业的意见》，明确了 20 多项促进残疾人自主就业创业、脱贫解困的扶持政策，8500 多万残疾人迎来政策红利。在保障网织得更牢更密的背后，是国家对民生投入的持续增加。1—11 月，全国一般公共预算支出超过 19 万亿元，同比增长 6.8%。其中，教育、就业、医疗卫生、节能环保等重点民生领域的投入占比近 70%。

人社部、财政部、教育部等部门针对高校毕业生、贫困人口以及返乡农民工、回国留学生等不同群体、不同情况，量身定制创业帮扶政策。市场主体数量呈现"井喷式"增长。到 2018 年 9 月底，全国实有市场主体已达 1.06 亿户。11 月 10 日起，首批 106 项涉企行政审批事项实施"证照分离"改革，创业门槛进一步降低。创业之门越开越大，人才流动愈加便捷。户籍制度改革持续推进。北京市出台积分落户管理办法，并公示了第一批积分落户名单；江苏省宣布将在徐州、连云港、淮安、盐城、宿迁 5 市范围内实施户口通迁；天津、西安等城市纷纷出台颇有"含金量"的吸引人才新政策。2018 年年初以来，各地各部门继续做好普惠性、基础性民生基础设施建设，全面提高公共服务水平。村里开通了公交线路，站台修到了家门口。太原、西安、成都、沈阳、昆明、厦门、合肥、深圳、兰州等更多方向增开"复兴号"，各城市之间的"高铁时距"进一步缩短。2018 年 12 月初，中国铁路总公司宣布：中国又将在月内开通 10 条铁路新线；新增高铁营业里程约 2500 公里。全国下大气力推进跨区域联防联控，治理大气污染，加速垃圾分类示范片区建设，改善城乡环境。截至 2018 年 6 月底，福建、贵州、江西等 21 个省区市已出台生活垃圾分类实施方案，46 个重点城市着力推进生活垃圾分类投放、收集、运输和处理设施体系建设。① 2019 年 7 月 1 日起，《上海市生活垃圾管理条例》正式实施，普遍推进强制垃圾分类。养成好的垃圾分类习惯，才能让城市生活更美好！

养老方面，也有新动作。2018 年 1 月 1 日起，企业和机关事业单位退休人员基本养老金总体上调 5% 左右。1.14 亿名退休人员因此受益。在庆祝改革开放 40 周年大会上，习近平指出，"我们要着力解决人民群众所需所急所盼，让人民共享经济、政治、文化、社会、生态等各方面发展成果，有更多、更直接、更实在的获得感、幸福感、安全感，不断促进人的全面发展、全体人民共同富裕"②。

（二）宣传思想文化工作稳步推进

中共十九大以来，中共把宣传思想工作摆在全局工作的重要位置，作出一系列重大决策，实施一系列重大举措。在中共中央坚强领导下，宣传思想战线积极作为、开拓进取，党的理论创新全面推进，中国特色社会主义和中国梦深入人心，社会主义核心价值观和中华优秀传统文化广泛弘扬，主流思想舆论不断巩固壮大，文化自信得到彰显，国家文化软实力和中华文化影响力大幅提升，全党全社会思想上的团结统一更加巩固。

2018 年 8 月 21 日至 22 日，全国宣传思想工作会议在北京召开。习近平出席会议并发表重要讲话，强调完成新形势下宣

---

① 《民生答卷，枝叶关情暖人心——迈向高质量发展这一年（四）》，《人民日报》2018 年 12 月 21 日。

② 习近平：《在庆祝改革开放 40 周年大会上的讲话》，《人民日报》2018 年 12 月 19 日。

传思想工作的使命任务，必须以新时代中国特色社会主义思想和党的十九大精神为指导，增强"四个意识"、坚定"四个自信"，自觉承担起举旗帜、聚民心、育新人、兴文化、展形象的使命任务，坚持正确政治方向，在基础性、战略性工作上下功夫，在关键处、要害处下功夫，在工作质量和水平上下功夫，推动宣传思想工作不断强起来，促进全体人民在理想信念、价值理念、道德观念上紧紧团结在一起，为服务党和国家事业全局作出更大贡献。习近平的重要讲话为十九大后开展思想文化建设工作提供了基本遵循。

中共十九大以来，宣传文化工作取得显著突破。一是高扬奋进新时代的思想旗帜。全国上下掀起学习《习近平谈治国理政》第一、二卷，《习近平新时代中国特色社会主义思想三十讲》《习近平新时代中国特色社会主义思想学习纲要》的热潮。《百家讲坛》特别节目《平"语"近人——习近平用典》等精品力作，充分展示习近平的崇高风范和深厚情怀，以人们喜闻乐见的方式，推动习近平新时代中国特色社会主义思想生动阐释、广泛传播，不断增强干部群众维护习近平核心地位、维护党中央权威和集中统一领导的自觉性坚定性。马克思主义在意识形态领域的指导地位更加鲜明，全党全社会思想上的团结统一更加巩固，中国特色社会主义道路自信、理论自信、制度自信、文化自信深植人心。

二是为改革再出发凝聚磅礴力量。宣传思想文化战线紧紧围绕"将改革开放进行到底"的主题，开展一系列群众性主题宣传教育活动、推出一大批理论文章、采制生动的新闻报道、创作丰富的文艺作品，为隆重庆祝改革开放 40 周年营造团结奋进的浓厚氛围，为改革开放再出发构筑良好精神文化条件。"伟大的变革——庆祝改革开放 40 周年大型展览"自 2018 年 11 月中旬在国家博物馆开展以来，现场参观人数累计突破 240 万，网上展馆点击浏览量超过 3.2 亿。宣传思想文化战线用火热的创作见证伟大时代，一批讴歌党、讴歌祖国、讴歌人民、讴歌英雄的电影、电视剧、纪录片等陆续与观众见面。比如，电视纪录片《我们一起走过——致敬改革开放 40 周年》、大型政论专题片《必由之路》、电视剧《大江大河》、电影《照相师》《中国合伙人 2》等，带领人们共忆过往 40 年的峥嵘岁月。2019 年 8 月，习近平对"记者再走长征路"主题采访活动作出重要指示：伟大长征精神是中国不断前行的强大精神动力，要深刻认识红色政权来之不易、新中国来之不易、中国特色社会主义来之不易，牢记初心使命，在实现中华民族伟大复兴的历史进程中走好新时代的长征路。同时，宣传思想文化战线着力培育社会主义核心价值观，着眼培养担当民族复兴大任的时代新人。

三是积极传播正能量。宣传思想文化工作是做人的工作，面对思想文化的相互激荡、价值观念的多元多样、传播格局的深刻变化，统一思想、凝聚力量的任务之艰巨前所未有。宣传思想文化工作做到强信心、聚民心、暖人心、筑同心，比任何时候都更加需要创新。面向广袤城乡，新时代文明实践中心、县级融媒体中心的建设扎实有序、蹄疾步稳，切实打通"最后一公里"，让基层工作实起来、强起来，让党的创新理论"飞入寻常百姓家"，让新风正气传播得更广更远。比如，浙江省海宁市许村镇李家村的"李家播报"，是这个小村子推进新时代文明实践工作的创新载体。"李家播报"每月定期在村文化礼堂举行，村民们不仅能听到时政要闻、政策理论、村情事务等丰富的内容，还可以在互动环节与播报团成员展开交流讨论。现场播报结束后，"李家播报"通过微信公众号、新时代文明实践掌上 APP 平台等进行新媒体推送传播，唱响文明"好声音"。面对 8 亿多人上互联网的局面，网络内容建设持续加强，积极健康、向上向善的网络文化，涵养了良好的网络舆论生态。从"学习小组""侠客岛"

"新华视点""央视新闻"等微博、微信公众号释放强大正能量，到查处存在恶意篡改党史国史、诋毁英雄人物、制造谣言等问题的自媒体账号，再到对网络直播出现的低俗媚俗、炫富恶搞等乱象重拳出击，更多客观理性的声音向错误观点言论"亮剑"，旗帜鲜明坚持正确政治方向、舆论导向、价值取向。互联网治理能力不断提高。

四是讲好中国故事，展现真实立体全面的中国形象。在全国宣传思想工作会议上，习近平提出了"展形象"的重要使命任务，"展形象，就是要推进国际传播能力建设，讲好中国故事、传播好中国声音，向世界展现真实、立体、全面的中国"，为新形势下做好对外宣传工作、提高国家文化软实力指明了方法路径，提供了根本遵循。博鳌亚洲论坛 2018 年年会、上合组织青岛峰会、中非合作论坛北京峰会等一场场重大主场外交活动，热情邀请外国记者前来采访报道，向世界敞开自家"客厅"。面对美国单方面挑起的经贸摩擦，政府白皮书、"钟轩理"系列评论文章，从中国对世界的贡献、经济全球化趋势、中美贸易战实质等层面进行鞭辟入里的分析，展现"泾渭由来两清浊"的自信坦荡、"不畏浮云遮望眼"的视野胸襟。不仅中国故事，动人心扉，而且中国形象，真实立体，配合国家领导人国事访问，丰富多彩的人文交流活动在一个个到访国家举行。昆曲、京剧等洋溢"中国风"的演出不断亮相国际舞台，优秀国产电视剧在多国引发"追剧"潮，网络小说在海外受到热捧。世界的画布上呈现出一个古老又现代的中国应有的模样。这期间还注意运用多种平台、多种方式讲好中国共产党的故事。持续投入的国际传播能力建设，努力以更强的传播力、更大的影响力，彰显中华文化的强大魅力、展示新时代中国人的精气神。

四、外交、国防军队、祖国统一大业取得新进展

中共十九大对外交、国防军队以及国家统一作出了新的部署。进入实现民族复兴的关键时刻，中国主场外交亮点纷呈，国防军队建设有了新进展，祖国统一大业展现新前景。

（一）外交工作取得新进展

中共十九大以来，主场外交特点突出。博鳌亚洲论坛 2018 年年会在博鳌开幕。国家主席习近平出席开幕式并发表题为《开放共创繁荣　创新引领未来》的主旨演讲。在演讲中，他回顾了中国改革开放历史进程，总结 40 年来坚定不移推进改革开放取得的巨大成就和积累的宝贵经验，阐述和平合作、开放融通、变革创新潮流滚滚向前的世界大势，面向未来提出共创和平、安宁、繁荣、开放、美丽的亚洲和世界的中国主张，郑重宣示新时代开启中国同世界交融发展新画卷的坚定信念和扩大开放的重大举措。在扩大开放方面，习近平明确强调中国将采取四大举措：（1）大幅度放宽市场准入。确保放宽银行、证券、保险行业外资股比限制的重大措施落地，同时加大开放力度，加快保险行业开放进程，放宽外资金融机构设立限制，扩大外资金融机构在华业务范围，拓宽中外金融市场合作领域。尽快放宽汽车行业等制造业外资股比限制。（2）创造更有吸引力的投资环境。加强同国际经贸规则对接，增强透明度，强化产权保护，坚持依法办事，鼓励竞争、反对垄断。2018 年上半年完成修订外商投资负面清单工作，全面落实准入前国民待遇加负面清单管理制度。（3）加强知识产权保护。重新组建国家知识产权局，完善执法力量，加大执法力度，把违法成本显著提上去。保护在华外资企业合法知识产

权，希望外国政府加强对中国知识产权的保护。（4）主动扩大进口。中国不以追求贸易顺差为目标，真诚希望扩大进口，促进经常项目收支平衡。2018 年将相当幅度降低汽车进口关税，同时降低部分其他产品进口关税，加快加入世界贸易组织《政府采购协定》进程。希望发达国家对正常合理的高技术产品贸易停止人为设限，放宽对华高技术产品出口管制。

习近平的讲话向世界表明：“中国开放的大门不会关闭，只会越开越大！”大幅度放宽市场准入，创造更有吸引力的投资环境，加强知识产权保护，主动扩大进口，等等，习近平主席宣布的扩大开放重大举措，再次展示了中国继续坚持对外开放、构建开放型世界经济的决心，为推动经济全球化、构建人类命运共同体注入了强大信心。① 摒弃冷战思维，超越零和博弈，在国际和地区形势复杂多变，保护主义、孤立主义迷雾弥漫世界的关键时刻，中国以扎实行动郑重告诉世界，只有坚持和平发展、携手合作，才能真正实现共赢、多赢。

2018 年 6 月，上海合作组织成员国元首理事会第十八次会议在青岛国际会议中心举行。国家主席习近平发表题为《弘扬“上海精神”构建命运共同体》的重要讲话。他指出，上海合作组织始终保持旺盛生命力、强劲合作动力，根本原因在于它创造性地提出并始终践行“上海精神”，主张互信、互利、平等、协商、尊重多样文明、谋求共同发展。要继续在“上海精神”指引下，同舟共济，精诚合作，齐心协力构建上海合作组织命运共同体，推动建设新型国际关系，携手迈向持久和平、普遍安全、共同繁荣、开放包容、清洁美丽的世界。要凝聚团结互信的强大力量；筑牢和平安全的共同基础；打造共同发展繁荣

---

① 《中国开放的大门不会关闭　只会越开越大》，央广网 2018 年 4 月 10 日。

的强劲引擎；拉紧人文交流合作的共同纽带；共同拓展国际合作的伙伴网络，他郑重承诺，未来3年，中方愿为各方培训2000名执法人员，强化执法能力建设；将为各成员国提供3000个人力资源开发培训名额，愿利用风云二号气象卫星为各方提供气象服务。此外，中方将在上海合作组织银行联合体框架内设立300亿元人民币等值专项贷款。

如今的上海合作组织拥有8个成员国、4个观察员国、6个对话伙伴，成员国经济和人口总量分别约占全球的20%和40%，已成为世界上幅员最广、人口最多的综合性区域合作组织，国际影响力不断提升。事实证明，上合组织无愧为促进世界和平与发展、维护国际公平正义不可忽视的重要力量。互信、互利、平等、协商、尊重多样文明、谋求共同发展的"上海精神"，超越了文明冲突、冷战思维、零和博弈等陈旧观念，掀开了国际关系史崭新的一页，得到国际社会日益广泛的认同。这一精神自始至终贯穿着上合组织的发展历程，具有超越时代和地域的生命力和价值，不仅成为各国共同奋斗的思想基础和精神纽带，也让构建命运共同体的道路越走越宽广。

2018年9月，中非合作论坛北京峰会在人民大会堂隆重开幕。国家主席习近平发表题为《携手共命运 同心促发展》的主旨讲话，回顾中非友好交往历史，指出中非走出了一条特色鲜明的合作共赢之路，并倡议携手打造新时代更加紧密的中非命运共同体。真实亲诚的政策理念和正确义利观，是中国开展同非洲国家合作的一贯坚持。总结中非合作的历史经验，习近平提出在合作中坚持真诚友好、平等相待，坚持义利相兼、以义为先，坚持发展为民、务实高效，坚持开放包容、兼收并蓄。四点"坚持"充分体现了中国永远做非洲的好朋友、好伙伴、好兄弟，支持非洲长治久安、发展振兴的坚定决心。

2015年中非合作论坛约翰内斯堡峰会以来，中非关系"五大支柱"不断做强和夯实，中非"十大合作计划"硕果累累，展现了中非共同的创造力、凝聚力、行动力，将中非全面战略合作伙伴关系推向新的高度。着眼于打造新时代更加紧密的中非命运共同体，习近平在此次中非合作论坛北京峰会上提出未来 3 年和今后一段时间重点实施"八大行动"。在产业促进、设施联通、贸易便利、绿色发展、能力建设、健康卫生、人文交流、和平安全的合作框架下，决定在华设立中国—非洲经贸博览会；决定和非洲联盟启动编制《中非基础设施合作规划》；为非洲实施 50 个绿色发展和生态环保援助项目；在非洲设立 10 个鲁班工坊，向非洲青年提供职业技能培训；等等。为推动"八大行动"顺利实施，中国愿以政府援助、金融机构和企业投融资等多种方式，向非洲提供 600 亿美元支持。这些具体举措无不体现了中国对非合作之"实"。

在贸易保护主义和逆全球化思潮泛起的国际背景下，中国一系列重大举措，展现出坚定不移扩大开放的信心和决心。4 月 10日在博鳌亚洲论坛 2018 年年会上，习近平主席宣布了一系列扩大开放的重大举措，并强调，"我们将尽快使之落地，宜早不宜迟，宜快不宜慢"①。第二天，中国人民银行、中国证监会、国家外汇局等金融部门就迅速公布了扩大开放的具体举措。沪港通、深港通 5 月 1 日起每日交易额度扩大到 4 倍，取消银行和金融资产管理公司的外资持股比例限制，大幅度扩大外资银行业务范围，等等，中国金融业开放举措全方位密集落地。2018 年以来，中国陆续出台了一系列自主降低关税的新措施。国庆节前，国务院关税税则委员会发布公告，自 2018 年 11 月 1 日起，降低1585 个税目的进口关税。过去 40 年中国经济发展是在开放条件

① 《开放共创繁荣　创新引领未来——在博鳌亚洲论坛 2018 年年会开幕式上的主旨演讲》，《人民日报》2018 年 4 月 11 日。

下取得的，未来中国经济实现高质量发展也必须在更加开放条件下进行。中共十九大以来，中国大幅度放宽市场准入、打造更好营商环境、加强知识产权保护、主动扩大进口等一系列举措，彰显出推动形成全面开放新格局的自信和魄力。

中国与大国关系取得新进展。中俄中日中欧关系均取得新进展，普京、安倍晋三先后访华。中美关系也在曲折中行进。2017年11月，特朗普受邀访华。中美双方同意坚持合作大方向，在互惠互利的基础上扩大合作，在相互尊重的基础上管控分歧。除了国家元首互动之外，中美双方还举行了四轮战略与经济对话人文交流高层磋商，达成多项具体成果。这推动了中美关系的总体发展。2018年，美国发动贸易战，中国冷静应对。2018年12月1日，在阿根廷进行的G20峰会上，国家主席习近平与美国总统特朗普举行会晤，达成重要共识。2019年6月29日，习近平与特朗普在日本大阪进行会晤，就中美关系发展的根本性问题、当前中美经贸摩擦以及共同关心的国际和地区问题深入交换意见，双方同意以协调、合作、稳定为基调建设中美关系。不过，美方出尔反尔的举动也提示中国，不仅听其言，更要观其行。

（二）国防军队建设新部署

中共十九大着眼全面建设社会主义现代化强国，对坚持走中国特色强军之路、全面推进国防和军队现代化作出战略部署，绘就了把人民军队加快建成世界一流军队的目标图路线图，明确了全面贯彻习近平强军思想的实践要求。

在中共十九大通过的《中国共产党章程》修正案中，作出"坚持政治建军、改革强军、科技兴军、依法治军，建设一支听党指挥、能打胜仗、作风优良的人民军队。切实保证人民解放军有效履行新时代军队使命任务，充分发挥人民解放军在巩固国防、保卫祖国和参加社会主义现代化建设中的作用"的规定。在中共十九大报告中，习近平对坚持走中国特色强军之路，全面推进国防和军队现代化进行了全面阐述。他强调：面对国家安全环境的深刻变化，面对强国强军的时代要求，必须全面贯彻新时代党的强军思想，贯彻新形势下军事战略方针，建设强大的现代化陆军、海军、空军、火箭军和战略支援部队，打造坚强高效的战区联合作战指挥机构，构建中国特色现代作战体系，担当起党和人民赋予的新时代使命任务。中共十九大报告提出了国防和军队建设"三步走"的发展战略，即："适应世界新军事革命发展趋势和国家安全需求，提高建设质量和效益，确保到二〇二〇年基本实现机械化，信息化建设取得重大进展，战略能力有大的提升。同国家现代化进程相一致，全面推进军事理论现代化、军队组织形态现代化、军事人员现代化、武器装备现代化，力争到二〇三五年基本实现国防和军队现代化，到本世纪中叶把人民军队全面建成世界一流军队。"①

　　中共十九大后，中共中央军委带领全军按照"坚持走中国特色强军之路，全面推进国防和军队现代化"这一重大部署，以习近平新时代中国特色社会主义思想为行动指南，全面贯彻习近平强军思想，坚定不移沿着中国特色强军之路砥砺前行，毫不动摇坚持党对人民军队的绝对领导；把握前进方向，实现党在新时代的强军目标、全面建成世界一流军队；聚焦核心职能，着力锻造能打仗打胜仗的精兵劲旅；贯彻基本方略，坚持政治建军、改革强军、科技兴军、依法治军；拓宽实践路径，扎实推进军民融合深度发展；永葆初心本色，自觉践行全心全意为人民服务的根本宗旨；最大限度汇聚强国强军的磅礴力量，共同为决胜全面建成

---

　　①　习近平：《决胜全面建成小康社会　夺取新时代中国特色社会主义伟大胜利——在中国共产党第十九次全国代表大会上的报告（2017年10月18日）》，人民出版社2017年版，第53页。

小康社会、实现中华民族伟大复兴的中国梦而不懈奋斗，不断书写强军兴军更为辉煌的时代篇章。

（三）台海关系曲折前进

习近平在中共十九大报告中说："两岸同胞是命运与共的骨肉兄弟，是血浓于水的一家人。我们秉持'两岸一家亲'理念，尊重台湾现有的社会制度和台湾同胞生活方式，愿意率先同台湾同胞分享大陆发展的机遇。我们将扩大两岸经济文化交流合作，实现互利互惠，逐步为台湾同胞在大陆学习、创业、就业、生活提供与大陆同胞同等的待遇，增进台湾同胞福祉。我们将推动两岸同胞共同弘扬中华文化，促进心灵契合。"① 为落实中共十九大精神，2018 年 2 月，国务院台办、国家发展改革委经商中央组织部等 29 个部门，于 2 月 28 日发布实施《关于促进两岸经济文化交流合作的若干措施》（以下简称《若干措施》），着力为台企台胞提供与大陆企业、大陆同胞同等的待遇。此次出台的 31 项具体措施中，12 条涉及加快给予台资企业与大陆企业同等待遇，主要包括：明确台资企业参与"中国制造 2025"、享受税收优惠政策、参与国家重点研发计划项目、基础设施建设、政府采购和国有企业混合所有制改革等享有与大陆企业同等待遇，明确台资企业用地、向中西部和东北地区转移、台资农业企业可享受的相关政策，并支持两岸企业家在小额支付、征信服务、银团贷款等方面深化金融合作。另有 19 条措施涉及逐步为台湾同胞在大陆学习、创业、就业、生活提供与大陆同胞同等待遇，主要包括：向台湾同胞开放 134 项国家职业资格考试，为台湾人士取得

---

① 习近平：《决胜全面建成小康社会　夺取新时代中国特色社会主义伟大胜利——在中国共产党第十九次全国代表大会上的报告（2017 年 10 月 18 日）》，人民出版社 2017 年版，第 56—57 页。

从业资格和在大陆应聘提供更多便利，台湾同胞可申请"千人计划""万人计划"和各类基金项目，参与中华优秀传统文化传承发展工程和评奖项目、荣誉称号评选，加入专业性社团组织、行业协会，参与大陆基层工作，并放宽台湾影视、图书等市场准入限制。① 这些措施将推动两岸同胞共同弘扬中华文化，促进心灵契合。

一手抓改善关系，一手抓反对"台独"，两手都要硬。中共十九大后，祖国大陆坚决反对"台独"分裂活动。2018 年 4 月 12 日，参加中央军委在南海海域举行的海上阅兵后，人民解放军海军辽宁舰航母编队随即从阅兵场奔赴训练场。航母编队航行一路、训练一路，连续跨越多个海区，分别在西太平洋、南海、东海等海域开展了实战化训练。此次航母编队远航对抗训练，是海军年度训练计划内的例行性安排。海军辽宁舰航母编队组织对空、对潜作战等课目训练，与海军岸基航空兵和潜艇部队进行"背靠背"实兵对抗训练。在与海军岸基航空兵进行的对空作战训练中，编队指挥所指挥各属舰和舰载机，克服气象和海况比较恶劣的不利影响，灵活调整编队队形，综合运用舰载和机载雷达系统，构建有效的侦察预警体系和编队防空火力网。训练中根据"敌"我态势，辽宁舰出动多架歼—15 舰载战斗机，对蓝方战斗机实施空中截击。与此同时，担负编队外围警戒任务的属舰也发射防空导弹，对来袭目标实施打击。在突破"敌"潜艇封锁区训练中，编队综合运用多种探测手段，与潜艇巧妙周旋，顺利通过潜艇伏击区。在远海大洋组织航母编队实战化训练，有利于提高对航母编队作战运用的研究，有利于提高编队各要素的有机协同，推动海军航母编队体系作战能力的生成和提高，更好地为维

① 《大陆再推 31 项措施落实在陆台企台胞同等待遇》，《人民日报》2018 年 3 月 1 日。

护地区和平稳定发挥积极作用。4 月下旬，空军出动多型多架战机开展海上方向实战化军事训练，锤炼提升维护国家主权和领土完整的能力。同时，新型号武器装备东风—26 型导弹开始列装火箭军部队。中国国防部发言人说，该型导弹经过试装试用和作战检验，具备了整建制装备部队的条件，授装后已正式进入火箭军战斗序列。东风—26 型导弹是中国新一代中远程弹道导弹，具备拥有完全自主知识产权，战斗部核常兼备，打击目标陆海兼备，通用化、集成化、信息化水平高等特点。① "台独"分裂活动是对两岸关系和平稳定的最大现实威胁，是对台湾同胞根本利益的损害。人民解放军采取的一系列行动，针对的是岛内"台独"势力及其活动，为的是防止台湾民众福祉因"台独"图谋而受损害。如果"台独"势力继续恣意妄为，人民解放军还将进一步采取行动。

"台独"不得民心。在台湾地区"九合一"选举中，绿营惨败，蓝营大胜。台湾地区领导人蔡英文辞去民进党主席职务。希望两岸关系展现出新变化。

2019 年 1 月 2 日，《告台湾同胞书》发表 40 周年纪念会在北京隆重举行。习近平出席并发表重要讲话强调，历史不能选择，现在可以把握，未来可以开创。新时代是中华民族大发展大作为的时代，也是两岸同胞大发展大作为的时代。前进道路不可能一帆风顺，但只要和衷共济、共同奋斗，就一定能够共创中华民族伟大复兴美好未来，就一定能够完成祖国统一大业。

读史可知，1949 年以来，中国共产党、中国政府、中国人民始终把解决台湾问题、实现祖国完全统一作为矢志不渝的历史任务。祖国大陆团结台湾同胞，推动台海形势从紧张对峙走向缓和改善、进而走上和平发展道路，两岸关系不断取得突破性进展。

---

① 《东风—26 型导弹列装火箭军》，《人民日报》2018 年 4 月 27 日。

两岸关系发展历程证明：台湾是中国一部分、两岸同属一个中国的历史和法理事实，是任何人任何势力都无法改变的！两岸同胞都是中国人，血浓于水、守望相助的天然情感和民族认同，是任何人任何势力都无法改变的！台海形势走向和平稳定、两岸关系向前发展的时代潮流，是任何人任何势力都无法阻挡的！国家强大、民族复兴、两岸统一的历史大势，更是任何人任何势力都无法阻挡的！

回顾历史，是为了启迪今天、昭示明天。祖国必须统一，也必然统一。这是70载两岸关系发展历程的历史定论，也是新时代中华民族伟大复兴的必然要求。两岸中国人、海内外中华儿女理应共担民族大义、顺应历史大势，共同推动两岸关系和平发展、推进祖国和平统一进程。

这次会议最具亮点的是，习近平就推动两岸关系和平发展、实现祖国统一提出5点主张。第一，携手推动民族复兴，实现和平统一目标。民族复兴、国家统一是大势所趋、大义所在、民心所向。一水之隔、咫尺天涯，两岸迄今尚未完全统一是历史遗留给中华民族的创伤。两岸中国人应该共同努力谋求国家统一，抚平历史创伤。台湾前途在于国家统一，台湾同胞福祉系于民族复兴。两岸关系和平发展是维护两岸和平、促进两岸共同发展、造福两岸同胞的正确道路。两岸关系和平发展要两岸同胞共同推动，靠两岸同胞共同维护，由两岸同胞共同分享。两岸同胞要携手同心，共圆中国梦，共担民族复兴的责任，共享民族复兴的荣耀。台湾问题因民族弱乱而产生，必将随着民族复兴而终结。

第二，探索"两制"台湾方案，丰富和平统一实践。"和平统一、一国两制"是实现国家统一的最佳方式，体现了海纳百川、有容乃大的中华智慧，既充分考虑台湾现实情况，又有利于统一后台湾长治久安。"一国两制"在台湾的具体实现形式会充分考虑台湾现实情况，会充分吸收两岸各界意见和建议，会充分照顾到台湾同胞利益和感情。两岸同胞是一家人，两岸的事是两岸同胞的家里事，当然也应该由家里人商量着办。和平统一，是平等协商、共议统一。两岸双方应该本着对民族、对后世负责的态度，凝聚智慧，发挥创意，聚同化异，争取早日解决政治对立，实现台海持久和平，达成国家统一愿景，让我们的子孙后代在祥和、安宁、繁荣、尊严的共同家园中生活成长。在一个中国原则基础上，台湾任何政党、团体同祖国大陆的交往都不存在障碍。以对话取代对抗、以合作取代争斗、以双赢取代零和，两岸关系才能行稳致远。我们郑重倡议，在坚持"九二共识"、反对"台独"的共同政治基础上，两岸各政党、各界别推举代表性人士，就两岸关系和民族未来开展广泛深入的民主协商，就推动两岸关系和平发展达成制度性安排。

第三，坚持一个中国原则，维护和平统一前景。一个中国原则是两岸关系的政治基础。坚持一个中国原则，两岸关系就能改善和发展，台湾同胞就能受益。背离一个中国原则，就会导致两岸关系紧张动荡，损害台湾同胞切身利益。统一是历史大势，是正道。"台独"是历史逆流，是绝路。广大台湾同胞具有光荣的爱国主义传统，是我们的骨肉天亲。我们坚持寄希望于台湾人民的方针，一如既往尊重台湾同胞、关爱台湾同胞、团结台湾同胞、依靠台湾同胞，全心全意为台湾同胞办实事、做好事、解难事。中国人不打中国人。我们愿意以最大诚意、尽最大努力争取和平统一的前景，因为以和平方式实现统一，对两岸同胞和全民族最有利。两岸同胞要共谋和平、共护和平、共享和平。

第四，深化两岸融合发展，夯实和平统一基础。两岸同胞血脉相连。亲望亲好，中国人要帮中国人。我们对台湾同胞一视同仁，将继续率先同台湾同胞分享大陆发展机遇，为台湾同胞台湾企业提供同等待遇，让大家有更多获得感。和平统一之后，台湾将永保太平，民众将安居乐业。有强大祖国做依靠，台湾同胞的民生福祉会更好，发展空间会更大，在国际上腰杆会更硬、底气会更足，更加安全、更有尊严。我们要积极推进两岸经济合作制度化，打造两岸共同市场，为发展增动力，为合作添活力，壮大中华民族经济。

第五，实现同胞心灵契合，增进和平统一认同。国家之魂，文以化之，文以铸之。两岸同胞同根同源、同文同种，中华文化是两岸同胞心灵的根脉和归属。人之相交，贵在知心。不管遭遇多少干扰阻碍，两岸同胞交流合作不能停、不能断、不能少。两岸同胞要共同传承中华优秀传统文化，推动其实现创造性转化、创新性发展。两岸同胞要交流互鉴、对话包容，推己及人、将心比心，加深相互理解，增进互信认同。要秉持同胞情、同理心，以正确的历史观、民族观、国家观化育后人，弘扬伟大民族精神。

习近平强调，世界上只有一个中国，坚持一个中国原则是公认的国际关系准则，是国际社会普遍共识。中国人的事要由中国人来决定。台湾问题是中国的内政，事关中国核心利益和中国人民民族感情，不容任何外来干涉。中国的统一，不会损害任何国家的正当利益包括其在台湾的经济利益，只会给各国带来更多发展机遇，只会给亚太地区和世界繁荣稳定注入更多正能量，只会为构建人类命运共同体、为世界和平发展和人类进步事业作出更大贡献。[①]

习近平发表的重要讲话，全面回顾了新中国成立70年来特别是全国人大常委会发表《告台湾同胞书》40年来两岸关系的发展历程，全面阐述了中共立足新时代、推进祖国和平统一的重大政策主张。讲话深刻昭示了两岸关系发展的历史大势，科学回

---

① 《〈告台湾同胞书〉发表40周年纪念会上的讲话》，《人民日报》2019年1月3日。

答了在民族复兴新征程中如何推进祖国和平统一的时代命题，具有重大意义。其中有些提法颇具新意，比如讲话首次提出，在坚持"九二共识"、反对"台独"的共同政治基础上，两岸各政党、各界别推举代表性人士，就两岸关系和民族未来开展广泛深入的民主协商，就推动两岸关系和平发展达成制度性安排。比如，和平统一，是平等协商、共议统一，这些提法都富有新意，彰显了大陆和中共的诚意与胸襟。

同时，要清醒看到，台湾地区领导人及其决策部署，并不是朝着统一方向前进，而是不断以各种方式走向法理"台独"。对此，中国大陆切不可掉以轻心，而是要做好两手准备，为早日实现统一大业，实现中华民族伟大复兴提供坚强保障。

第十一章　全面深化改革开放再出发

改革开放是中国共产党的一次伟大觉醒，正是这个伟大觉醒孕育了中国共产党从理论到实践的伟大创造。改革开放是中国人民和中华民族发展史上的一次伟大革命，正是这个伟大革命推动了中国特色社会主义事业的伟大飞跃。中共十九大对改革开放作出了新部署。在庆祝改革开放 40 周年大会上，习近平不仅高度评价了改革开放的历史地位和伟大成就，而且深入总结了改革开放的宝贵经验、明确了未来改革开放的路径，为将全面深化改革进行到底指明了方向。

一、改革开放的历史地位和伟大成就

无论从改革开放在解放生产力和发展生产力方面所起的巨大作用看，还是从引起中国社会关系和社会生活变革的深度和广度看，都可以说这是一场新的伟大革命。改革开放这场新的革命深刻地改变了中国，习近平称"改革开放是党和人民大踏步赶上时代的重要法宝，是坚持和发展中国特色社会主义的必由之路，是决定当代中国命运的关键一招，也是决定实现'两个一百年'奋斗目标、实现中华民族伟大复兴的关键一招"①。

（一）党和人民大踏步赶上时代的重要法宝

20 世纪 50 年代中期到 70 年代中期，中国经历一系列群众运动，没把发展社会生产力作为中心工作来抓，经济发展较为缓慢，物资短缺现象比较突出，粮油布票大行其道。这个时期，西方资本主义国家、中国周边的一些国家和地区却在新科技革命的推动下，实现了经济科技的迅速发展，社会面貌发生了意义深远的重大变化。中国与发达国家、发达地区的差距明显拉大。1965 年时美国人均 GDP 是中国的 41 倍，1978 年时是 76 倍；1965 年时日本人均 GDP 是中国的 11 倍，1978 年时是 66 倍。出国访问和考察的中国代表团，亲眼看到了国际社会的这种巨大变化，深感中国与世界发展水平的差距。邓小平接见外宾时说，最近中国的同志出去看了一下，越看越感到中国落后。什么叫现代化？50 年代一个样，60 年代不一样了，70 年代就更不一样了。他还鲜明指出："六十年代前期我们同国际上科学技术水平有差距，但不很大，而这十几年来，世界有了突飞猛进的发展，差距就拉得很大了。同发达国家相比较，经济上的差距不止是十年了，可能是二十年、三十年，有的方面甚至可能是五十年。"②

一个国家、一个民族要振兴，就必须在历史前进的逻辑中前进、在时代发展的潮流中发展。在党和国家面临何去何从的重大历史关头，1978 年 12 月 18 日至 22 日，中共十一届三中全会在北京召开。这次具有划时代意义的会议，重新确立马克思主义的思想路线、政治路线、组织路线，做出实行改革开放和把党的工

---

① 习近平：《论坚持全面深化改革》，中央文献出版社 2018 年版，第 513 页。

② 《邓小平文选》第 2 卷，人民出版社 1994 年版，第 132 页。

作重点转移到社会主义现代化建设上来的重大决策。这些重大决策的作出，是基于对党和国家前途命运的深刻把握，对社会主义革命和建设实践的深刻总结，对人民群众期盼和需要的深刻体悟，以及对时代潮流的深刻洞察。赶上时代前进步伐，成为中国共产党决定进行改革开放的重要目的。

十一届三中全会以来，中国共产党人解放思想、实事求是，顺应时代大潮，敞开胸怀、拥抱世界，大胆地试、勇敢地改，干出了一片新天地。从实行家庭联产承包、乡镇企业异军突起、取消农业税牧业税和特产税到农村承包地"三权"分置到打赢脱贫攻坚战、实施乡村振兴战略，从兴办深圳等经济特区、沿海沿边沿江沿线和内陆中心城市对外开放到加入世界贸易组织、共建"一带一路"、设立自由贸易试验区、谋划中国特色自由贸易港、成功举办首届中国国际进口博览会，从"引进来"到"走出去"，从搞好国营大中小企业、发展个体私营经济到深化国资国企改革、发展混合所有制经济，从单一公有制到公有制为主体、多种所有制经济共同发展和坚持"两个毫不动摇"，从传统的计划经济体制到社会主义市场经济体制再到使市场在资源配置中起决定性作用和更好发挥政府作用，从以经济体制改革为主到全面深化经济、政治、文化、社会、生态文明体制和党的建设制度改革，改革开放成为当代中国最显著的特征。

持续40多年的改革开放，极大改变了中国的面貌、中华民族的面貌、中国人民的面貌、中国共产党的面貌。目前，中国是世界第二大经济体、制造业第一大国、货物贸易第一大国、商品消费第二大国、外资流入第二大国，不仅彻底扔掉了"落后的帽子"，还在人工智能、高速铁路、移动通信技术等领域处于世界领先地位。经过"一棒接一棒"的接力跑，中国成功实现了从"落后于时代"到"大踏步赶上时代"的伟大跨越。

（二）坚持和发展中国特色社会主义的必由之路

改革开放与中国特色社会主义相伴而生、同向共进。改革开放的伟大实践，是中国特色社会主义形成和发展的不竭动力源泉。中国特色社会主义之所以具有蓬勃生命力，就在于实行改革开放的社会主义。正是在改革开放的伟大实践中，中国特色社会主义迎来了从创立、发展到完善的伟大飞跃。

20世纪70年代末，中国共产党决定把工作重点转移到经济建设上来，进行改革开放，提出坚持四项基本原则的战略思想，开始形成"一个中心、两个基本点"的基本路线的大框架。在拨乱反正和改革开放起步中，中共十二大开幕式上邓小平鲜明提出了"建设有中国特色的社会主义"的主题。在改革从农村转向城市的关键时刻，中共十二届三中全会提出了社会主义商品经济论，中共十三大系统阐述了社会主义初级阶段理论，这两大理论的突破是反映了改革开放实践的呼声，也为全面改革深入发展提供了理论指导。经过中共十三大对改革开放新鲜经验进行深入总结，中国特色社会主义理论体系的奠基之作——邓小平理论逐渐形成轮廓。

20世纪80年代末90年代初，世界社会主义出现严重曲折，中国社会主义事业的发展面临空前巨大的困难和压力。在这个决定党和国家前途命运的重大历史关头，邓小平以一贯的坚定信念、非凡胆略和远见卓识，强调改革开放的路线方针政策不能变，南方谈话更是强有力推动了改革开放和社会主义现代化建设新一轮举世瞩目的大发展。在南方谈话指引下召开的中共十四大，作出了抓住机遇、加快发展的决策，确定了建立社会主义市场经济体制的改革目标，对邓小平建设有中国特色社会主义理论的主要内容从九个方面作了系统概括。通过南方谈话和中共十四大，中国开始真正由计划经济体制向社会主义市场经济体制转变，实现了改革开放新的历史性突破，打开了中国经济、政治和文化发展的崭新局面。

中共十五大前后，是中国改革开放的又一个关键节点。邓小平逝世后，国际国内都在观察和猜测中国将向何处去、走什么路，与此同时国内也掀起一场姓"公"姓"私"的讨论。在这个重大历史关头，以江泽民同志为核心的中共中央强调，无论遇到什么困难、什么议论、什么压力，高举邓小平理论的旗帜都不动摇。在此背景下召开的中共十五大，不仅高举邓小平理论旗帜，还以巨大理论勇气提出了社会主义基本经济制度是公有制为主体多种所有制经济共同发展，提出了党在社会主义初级阶段的基本纲领，提出了依法治国的基本方略，丰富和发展了中国特色社会主义。

面对时代的新需要和社会阶层的新变动，中国共产党一方面深化以经济体制改革为重点的改革事业，不断完善社会主义市场经济体制；另一方面，通过艰苦谈判加入 WTO（世界贸易组织），不断扩大对外开放，深度融入世界发展大潮。正是在推进改革开放和社会主义现代化建设进程中，先后形成了"三个代表"重要思想和科学发展观。中共十六大庄严宣示中国共产党要走的道路，就是邓小平同志开辟的、以江泽民同志为核心的中共中央坚持并发展了的中国特色社会主义道路。在改革发展关键阶段召开的中共十七大，对中国特色社会主义道路和中国特色社会主义理论体系作出清晰界定。中共十八大不仅对中国特色社会主义道路、理论体系进行了再概括，而且对中国特色社会主义制度第一次作出权威界定，同时指出中国特色社会主义道路是实现途径、中国特色社会主义理论体系是行动指南、中国特色社会主义制度是根本保证，三者统一于中国特色社会主义伟大实践。在全面深化改革和构建全面开放新格局进程中，中共十九大不仅重申中国特色社会主义道路、理论体系和制度，而且对中国特色社会主义文化作出新概括，强调坚持"四个自信"，成功续写中国特色社会主义这篇大文章。

回顾中国共产党坚持和发展中国特色社会主义的壮阔征程，不难发现中国特色社会主义在改革开放中产生，也在改革开放中发展壮大。改革开放是开辟中国特色社会主义道路的逻辑起点，又是不断拓展这一道路的强大动力；改革开放是形成发展中国特色社会主义理论体系的实践源泉，又是不断完善这一理论体系的实践基础；改革开放是中国特色社会主义制度的鲜明特征，又是增强这一制度生机活力的重要法宝；改革开放是形成中国特色社会主义文化的源头活水，又是发展繁荣这一文化的重要动力。新时代要通过继续全面深化改革、不断扩大对外开放，推动中国特色社会主义事业取得更大辉煌。

（三）实现"两个一百年"奋斗目标的关键一招

改革开放是一个国家、一个民族的生存发展之道。实现民富国强是近代以来中国人孜孜以求的奋斗目标，但这一目标长期未能实现。在艰辛探索积累经验的基础上，中国共产党深切认识到"不改革开放，只有死路一条"。实施改革开放后，一方面，努力改变不适应生产力的生产关系和不适应经济基础的上层建筑，极大解放和发展了社会生产力，极大调动了人们干事创业的积极性；另一方面，实施对外开放，抓住了从20世纪70年代开始不断加速的东亚地区劳动密集型出口加工产业活动跨境转移的机遇，抓住了全球经济繁荣的机遇期，分享了经济全球化和全球技术进步的红利。改革开放短短几十年，国家综合实力大幅提升，在国际社会上赢得举足轻重的地位。回顾改革开放以来的历程，每一次重大改革都给党和国家发展注入新的活力、给事业前进增添强大动力，党和人民事业就是在不断深化改革中波浪式前进的。改革开放是强国之路、富民之路、必由之路。

过去，中国用改革的办法解决了党和国家事业发展中的一系列问题。当前，国内外环境都在发生极为广泛而深刻的变化，中国发展面临一系列矛盾和挑战，前进道路上还有不少困难和问题。比如，发展中不平衡、不协调、不可持续问题依然突出，科技创新能力不强，产业结构不合理，发展方式依然粗放，城乡区域发展差距和居民收入分配差距依然较大，社会矛盾明显增多，教育、就业、社会保障、医疗、住房、生态环境、食品药品安全、安全生产、社会治安、执法司法等关系群众切身利益的问题较多，部分群众生活困难，形式主义、官僚主义问题突出，等等。这些矛盾和问题交织叠加、错综复杂。解决发展中面临的难题、化解来自各方面的风险挑战，推动经济社会持续健康发展，实现"两个一百年目标"，根本上还是要靠改革开放。

站在新的历史起点上，中国共产党的事业崇高而神圣，中国共产党的责任重大而光荣。继续开创中国特色社会主义事业新境界、全面建设社会主义现代化、实现中华民族伟大复兴，必须坚定不移推进改革开放。没有改革开放，就没有中国的今天；离开改革开放，也没有中国的明天。只有高举改革开放伟大旗帜，大力弘扬改革开放精神，不断深化对改革开放规律性认识，勇于攻坚克难，敢于迎难而上，将改革开放进行到底，不断实现人民对美好生活的向往，才能在新时代创造中华民族新的更大奇迹，创造让世界刮目相看的新的更大奇迹。

（四）改革开放取得伟大成就

习近平在庆祝改革开放40周年大会上从十个方面，总结梳理了40年来中国取得的辉煌成就，这些成就是中国继续前行的坚实基础。习近平指出，改革开放40年来，从开启新时期到跨入新世纪，从站上新起点到进入新时代，40年风雨同舟，40年披荆斩棘，40年砥砺奋进，共产党引领人民绘就了一幅波澜壮阔、气势恢宏的历史画卷，谱写了一曲感天动地、气壮山河的奋斗赞歌。

第一，始终坚持解放思想、实事求是、与时俱进、求真务实，坚持马克思主义指导地位不动摇，坚持科学社会主义基本原则不动摇，勇敢推进理论创新、实践创新、制度创新、文化创新以及各方面创新，不断赋予中国特色社会主义鲜明的实践特色、理论特色、民族特色、时代特色，形成了中国特色社会主义道路、理论、制度、文化，以不可辩驳的事实彰显了科学社会主义的鲜活生命力，社会主义的伟大旗帜始终在中国大地上高高飘扬！

第二，始终坚持以经济建设为中心，不断解放和发展社会生产力，中国国内生产总值由 1978 年的 3679 亿元增长到 2017 年的 82.7 万亿元，年均实际增长 9.5%，远高于同期世界经济 2.9%左右的年均增速。中国国内生产总值占世界生产总值的比重由改革开放之初的 1.8%上升到 2017 年的 15.2%，多年来对世界经济增长贡献率超过 30%。中国货物进出口总额从 206 亿美元增长到超过 4 万亿美元，累计使用外商直接投资超过 2 万亿美元，对外投资总额达到 1.9 万亿美元。中国主要农产品产量跃居世界前列，建立了全世界最完整的现代工业体系，科技创新和重大工程捷报频传。中国基础设施建设成就显著，信息畅通，公路成网，铁路密布，高坝矗立，西气东输，南水北调，高铁飞驰，巨轮远航，飞机翱翔，天堑变通途。现在，中国是世界第二大经济体、制造业第一大国、货物贸易第一大国、商品消费第二大国、外资流入第二大国，中国外汇储备连续多年位居世界第一，中国人民在富起来、强起来的征程上迈出了决定性的步伐！①

第三，始终坚持中国特色社会主义政治发展道路，不断深化

---

① 习近平：《论坚持全面深化改革》，中央文献出版社 2018 年版，第 507—508 页。

政治体制改革，发展社会主义民主政治，党和国家领导体制日益完善，全面依法治国深入推进，中国特色社会主义法律体系日益健全，人民当家作主的制度保障和法治保障更加有力，人权事业全面发展，爱国统一战线更加巩固，人民依法享有和行使民主权利的内容更加丰富、渠道更加便捷、形式更加多样，掌握着自己命运的中国人民焕发出前所未有的积极性、主动性、创造性，在改革开放和社会主义现代化建设中展现出气吞山河的强大力量！

第四，始终坚持发展社会主义先进文化，加强社会主义精神文明建设，培育和践行社会主义核心价值观，传承和弘扬中华优秀传统文化，坚持以科学理论引路指向，以正确舆论凝心聚力，以先进文化塑造灵魂，以优秀作品鼓舞斗志，爱国主义、集体主义、社会主义精神广为弘扬，时代楷模、英雄模范不断涌现，文化艺术日益繁荣，网信事业快速发展，全民族理想信念和文化自信不断增强，国家文化软实力和中华文化影响力大幅提升。改革开放铸就的伟大改革开放精神，极大丰富了民族精神内涵，成为当代中国人民最鲜明的精神标识！

第五，始终坚持在发展中保障和改善民生，全面推进幼有所育、学有所教、劳有所得、病有所医、老有所养、住有所居、弱有所扶，不断改善人民生活、增进人民福祉。全国居民人均可支配收入由 171 元增加到 2.6 万元，中等收入群体持续扩大。中国贫困人口累计减少 7.4 亿人，贫困发生率下降 94.4 个百分点，谱写了人类反贫困史上的辉煌篇章。教育事业全面发展，九年义务教育巩固率达 93.8%。中国建成了包括养老、医疗、低保、住房在内的世界最大的社会保障体系，基本养老保险覆盖超过 9 亿人，医疗保险覆盖超过 13 亿人。常住人口城镇化率达到 58.52%，上升 40.6 个百分点。居民预期寿命由 1981 年的 67.8 岁提高到 2017 年的 76.7 岁。中国社会大局保持长期稳定，成为世界上最有安全感的国家之一。粮票、布票、肉票、鱼票、油票、豆腐票、副食本、工业券等百姓生活曾经离不开的票证已经进入了历史博物馆，忍饥挨饿、缺吃少穿、生活困顿这些几千年来困扰中国人民的问题总体上一去不复返了！

第六，始终坚持保护环境和节约资源，坚持推进生态文明建设，生态文明制度体系加快形成，主体功能区制度逐步健全，节能减排取得重大进展，重大生态保护和修复工程进展顺利，生态环境治理明显加强，积极参与和引导应对气候变化国际合作，中国人民生于斯、长于斯的家园更加美丽宜人！

第七，始终坚持党对军队的绝对领导，不断推进国防和军队现代化，推进人民军队实现革命性重塑，武器装备取得历史性突破，治军方式发生根本性转变，革命化现代化正规化水平显著提高，人民军队维护国家主权、安全、发展利益的能力显著增强，成为保卫人民幸福生活、保卫祖国和世界和平牢不可破的强大力量！

第八，始终坚持推进祖国和平统一大业，实施"一国两制"基本方针，相继恢复对香港、澳门行使主权，洗雪了中华民族百年屈辱。坚持一个中国原则和"九二共识"，加强两岸经济文化交流合作，推动两岸关系和平发展，坚决反对和遏制"台独"分裂势力，牢牢掌握两岸关系发展主导权和主动权。海内外全体中华儿女的民族认同感、文化认同感大大增强，同心共筑中国梦的意志更加坚强！

第九，始终坚持独立自主的和平外交政策，始终不渝走和平发展道路、奉行互利共赢的开放战略，坚定维护国际关系基本准则，维护国际公平正义。实现由封闭半封闭到全方位开放的历史转变，积极参与经济全球化进程，为推动人类共同发展作出了应有贡献。中国积极推动建设开放型世界经济、构建人类命运共同体，促进全球治理体系变革，旗帜鲜明反对霸权主义和强权政治，为世界和平与发展不断贡献中国智慧、中国方案、中国力量。中国日益走近世界舞台中央，成为国际社会公认的世界和平的建设者、全球发展的贡献者、国际秩序的维护者！

第十，始终坚持加强和改善党的领导，积极应对在长期执政和改革开放条件下党面临的各种风险考验，持续推进党的建设新的伟大工程，保持党的先进性和纯洁性，保持党同人民群众的血肉联系。积极探索共产党执政规律、社会主义建设规律、人类社会发展规律，不断开辟马克思主义中国化新境界。坚持党要管党、从严治党，净化党内政治生态，持之以恒正风肃纪，大力整治形式主义、官僚主义、享乐主义和奢靡之风，以零容忍态度严厉惩治腐败，反腐败斗争取得压倒性胜利。共产党在革命性锻造中坚定走在时代前列，始终是中国人民和中华民族的主心骨！

40 年来，"改革开放极大改变了中国的面貌、中华民族的面貌、中国人民的面貌、中国共产党的面貌。中华民族迎来了从站起来、富起来到强起来的伟大飞跃！中国特色社会主义迎来了从创立、发展到完善的伟大飞跃！中国人民迎来了从温饱不足到小康富裕的伟大飞跃！中华民族正以崭新姿态屹立于世界的东方！"① 这些巨大成就，不是天上掉下来的，更不是别人恩赐施舍的，而是中共领导中国各族人民用勤劳、智慧、勇气干出来的。中国用几十年时间走完了发达国家几百年走过的工业化历程。中国创造了东方大国发展的奇迹，令中国人民感到无比自豪、无比骄傲。

二、改革开放的宝贵经验和前进部署

只有顺应历史潮流，积极应变，主动求变，才能与时代同

① 习近平：《在庆祝改革开放 40 周年大会上的讲话》，《人民日报》2018 年 12 月 19 日。

行。习近平指出，改革开放 40 年积累的宝贵经验是党和人民弥足珍贵的精神财富，对新时代坚持和发展中国特色社会主义有着极为重要的指导意义，必须倍加珍惜、长期坚持，在实践中不断丰富和发展。坚持改革开放积累的经验，才能更好地出发。中国共产党在改革开放 40 周年这一关键历史节点，既回顾了过去，总结了经验，又展望未来，瞄准了前进方向，明确了前进思路。

（一）改革开放积累的宝贵经验

第一，必须坚持党对一切工作的领导，不断加强和改善党的领导。中国共产党领导是中国特色社会主义最本质的特征，是中国特色社会主义制度的最大优势。党政军民学，东西南北中，党是领导一切的。正是因为始终坚持党的集中统一领导，中国才能实现伟大历史转折、开启改革开放新时期和中华民族伟大复兴新征程，才能成功应对一系列重大风险挑战、克服无数艰难险阻，才能有力应变局、平风波、战洪水、防"非典"、抗地震、化危机，才能既不走封闭僵化的老路也不走改旗易帜的邪路，而是坚定不移走中国特色社会主义道路。坚持党的领导，必须不断改善党的领导，让党的领导更加适应实践、时代、人民的要求。在坚持党的领导这个决定党和国家前途命运的重大原则问题上，全党全国必须保持高度的思想自觉、政治自觉、行动自觉，丝毫不能动摇。

第二，必须坚持以人民为中心，不断实现人民对美好生活的向往。为中国人民谋幸福，为中华民族谋复兴，是中国共产党人的初心和使命，也是改革开放的初心和使命。共产党来自人民、扎根人民、造福人民，全心全意为人民服务是党的根本宗旨，必须以最广大人民根本利益为一切工作的根本出发点和落脚点，坚持把人民拥护不拥护、赞成不赞成、高兴不高兴作为制定政策的依据，顺应民心、尊重民意、关注民情、致力民生，既通过提出并贯彻正确的理论和路线方针政策带领人民前进，又从人民实践创造和发展要求中获得前进动力，让人民共享改革开放成果，激励人民更加自觉地投身改革开放和社会主义现代化建设事业。

第三，必须坚持马克思主义指导地位，不断推进实践基础上的理论创新。创新是改革开放的生命。实践发展永无止境，解放思想永无止境。恩格斯说，"一切社会变迁和政治变革的终极原因，不应当到人们的头脑中，到人们对永恒的真理和正义的日益增进的认识中去寻找，而应当到生产方式和交换方式的变更中去寻找"①。中共坚持理论联系实际，及时回答时代之问、人民之问，廓清困扰和束缚实践发展的思想迷雾，不断推进马克思主义中国化时代化大众化，不断开辟马克思主义发展新境界。

第四，必须坚持走中国特色社会主义道路，不断坚持和发展中国特色社会主义。方向决定前途，道路决定命运。中国把命运掌握在自己手中，有志不改、道不变的坚定。改革开放40年来，中国共产党全部理论和实践的主题是坚持和发展中国特色社会主义。在中国这样一个有着5000多年文明史、近14亿人口的大国推进改革发展，没有可以奉为金科玉律的教科书，也没有可以对中国人民颐指气使的教师爷。鲁迅先生说过："什么是路？就是从没路的地方践踏出来的，从只有荆棘的地方开辟出来的。"中国特色社会主义道路是当代中国大踏步赶上时代、引领时代发展的康庄大道，必须毫不动摇走下去。

第五，必须坚持完善和发展中国特色社会主义制度，不断发挥和增强中国制度优势。制度是关系党和国家事业发展的根本性、全局性、稳定性、长期性问题。中共扭住完善和发展中国特色社会主义制度这个关键，为解放和发展社会生产力、解放和增

---

① 《马克思恩格斯选集》第3卷，人民出版社1995年版，第617—618页。

强社会活力、永葆党和国家生机活力提供了有力保证，为保持社会大局稳定、保证人民安居乐业、保障国家安全提供了有力保证，为放手让一切劳动、知识、技术、管理、资本等要素的活力竞相迸发，让一切创造社会财富的源泉充分涌流不断建立充满活力的体制机制。

第六，必须坚持以发展为第一要务，不断增强中国综合国力。解放和发展社会生产力，增强社会主义国家的综合国力，是社会主义的本质要求和根本任务。只有牢牢扭住经济建设这个中心，毫不动摇坚持发展是硬道理、发展应该是科学发展和高质量发展的战略思想，推动经济社会持续健康发展，才能全面增强中国经济实力、科技实力、国防实力、综合国力，才能为坚持和发展中国特色社会主义、实现中华民族伟大复兴奠定雄厚物质基础。

第七，必须坚持扩大开放，不断推动共建人类命运共同体。开放带来进步，封闭必然落后。中国的发展离不开世界，世界的繁荣也需要中国。中国统筹国内国际两个大局，坚持对外开放的基本国策，实行积极主动的开放政策，形成全方位、多层次、宽领域的全面开放新格局，为中国创造了良好国际环境、开拓了广阔发展空间。

第八，必须坚持全面从严治党，不断提高党的创造力、凝聚力、战斗力。打铁必须自身硬。办好中国的事情，关键在党，关键在坚持党要管党、全面从严治党。共产党只有在领导改革开放和社会主义现代化建设伟大社会革命的同时，坚定不移推进党的伟大自我革命，敢于清除一切侵蚀党的健康肌体的病毒，使党不断自我净化、自我完善、自我革新、自我提高，不断增强党的政治领导力、思想引领力、群众组织力、社会号召力，才能确保党始终保持同人民群众的血肉联系。

第九，必须坚持辩证唯物主义和历史唯物主义世界观和方法论，正确处理改革发展稳定关系。中国是一个大国，决不能在根本性问题上犯颠覆性错误。中国坚持加强党的领导和尊重人民首创精神相结合，坚持"摸着石头过河"和顶层设计相结合，坚持问题导向和目标导向相统一，坚持试点先行和全面推进相促进，既鼓励大胆试、大胆闯，又坚持实事求是、善作善成，确保了改革开放行稳致远。

上述九条宝贵经验涉及改革开放的领导力量、价值取向、思想指引、根本方向、制度保障、根本任务、对外战略、科学方法。这些都是关乎改革开放和社会主义现代化建设事业前途命运的基本方面。其中，领导力量讲了两条，即党的领导和党的建设，反映了中共十八大以来中国共产党对执政党建设规律的认识更加全面深化。坚持以人民为中心是改革开放的价值取向，是改革开放的基本原则，必须长期坚持。理论创新、走自己的路、制度完善三条，既是改革开放取得的根本成就，也是根本经验，意味着进行改革开放必须始终立足中国实际，体现中国特色。这些宝贵经验是数十年累积的改革智慧结晶，也是新时代改革开放的基本遵循。总结经验、回顾过去，是为团结一致向前看、更好走向未来。这些宝贵经验，为推进新时代改革开放指明了方向、明确了路径、提供了方法。

（二）改革开放再出发的重要部署

在庆祝改革开放40周年大会上，党中央在总结经验基础上，明确了将改革开放进行到底的坚定信心，作出了改革开放再出发的重要部署。

1. 坚持和加强党的领导

改革开放每一步都不是轻而易举的，未来必定会面临各种的风险挑战，甚至会遇到难以想象的惊涛骇浪。习近平强调，必须增强"四个意识"、坚定"四个自信"，坚决维护党中央权威和集中统一领导，把党的领导贯彻和体现到改革发展稳定、内政外交国防、治党治国治军等各个领域。共产党要总揽全局、协调各方，坚持科学执政、民主执政、依法执政，完善党的领导方式和执政方式，提高党的执政能力和领导水平，不断提高党把方向、谋大局、定政策、促改革的能力和定力，确保改革开放这艘航船沿着正确航向破浪前行。

2. 坚持以人民为中心

以人民为中心是新时代为人民服务宗旨的另一种表达。中国共产党必须始终把人民对美好生活的向往作为自己的奋斗目标，践行党的根本宗旨，贯彻党的群众路线，尊重人民主体地位，尊重人民群众在实践活动中所表达的意愿、所创造的经验、所拥有的权利、所发挥的作用，充分激发蕴藏在人民群众中的创造伟力。中国共产党要健全民主制度、拓宽民主渠道、丰富民主形式、完善法治保障，确保人民依法享有广泛充分、真实具体、有效管用的民主权利。中国共产党要着力解决人民群众所需所急所盼，让人民共享经济、政治、文化、社会、生态等各方面发展成果，有更多、更直接、更实在的获得感、幸福感、安全感，不断促进人的全面发展、全体人民共同富裕。

3. 继续推动理论创新

理论创新无止境。必须坚持以马克思列宁主义、毛泽东思想、邓小平理论、"三个代表"重要思想、科学发展观、新时代中国特色社会主义思想为指导，坚持解放思想和实事求是有机统一。发展21世纪马克思主义、当代中国马克思主义，是当代中国共产党人责无旁贷的历史责任。中共要强化问题意识、时代意识、战略意识，用深邃的历史眼光、宽广的国际视野把握事物发展的本质和内在联系，紧密跟踪亿万人民的创造性实践，借鉴吸收人类一切优秀文明成果，不断回答时代和实践提出的新的重大课题，让当代中国马克思主义放射出更加灿烂的真理光芒。

4. 坚持中国道路，完善中国制度

中国是一个大国，必须从自身实际出发，制定政策方针，坚持走自己的道路，完善符合国情的制度。因此，必须坚持以新时代中国特色社会主义思想和党的十九大精神为指导，增强"四个自信"，牢牢把握改革开放的前进方向。改什么、怎么改必须以是否符合完善和发展中国特色社会主义制度、推进国家治理体系和治理能力现代化的总目标为根本尺度，该改的、能改的坚决改，不该改的、不能改的坚决不改。中国要坚持党的基本路线，把以经济建设为中心同坚持四项基本原则、坚持改革开放这两个基本点统一于新时代中国特色社会主义伟大实践，长期坚持，决不动摇。

前进道路上，必须毫不动摇巩固和发展公有制经济，毫不动摇鼓励、支持、引导非公有制经济发展，充分发挥市场在资源配置中的决定性作用，更好发挥政府作用，激发各类市场主体活力。中国要坚持党的领导、人民当家作主、依法治国有机统一，坚持和完善人民代表大会制度、中国共产党领导的多党合作和政治协商制度、民族区域自治制度、基层群众自治制度，全面推进依法治国，巩固和发展最广泛的爱国统一战线，发展社会主义协商民主，用制度体系保证人民当家作主。中国要加强文化领域制度建设，举旗帜、聚民心、育新人、兴文化、展形象，积极培育和践行社会主义核心价值观，推动中华优秀传统文化创造性转化、创新性发展，传承革命文化、发展先进文化，努力创造光耀时代、光耀世界的中华文化。中国要加强社会治理制度建设，不断促进社会公平正义，保持社会安定有序。中国要加强生态文明制度建设，实行最严格的生态环境保护制度。中国要坚决破除一切妨碍发展的体制机制障碍和利益固化藩篱，加快形成系统完备、科学规范、运行有效的制度体系，推动中国特色社会主义制度更加成熟更加定型。

5. 继续推进经济社会发展

中国仍处在社会主义初级阶段，必须牢固树立经济建设这个中心任务。围绕解决好人民日益增长的美好生活需要和不平衡不充分的发展之间的矛盾，坚决贯彻创新、协调、绿色、开放、共享的发展理念，统筹推进"五位一体"总体布局、协调推进"四个全面"战略布局，推动高质量发展，推动新型工业化、信息化、城镇化、农业现代化同步发展，加快建设现代化经济体系，努力实现更高质量、更有效率、更加公平、更可持续的发展。中国要坚持以供给侧结构性改革为主线，积极转变发展方式、优化经济结构、转换增长动力，积极扩大内需，实施区域协调发展战略，实施乡村振兴战略，坚决打好防范化解重大风险、精准脱贫、污染防治的攻坚战。中国要坚持创新是第一动力、人才是第一资源的理念，实施创新驱动发展战略，完善国家创新体系，加快关键核心技术自主创新，为经济社会发展打造新引擎。中国要加强生态文明建设，牢固树立绿水青山就是金山银山的理念，形成绿色发展方式和生活方式，把伟大祖国建设得更加美丽，让人民生活在天更蓝、山更绿、水更清的优美环境之中。

6. 为国家发展创造良好外部环境

大国崛起，需要和平安定的国际环境。前进道路上，中国坚持高举和平、发展、合作、共赢的旗帜，恪守维护世界和平、促进共同发展的外交政策宗旨，推动建设相互尊重、公平正义、合作共赢的新型国际关系。中国要尊重各国人民自主选择发展道路的权利，维护国际公平正义，倡导国际关系民主化，反对把自己的意志强加于人，反对干涉别国内政，反对以强凌弱。中国要发挥负责任大国作用，支持广大发展中国家发展，积极参与全球治理体系改革和建设，共同为建设持久和平、普遍安全、共同繁荣、开放包容、清洁美丽的世界而奋斗。中国要支持开放、透明、包容、非歧视性的多边贸易体制，促进贸易投资自由化便利化，推动经济全球化朝着更加开放、包容、普惠、平衡、共赢的方向发展。中国要以共建"一带一路"为重点，同各方一道打造国际合作新平台，为世界共同发展增添新动力。中国决不会以牺牲别国利益为代价来发展自己，也决不放弃自己的正当权益。中国奉行防御性的国防政策，中国发展不对任何国家构成威胁。中国无论发展到什么程度都永远不称霸。

7. 全面从严治党不放松

加强党的领导，不意味着放松党的领导，反而要求更加注重党的建设。中国共产党按照新时代党的建设总要求，以政治建设为统领，不断推进党的建设新的伟大工程，不断增强全党团结统一和创造活力，不断增强全党执政本领，把党建设得更加坚强、更加有力。中国共产党要坚持用时代发展要求审视自己，以强烈忧患意识警醒自己，以改革创新精神加强和完善自己，在应对风险挑战中锻炼提高，在解决党内存在的突出矛盾和问题中净化纯洁，不断提高管党治党水平。中国共产党要坚持德才兼备、以德为先、任人唯贤，着力培养忠诚干净担当的高素质干部队伍和宏大的人才队伍。中国共产党要以反腐败永远在路上的坚韧和执着，深化标本兼治，坚决清除一切腐败分子，保证干部清正、政府清廉、政治清明，为继续推进改革开放营造海晏河清的政治生态。

8. 坚持科学方法论

掌握科学方法论会让执政党少犯错误，不犯大错误。前进道路上，中国共产党要增强战略思维、辩证思维、创新思维、法治思维、底线思维，加强宏观思考和顶层设计，坚持问题导向，聚焦中国发展面临的突出矛盾和问题，深入调查研究，鼓励基层大胆探索，坚持改革决策和立法决策相衔接，不断提高改革决策的科学性。中国共产党要拿出抓铁有痕、踏石留印的韧劲，以钉钉子精神抓好落实，确保各项重大改革举措落到实处。

三、坚持科学的改革开放方法

改革开放以来，中国之所以走向成功，与中国共产党拥有一套完整有效的改革开放方法有很大关系。中共十八大以来，习近平非常重视方法论，在推动全面深化改革和对外开放过程中论述了大量方法论的内容，形成了独具特色的指导改革开放的方法论。

（一）更加注重改革的系统性、整体性、协同性

中国改革已经进入攻坚期和深水区，重大改革都是牵一发而动全身，需要全面考量、协调推进，不能畸轻畸重，也难以单刀突进。① 进一步深化改革，必须更加注重改革的系统性、整体性、协同性，统筹推进重要领域和关键环节改革。② 习近平鲜明指出，改革开放是前无古人的崭新事业，必须坚持正确的方法论，③ 注重系统性、整体性、协同性是全面深化改革的内在要求，也是推进改革的重要方法。④

全面深化改革涉及党和国家工作全局，涉及经济社会发展各领域，涉及许多重大理论问题和实际问题，是一个复杂的系统工

---

① 中共中央文献研究室编：《习近平关于全面深化改革的论述摘编》，中央文献出版社 2014 年版，第 33 页。

② 中共中央文献研究室编：《习近平关于全面深化改革的论述摘编》，中央文献出版社 2014 年版，第 30 页。

③ 习近平：《论坚持全面深化改革》，中央文献出版社 2018 年版，第 6 页。

④ 《习近平谈治国理政》第 2 卷，外文出版社 2017 年版，第 109 页。

程。随着改革不断深入，各个领域各个环节改革的关联性互动性明显增强。① 要统筹谋划深化改革各个方面、各个层次、各个要素，注重推动各项改革相互促进、良性互动、协同配合。② 要在基本确定主要改革举措的基础上，深入研究各领域改革关联性和各项改革举措耦合性，深入论证改革举措可行性。要抓好改革方案的进度统筹、质量统筹、落地统筹，理清各项改革的"联络图"和"关系网"，增强改革的有序性。

全面深化改革要坚持整体推进，注重改革措施整体效果。面对改革的复杂形势和繁重任务，要牵住改革"牛鼻子"，坚持社会主义市场经济改革方向，坚持以经济体制改革为主轴，努力在重要领域和关键环节改革上取得新突破，以此牵引和带动其他领域改革。要注重厘清重大改革的逻辑关系，推动有条件的地方和领域实现改革举措系统集成，打出一系列改革"组合拳"，压茬推进一大批重要改革，做到前后呼应、相互配合、形成整体，提高改革整体效益。

全面深化改革既包括经济体制改革又包括政治体制、文化体制、社会体制、生态体制改革，既涉及生产力又涉及生产关系，既涉及经济基础又涉及上层建筑，每一项改革都会对其他改革产生重要影响，每一项改革又都需要其他改革协同配合。如果各领域改革不配套，各方面改革措施相互牵扯，全面深化改革就很难推进下去，即使勉强推进，效果也会大打折扣。③ 习近平指出，

①　中共中央文献研究室编：《习近平关于全面深化改革的论述摘编》，中央文献出版社 2014 年版，第 43 页。

②　中共中央文献研究室编：《习近平关于全面深化改革的论述摘编》，中央文献出版社 2014 年版，第 44 页。

③　习近平：《论坚持全面深化改革》，中央文献出版社 2018 年版，第 44 页。

改革越深入，越要注意协同，既抓改革方案协同，也抓改革落实协同，更抓改革效果协同，促进各项改革举措在政策取向上相互配合、在实施过程中相互促进、在改革成效上相得益彰，朝着全面深化改革总目标聚焦发力。①

（二）处理好全面深化改革的重大关系

全面深化改革，触及深层次的社会关系和利益调整，凝聚改革共识难度加大，统筹兼顾各方面利益任务艰巨，协调不顺，处理不好，改革就难以顺利推进，难以取得成功。要牢固树立进取意识、机遇意识、责任意识，坚持辩证法，坚持问题导向，从纷繁复杂的事物表象中把准改革脉搏，把握全面深化改革的内在规律，重点处理好几个重大关系。

处理好解放思想和实事求是的关系。习近平指出，冲破思想观念的障碍、突破利益固化的藩篱，解放思想是首要的。思想不解放，就很难看清各种利益固化的症结所在，很难找准突破的方向和着力点，很难拿出创造性的改革举措。② 改革开放的过程，就是思想解放的过程。没有思想大解放，就不会有改革大突破。解放思想不是脱离国情的异想天开，也不是闭门造车的主观想象，更不是毫无章法的莽撞蛮干。解放思想的目的在于更好实事求是。坚持解放思想和实事求是的有机统一，一切从国情出发、从实际出发，既总结国内成功做法又借鉴国外有益经验，既大胆探索又脚踏实地，敢闯敢干，大胆实践，多出可复制可推广的经验。

---

① 《习近平主持召开中央全面深化改革领导小组第三十六次会议》，新华网 2017 年 6 月 26 日。

② 习近平：《论坚持全面深化改革》，中央文献出版社 2018 年版，第 42—43 页。

处理好整体推进和重点突破的关系。全面深化改革不是某个方面的单项改革，而是一个涉及经济社会发展各领域的复杂系统工程。习近平强调，"要坚持整体推进，加强不同时期、不同方面改革配套和衔接，注重改革措施整体效果，防止畸重畸轻、单兵突进、顾此失彼"①。但整体推进又不是平均用力、齐头并进，而是注重抓主要矛盾和矛盾的主要方面，注重抓重要领域和关键环节。重要领域"牵一发而动全身"，关系到改革大局，是改革的重中之重；关键环节"一子落而满盘活"，关系到改革成效，是改革的有力支点。以这些重要领域和关键环节为突破口，对全面改革起到牵引和推动作用。

处理好全局和局部的关系。局部与全局相互依存。首先要有全局观，对各种矛盾做到心中有数，同时又要优先解决主要矛盾和矛盾的主要方面，以此带动其他矛盾的解决。② 在全面深化改革过程中，每一项改革既要考虑局部的具体情况，更要从大局出发，从全局上统筹谋划。要避免"只见树木，不见森林"，防止局部和眼前合理却不利于全局和长远的情况发生。

处理好顶层设计和摸着石头过河的关系。全面深化改革事关全局、影响深远③，需要加强顶层设计和整体谋划。摸着石头过河是富有中国智慧的改革方法，也是符合马克思主义认识论和实践论的方法。摸着石头过河就是摸规律，既要尊重客观规律，坚持按照客观规律办事，又要积极发挥主观能动性，勇于推进理论

① 习近平：《论坚持全面深化改革》，中央文献出版社 2018 年版，第 60 页。

② 习近平：《辩证唯物主义是中国共产党人的世界观和方法论》，《求是》2019 年第 1 期。

③ 习近平：《论坚持全面深化改革》，中央文献出版社 2018 年版，第 62 页。

和实践创新，不断深化对改革规律的认识。加强顶层设计和摸着石头过河辩证统一，推进局部的阶段性改革要在加强顶层设计的前提下进行，加强顶层设计要在推进局部的阶段性改革的基础上谋划。处理好胆子要大和步子要稳的关系，改革再难也向前推进，敢于担当，敢于啃硬骨头，敢于涉险滩，但方向一定要准，行驶一定要稳，尤其不能犯颠覆性错误。

处理好改革发展稳定的关系。改革发展稳定是中国社会主义现代化建设的三个重要支点。改革是经济社会发展的强大动力，发展是解决一切经济社会问题的关键，稳定是改革发展的前提。现在，中国既处于发展的重要战略机遇期，也处于社会矛盾凸显期，在社会稳定中推进改革发展尤为重要。坚持把改革的力度、发展的速度和社会可承受的程度统一起来，把改善人民生活作为正确处理改革发展稳定关系的结合点，在保持社会稳定中推进改革发展，通过改革发展促进社会稳定。① 既敢为天下先、敢闯敢试，又积极稳妥、蹄疾步稳，把改革发展稳定统一起来，坚持方向不变、道路不偏、力度不减，推动新时代改革开放走得更稳、走得更远。②

处理好改革和法治的关系。改革和法治相辅相成、相伴而生。在法治下推进改革，在改革中完善法治。坚持改革决策和立法决策相统一、相衔接，立法主动适应改革需要，积极发挥引导、推动、规范、保障改革的作用，做到重大改革于法有据，改革和法治同步推进，增强改革的穿透力。对实践证明行之有效的改革成果，及时上升为法律；对实践条件还不成熟、需要先行先

---

① 习近平：《论坚持全面深化改革》，中央文献出版社 2018 年版，第 8—9 页。

② 习近平：《在庆祝改革开放 40 周年大会上的讲话》，《人民日报》2018 年 12 月 19 日。

试的，按照法定程序作出授权；对不适应改革要求的法律法规，及时修改和废止。

（三）推动全面深化改革落地生根

一分部署，九分落实。改革重在落实，也难在落实。① 当前中国改革进入攻坚期和深水区，越来越触及深层次利益格局的调整和制度体系的变革，改革的复杂性、敏感性、艰巨性更加突出。能否坚定信心、凝聚共识、攻坚克难，确保各项改革举措落地生根，直接决定着改革成败。如果不沉下心来抓落实，再好的目标、再好的蓝图，也只是镜中花、水中月。② 必须聚焦、聚神、聚力抓落实，做到紧之又紧、细之又细、实之又实。

改革推进到一定程度，比认识更重要的是决心，比方法更关键的是担当。把抓改革作为一项重大政治责任，坚定改革信心和决心，增强推进改革的思想自觉和行动自觉。着力提高领导干部谋划、推动、落实改革的能力，引导领导干部树立全面深化改革的思想作风和担当精神。明确改革的责任主体，强化责任担当，拧紧责任螺丝。③ 承担牵头任务的中央有关部门是抓落实的主责单位，要切实担负起改革落地的责任。地方各级党委要着力抓好有关重要改革部署的具体落实，要结合实际，因地制宜，一环紧扣一环，一步紧跟一步，盯住干、马上办、改到位。

---

① 《习近平主持召开中央全面深化改革委员会第四次会议》，新华网 2018 年 9 月 20 日。

② 《习近平新时代中国特色社会主义思想三十讲》，学习出版社 2018 年版，第 103 页。

③ 《习近平新时代中国特色社会主义思想三十讲》，学习出版社 2018 年版，第 103 页。

行动最有说服力。① 党政主要负责同志要"既当改革促进派、又当改革实干家"②，既要挂帅，又要出征。拥护改革、支持改革、敢于担当的就是促进派，把改革抓在手上、落到实处、干出成效的就是实干家。各地区各部门的主要负责同志，把改革放在更加突出位置来抓，不仅亲自抓、带头干，还勇于挑最重的担子、啃最硬的骨头，做到重要改革亲自部署、重大方案亲自把关、关键环节亲自协调、落实情况亲自督察。对中央部署的重大改革举措，结合本地实际实化细化，时时关心、时时跟踪，盯住不放，做到不弃微末，不舍寸功。对本地区本部门改革任务，既抓紧推进、敢于突破，又立足全局、通盘考虑。注意配足力量，创新工作方法，把精力集中在打通"最后一公里"上。健全正向激励体系，着力强化敢于担当、攻坚克难的用人导向，把那些想改革、谋改革、善改革的干部用起来，鼓励干部勇挑重担。

习近平强调，要遵循改革规律和特点，建立全过程、高效率、可核实的改革落实机制，推动改革举措早落地、见实效。③要抓主体责任，凡是承担改革任务的地方和部门，都要知责明责、守责尽责，各就各位、各负其责，对敷衍塞责、拖延扯皮、屡推不动的，对重视不够、研究甚少、贯彻乏力的，要进行问责。要抓督察落实，强化督察职能，健全督察机制，搞好督察统筹，既要督任务、督进度、督成效，也要察认识、察责任、察作风，确保党中央确定的改革方向不偏离，党中央明确的改革任务不落空，更好发挥督察在打通关节、疏通堵点、提高质量中的作

---

① 习近平：《论坚持全面深化改革》，中央文献出版社 2018 年版，第 42 页。

② 《习近平谈治国理政》第 2 卷，外文出版社 2017 年版，第 105 页。

③ 《习近平：深入扎实抓好改革开放落实工作　盯着抓反复抓直到抓出成效》，新华社 2016 年 2 月 23 日。

用。要抓方案落地，因地制宜，逐层细化，精准有效，改什么、怎么改都要根据实际来，不能一刀切，同时对推出的各项改革方案要进行实效评估，及时发现和解决问题。要抓改革成效，坚持以人民为中心的改革价值取向，① 把是否促进经济社会发展、是否给人民群众带来实实在在的获得感，作为改革成效的评价标准。抓成果巩固，及时总结推广改革经验，把各项成果总结好、巩固好、发展好，努力使实践成果上升为制度成果，防止机械式督察检查考核。

营造鼓励改革、支持改革的良好环境，调动各方面推动改革、参与改革的积极性。尊重和发挥地方、基层、群众的首创精神，既鼓励创新、表扬先进，也允许试错、宽容失败。重视调查研究，坚持眼睛向下、脚步向下，了解基层群众所思、所想、所盼，使改革更接地气。注重加强改革宣传和舆论引导，加强改革政策举措的权威解读，及时研判分析、统筹平衡改革引起的利益关系调整，推动全社会形成想改革、敢改革、善改革的良好风尚。

中共十九大以来，以习近平同志为核心的党中央召开十多次中央深改组、中央深改委会议，布置多项重大改革举措，有力推进全面深化改革再出发，把全面深化改革向纵深推进。

四、形成全面对外开放格局

开放是大势所趋、人心所向。世界历史表明，开放带来进步，封闭必然落后。中国发展实践充分表明，要发展壮大，必须主动适应经济全球化潮流，坚持对外开放。主动参与和推动经济

---

① 《习近平主持召开十九届中央全面深化改革领导小组第一次会议》，新华社 2017 年 11 月 20 日。

全球化进程，发展更高层次的开放型经济，推动形成全面开放的新格局，是以习近平同志为核心的党中央，准确判断世界发展大势，深刻把握新时代改革开放新形势新要求作出的重大战略部署。贯彻落实这一重大战略部署，必须认真研判国际国内新形势，准确把握全面开放内涵，实施管用有效的开放举措，不断提高开放水平。

（一）对外开放面临的新形势

当今世界大变局加速深刻演变，全球动荡源和风险点增多，国际形势波谲云诡。中国正处在实现民族复兴的关键时期，改革开放进入克难攻坚的关键阶段。对外开放面临的国际国内形势正在发生深刻复杂变化，机遇前所未有，挑战前所未有，机遇大于挑战。

从国际上看，国际格局深刻演变，新兴市场和发展中国家群体性崛起，国际力量"东升西降""南升北降"态势更加明显，但发展失衡未有根本改观。新科技革命和产业变革的时代浪潮奔腾而至，人工智能等新产业新技术新业态层出不穷，但增长新旧动能转换尚未完成。全球治理体系加快变革，但治理滞后仍是突出挑战。聚焦经济全球化发展，一方面经济全球化大潮滚滚向前，这是历史发展大势，顺之则昌，一方面"逆全球化"思潮涌动，单边主义为世界经济增长蒙上了阴影。一方面继续推进投资贸易便利化会给世界各国带来发展繁荣，一方面贸易保护主义抬头，给全球经济发展带来不确定性因素。世界面临开放与保守、合作与封闭、变革与守旧的重要抉择，既充满希望也充满挑战。如何在错综复杂的国际新形势下抓住机遇、化解挑战，是中国对外开放工作面临的重要任务。

从国内看，中国经济发展进入新常态，劳动力成本持续攀升，资源约束日益趋紧，环境承载能力接近上限，开放型经济传统竞争优势受到削弱，传统发展模式遭遇瓶颈。但也要看到，中国人力资源丰富、市场规模庞大、基础设施比较完善、产业配套齐全，创新发展的制度环境和政策环境不断完善，开放型经济仍然具备综合竞争优势。在严峻复杂的国内外环境倒逼下，中国加工贸易加快转型升级，服务贸易持续快速发展，外贸新产品、新业态、新模式不断涌现，企业国际化经营能力明显增强，在国际分工中的地位逐步提升。如何因势利导、乘势而上，推动开放型经济加快由要素驱动向创新驱动转变，由规模速度型向质量效益型转变，由成本、价格优势为主向以技术、标准、品牌、质量、服务为核心的综合竞争优势转变，从而实现质量变革、效率变革、动力变革，是对外开放工作必须把握的主攻方向。

随着中国国力增强，中国与世界的关系也在发生深刻变化，中国在国际舞台上的地位和作用大幅提高，与国际社会互动空前紧密。中国一举一动，都吸引世界各国关注。国际社会希望中国发挥更大作用，承担更多责任。中国将以更负责的精神、更开放包容的胸襟、更高质量的增长，在实现自身发展的同时，为世界各国共同繁荣作出更大贡献。

（二）推动形成全面开放新格局

准确把握全面开放的丰富内涵和重要地位。全面开放既包括开放范围扩大、领域拓宽、层次加深，也包括开放方式创新、布局优化、质量提升，是习近平新时代中国特色社会主义思想和基本方略的重要内容，是做好中国对外开放工作的基本遵循。

全面开放体现在开放空间上，就是优化区域开放布局，加大西部开放力度，改变中国对外开放东快西慢、沿海强内陆弱的区域格局，逐步形成沿海内陆沿边分工协作、互动发展的全方位开放新格局。体现在开放举措上，就是推进"一带一路"建设，坚持自主开放与对等开放加快走出去战略谋划，统筹多双边和区域开放合作，加快实施自由贸易区战略等。体现在开放内容上，就是大幅度放宽市场准入，进一步放开一般制造业，有序扩大服务业对外开放，扩大金融业双向开放，促进基础设施互联互通。推进全面开放，还要求协同推进战略互信、经贸合作、人文交流。

中共十九大报告提出，推动形成全面开放新格局，这是中国积极顺应世界发展大势和推动自身发展的战略抉择。经济全球化是不可逆转的历史大势。说其是历史大势，就是其发展是不依人的意志为转移的。习近平指出："世界经济的大海，你要还是不要，都在那儿，是回避不了的。想人为切断各国经济的资金流、技术流、产品流、产业流、人员流，让世界经济的大海退回到一个一个孤立的小湖泊、小河流，是不可能的，也是不符合历史潮流的。"① 只有顺应历史潮流，积极应变，主动求变，才能与时代同行。40 年来，中国坚持打开国门搞建设，从一个相对封闭的经济体转变成为与世界经济深度融合的、日趋开放的经济体。在这一过程中，中国经济取得了举世瞩目的成就，成为全球化最大的受益者之一。习近平指出，过去中国经济发展是在开放条件下取得的，未来中国经济实现高质量发展也必须在更加开放的条件下进行。②

在经济全球化的背景下，任何一个国家如果不开放，就只有"死路一条"，但从各国的实践看，并不是"一开就灵"，对外开放本身不是万灵药，必须要有合适的战略与得力的举措。中共十八大以来，中共中央总揽战略全局，在总结以往对外开放经验的基础上，推进对外开放理论和实践创新，确立开放发展新理

---

① 《习近平主席在世界经济论坛 2017 年年会开幕式上的主旨演讲（全文）》，新华网 2017 年 1 月 18 日。

② 《开放共创繁荣　创新引领未来——在博鳌亚洲论坛 2018 年年会开幕式上的主旨演讲》，《人民日报》2018 年 4 月 11 日。

念，坚持主动开放，以开放促改革、促发展、促创新；坚持双向开放，把引进来和走出去更好结合起来，积极拓展发展空间；坚持公平开放，努力构建公平公正的内外资发展环境；加快构建开放型经济新体制，积极参与全球经济治理，更高水平的开放格局正在形成。中共十九大报告指出，要以"一带一路"建设为重点，坚持引进来和走出去并重，遵循共商共建共享原则，加强创新能力开放合作，形成陆海内外联动、东西双向互济的开放格局。这些重大部署，对深入推进开放工作、推动建设全面开放新格局具有重大意义。

（三）中国对外开放的大门越开越大

改革和开放相辅相成、相互促进，改革必然要求开放，开放也必然要求改革。以开放促改革、促发展，是中国改革发展的成功实践、事业进步的重要法宝，中国开放的大门永远不会关闭。行动最有说服力。中共十九大以来，以习近平同志为核心的党中央，规划了今后一个时期对外开放的路线图，推出了一系列新任务新举措，中国对外开放的大门越开越大。

推进贸易强国建设。从贸易大国走向贸易强国，巩固外贸传统优势，培育竞争新优势，拓展外贸发展空间，积极扩大进口。拓展对外贸易，加快转变贸易发展方式，从以货物贸易为主向货物和服务贸易协调发展转变，从依靠模仿跟随向依靠创新创造转变，从大进大出向优质优价、优进优出转变。培育贸易新业态新模式，支持跨境电子商务、市场采购贸易、外贸综合服务等健康发展，打造外贸新的增长点。反对贸易保护主义，支持多边贸易体制，促进国际产能合作，在更高层面、更广空间内参与国际合作，形成面向全球的贸易、投融资、生产、服务网络，加快培育国际经济合作和竞争新优势。加强对海外并购的引导，规范海外经营行为，努力实现共同、可持续发展。中国于 2018 年开始举办中国国际进口博览会，这是迄今为止世界上第一个以进口为主题的国家级展会，是国际贸易发展史上的一大创举，是中国着眼于推动新一轮高水平对外开放作出的重大决策，是中国主动向世界开放市场的重大举措。中国实施更加积极的进口政策，主动扩大进口，这不是权宜之计，而是面向世界、面向未来、促进共同发展的长远考量，中国国际进口博览会不仅要年年办下去，而且要办出水平、办出成效、越办越好，向世界表明中国愿意打开自己市场、分享发展机遇的善意。

营造国际一流营商环境。营商环境也是生产力。中国大力加强利用外资法治建设，统一内外资法律法规，完善公开、透明的涉外法律体系，全面深入实施准入前国民待遇加负面清单管理制度。营造公平竞争市场环境，持续放宽市场准入，尊重国际营商惯例，对在中国境内注册的各类企业一视同仁、平等对待，保护外资企业合法权益。① 近年来，通过大规模减税降费、放管服改革的深入推进等，2018 年世界银行的营商环境排名，中国从 78 位上升到 46 位，一年增长了 32 位。这说明中国营商环境不断在优化。2019 年 3 月通过的《中华人民共和国外商投资法》，更是确立了中国外商投资法律制度的基本框架，对外商投资的准入、促进、保护、管理等作出了统一规定。这是中国打造法治化、国际化、便利化营商环境的重要举措，标志着中国的营商环境将要再上新台阶。

优化区域开放布局，打造对外开放新高地。中国对外开放格局中，东部对外开放起步早、发展快，西部对外开放起步晚、发展慢。中共十八大以来，西部地区不断加快对外开放的步伐，在对外贸易、吸引外资方面都保持着较好的发展态势，且取得了不

---

① 习近平：《论坚持全面深化改革》，中央文献出版社 2018 年版，第 496 页。

错的成绩。但由于较弱的发展基础、总体较低的基数，西部地区依旧是中国区域开放布局中的"短板"。数据显示，西部地区拥有全国72%的国土面积、27%的人口、20%的经济总量，而对外贸易仅占全国的7%，利用外资和对外投资分别占7.6%和7.7%。① 党的十九大报告提出，优化区域开放布局，加大西部开放力度。显然，西部开放已被中共中央放到十分重要的位置，西部地区要充分发挥自然资源丰富、劳动力充裕、国家政策在加大支持力度等优势，深化扩大开放，促进开放格局更加优化。

设立自由贸易试验区是中国优化开放布局、打造对外开放新高地的重大举措。迄今，中国一共设立18个自由贸易试验区，涉及东南西北中各个方位，2018年11月国务院印发《关于支持自由贸易试验区深化改革创新若干措施的通知》，赋予自由贸易试验区更大改革自主权，持续深化差别化探索，加大压力测试，发挥自由贸易试验区改革开放试验田作用。2019年8月26日，国务院印发《中国（山东）、（江苏）、（广西）、（河北）、（云南）、（黑龙江）自由贸易试验区总体方案》，中国自由贸易试验区再迎扩容。至此，中国的自贸区数量增至18个，其中沿海省份已全部是自贸区，实现中国沿海省份自贸区的全覆盖。

为进一步扩大开放，中国还积极维护和发展开放型世界经济，共同创造有利于开放发展的环境，推动构建公正、合理、透明的国际经贸投资规则体系，促进生产要素有序流动、资源高效配置、市场深度融合。中国多次表示欢迎各国结合自身国情，积极发展开放型经济，参与全球治理和公共产品供给，携手构建广泛的利益共同体。

中国坚持共赢开放，而不奉行零和博弈。针对国际上对中国

---

① 邱海峰：《西部开放仍需下功夫》（开放谈），《人民日报》海外版2017年12月19日。

迅速崛起见仁见智甚至议论中国开放有划分势力范围意图，习近平鲜明指出："中国对外开放，不是要一家唱独角戏，而是要欢迎各方共同参与；不是要谋求势力范围，而是要支持各国共同发展；不是要营造自己的后花园，而是要建设各国共享的百花园。"① 这向全世界展示了中国对外开放的共赢多赢思路。

对外开放是中国的鲜明标志，是中国繁荣富强的必由之路。历史证明，只有坚持开放合作才能获得更多发展机遇和更大发展空间，自我封闭只会失去世界，最终也会失去自己。中国推动更高水平开放的脚步不会停滞，中国推动建设开放型世界经济的脚步不会停滞，中国推动构建人类命运共同体的脚步不会停滞。

（四）设立海南自贸区（港）

为推动进一步扩大开放，中共中央决定设立海南自贸区（港）。2018 年 11 月 14 日下午，习近平主持召开中央全面深化改革委员会第五次会议。会议一次性审议通过了涉及海南的《海南省创新驱动发展战略实施方案》《海南省建设国际旅游消费中心的实施方案》《关于支持海南全面深化改革开放有关财税政策的实施方案》《关于支持海南全面深化改革开放综合财力补助资金的管理办法》《关于调整海南离岛旅客免税购物政策工作方案》等文件。党中央对海南建设自由贸易试验区高度重视，着眼于中国改革开放和社会主义现代化建设全局，赋予海南全面深化改革开放新的使命，支持海南建设全岛自由贸易试验区，逐步探索、稳步推进中国特色自由贸易港建设。统筹推进对海南实施创新驱动发展战略、建设国际旅游消费中心、加大财税支持力度、加强综合财力补助资金管理、调整离岛旅客免税购物政策。

① 《中国发展新起点　全球增长新蓝图——在二十国集团工商峰会开幕式上的主旨演讲》，新华社 2016 年 9 月 3 日。

"在决胜全面建成小康社会、夺取新时代中国特色社会主义伟大胜利的征程上，经济特区不仅要继续办下去，而且要办得更好、办出水平"①。2018 年 4 月 13 日，在庆祝海南建省办经济特区 30 周年大会上，习近平发表重要讲话，充分肯定经济特区建设的历史功绩，深刻总结经济特区建设的宝贵经验，对办好经济特区提出明确要求，对海南全面深化改革开放作出重大部署。正是在这次大会上，习近平指出，中共中央决定支持海南全岛建设自由贸易试验区，支持海南逐步探索、稳步推进中国特色自由贸易港建设，分步骤、分阶段建立自由贸易港政策和制度体系。第二天，《中共中央国务院关于支持海南全面深化改革开放的指导意见》正式发布，该意见提出 27 项具体举措，以海南为新标杆，向世界展现中国更高起点推动改革开放的新蓝图。

2018 年 5 月 13 日，海南省委七届四次全会提出，对照高水平贸易和投资自由化便利化要求，在海口综合保税区、洋浦保税区等海关特殊监管区域实行更加开放的管理制度，不断拓展业务范围。大幅放宽市场准入，对外资全面实行准入前国民待遇加负面清单管理制度，对标国际通行规则，制定更加精简的负面清单。海南将深化现代农业、旅游业、高新技术产业、现代服务业对外开放，在一些重点领域取消外资股比限制和准入限制。最大限度简化外商投资企业设立程序，加快建设具有国际先进水平的国际贸易"单一窗口"。在海关特殊监管区实行"一线放开，二线高效管住"的货物进出境管理制度，建立一线进出货物负面清单。6 月 3 日，海南省委、省政府决定设立海口江东新区，将其作为建设中国（海南）自由贸易试验区的重点先行区域。10 月 16 日，《中国（海南）自由贸易试验区总体方案》正式发布。该

① 习近平：《在庆祝海南建省办经济特区 30 周年大会上的讲话》，《人民日报》2018 年 4 月 14 日。

方案明确了自由贸易实验区的四大特点和优势：一是突出全岛试点的整体优势。海南自贸试验区最大特点就是"全域性"试点，这和现有的 11 个自贸试验区完全不一样，它们每个都是 120 平方公里左右。二是在现有 11 个自贸试验区试点内容的基础上突出海南特色内容。根据海南发展需要充分吸收现有自贸试验区的试点内容，占海南自贸试验区试点任务的 60%。在此基础上，进一步提出了医疗卫生、文化旅游、生态绿色发展等符合海南发展定位的特色试点内容。三是严格生态环境保护要求。积极探索自贸试验区生态绿色发展新模式，并且加强口岸风险等重大的风险防控体系和机制建设。四是与探索建设中国特色自由贸易港相衔接。到 2020 年，自贸试验区建设要取得重要进展，为逐步探索、稳步推进海南自由贸易港建设，分步骤、分阶段建立自由贸易港政策体系打好坚实基础。可以说，该方案的发布标志着中央关于海南新一轮改革开放决策的切实落地，为中国第十二个自贸区——海南自贸区未来建设描绘了清晰路线图。

2018 年是中国改革开放 40 周年，也是海南建省办经济特区 30 周年。30 年来，海南主要经济指标实现数十倍甚至百倍增长，从一个边陲海岛发展成为中国改革开放的重要窗口。海南经济特区取得的成就是改革开放以来中国实现历史性变革、取得历史性成就的一个生动缩影。40 年来，从农村到城市，从试点到推广，从经济体制改革到全面深化改革，中国共产党带领人民在开启改革开放的历史征程中，开辟了中国道路，释放了中国活力，凝聚了中国力量，实现了从"赶上时代"到"引领时代"的伟大跨越，书写了国家和民族发展的壮丽史诗。海南等经济特区的成功实践，改革开放 40 年来的伟大征程，充分证明改革开放是当代中国发展进步的活力之源，是党和人民事业大踏步赶上时代的重要法宝。

（五）举行进博会，进一步扩大开放

2017年5月14日，习近平在"一带一路"国际合作高峰论坛开幕式主题演讲中，宣布中国将从2018年起举办中国国际进口博览会。

2018年11月10日下午，在参会参展人士沉甸甸的收获中，为期6天的首届中国国际进口博览会在上海国家会展中心圆满落下帷幕。中国国际进口博览会是迄今为止世界上第一个以进口为主题的国家级展会，是国际贸易发展史上一大创举，也是在全球贸易保护主义抬头、经济复杂多变的形势下，首个以进口为主题的国家级博览会。举办进博会，是中国着眼于推动新一轮高水平对外开放作出的重大决策，是中国主动向世界开放市场的重大举措。为了办好进博会，习近平亲自部署，明确指示"努力办成国际一流博览会"。在进博会万商云集、共襄盛举的6天。172个国家、地区和国际组织参会，3600多家企业参展，境内外采购商超过40万，累计进场达80万人。按一年计，累计意向成交578.3亿美元。

在首届进博会开幕式上，习近平宣布将在激发进口潜力、持续放宽市场准入、营造国际一流营商环境、打造对外开放新高地、推动多边和双边合作深入发展五个方面加大推进力度。举办进博会，旨在为各方进入中国市场搭建新的平台。习近平在进博会开幕式主旨演讲中的"中国经济是一片大海，而不是一个小池塘"等精妙话语成为广大参会参展人士连日来口口相传的金句，国际舆论纷纷探寻其中蕴含的中国机遇、中国作为、中国贡献。习近平宣布，中国将继续推进共建"一带一路"，深化生态、科技、文化、民生等各领域交流合作，为全球提供开放合作的国际平台。这些平台，不仅为世界发展创造新的机遇，也为中国发展带来新的进步。进博会上展出的来自各领域的先进技术、管理经

验，为中国向世界学习提供了机会。

在进博会开幕式上，习近平郑重宣布将增设中国上海自由贸易试验区新片区、在上海证券交易所设立科创板并试点注册制、支持长江三角洲区域一体化发展并上升为国家战略等3项重要措施。这一完善中国改革开放空间布局的新举措，彰显了中国坚定不移推进改革开放的决心，为新时代改革开放注入强大新动力。上海是全国改革开放排头兵、创新发展先行者。"上海背靠长江水，面向太平洋，长期领中国开放风气之先。上海之所以发展得这么好，同其开放品格、开放优势、开放作为紧密相连"。① 开放之于上海，正如上海开放之于中国，具有重要意义。开放、创新、包容已成为上海最鲜明的品格，这种品格是新时代中国发展进步的生动写照。"鼓励和支持上海在推进投资和贸易自由化便利化方面大胆创新探索，为全国积累更多可复制可推广经验……支持上海国际金融中心和科技创新中心建设，不断完善资本市场基础制度"②，把这些重要措施落到实处，构筑新时代上海发展的战略优势，让上海等地区的重要作用更好发挥出来，可以为全国继续全面深化改革、全面扩大开放提供新经验、注入新动力。

40年改革开放深刻启示中国，只有不断完善改革开放布局，整体推进、重点突破、相互促进、良性互动，才能形成推进改革开放的强大合力。上海是中国最大的经济中心城市和长三角地区合作交流的龙头，支持长江三角洲区域一体化发展并上升为国家战略，同"一带一路"建设、京津冀协同发展、长江经济带发

---

① 《共建创新包容的开放型世界经济——在首届中国国际进口博览会开幕式上的主旨演讲》，《人民日报》2018年11月6日。

② 《共建创新包容的开放型世界经济——在首届中国国际进口博览会开幕式上的主旨演讲》，《人民日报》2018年11月6日。

展、粤港澳大湾区建设相互配合，这就使中国改革开放的空间布局进一步得到完善。落实新发展理念，构建现代化经济体系，推进更高起点的深化改革和更高层次的对外开放，在实践中求真知，在探索中找规律，就能为全国新时代改革开放再出发探路开路。从发挥自由贸易试验区改革开放试验田作用、加快探索建设中国特色自由贸易港进程，带动形成更高层次改革开放新格局，到坚持引进来和走出去并重，推动形成陆海内外联动、东西双向互济的开放格局，全方位、多层次、宽领域提高开放水平，中国就一定能更好发展自己、造福世界。

为在更高起点、更高层次、更高目标上推进改革开放，形成全面深化改革、全面扩大开放的格局，2019 年 8 月 9 日提出《中共中央、国务院关于支持深圳建设中国特色社会主义先行示范区的意见》。该意见给深圳的发展定位是高质量发展高地、法治城市示范、城市文明典范、民生幸福标杆、可持续发展先锋；发展目标是到 2025 年深圳经济实力、发展质量跻身全球城市前列，研发投入强度、产业创新能力世界一流，文化软实力大幅提升，公共服务水平和生态环境质量达到国际先进水平，建成现代化国际化创新型城市。到 2035 年，深圳高质量发展成为全国典范，城市综合经济竞争力世界领先，建成具有全球影响力的创新创业创意之都，成为中国建设社会主义现代化强国的城市范例。到本世纪中叶，深圳以更加昂扬的姿态屹立于世界先进城市之林，成为竞争力、创新力、影响力卓著的全球标杆城市。中共中央的重大举措，有利于更好实施粤港澳大湾区战略，丰富"一国两制"事业发展的实践；有利于率先探索全面建设社会主义现代化强国新路径，为实现中华民族伟大复兴的中国梦提供有力支撑。2019 年 8 月 16 日，中共广东省委常委会开会，传达学习贯彻中央意见，研究广东贯彻落实办法。相信，深圳会迎来新的大发展。

（六）"一带一路"倡议行稳致远

从党的十八大以来的实践看，"一带一路"顶层设计初步完成、"四梁八柱"已经建立，"一带一路"进入国际话语体系，写入联合国大会、安理会等重要决议；以双边合作筑底、多边机制呼应、高峰论坛引领的"三位一体"国际合作架构初步搭建。截至2018年7月，全球100多个国家和国际组织同中国签署共建"一带一路"合作文件，签署范围自亚欧大陆拓展至非洲、拉美和加勒比地区、南太平洋地区。

2017年10月24日通过的关于《中国共产党章程（修正案）》的决议，推进"一带一路"建设等正式写入党章。2018年，"一带一路"国际共识持续扩大：中拉合作论坛部长级会议发表支持"一带一路"建设的成果文件，上合组织青岛峰会就"一带一路"建设达成新的共识；稳步推进六大经济合作走廊建设，落实中蒙俄、中巴经济走廊建设规划，积极推进与伊朗、沙特、埃及、塞尔维亚、格鲁吉亚、印尼等国共同编制双边合作规划。截至2018年7月，首届"一带一路"国际合作高峰论坛279项成果中265项已完成或转为常态工作，14项正在督办推进，落实率达到95%。数字丝绸之路建设已成"一带一路"建设合作的新热点，中国已与15个国家有关部门签署合作文件。"冰上丝绸之路""空中丝绸之路"一条条纽带多元联动，为推进"一带一路"建设开辟更加光明的前景。在这条合作共赢之路上，设施联通不断加强，沿线各方正携手打造陆海天网"四位一体"的互联互通体系。

当今世界已经是"地球村"，互相融通成为促进各自繁荣发展的必然选择。"一带一路"倡议是中国自身发展扩大对外开放的必然选择，更是各国之间的互惠合作。中国推进"一带一路"建设，与西部开发、东北振兴、中部崛起、东部率先发展等区域发展战略联动协调，实现国内经济整体转型提升，促进贸易投资便利化、产业对接融合。"一带一路"作为新时代对外开放的重大顶层设计，为中国经济注入新动力。2018 年的前 7 个月，中国企业对"一带一路"沿线国家投资合作积极推进，共对沿线 54 个国家有新增投资，合计 85.5 亿美元，同比增长 11.8%；在"一带一路"沿线国家新签对外承包工程合同额 571.1 亿美元，占同期总额的 45.6%；国内各地借助"一带一路"机遇拓展了新的发展空间。

2018 年 5 月，习近平在中央外事工作委员会第一次会议上进一步明确了共建"一带一路"的未来方向。"要抓好首届'一带一路'国际合作高峰论坛成果的落实，凝聚各方共识，规划合作愿景，扩大对外开放，加强同各国的沟通、协商、合作，推动'一带一路'建设走深走实、行稳致远，更好造福各国人民。"①7 月 19 日至 29 日，习近平开启年内首次出访。此次亚非之行长达 36000 多公里，习近平到访五国六地、出席近 60 场双多边活动，积极倡导人类命运共同体理念，以此引领中阿、中非、金砖和南南合作，汇聚共建"一带一路"合力，实现了理论与实践的有机结合和相互促进。8 月 27 日，习近平在推进"一带一路"建设工作五周年座谈会上强调，共建"一带一路"顺应了全球治理体系变革的内在要求，彰显了同舟共济、权责共担的命运共同体意识，为完善全球治理体系变革提供了新思路新方案。② 2019 年 8 月 19 日，国家统计局发布报告显示，6 年来，中国同"一带一路"国家贸易总额超过 6 万亿美元，对"一带一路"国家直接

---

① 《加强党中央对外事工作的集中统一领导　努力开创中国特色大国外交新局面》，《人民日报》2018 年 5 月 16 日。

② 《坚持对话协商共建共享合作共赢交流互鉴　推动共建"一带一路"走深走实造福人民》，《人民日报》2018 年 8 月 28 日。

投资 900 亿美元。这一数据表明中国与"一带一路"国家来往更加密切，未来会更好。

新时代开启新征程，新使命呼唤新作为。在以习近平同志为核心的党中央坚强领导下，立足中共十八大以来全面对外开放取得的巨大成就和筑牢的坚实根基，在不断迈入推动建设人类命运共同体的壮阔进程中，对外开放大业一定能够乘势而为、不断拓展，续写新时代的华彩篇章。

第十二章　全面从严治党向纵深推进

中共十九大报告强调，全面从严治党永远在路上。[①] 习近平指出，要对那些试图在推进党的建设征程中，歇歇脚、喘口气的态度说不。中共十九大后，在贯彻落实党的建设总要求过程中，不仅党的领导持续增强，党的建设也更加突出政治建设和组织建设，反腐败斗争取得压倒性胜利，党的自我革命不断走向深入。

一、坚持党的全面领导

坚持党的领导，最根本的就体现在做到"两个维护"，即坚决维护习近平党中央的核心、全党的核心地位，坚决维护党中央权威和集中统一领导。做到"两个维护"不能空喊口号，而要落实到实际行动中，落实到体制机制上来，以实际行动、完善的体制机制维护核心、维护中央权威。

---

① 习近平：《决胜全面建成小康社会　夺取新时代中国特色社会主义伟大胜利——在中国共产党第十九次全国代表大会上的报告（2017 年10 月 18 日）》，人民出版社 2017 年版，第 61 页。

（一）坚决做到"两个维护"

坚决做到"两个维护"，是中共十八大以来共产党的重大政治成果和宝贵经验，是共产党最重要的政治纪律和政治规矩，是保证全党团结统一、步调一致，带领全国各族人民决胜全面建成小康社会、奋力夺取新时代中国特色社会主义伟大胜利的根本政治保证。新修订的《中国共产党纪律处分条例》，将"两个维护"作为最根本的政治纪律和政治规矩予以明确。

坚决维护以习近平同志为核心的党中央权威和集中统一领导，是对共产党历史经验的科学总结。中共历史上，毛泽东、邓小平曾多次谈到维护中央权威。习近平在 2016 年 12 月主持召开中央政治局民主生活会时指出："党的历史、新中国发展的历史都告诉我们：要治理好我们这个大党、治理好我们这个大国，保证党的团结和集中统一至关重要，维护党中央权威至关重要。"①这是中国革命、建设、改革的重要经验，是一个成熟的马克思主义执政党的重大政治原则。

坚决维护以习近平同志为核心的党中央权威和集中统一领导，是新时代统揽"四个伟大"的根本保证。新时代统揽推进"四个伟大"，其中起决定作用的是党的建设新的伟大工程。党的领导是中国特色社会主义最本质的特征，是中国特色社会主义制度的最大优势，是决胜全面建成小康社会、夺取中国特色社会主义伟大胜利的根本保证。事在四方，要在中央。坚持党的领导首先是坚持党中央集中统一领导。

坚决维护以习近平同志为核心的党中央权威和集中统一领导，是党的政治建设的首要任务。政治建设是党的根本性建设，

---

① 《中共中央政治局召开民主生活会　习近平主持会议开发表重要讲话》，新华网 2016 年 12 月 27 日。

政治建设的首要任务是保证全党服从中央、坚持党中央权威和集中统一领导。对此，习近平提出明确要求："加强党的政治建设就是要发挥政治指南针作用，引导全党坚定理想信念、坚定'四个自信'，把全党智慧和力量凝聚到新时代坚持和发展中国特色社会主义伟大事业中来。"①

（二）以实际行动做到"两个维护"

习近平在十九届中央纪委三次全会上强调，增强"四个意识"、坚定"四个自信"、做到"两个维护"，是具体的不是抽象的，领导干部特别是高级干部必须从知行合一的角度审视自己、要求自己、检查自己。② 中共要求全党要深刻领悟、坚决贯彻，旗帜鲜明地把党的政治建设摆在首位，把坚决做到"两个维护"作为根本政治任务，作为"四个意识"的集中体现，切实落实到具体工作中、体现在实际行动上，保证全党集中统一、令行禁止。

第一，夯实思想根基。中共十八大以来，党和国家事业之所以能够取得历史性成就、发生历史性变革，最根本的是有习近平领航掌舵，有以习近平同志为核心的党中央坚强领导，有习近平新时代中国特色社会主义思想的科学指引，有全国人民的团结奋斗。实践证明，习近平新时代中国特色社会主义思想具有强大的理论伟力和实践伟力，无论是对大势趋势的把握、对矛盾问题的分析，还是对事业布局的谋划、对重要工作的部署、对各种困难挑战的斗争，都具有很强的战略性、思想性、指导性。有习近平

---

① 《把"两个维护"落实在行动上》，《中国纪检监察报》2018 年10 月15 日。

② 《习近平在十九届中央纪委三次全会上发表重要讲话》，新华网2019 年1 月11 日。

新时代中国特色社会主义思想的科学指引，中共在思想上就有了"定盘星"，行动上就有了"指南针"，就能凝聚起攻坚克难的磅礴力量，不断从胜利走向新的胜利。中共应以高度的政治自觉，把深入学习贯彻习近平新时代中国特色社会主义思想作为首要政治任务和长期战略任务，作为全部工作的主题主线，着眼学懂抓深化、着眼弄通抓消化、着眼做实抓转化，努力把握贯穿其中的马克思主义立场观点方法，从中汲取强大的真理力量、思想力量、实践力量，真正学出坚定信念、学出绝对忠诚、学出使命担当。

第二，强化行动自觉。做到"两个维护"关键看行动上的自觉。中共全党必须认真贯彻新形势下党内政治生活若干准则，严格执行民主集中制，始终把"四个服从"作为正确处理党内各种关系的基本准则，一切行动听从党中央的号令和指挥，确保在思想上政治上行动上同以习近平同志为核心的党中央保持高度一致，确保各项工作始终沿着习近平指引的方向前进。严守党的政治纪律和政治规矩，严格执行重大问题请示报告制度，坚持重大问题、重要事项都及时向党中央请示报告，防止喊口号、不用心、不务实、不尽力，真正做政治上的明白人、老实人。

第三，把握实践要求。"两个维护"是具体的、实践的，既要内化于思想深处，更要落实到具体行动。中共全党要把对党忠诚落实在担当实干的具体工作中，体现在推进改革发展的实际成效上，从坚持政治原则、严明政治纪律的高度，坚决破除形式主义、官僚主义，切实形成激浊扬清、求真务实的良好政治生态。紧盯对党中央重大决策部署不敬畏、不在乎、喊口号、装样子的问题，紧盯群众反映强烈、损害群众利益的人和事，加大监督执纪、调查处置、督促整改力度，典型案例及时通报曝光，切实形成有力震慑。大力加强作风建设，深挖细查"四风"问题隐形变异的新动向新表现，聚焦"怕、慢、假、庸、散"等作风顽疾，分层分类拿出有效管用的整治措施，坚决防止"四风"反弹回潮。对以形式主义整治形式主义，走过场、做虚功，或整改不落实、不到位的，严肃追责问责，让"占着位子、顶着帽子、混着日子、摆着样子"的干部混不下去。始终坚持以人民为中心的发展思想，全力以赴稳增长、促改革、调结构、优生态、惠民生、防风险、保稳定，用实实在在的工作实现好、维护好、发展好人民群众的利益，不断增强群众的获得感、幸福感、安全感，巩固党执政的政治基础。

第四，提高政治能力。2016 年召开的中共十八届六中全会明确了习近平在全党和党中央的核心地位。习近平党中央的核心、全党的核心地位，是在伟大斗争中逐渐形成的。中国特色社会主义进入了新时代，迎来了大有可为的历史机遇期，也面临前所未有的风险和挑战。越是形势复杂，越要坚决向习近平总书记看齐、听从党中央号令，培养斗争精神，增强斗争本领，不断提高把握方向、把握大势、把握全局的能力。善于从政治上分析问题、解决问题，增强忧患意识，坚持居安思危，聚焦重点、未雨绸缪、综合施策，着力防范化解各种风险和考验，做到矛盾问题敢抓、歪风邪气敢管、重大任务敢上、刀山火海敢闯，保持共产党人的风骨、气节、操守和胆魄，真正肩负起党和人民赋予的政治责任。牢牢掌握意识形态领域斗争主动权，严格落实意识形态工作责任制，特别是在大是大非问题上要敢于斗争、善于斗争，坚决抵制各种错误思想、错误观点、错误言论，坚决同破坏党的政治纪律和政治规矩的行为作斗争，克服一团和气，杜绝好人主义，真正当好党的政治建设的实践者、维护者、推动者。科学运用马克思主义的思想方法和工作方法，弄清问题的本质和规律，明确解决问题的思路和对策，创新斗争方式，切实在应对驾驭各种复杂局面的实践中补短板、强弱项、练功夫、长才干，在大风大浪中培养大智大勇，牢牢掌握工作的主动权，加快建设中国特色社会主义事业。

此外，还从体制机制上落实了"两个维护"，比如全国人大、国务院等机构的党组向中共中央汇报年度工作，比如落实好请示报告制度，等等。总之，必须用健全的体制机制做到"两个维护"。

二、贯彻落实党的建设总要求

针对党的建设存在的一些问题，中共十九大着眼于管党治党的长期性，提出了党的建设总要求：坚持和加强党的全面领导，坚持党要管党、全面从严治党，以加强党的长期执政能力建设、先进性和纯洁性建设为主线，以党的政治建设为统领，以坚定理想信念宗旨为根基，以调动全党积极性、主动性、创造性为着力点，全面推进党的政治建设、思想建设、组织建设、作风建设、纪律建设，把制度建设贯穿其中，深入推进反腐败斗争，不断提高党的建设质量，把党建设成为始终走在时代前列、人民衷心拥护、勇于自我革命、经得起各种风浪考验、朝气蓬勃的马克思主义执政党。[①] 新时代加强党的建设，必须坚决贯彻落实这一总要求。

（一）落实党的建设总要求的实践要求

准确理解和把握新时代党的建设的总要求，必须做好以下八个方面工作：一是做到"两个坚持"，即"坚持和加强党的全面

---

① 习近平：《决胜全面建成小康社会 夺取新时代中国特色社会主义伟大胜利——在中国共产党第十九次全国代表大会上的报告（2017 年 10 月 18 日）》，人民出版社 2017 年版，第 61—62 页。

领导，坚持党要管党、全面从严治党"。党政军民学、东西南北中，党是领导一切的。因此，必须坚持和加强党的领导。这要求要把党管好治好，管好治好就必须全面从严。

二是突出党建主线。这条主线的关键词是长期执政能力、先进性、纯洁性。与中共十八大报告不同的是，中共十九大报告关于党的建设主线部分增加了长期执政能力。提高执政水平和领导能力是加强党的建设的主要目的，也是贯穿于党的建设全过程的。中国共产党是无产阶级政党，必须时刻保持先进性和纯洁性，这是党生存壮大的自然要求，也是党的自身性质所决定的。

三是以党的政治建设为统领，实际上是明确了党的政治建设在党的建设中的地位即党的根本性建设。党的政治建设决定党的建设方向和效果。党的十九大提出"加强党的政治建设"这个观点在中共党代会报告中是第一次提出，是习近平对党建思想的丰富和发展。以党的政治建设为统领，就是要把"保证全党服从中央、坚持党中央权威和集中统一领导"作为党的政治建设的首要任务；就是要求全党要坚定执行党的政治路线、严格遵守政治纪律和政治规矩，在政治立场、政治方向、政治原则、政治道路上同党中央保持高度一致；就是要健康开展党内政治生活、营造风清气正的良好政治生态；就是要坚持和健全民主集中制；就是要反对宗派主义、圈子文化、码头文化；就是要求全党特别是高级干部加强党性锻炼，把对党忠诚、为党分忧、为党尽职、为民造福作为根本政治担当，永葆共产党人政治本色。

四是打牢坚定理想信念宗旨这个根基。中国共产党的宗旨是全心全意为人民服务。习近平多次强调，理想信念是共产党人精神上的"钙"。打牢理想信念宗旨这个根基，就需要把理想信念建设作为党的思想建设的首要任务；就要通过多种方式教育全党牢记宗旨、拧紧"总开关"；就要在推进"两学一做"制度化常态化的同时开展"不忘初心、牢记使命"主题教育，以习近平新时代中国特色社会主义思想为指导。

五是以调动全党积极性、主动性和创造性为着力点。推进中国特色社会主义伟大事业，关键在党。新时代攻坚克难完成新任务，全党的积极性、主动性至关重要。要从健全体制机制入手，抓紧建立容错纠错机制，加强正向激励制度建设，倡导严管就是厚爱的管理理念，旗帜鲜明为那些敢于担当、踏实做事、不谋私利的干部撑腰鼓劲，主动为基层干部排忧解难，引导广大干部积极投身于党和国家的事业中来。现在处在爬坡登顶的关键阶段，开创新局面赢得新优势不断推进伟大事业，必须调动全党的创造性。增强创造性就是增强共产党与时俱进、因时而变、因事而变采取正确应对方针政策的能力。

六是全面推进党的建设，牢牢把握党的建设"总体布局"。习近平强调，把抓好党建作为最大的政绩，全面开创了党的建设新局面。全面推进党的建设包括党的政治建设、思想建设、组织建设、作风建设、纪律建设、制度建设和反腐败斗争。在这个全面中，政治建设是根本性建设，思想建设是基础性建设，制度建设要贯穿政治建设、思想建设、组织建设、作风建设和纪律建设全过程。反腐败压倒性态势已形成，但反腐败形势依然严峻复杂，因此还要深入推进反腐败斗争，夺取反腐败压倒性胜利。

七是不断提高党的建设质量。质量关乎生命。中国共产党一直重视党的建设质量。不断提高党的建设质量，就要加强组织建设，注重专业能力、专业精神，不断提高干部队伍质量，建设高素质专业化队伍；就要加强基层组织建设，着力解决一些基层党组织弱化、虚化、边缘化问题，提高基层党组织的建设质量；就是要建立健全监督体制，组建国家、省、市、县监察委员会，制定国家监察法，构建由党指挥、全面覆盖、权威高效的监督体系，形成监督合力，提升监督质量；就是要全面增强执政本领，提高执政质量，这就要求全党不断增强学习、政治领导、改革创新、科学发展、依法执政、群众工作、狠抓落实、驾驭风险等八个方面的本领。

八是牢牢扭住一个总目标，即把党建设成为始终走在时代前列、人民衷心拥护、勇于自我革命、经得起各种风浪考验、朝气蓬勃的马克思主义执政党。第一是明确共产党信"马"、姓"共"；第二是共产党要真正具有战略思维、前瞻思维，站在时代前列，引领时代潮流；第三是通过真正坚持以人民为中心、以扎实的执政绩效、不断增强群众获得感，来赢得群众爱戴与拥护；第四是勇于自我革命，通过增强自我净化、自我完善、自我革新、自我提高能力，不断纯洁党的肌体，确保党的先进性、纯洁性；第五是经得起风浪考验和朝气蓬勃，这就需要共产党时刻保持政治定力和战略定力，坚持从自身实际出发，绝不犯颠覆性错误，同时又坚持与时俱进、不断吸纳新的养分，保持生机活力。

上述八个方面，涉及党的建设的本质、主线、布局、要求、目标等，构成了新时代党的建设的总要求，不仅是党的十九大召开后把党的建设向纵深推进的纲领，也是确保党长期执政的纲领。中共全党要牢牢记住这个总要求，贯彻落实这个总要求，把全面从严治党向纵深推进。

（二）把党的政治建设摆在首位

中共十九大在党的建设布局上实现了重大突破，明确提出党的政治建设，而且把政治建设作为全党的根本性建设。之所以突出强调党的政治建设，主要是因为在革命、建设、改革各个时期，中国共产党都高度重视党的政治建设，形成了讲政治的优良传统；主要是政治建设关乎党的生命、党的根本。中共十八大以来，以习近平同志为核心的党中央把党的政治建设摆在更加突出的位置，加大力度抓，形成了鲜明的政治导向，消除了党内严重政治隐患，推动党的政治建设取得重大历史性成就。同时，必须清醒地看到，党内存在的政治问题还没有得到根本解决，一些党组织和党员干部忽视政治、淡化政治、不讲政治的问题还比较突出，有的甚至存在偏离中国特色社会主义方向的严重问题。切实有效解决这些问题，必须进一步加强党的政治建设。在此背景下，中共十九大明确提出党的政治建设这个重大命题，强调党的政治建设是党的根本性建设，要把党的政治建设摆在首位，以党的政治建设为统领全面推进党的各项建设。2018 年 6 月 29 日，习近平在中共中央政治局第六次集体学习时发表重要讲话，专门就加强党的政治建设进行深刻阐述，明确提出要把准政治方向、坚持党的政治领导、夯实政治根基、涵养政治生态、防范政治风险、永葆政治本色、提高政治能力等要求。中央出台的关于加强党的政治建设的意见，是贯彻习近平新时代中国特色社会主义思想和党的十九大精神的重大举措，是党中央深刻总结历史经验和新鲜经验对新时代加强党的政治建设作出的重大决策部署。

新时代突出强调党的政治建设具有重大意义。旗帜鲜明讲政治，是中国共产党作为马克思主义政党的根本要求，是中国共产党不断发展壮大、从胜利走向胜利的重要保证。中共十八大以来，以习近平同志为核心的党中央把党的政治建设摆在更加突出位置，在坚定政治信仰、增强"四个意识"、维护党中央权威和集中统一领导、严明党的政治纪律和政治规矩、加强和规范新形势下党内政治生活、净化党内政治生态、正风肃纪、反腐惩恶等方面取得明显成效。实践证明，党的政治建设决定党的建设方向和效果，不抓党的政治建设或偏离党的政治建设指引的方向，党的其他建设就难以取得预期成效。中国特色社会主义进入新时代，中国共产党要以新气象新作为统揽推进伟大斗争、伟大工程、伟大事业、伟大梦想，就必须加强党的政治建设。一方面，这是全面从严治党向纵深发展的内在需要。十八大以来，中共深刻认识到，党内存在的很多问题都同政治问题相关联，管党治党上的"宽松软"根子上是政治上的"宽松软",加强党的政治建设是解决党内各种问题的治本之策。要成功应对新形势下中国共产党面临的"四大考验""四种危险",就必须把加强党的政治建设摆在首要位置,从根本上解决党内存在的思想不纯、政治不纯、组织不纯、作风不纯等问题,使中国共产党始终具有崇高政治理想、高尚政治追求、纯洁政治品质、严明政治纪律,永葆党的先进性和纯洁性。另一方面,这是坚持和加强党的全面领导的必然要求。中国特色社会主义最本质的特征是中国共产党领导,中国特色社会主义制度的最大优势是中国共产党领导,党是最高政治领导力量,党的领导必须落实和体现到各方面各环节。在这个问题上,曾一度存在模糊甚至错误的认识和做法,有的认识不清、底气不足、能力不够,含糊其辞不敢领导、不会领导;有的只讲业务、不讲政治,弱化党的领导,党的领导在一些地方和单位落虚落空了。这些问题都是政治问题。要解决这些问题,必须不断加强党的政治建设,建立健全坚持和加强党的全面领导的组织体系、制度体系、工作体系,提高党的执政能力和领导水平,使各级各类组织都在党的集中统一领导下齐心协力、协调一致开展工作,为夺取新时代中国特色社会主义伟大胜利提供坚强政治保证。

2019 年 1 月,中共中央颁布《关于加强党的政治建设的意见》(本节简称《意见》),对加强党的政治建设的指导思想、总体要求、主要内容等作出了详细部署,必将推动全党的政治建设向着更加规范的方向前进。《意见》明确提出,加强党的政治建设目的是坚定政治信仰,强化政治领导,提高政治能力,净化政治生态,实现全党团结统一、行动一致。着眼于这一目标要求,《意见》就加强党的政治建设主要作了以下部署。一是坚定政治信仰。着眼夯实党的政治建设思想根基,《意见》强调坚持用党的科学理论武装头脑,最重要的就是用习近平新时代中国特色社会主义思想武装全党、教育人民，牢固树立共产主义远大理想和中国特色社会主义共同理想，坚定"四个自信"，坚定执行党的政治路线，坚决站稳政治立场，牢记初心使命，凝聚起同心共筑中国梦的磅礴力量。二是强化政治领导。《意见》抓住党的政治领导这个根本要求，就坚持和加强党的全面领导特别是坚决做到"两个维护"、完善党的领导体制、改进党的领导方式提出了明确要求。三是提高政治能力。着眼于提高各级各类组织和党员、干部的政治能力，《意见》针对不同主体分别提出要求。强调进一步增强党组织政治功能，彰显国家机关政治属性，发挥群团组织政治作用，强化国有企事业单位政治导向，不断提高党员干部特别是领导干部政治本领。四是净化政治生态。提出要把营造风清气正的政治生态作为基础性、经常性工作，着力增强党内政治生活的政治性、时代性、原则性、战斗性，严明党的政治纪律和政治规矩，发展积极健康的党内政治文化，突出政治标准选人用人，永葆共产党人清正廉洁的政治本色，推动实现正气充盈、政治清明。

（三）提出新时代党的组织路线

组织建设是党的建设的重要内容，组织路线对坚持党的领导、加强党的建设、做好党的组织工作具有十分重要的意义。习近平在中共十九大后，一如既往重视组织建设。2018 年 7 月 3 日至 4 日，全国组织工作会议在北京召开。习近平出席会议并发表重要讲话。

这次组织工作会议提出了新时代党的组织路线：全面贯彻新时代中国特色社会主义思想，以组织体系建设为重点，着力培养忠诚干净担当的高素质干部，着力集聚爱国奉献的各方面优秀人才，坚持德才兼备、以德为先、任人唯贤，为坚持和加强党的全面领导、坚持和发展中国特色社会主义提供坚强组织保证。新时代党的组织路线是理论的也是实践的，要在推进党的建设新的伟大工程、落实全面从严治党的实践中切实贯彻落实。长期以来，中共重视组织建设，但没有提出完整的组织路线。这次会议提出了新时代党的组织路线，是党的建设史上的一大突破，意义重大而深远。

贯彻落实新时代党的组织路线，建设忠诚干净担当的高素质干部队伍是关键，重点是要做好干部培育、选拔、管理、使用工作。要建立源头培养、跟踪培养、全程培养的素质培养体系，教育引导干部加强党性修养、筑牢信仰之基，加强政德修养、打牢从政之基，严守纪律规矩、夯实廉政之基，健全基本知识体系、强化能力之基，增强干部素质培养的系统性、持续性、针对性。建立日常考核、分类考核、近距离考核的知事识人体系，强化分类考核，近距离接触干部，使选出来的干部组织放心、群众满意、干部服气。建立以德为先、任人唯贤、人事相宜的选拔任用体系，坚持好干部标准，把政治标准放在第一位，坚持五湖四海、任人唯贤，广开进贤之路，坚持事业为上，以事择人、人岗相适。建立管思想、管工作、管作风、管纪律的从严管理体系，加强全方位管理，加强党内监督，管好关键人、管到关键处、管住关键事、管在关键时，特别是把一把手管住管好。建立崇尚实干、带动担当、加油鼓劲的正向激励体系，树立体现讲担当、重担当的鲜明导向。真情关爱干部，帮助解决实际困难，关注身心健康，对基层干部特别是困难艰苦地区和奋战在脱贫攻坚第一线的干部给予更多理解和支持。

习近平指出，千秋基业，人才为本。要加快实施人才强国战略，确立人才引领发展的战略地位，努力建设一支矢志爱国奉献、勇于创新创造的优秀人才队伍。深化人才发展体制机制改革，最大限度把广大人才的报国情怀、奋斗精神、创造活力激发出来。完善人才培养机制，改进人才评价机制，创新人才流动机制，健全人才激励机制。实行更加积极、更加开放、更加有效的人才引进政策，聚天下英才而用之。广泛宣传表彰爱国报国、为党和人民事业作出突出贡献的优秀人才，在知识分子和广大人才中大力弘扬爱国奉献精神。

实现中华民族伟大复兴，坚持和发展中国特色社会主义，关键在党，关键在人，归根到底在培养造就一代又一代可靠接班人。这是党和国家事业发展的百年大计。要建设一支忠实贯彻新时代中国特色社会主义思想、符合新时期好干部标准、忠诚干净担当、数量充足、充满活力的高素质专业化年轻干部队伍。优秀年轻干部必须对党忠诚，坚持走中国特色社会主义道路，坚定不移听党话、跟党走。优秀年轻干部要有足够本领来接班，加强学习、积累经验、增长才干，自觉向实践学习、拜人民为师。要沉下心来干工作，心无旁骛钻业务，干一行、爱一行、精一行。要信念如磐、意志如铁、勇往直前，遇到挫折撑得住，关键时刻顶得住，扛得了重活，打得了硬仗，经得住磨难。优秀年轻干部要把当老实人、讲老实话、做老实事作为人生信条。要教育引导年轻干部强化自我修炼，正心明道，防微杜渐，做到有原则、有底线、有规矩。优秀年轻干部既要数量充足，又要质量优良。各地区各部门要着眼近期需求和长远战略需要，培养选拔一定数量规模的优秀年轻干部。培养选拔优秀年轻干部要放眼各条战线、各个领域、各个行业，注意培养有专业背景的复合型领导干部。对有潜力的优秀年轻干部，还要让他们经受吃劲岗位、重要岗位的磨炼，把重担压到他们身上。对有培养前途的优秀年轻干部，要不拘一格大胆使用。习近平指出，各级党委（党组）要把关心年轻干部健康成长作为义不容辞的政治责任，加强长远规划，健全工作责任制，及时发现、培养起用优秀年轻干部。

贯彻落实新时代党的组织路线，必须加强党的基层组织建设。要以提升组织力为重点，突出政治功能，健全基层组织，优化组织设置，理顺隶属关系，创新活动方式，扩大基层党的组织覆盖和工作覆盖。要加强企业、农村、机关、事业单位、社区等各领域党建工作，推动基层党组织全面进步、全面过硬。要加强社会组织党的建设，探索加强新兴业态和互联网党建工作。要加强支部标准化、规范化建设。基层党组织要在贯彻落实中发挥领导作用，强化政治引领，发挥党的群众工作优势和党员先锋模范作用，引领基层各类组织自觉贯彻党的主张，确保基层治理正确方向。

中国共产党很注意培养年轻干部，中央组织部原来设有青年干部局。中共十九大后，习近平高度重视年轻干部。2019 年春季学期中央党校（国家行政学院）中青年干部培训班在中央党校开班，习近平在开班式上发表重要讲话强调，培养选拔优秀年轻干部是一件大事，关乎党的命运、国家的命运、民族的命运、人民的福祉，是百年大计。广大干部特别是年轻干部要在常学常新中加强理论修养，在真学真信中坚定理想信念，在学思践悟中牢记初心使命，在细照笃行中不断修炼自我，在知行合一中主动担当作为，保持对党的忠诚心、对人民的感恩心、对事业的进取心、对法纪的敬畏心，做到信念坚、政治强、本领高、作风硬。[①] 这是中共十八大以来，中国共产党专门就年轻干部工作作出部署，具有重要意义。中央党校也于 2019 年开始培训处级年轻干部，这些年轻干部被编入中青三班、四班，和原来的中青一班、二班共同构成中青班，人数达到每期 800 人。这些年轻干部多数是"80 后"，朝气蓬勃，是中国共产党长期执政的重要依托，也表明了中国共产党后继有人。

---

① 《习近平在中央党校（国家行政学院）中青年干部培训班开班式上发表重要讲话》，新华网 2019 年 3 月 1 日。

三、继续自我革命，巩固发展反腐败斗争压倒性胜利

中共十八大以来，中央推进全面从严治党取得了显著成效，但还远未到大功告成的时候。中国共产党面临的"四大考验""四种危险"是长期的、尖锐的，影响党的先进性、弱化党的纯洁性的因素也是复杂的，党内存在的思想不纯、政治不纯、组织不纯、作风不纯等突出问题尚未得到根本解决。特别是要看到，在新时代，中国共产党领导中国人民进行伟大社会革命，涵盖领域的广泛性、触及利益格局调整的深刻性、涉及矛盾和问题的尖锐性、突破体制机制障碍的艰巨性、进行伟大斗争形势的复杂性，都是前所未有的。中共要求增强忧患意识、责任意识，把党的伟大自我革命进行到底。

（一）总结自我革命经验

2019 年 1 月 11 日上午，习近平出席中国共产党第十九届中央纪律检查委员会第三次全体会议并发表重要讲话。他指出，党的十九大以来，贯彻落实新时代党的建设总要求，坚持把党的政治建设摆在首位，深化运用监督执纪"四种形态"，夺取反腐败斗争压倒性胜利，着力惩治群众身边的腐败问题，完善党和国家监督体系，取得了新的重大成果，为实现党和国家事业新发展提供了坚强保障。①

习近平在讲话中总结了改革开放以来，在党中央坚强领导

---

① 《取得全面从严治党更大战略性成果　巩固发展反腐败斗争压倒性胜利》，《人民日报》2019 年 1 月 12 日。

下，各级纪检监察机关坚持党的领导、从严管党治党，探索积累了宝贵经验。这就是，必须坚决维护党中央权威和集中统一领导，确保全党步调一致、行动统一；必须坚持治国必先治党、治党务必从严，确保党成为中国特色社会主义事业的中流砥柱；必须坚持以人民为中心，确保立党为公、执政为民；必须坚持改革创新、艰苦奋斗作风，确保党始终走在时代前列；必须坚决同消极腐败现象作斗争，确保党永葆清正廉洁的政治本色。这"五个必须"从党的领导、党的建设、党的执政理念、党的执政状态、保持党的政治本色五个维度展开，被称之为40多年来党自我革命的经验。这一科学总结，将中国共产党对全面从严治党的规律性认识提升到全新高度，为中共在新时代继续推进全面从严治党、继续推进党风廉政建设和反腐败斗争提供了重要遵循。

勇于自我革命，是中国共产党最鲜明的品格，也是中国共产党最大的优势。对中国共产党来说，"五个必须"既是进行自我革命的成果，也是不断自我革命的起点。坚持"五个必须"，关键是在实践中实现"四个自我"。自我净化，就是要过滤杂质、清除毒素、割除毒瘤；自我完善，就是要修复肌体、健全机制、丰富功能；自我革新，就是要与时俱进、自我超越；自我提高，就是要有新本领、有新境界。这"四个自我"，形成了依靠党自身力量发现问题、纠正偏差、推动创新、实现执政能力整体性提升的良性循环。事实证明，只要中共始终不忘党的性质宗旨，勇于直面自身存在的问题，以刮骨疗毒的决心和意志消除一切损害党的先进性和纯洁性的因素，就能够形成党长期执政条件下实现"四个自我"的有效途径。

（二）巩固发展反腐败斗争压倒性胜利

办好中国的事情，关键在党，关键在全面从严治党。中共十九大以来，以习近平同志为核心的党中央一以贯之、坚定不移推进全面从严治党，党内政治生态展现新气象，反腐败斗争取得压倒性胜利，全面从严治党取得重大成果。仅 2018 年，全国纪检监察机关共接受信访举报 344 万件次，处置问题线索 166.7 万件，处分 62.1 万人，包括处分省部级及以上干部 51 人。

习近平认为，巩固发展反腐败斗争压倒性胜利，以全面从严治党巩固党的团结统一、为决胜全面建成小康社会提供坚强保障，必须做到以下六点：

一是深入贯彻落实党的十九大精神，不断强化思想武装。坚持用新时代中国特色社会主义思想武装头脑，经常对表对标，及时校准偏差。各级党组织要旗帜鲜明坚持和加强党的全面领导，坚持党中央重大决策部署到哪里，监督检查就跟进到哪里，确保党中央令行禁止。

二是加强党的政治建设，保证全党集中统一、令行禁止。要贯彻落实新形势下党内政治生活若干准则，发展积极健康的党内政治文化。要把力戒形式主义、官僚主义作为重要任务。各地区各部门党委（党组）要履行主体责任，紧盯形式主义、官僚主义新动向新表现，拿出有效管用的整治措施。

三是弘扬优良作风，同心协力实现小康。要把刹住"四风"作为巩固党心民心的重要途径，对享乐主义、奢靡之风等歪风陋习要露头就打，对"四风"隐形变异新动向要时刻防范。

四是坚决惩治腐败，巩固发展压倒性胜利。要坚持靶向治疗、精确惩治，聚焦党的十八大以来着力查处的重点对象，紧盯事关发展全局和国家安全的重大工程、重点领域、关键岗位，加大金融领域反腐力度，对存在腐败问题的，发现一起坚决查处一起。要深化标本兼治，夯实治本基础，一体推进不敢腐、不能腐、不想腐。

五是强化主体责任，完善监督体系。要深化国家监察体制改革，高质量推进巡视巡察全覆盖，发挥派驻机构职能作用。各级党委（党组）特别是书记要强化政治担当、履行主体责任，把每条战线、每个领域、每个环节的党建工作抓具体、抓深入。

六是向群众身边不正之风和腐败问题亮剑，维护群众切身利益。要做深做实做细市县巡察和纪委监委日常监督，在实践中拓展整治群众身边腐败和作风问题工作，从具体人、具体事着手，将问题一个一个解决。①

十九届中央纪委三次全会对2019年中央纪检工作作出了具体安排，这些工作都是针对巩固反腐败斗争压倒性胜利而言的。第一，持之以恒学习贯彻习近平新时代中国特色社会主义思想，深入开展"不忘初心、牢记使命"主题教育，在学深悟透、务实戒虚、整改提高上持续发力。第二，以党的政治建设为统领，坚决破除形式主义、官僚主义。强化对践行"四个意识"，贯彻党章和其他党内法规，执行党的路线方针政策和决议情况的监督。严明政治纪律和政治规矩，严肃查处空泛表态、应景造势、敷衍塞责、出工不出力等问题。第三，创新纪检监察体制机制，切实把制度优势转化为治理效能。强化上级纪委对下级纪委的领导，履行对党委全面从严治党的协助职责，分类施策推进派驻机构体制机制创新，持续深化国家监察体制改革，健全和完善监督体系。第四，做实做细监督职责，在日常监督、长期监督上探索创新。持续督查落实中央八项规定及其实施细则精神，坚持不懈，化风成俗。贯通运用"四种形态"，使监督常在、形成常态。第五，持续深化政治巡视，完善巡视巡察战略格局。统筹安排常规巡视、专项巡视、机动巡视，夯实整改主体责任，完善整改监督机制，加强对省区市巡视巡察工作的领导和指导督导。第六，有力削减存量、有效遏制增量，巩固发展反腐败斗争压倒性胜利。

① 《取得全面从严治党更大战略性成果　巩固发展反腐败斗争压倒性胜利》，《人民日报》2019年1月12日。

强化对权力集中、资金密集、资源富集部门和行业的监督，加大金融领域反腐力度，依法查处贪污贿赂、滥用职权、玩忽职守等职务违法和职务犯罪，坚决防范利益集团拉拢腐蚀领导干部。深度参与反腐败国际治理，一体推进追逃防逃追赃工作。第七，持续整治群众身边腐败和作风问题，让人民群众有更多更直接更实在的获得感、幸福感、安全感。深入推进扶贫领域腐败和作风问题专项治理。开展民生领域专项整治，解决教育医疗、环境保护、食品药品安全等方面侵害群众利益问题。严查基层干部违纪违法行为，严查黑恶势力"保护伞"。第八，按照政治过硬、本领高强要求，从严从实加强纪检监察队伍建设。带头加强党的政治建设，带头自觉同以习近平同志为核心的党中央保持高度一致，带头建设让党中央放心、人民群众满意的模范机关。加强作风和纪律建设，依规依纪依法履行职责，严格约束家属、子女和身边工作人员，对执纪违纪、执法违法者"零容忍"，打造忠诚坚定、担当尽责、遵纪守法、清正廉洁的纪检监察铁军。①

（三）继续对腐败重拳出击

中共十九大以来，中共中央强调反腐败永远在路上。中央纪委国家监委和地方各级纪委监委在中共中央坚强领导下，树牢"四个意识"，坚定"四个自信"，坚决做到"两个维护"，忠诚履职、勇于担当、真抓实干，不松劲、不停步、再出发，蹄疾步稳推动纪检监察工作取得新成效。

第一，严明党的政治纪律和政治规矩。对"七个有之"问题保持高度警觉，坚决肃清孙政才恶劣影响，严肃查处鲁炜等对党不忠诚不老实的两面派、两面人；坚持从政治纪律查起，彻底查

---

① 《中国共产党第十九届中央纪律检查委员会第三次全体会议公报》，新华网 2019 年 1 月 13 日。

处秦岭北麓西安境内违建别墅整而未治、阳奉阴违的问题，发挥警示教育作用。立足职责定位，参加调查督办湖南洞庭湖违规违法建设矮围、京津冀违建大棚房、长春长生公司问题疫苗等背后的责任问题、腐败问题、作风问题。各级纪检监察机关共立案审查存在违反政治纪律行为案件2.7万件，处分2.5万人，其中中管干部29人。整体把握党内政治生态状况，动态分析研判领导班子、领导干部廉政情况，认真落实"纪检监察机关意见必听，线索具体的信访举报必查"要求，中央纪委共回复党风廉政意见1291人次。

第二，加强巡视工作。颁布《中央巡视工作规划（2018—2022年）》，确定十九届中央巡视工作路线图和任务书。中央巡视工作领导小组召开3次贯彻规划推进会、14次领导小组会议，及时研究部署巡视工作。中央巡视组开展1轮常规巡视、1轮脱贫攻坚专项巡视，共巡视27个省区市、18个中央部门、8家中管企业和2家中管金融企业党组织，首次将10个副省级城市四套班子主要负责人纳入巡视范围。各省区市党委和中央有关单位党组（党委）修订完善本地区本单位巡视巡察工作规划，对200个市、1040个县、1416家企事业单位党组织开展巡视，有序推进巡视巡察全覆盖。坚定不移深化政治巡视。围绕坚持党的全面领导、加强党的建设和全面从严治党，重点检查学习贯彻习近平新时代中国特色社会主义思想和党的十九大精神情况，查找政治偏差，发挥政治监督和政治导向作用。把常规巡视与专项巡视贯通起来、穿插使用，加强巡视机构与纪检监察机关和组织、审计、信访等部门的协调协作，推行巡视报告问题底稿制度和巡视后评估制度，提高全覆盖质量。中央巡视组受理群众信访举报49万件次，中央纪委国家监委根据巡视移交线索查处了蒲波、曾志权、吴浈等案件，巡视利剑作用充分彰显。

第三，持之以恒落实中央八项规定精神，坚定不移纠"四风"、树新风。按照中央八项规定实施细则要求，把日常检查和集中督查结合起来，抓住元旦、春节、五一、端午、中秋、国庆等时间节点正风肃纪，抓具体、补短板、防反弹。紧盯隐形变异新动向，严肃查处以学习培训、调研考察等为名公款旅游等问题，整治领导干部利用名贵特产类特殊资源谋取私利行为。完善重要节点值班报告督办制度，中央纪委国家监委派出督查调研组深入开展督导。健全作风建设长效机制，督促推动中央有关职能部门完善公务接待、公务差旅、公务用车、中央企业商务接待等规定。中央纪委国家监委公开通报曝光7批50起典型案例；全国共查处相关问题6.5万起，处理党员干部9.2万人，坚决防止"四风"反弹回潮。

集中整治形式主义、官僚主义。制定实施专项工作意见，重点整治在学习传达党中央精神方面不求甚解、照抄照搬，在贯彻落实党中央重大决策部署方面表态多调门高、行动少落实差等突出问题，大力整治在联系服务群众方面消极应付、冷硬横推，在服务经济社会发展方面不担当、不作为、乱作为、假作为，在文风会风及检查调研方面搞形式、走过场、重留痕、轻效果等突出问题。把形式主义、官僚主义问题作为监督重点，对问题集中的地区、部门和单位开展专项督导，抓住典型、严肃问责。中央纪委国家监委通报曝光13起典型案例，推动整治工作取得扎扎实实成效。

第四，保持惩治腐败高压态势。加强党对反腐败工作的集中统一领导，发挥中央和省级反腐败协调（领导）小组作用，强化党委全过程、常态化领导，构建权威高效的反腐败工作体制机制。坚持无禁区、全覆盖、零容忍，坚持重遏制、强高压、长震慑，坚持受贿行贿一起查，"打虎""拍蝇""猎狐"多管齐下，聚焦中共十八大以来不收敛不收手，问题线索反映集中、群众反映强烈，政治问题和经济问题交织的腐败案件，紧盯选人用人、审批监管、资源开发、金融信贷、工程招投标以及公共财政支出等重点领域和关键环节，严惩贪污贿赂、滥用职权等职务违法和职务犯罪，精准有力惩治腐败。围绕打赢三大攻坚战，果断查处赖小民等手握金融资源权力，大搞幕后交易、大肆侵吞国有金融资产的"内鬼"；拔除冯新柱等违规操纵产业扶贫基金、中饱私囊的"烂树"；挖出李贻煌等利用国有企业资源谋取私利、滥用职权造成国有资产重大损失的"蛀虫"。中央纪委国家监委立案审查调查中管干部68人，涉嫌犯罪移送司法机关15人；全国纪检监察机关共对52.6万名党员作出党纪处分，对13.5万名公职人员作出政务处分；艾文礼、王铁等中管干部主动投案，党的十九大以来共有5000余名党员干部主动投案。

多措并举深化反腐败工作。加快构建不敢腐、不能腐、不想腐的体制机制，及时总结审查调查、巡视巡察中发现的体制机制问题和制度漏洞，提出纪检监察建议，推动以案促改、举一反三，禁止领导干部利用职权或者职务影响谋取私利，规范领导干部配偶、子女等经商办企业行为。发挥党性教育和政德教化功能，督促指导发生重大违纪违法案件的相关单位党委（党组）召开专题民主生活会，组织各地区各部门广泛开展警示教育，强化查处一案、警示一片、规范一方的治本作用。

深入开展追逃追赃。积极参与全球反腐败治理，参与全球性政党高层对话，加强廉洁丝绸之路建设，打造中老铁路等廉洁建设示范工程，推动二十国集团、亚太经合组织、金砖国家、中非合作论坛等多边框架下国际合作，推进构建国际反腐新秩序。推动出台国际刑事司法协助法等配套法律法规，2018年与16个国家商签引渡条约和刑事司法协助条约，与瑞典等国开展职务犯罪案件引渡合作。加强反腐败综合执法国际协作，举办亚太经合组织反腐败资产追缴培训班，召开中国与加勒比地区国家反腐败执法合作会议，与白俄罗斯、越南、老挝、泰国和港澳等地区商签合作协议，深化与美国等重点国家和地区务实合作，强行遣返外逃人员取得积极进展。推动建立刑事缺席审判制度。开展"天网2018"行动，发布敦促外逃人员投案自首的公告，追回1335名外逃人员，其中"百名红通人员"5名，追回赃款35.4亿元，宣示有逃必追、一追到底的坚定决心。

第五，坚决整治群众身边腐败和作风问题。一是深入开展扶贫领域专项治理。制订实施2018—2020年开展扶贫领域腐败和作风问题专项治理工作方案。中央纪委常委带队到困难矛盾集中、脱贫攻坚任务艰巨的地方开展调研，召开深化专项治理工作推进会。以"脱贫攻坚作风建设年"为契机，强力纠治扶贫领域形式主义、官僚主义和弄虚作假等突出问题，惩治在扶贫项目中贪污侵占、虚报冒领、截留挪用等违纪违法行为。全国共查处扶贫领域腐败和作风问题13.1万件，处理17.7万人，中央纪委国家监委通报21起典型案例，为打赢脱贫攻坚战提供了坚强纪律保证。二是集中整治群众反映强烈问题。中央纪委国家监委深入地方开展现场督导，对民愤集中、性质恶劣的重点督办、限时办结，对工作推动不力、问题长期得不到解决的及时约谈、督查问责。严厉惩治发生在民生资金、"三资"管理、征地拆迁、教育医疗、低保养老、生态环境、交通运输等领域的违纪违法行为，重点整治在落实惠民政策过程中脱离实际、急功近利等侵害群众利益问题。省、市、县纪委监委开出问题清单，坚决惩治基层腐败问题。全国共查处发生在群众身边腐败和作风问题23.5万件，处理30.9万人，以维护群众切身利益的扎实成效取信于民。三是严惩黑恶势力"保护伞"。制定在扫黑除恶专项斗争中强化监督执纪问责的意见，找准扫黑除恶与反腐"拍蝇"结合点，深挖彻查放纵、包庇黑恶势力甚至充当"保护伞"的党员干部。参加全国扫黑除恶专项斗争督导，与政法机关联动对接、攻坚克难、除恶务尽。全国共查结涉黑涉恶腐败问题1.4万起，给予党纪政务处分 1 万余人，移送司法机关 1899 人。

中共中央对反腐败形势十分清醒。十九届中央纪委三次会议指出，全面从严治党取得新的重大成果，反腐败斗争取得显著成效。但也要清醒看到，全面从严治党永远在路上，反腐败斗争形势依然严峻复杂，绝不能有差不多了，该松口气、歇歇脚的想法，必须一以贯之、坚定不移，把全面从严治党长期坚持下去，任何时候都放松不得。这表明，反腐败是一个战略性举措，必须长期抓。

四、发扬斗争精神、提高斗争本领

面对前进道路上有着许多新特点的伟大斗争，中国共产党不仅需要充沛的斗争精神，更需要具有高强的斗争本领。在 2019 年 1 月举行的在省部级主要领导干部坚持底线思维着力防范化解重大风险专题研讨班开班式上，习近平居安思危，强调"领导干部要敢于担当、敢于斗争，保持斗争精神、增强斗争本领"①。深刻阐明斗争精神的重要作用，对领导干部投身伟大斗争提出明确要求，为防范化解重大风险、进行具有许多新的历史特点的伟大斗争提供了重要遵循。

（一）发扬斗争精神

十八大以后，中华民族进入伟大复兴的关键时期，改革发展进入克难攻坚、闯关夺隘的重要阶段，前进的道路不可能一帆风顺，必须充分认识斗争的长期性、复杂性、艰巨性。防范化解重

① 《提高防控能力着力防范化解重大风险　保持经济持续健康发展社会大局稳定》，《人民日报》2019 年 1 月 22 日。

大风险，是事关党和国家事业全局和前途命运的严峻挑战。唯有以充沛顽强的斗争精神奋勇搏击、披荆斩棘，才能攻克新征程上的"娄山关""腊子口"，不断夺取新时代伟大斗争的新胜利。

敢于担当、敢于斗争，是中国共产党人鲜明的政治品格。在防范化解重大风险中发扬斗争精神，就要有直面问题矛盾的勇气、"在困难面前逞英雄"的豪气、啃硬骨头挑重担的担当、逢山开路遇水架桥的干劲。狭路相逢勇者胜。领导干部要摒弃当"太平官"、过舒坦日子的想法，始终保持中国共产党人敢于斗争的自觉和胆魄，面对大是大非敢于亮剑，面对矛盾敢于迎难而上，面对危机敢于挺身而出，面对歪风邪气敢于坚决斗争，不可阻挡地把事业发展推向前进。

防范化解重大风险，既要敢于斗争，又要善于斗争。当前，国内国际环境纷繁复杂，各种问题叠加，各种矛盾凸显，各种思想观念和利益诉求相互激荡。进行斗争、化解风险，应当坚定信心，从容应对，把握规律、科学施策。要抓好战略谋划，抓住问题要害，在实践中讲究策略和方法，把握好时机和火候，有理有利有节地开展斗争，做到坚决有力、务实有效。

发扬斗争精神，"关键少数"的作用举足轻重，当前迫切需要锐意进取、奋发有为、关键时顶得住的干部。干部要成长成才，必须经风雨见世面；干部要增强斗争本领，在斗争中历练就是最好的课堂。让干部特别是年轻干部到重大斗争中去经受锻炼，在搏击风浪中增长胆识和才干，才能练就真功夫、硬本领，做到临危不惧、处变不惊，实现化危为机、化险为夷。

（二）准确把握斗争本领内涵

斗争是哲学概念，是唯物辩证法对立统一规律中的重要范畴。马克思主义强调的斗争不是盲目的斗争，而是在客观规律指导下人的能动性的高度发挥。① 从这个角度看，斗争本领是指人们遵循一定规律发挥主观能动性解决矛盾的能力和水平。对中国共产党而言，斗争本领是遵循客观规律，发挥主观能动性，认识人类社会发展规律，解决社会主义现代化建设、执政党建设过程中的矛盾和问题的能力。需要指出，此处所说的规律不是指宏观层面的自然规律、历史规律和思维规律，而是从中国共产党本身出发所应遵循的人类社会发展规律、社会主义建设规律和共产党执政规律。对广大党员干部而言，斗争本领就是依照规律处理工作和生活中矛盾的能力和水平。着眼于党的执政地位，准确把握斗争本领内涵，必须明确斗争本领的主体，明晰开展斗争的基本遵循，明确斗争所指主要对象。

1. 关于斗争本领的主体

准确认识斗争本领的内涵，首要是了解斗争本领的主体——中国共产党。中国共产党是一个以马克思主义为指导，富有斗争经验和斗争智慧的执政党，不仅正在推动中国进行伟大的社会革命，而且敢于进行自我革命。不论是推动社会革命还是勇于自我革命，中国共产党都要积极开展斗争。

中国共产党是一个马克思主义政党，必然以马克思主义为指导。就斗争本领而言，中国共产党要按照马克思主义定义的斗争来开展。如前所言，马克思主义强调的斗争并非漫无目的，而是在一定规律下解决矛盾的过程。同时，中国共产党是一个使命型政党，肩负着为人民谋幸福、为民族谋复兴的历史使命。完成历史使命，必须进行伟大斗争。进行具有许多新的历史特点的伟大斗争，是因为中共十八大以来无论是国内还是国际，都出现了不同以往的大变化大调整，斗争形势、斗争内容都在发生快速变

---

① 陈先达：《从社会规律认识伟大斗争》，《人民日报》2019 年 1 月 2 日。

化。实现强国富民的使命任务，必须着眼于新的历史特点开展斗争。

中国共产党是一个富有斗争经验的革命型政党。创立之初，党面临革命环境甚为艰难，不明确斗争对象、不展开坚决斗争、不提高斗争本领，只有死路一条。毛泽东明确指出，革命的首要问题，是弄清楚谁是我们的朋友、谁是我们的敌人。① 在以毛泽东为主要代表的中国共产党人领导下，中国共产党先后取得新民主主义革命和社会主义革命的胜利，建立了新中国，确立了社会主义基本制度，积累了丰富斗争经验。进行社会主义建设以来，中国共产党努力推进社会革命的同时，勇于自我革命，进行了一系列伟大实践，斗争经验日益丰富，斗争智慧不断提升。

2. 关于展开斗争的基本遵循

明确斗争的基本遵循，是斗争本领的应有之义。不搞清楚斗争的基本遵循，就会失去斗争方向，盲目开展斗争，也就丧失了斗争的意义。斗争的基本遵循是指中国共产党展开斗争必须遵循三大规律，即人类社会发展规律、社会主义建设规律、共产党执政规律。从规律的高度看待斗争，就不会陷于盲目斗争。党的近百年历史表明，只要斗争符合规律，就能夺取胜利；如果违背规律，就会招致挫折。

遵循人类社会发展规律。人类社会发展规律是指生产关系一定要适合生产力状况、上层建筑一定要适合经济基础状况的规律。开展斗争必须以人类社会发展规律为依据，而不能违背这一规律。当今世界，经济全球化大潮澎湃是人类社会发展规律的重要表现。习近平指出，面对经济全球化带来的机遇和挑战，正确的选择是，充分利用一切机遇，合作应对一切挑战，引导好经济

---

① 《毛泽东选集》第 1 卷，人民出版社 1991 年版，第 3 页。

全球化走向。① 在世界格局大调整时期，要求中国在面对单边主义和贸易保护主义的斗争中提高对人类社会发展规律的认识，全面深化改革、继续扩大开放。

遵循社会主义建设规律。社会主义的产生和发展经历了一个从空想到科学、从理论到实践的过程，在这一发展过程中，中国共产党人对什么是社会主义、怎样建设社会主义进行了坚持不懈的探索，这两个根本性问题就是对社会主义建设规律的认识问题。中华人民共和国成立近 70 年来，中国共产党逐渐摸清社会主义的本质，摸到建设社会主义的一些规律，形成一些规律性认识，其中最基本的是坚持走自己的道路，一切从中国实际出发。中国特色社会主义进入新时代，中国共产党必须从新的历史方位出发，分析新时代的新矛盾，针对性展开斗争。尤其在社会主要矛盾发生转化的情况下，应遵从人民变化的需求，展开一系列斗争，实现人们过上美好生活的目标。

遵循共产党执政规律。共产党执政规律，是处于执政地位的共产党活动和建设的规律，最基本的一条是坚持立党为公、执政为民。面对"四大考验""四个风险"，执政党自身建设和自身革命面临着许多新情况、新问题。任何信仰缺失和庸政懒政怠政现象都会严重影响党的先进性和纯洁性。中共必须深化认识新时代共产党执政规律，不断推动党的自我革命。

3. 关于斗争所指主要对象

斗争说到底就是解决矛盾和问题，且具有鲜明的时代性。习近平指出："我们党要团结带领人民有效应对重大挑战、抵御重大风险、克服重大阻力、解决重大矛盾，必须进行具有许多新的

---

① 《习近平主席在世界经济论坛 2017 年年会开幕式上的主旨演讲（全文）》，新华社 2017 年 1 月 17 日。

历史特点的伟大斗争"①。这段话明确了新时代中国共产党展开斗争的主要对象。从一般意义上讲，斗争的对象十分广泛，不仅限于上述几个方面。

危及党的执政地位、侵害人民利益、损害国家发展的一切严重言行，对共产党而言都属于重大挑战。党的十九大报告明确提出，重大挑战主要包括：一切削弱、歪曲、否定党的领导和我国社会主义制度的言行；一切损害人民利益、脱离群众的行为；一切顽瘴痼疾；一切分裂祖国、破坏民族团结和社会和谐稳定的行为；一切在政治、经济、文化、社会等领域和自然界出现的困难和挑战。有效应对重大挑战需要自觉坚持党的领导和中国特色社会主义制度，自觉维护人民利益，自觉投身改革创新时代潮流，自觉维护中国主权、安全、发展利益，和那些分裂祖国、破坏民族团结和社会和谐稳定的行为做坚决斗争。

中共十八大以来，习近平多次强调，全党要自觉防范各种风险，切实增强忧患意识。2019 年 1 月举行了省部级主要领导干部研讨班，习近平专门就防范风险发表重要讲话，指出重大风险主要来自政治、意识形态、经济、科技、社会、外部环境、党的建设等领域。对这些领域的重大风险，习近平强调，我们必须始终保持高度警惕，既要高度警惕"黑天鹅"事件，也要防范"灰犀牛"事件；既要有防范风险的先手，也要有应对和化解风险挑战的高招；既要打好防范和抵御风险的有准备之战，也要打好化险为夷、转危为机的战略主动战。

所谓重大阻力，就是阻碍中华民族实现伟大复兴的力量。在庆祝中国共产党成立 95 周年的讲话中，习近平指出我们要时刻

---

① 习近平：《决胜全面建成小康社会　夺取新时代中国特色社会主义伟大胜利——在中国共产党第十九次全国代表大会上的报告（2017 年 10 月 18 日）》，人民出版社 2017 年版，第 15 页。

准备克服重大阻力。2017 年，党的十九大报告把"克服重大阻力"作为进行伟大斗争的重要对象提了出来，针对性极强。这种阻力既来自外部也来自内部。来自外部的重大阻力，是指国际上一切阻碍中国崛起、为中国发展设限的势力；来自内部的重大阻力，是指国内一切阻碍党和国家事业发展的力量，这些力量主要包括阻碍党和国家事业前进的利益集团、错误思潮以及因循守旧不思进取的守旧派等。

关系全局的矛盾或制约某领域发展的突出矛盾都属于重大矛盾。放眼中国，关系发展全局的矛盾是指社会主要矛盾，制约某领域发展的矛盾主要指经济领域的金融风险、生态文明建设领域的防治污染、社会建设领域的脱贫攻坚。当然，并不是说其他领域就没有突出矛盾了。但上述这些矛盾确实是进行伟大斗争必须着力解决的突出问题，也是提高斗争本领应有之义。党的十九大报告指出，中国社会主要矛盾已经转化为人民日益增长的美好生活需要和不平衡不充分的发展之间的矛盾。这一重大论断表明，高质量的发展、日益广泛的需求，对中国共产党领导国家现代化建设提出更高要求，不提高领导水平是不可能解决这一关系全局的重大矛盾的。同时，必须打好"三大攻坚战"，解决好制约经济、生态、社会领域发展的突出矛盾。

（三）提高斗争本领的重要途径

毛泽东曾形象地指出："我们的任务是过河，但是没有桥或没有船就不能过。不解决桥或船的问题，过河就是一句空话。"[1]过好"具有许多新的历史特点的伟大斗争"这条大河，没有过硬的"桥"或"船"不行。打赢有新特点的伟大斗争，不仅要持续发扬斗争精神，更要在实践历练中不断提高斗争本领。

---

[1]　《毛泽东选集》第 1 卷，人民出版社 1991 年版，第 139 页。

1. 以科学世界观为指导

辩证唯物主义和历史唯物主义是中国共产党人的世界观和方法论。马克思和恩格斯创立的辩证唯物主义和历史唯物主义，科学揭示了自然、社会和人类思维发展的一般规律。2018 年 4 月，习近平在十九届中央政治局第五次集体学习时明确指出，马克思主义理论的科学性和革命性源于辩证唯物主义和历史唯物主义的科学世界观和方法论，为我们认识世界、改造世界提供了强大思想武器。提高斗争本领必须坚持以辩证唯物主义和历史唯物主义为指导。

运用辩证唯物主义提高斗争本领，要注重解决好以下几个问题。一是灵活掌握世界统一于物质、物质决定意识、意识反作用于物质的原理，坚持从客观实际出发制定政策、推动工作。当代中国最大的客观实际就是中国仍处于并将长期处于社会主义初级阶段。习近平指出："这是我们认识当下、规划未来、制定政策、推进事业的客观基点。"① 当然，客观实际不断发展变化，并非一成不变。要准确把握国际国内环境变化，辩证分析中国经济发展阶段性特征，准确把握中国不同发展阶段的新变化新特点，使主观世界更好符合客观实际。二是灵活掌握事物矛盾运动的基本原理。对待矛盾的正确态度，应该是直面矛盾，并运用矛盾相辅相成的特性，在解决矛盾的过程中推动事物发展。还要注意把握好主要矛盾和次要矛盾、矛盾的主要方面和次要方面的关系。三是灵活掌握认识和实践辩证关系的原理，坚持实践第一的观点，不断推进实践基础上的理论创新。各级领导班子和领导干部要加强斗争历练，在实践中提高斗争本领。②

---

① 《要运用辩证唯物主义世界观方法论　提高解决我国改革发展基本问题本领》，新华网 2015 年 1 月 24 日。

② 习近平：《辩证唯物主义是中国共产党人的世界观和方法论》，《求是》2019 年第 1 期。

运用历史唯物主义提高斗争本领，要注意以下几个方面。一是灵活掌握人民群众是历史创造者的观点。要坚持把实现好、维护好、发展好最广大人民根本利益作为推进工作的出发点和落脚点，让发展成果更多更公平惠及全体人民。二是灵活处理尊重客观规律和发挥主观能动性的关系。坚持一切从实际出发，按照客观规律办事，抓好打基础利长远的工作。同时，要鼓励地方、基层、群众大胆探索、先行先试，勇于推进理论和实践创新，不断深化对各种规律的认识。三是灵活掌握物质生产是社会生活的基础的观点。物质生产是社会历史发展的决定性因素，但上层建筑也可以反作用于经济基础，生产力和生产关系、经济基础和上层建筑之间有着作用和反作用的现实过程，并不是单线式的简单决定和被决定逻辑。只有既解决好生产关系中不适应的问题，又解决好上层建筑中不适应的问题，这样才能产生综合效应。此外，还要灵活掌握社会存在决定社会意识的原理。习近平指出：在革命、建设、改革各个历史时期，我们党运用历史唯物主义，系统、具体、历史地分析中国社会运动及其发展规律，在认识世界和改造世界过程中不断把握规律、积极运用规律，推动党和人民事业取得了一个又一个胜利。历史和现实都表明，只有坚持历史唯物主义，我们才能不断把对中国特色社会主义规律的认识提高到新的水平，不断开辟当代中国马克思主义发展新境界。①

辩证唯物主义和历史唯物主义深刻揭示了客观世界特别是人类社会发展一般规律，在当今时代依然有着强大生命力，依然是指导中国共产党人提高斗争本领、推动事业兴旺发达的强大思想武器。中国共产党必须坚持用马克思主义哲学教育和武装全党，发扬学哲学、用哲学的好传统，不断提高斗争本领。

---

① 《推动全党学习和掌握历史唯物主义　更好认识规律更加能动地推进工作》，《人民日报》2013 年 12 月 5 日。

2. 提高科学思维能力

思维能力是整个智慧的核心，参与、支配着一切智力活动。中国共产党面临十分复杂的国内外斗争环境，肩负着繁重的斗争任务，如果缺乏科学思维的有力支撑，就难以取得伟大斗争的胜利。提高科学思维能力，是提高党员干部斗争本领的重要途径。习近平多次强调，领导干部要切实提高战略思维、历史思维、辩证思维、创新思维、法治思维、底线思维能力。实际上是让领导干部善于从纷繁复杂的矛盾中把握规律，提高进行具有许多新的历史特点的伟大斗争的水平。

战略思维能力，就是高瞻远瞩、统揽全局，善于把握事物发展总体趋势和方向的能力。战略问题是一个政党、一个国家的根本性问题。战略上判断得准确，战略上谋划得科学，战略上赢得主动，党和人民事业就大有希望。提高斗争本领，必须善于从全局角度、以长远眼光看问题，从整体上把握斗争发展趋势和方向。提高了战略思维能力，就容易增强战略定力，在斗争原则问题上能够旗帜鲜明、态度明确，在复杂多变的国际斗争中就可以平心静气、处变不惊。

历史思维能力，是以史为鉴、知古鉴今，善于运用历史眼光认识发展规律、把握前进方向、指导现实工作的能力。历史是一个民族、一个国家形成、发展及其盛衰兴亡的真实记录，"是最好的教科书"，"中国革命历史是最好的营养剂"，党史国史"这门功课不仅必修，而且必须修好"①。提高历史思维能力，就要加强对中国历史、党史国史、社会主义发展史和世界历史的学习，深刻总结历史上的斗争经验、把握斗争规律、认清斗争趋势，在对斗争进行深入历史思考中处理好现实中的种种矛盾、更

---

① 《习近平主持中共中央政治局第七次集体学习》，新华网 2013 年 6 月 26 日。

好走向未来。

辩证思维能力，就是承认矛盾、分析矛盾、解决矛盾，善于抓住关键、找准重点、洞察事物发展规律的能力。有矛盾就有斗争，矛盾是斗争的重要对象。提高辩证思维能力，就要认真学习辩证唯物主义，坚持两点论和重点论，客观地而不是主观地、发展地而不是静止地、全面地而不是片面地、系统地而不是零散地、普遍联系地而不是孤立地观察斗争、分析斗争、解决斗争，在矛盾双方对立统一的过程中把握斗争规律，进而打赢斗争。

创新思维能力，就是破除迷信、超越过时的陈规，善于因时制宜、知难而进、开拓创新的能力。提高创新思维能力，就是要有敢为人先的锐气，打破迷信经验、迷信本本、迷信权威的惯性思维，摒弃不合时宜的旧观念，以思想认识的新飞跃打开工作的新局面。通过提高创新思维能力提高斗争本领，就是要用新的视角看待斗争、新的思路分析斗争、新的方式解决斗争。要有逢山开路、遇河架桥的斗争意志，有探索真知、求真务实的斗争态度，才能取得斗争胜利。

法治思维能力，就是把对法治的尊崇、对法律的敬畏转化成思维方式和行为方式，做到在法治之下、而不是法治之外、更不是在法治之上想问题、做决策、办事情的能力。提高法治思维能力，就是要更加自觉地运用法治方式来深化改革、推动发展、化解矛盾、维护稳定，依法协调和处理各种利益问题。提高斗争本领很大程度上就是提高依法解决矛盾、处理斗争的本领。让解决斗争在法治的框架内、轨道上进行。

底线思维能力，就是客观地设定最低目标，立足最低点，争取最大期望值的一种积极的思维能力。习近平多次强调，要善于运用"底线思维"的方法，凡事从坏处准备，努力争取最好的结果，做到有备无患、遇事不慌，牢牢把握主动权。① 提高底线思维能力，就是要居安思危、增强忧患意识，宁可把形势想得更复杂一点，把挑战看得更严峻一些，做好应付最坏局面的思想准备。要把斗争工作预案准备充分、周详，做到心中有数、有备无患。

3. 讲究斗争策略艺术

提高斗争本领，既要坚持科学世界观和方法论，又要锻炼提升各种思维能力，还要讲究斗争策略和艺术，善于从斗争大局着眼、抓住斗争重点，下好先手棋、不打无准备之仗，要坚持有理有利有节的斗争原则，以斗争求合作求共赢。

讲究谋篇布局。斗争犹如对弈，不善谋局者，必输无疑。习近平强调凡事讲究谋篇布局，他在 2018 年 6 月 22 日至 23 日召开的中央外事工作会议上指出："对外工作要根据党中央统一部署，加强谋篇布局，突出工作重点，抓好工作。"② 他为推动中国经济健康发展，提出创新、协调、绿色、开放、共享的新发展理念，从总体上为经济发展明确方向。中共十八大以来，之所以国家发生历史性变革、取得历史性成就，和习近平治国理政善于谋篇布局有关。"不谋全局者，不足以谋一域"。讲究谋篇布局，是中国共产党赢得胜利、推动发展的重要实践。又如解放战争期间，无论是刘邓大军千里跃进大别山还是提前进行淮海战役，都是为打败对手、赢得胜利布下的大棋局。又如改革开放初期，邓小平同志主动当后勤部长，狠抓教育科技，抓住了中国这盘大棋局上的关键棋子。

---

① 《透视改革"底线思维"：从坏处准备，向最好努力》，人民网 2013 年 1 月 15 日。

② 《坚持以新时代中国特色社会主义外交思想为指导　努力开创中国特色大国外交新局面》，《人民日报》2018 年 6 月 24 日。

　　注重防患于未然。"凡事预则立，不预则废"。要想取得斗争胜利，必须提高预见能力，在防患于未然上下功夫，下好先手棋。治国理政不能仅仅停留于把大事化小、把小事化了，更要追求把矛盾解决在萌芽状态，化矛盾于无形。化解风险挑战、解决各种矛盾、取得斗争胜利，必须不断提高下先手棋的斗争本领，力争防患于未然。这就需要广大干部提高工作的预见性。所谓预见，不是指某种东西已经大量地普遍地在世界上出现了，在眼前出现了，这时才预见；而常常是要求看得更远，就是说在地平线上刚冒出来一点的时候，刚露出一点头的时候，还是小量的不普遍的时候，就能看见，就能看到它的将来的普遍意义。毛泽东在中共七大上提出，如果没有预见，就不配叫领导，"没有预见就没有一切"。① 中共七大指出注意城市工作、习近平提出世界面临百年未有之变局，都属于预见。

　　坚持有理有利有节。早在革命年代，中共就提出了"有理、有利、有节"的原则。有理即自卫原则，人不犯我，我不犯人，人若犯我，我必犯人。有利即胜利原则，不斗则已，斗则必胜，不搞无把握的斗争。有节即休战原则，决不无止境地斗下去，要有节制，有利再战。70多年前提出的这些斗争原则，对于十八大以来，中国共产党领导下进行伟大斗争中也有较大借鉴价值。无论是解决人民内部矛盾，还是解决敌我矛盾，都要遵循这一斗争原则。处理好人民内部矛盾，要和风细雨，采用"团结—批评—团结"的方法。处理敌我矛盾，也要分析斗争的长期影响及其他后果，尤其是处理中国与世界其他国家间关系时，更要坚持有理有利有节。2017年，中国有理有利有节地处理了印度边防部队进入中国洞朗地区事件，使得中印关系大局保持基本稳定，这符合两国长远利益。当然，坚持有理有利有节的斗争原则，不是不敢

① 《毛泽东文集》第3卷，人民出版社1996年版，第396页。

斗争，而是要以斗争求发展求合作求胜利。

4. 在斗争实践中加强历练

梅花香自苦寒来，宝剑锋从磨砺出。斗争本领不会自然提高的。党员干部不能只学书本上的斗争知识，满足于了解共产党的斗争经验，还必须投身于社会主义现代化建设实践，经受"社会大学"的考验历练，才能切实提高斗争本领。

加强实践历练以提高斗争本领，是中国共产党近百年发展史积累的重要经验。回顾历史不难发现，中国共产党在民主革命时期经受过两次重要挫折，其重要原因在于斗争经验不足。在1935年遵义会议之后，中国共产党接连走向胜利，其重要原因在于不断总结斗争经验，斗争本领不断增强。毛泽东就讲过，刚开始革命的时候，他是一名小学教员，也没学过军事，不懂得打仗。后来总结多年革命斗争经验得出一个结论"打仗没什么巧妙，打得赢就打，打不赢就走"。新中国成立以来，中国的事业发展也不是一帆风顺，而是随着革命经验的积累，不断摸到了社会主义革命和建设、改革开放的规律后，事业才迎来大发展。

加强实践历练以提高斗争本领，符合历史客观规律。提高斗争本领需要发挥人的主观能动性。主观能动性是人类生命活动区别于动物生命活动的根本特征，而这种主观能动性的发挥与实现是有条件的，受到自然条件、社会条件和精神条件的制约。现实的人总是在一定的历史条件下展开自身的活动，同时又不完全屈从于这种现实的条件。在社会实践中，人们发挥主观能动性，在不断认识自然的同时改造自然，在认识社会的同时改造社会，在认识自身的同时改造人自身，在这个过程中，与自然、与社会、与人进行斗争的水平才会慢慢提高。进入新时代，面临新的伟大斗争实践，必须投身于伟大事业，积极参与社会革命和自我革命，才能真正提高斗争本领。

注重选拔在斗争实践中得到历练的干部，是新时代选拔干部的新气向。进入新时代要有新气象新作为，选拔干部要特别注重那些有斗争经验和斗争智慧的同志。不经风雨怎么见彩虹。斗争经验和斗争智慧从哪里来，只能从斗争实践中来。习近平在 2018 年 11 月政治局集体学习时强调，要多选一些在重大斗争中经过磨砺的干部，同时要让没有实践经历的干部到重大斗争中去经受锻炼，在克难攻坚中增长胆识和才干。① 这不仅是要求广大干部必须经历大风大浪的考验，在斗争中不断提高本领，而且表明了新时代干部选拔任用的新要求新趋势。

5. 始终坚持问题导向

进行斗争，就是为了解决民族复兴道路上的问题。提高斗争本领，必须始终坚持问题导向。实现中华民族伟大复兴，绝不是轻轻松松、敲锣打鼓就能实现的。前进道路上还有很多矛盾和问题需要解决，全党必须准备付出更为艰巨、更为艰苦的努力。习近平指出，坚持问题导向是马克思主义的鲜明特点，中国共产党人干革命、搞建设、抓改革，从来都是为了解决中国的现实问题。他还特别强调，要以重大问题为导向，抓住关键问题进一步研究思考，着力推动解决中国发展面临的一系列突出矛盾和问题。

中共十九大报告提出了执政党面临六个方面的 17 个问题，主要是：发展不平衡不充分的一些突出问题尚未解决，发展质量和效益还不高，创新能力不够强，实体经济水平有待提高，生态环境保护任重道远；民生领域还有不少短板，脱贫攻坚任务艰巨，城乡区域发展和收入分配差距依然较大，群众在就业、教育、医疗、居住、养老等方面面临不少难题；社会文明水平尚需提高；社会矛盾和问题交织叠加，全面依法治国任务依然繁重，

---

① 《习近平主持中共中央政治局第十次集体学习并讲话》，新华社 2018 年 11 月 26 日。

国家治理体系和治理能力有待加强；意识形态领域斗争依然复杂，国家安全面临新情况；一些改革部署和重大政策措施需要进一步落实；党的建设方面还存在不少薄弱环节。

进行新的伟大斗争，必须着力加以解决上述 17 个问题。这就要求在开展经济领域斗争中，着重提高发展质量和效益，提高发展平衡度，提高创新能力；在民生领域，狠抓脱贫攻坚，缩减城乡区域发展差距和收入分配差距；在文化建设领域，大力提高社会文明程度；在社会治理领域，下大力气全面依法治国，不断完善国家治理体系和提高治理能力；在意识形态领域，坚持社会主义核心价值观、巩固马克思主义和中国特色社会主义指导地位；在改革领域，狠抓改革举措落实，让人民确实从改革中获得实实在在的好处；在党的建设领域，以政治建设为统领，持续加强思想、作风、制度、纪律、组织建设，持续开展治理腐败，把党建设得更加坚强有力。

问题是时代的口号，矛盾的表现，斗争的对象。坚持问题导向以提高斗争本领，必须增强问题意识，善于发现问题、科学分析问题，长于解决问题；必须增强担当意识，要敢于触及矛盾，敢于动真碰硬解决矛盾。唯此，中国才能在进行具有新的历史特点的伟大斗争中取得胜利，如期迎来中华民族的伟大复兴。

进入新时代，中国迎来的励精图治，拥有大情怀、大格局、大智慧的人民领袖习近平，中国共产党也走过百年沧桑，积累了丰富治国理政大智慧，中国人民也必将一如既往延续中华民族勤劳勇敢、艰苦奋斗的优良传统。中国有充分自信，在以习近平同志为核心的党中央领导下，一定能乘风破浪，创造出让世界瞩目的新的更大奇迹。

附　录

中共十八届中央全面深化改革领导小组 38 次会议一览表

召开次数	召开时间	审议的改革方案与主要安排
第一次	2014 年 1 月 22 日	审议通过了《中央全面深化改革领导小组工作规则》《中央全面深化改革领导小组专项小组工作规则》《中央全面深化改革领导小组办公室工作细则》；审议通过了中央全面深化改革领导小组下设经济体制和生态文明体制改革、民主法制领域改革、文化体制改革、社会体制改革、党的建设制度改革、纪律检查体制改革六个专项小组名单；审议通过了《中央有关部门贯彻落实党的十八届三中全会〈决定〉重要举措分工方案》；听取了各地区各部门贯彻落实党的十八届三中全会精神进展情况，研究了领导小组近期工作
第二次	2014 年 2 月 28 日	审议通过了《中央全面深化改革领导小组 2014 年工作要点》，审议通过了《关于十八届三中全会〈决定〉提出的立法工作方面要求和任务的研究意见》《关于经济体制和生态文明体制改革专项小组重大改革的汇报》《深化文化体制改革实施方案》《关于深化司法体制和社会体制改革的意见及贯彻实施分工方案》，听取了关于中央全面深化改革领导小组第一次会议以来各地区各部门改革工作进展情况汇报，部署了当前和今后一个时期工作

（续表）

召开次数	召开时间	审议的改革方案与主要安排
第三次	2014 年 6 月 6 日	会议审议通过了《中央全面深化改革领导小组2014 年工作要点》，审议通过了《关于十八届三中全会（决定）提出的立法工作方面要求和任务的研究意见》《关于经济体制和生态文明体制改革专项小组重大改革的汇报》《深化文化体制改革实施方案》《关于深化司法体制和社会体制改革的意见及贯彻实施分工方案》，听取了关于中央全面深化改革领导小组第一次会议以来各地区各部门改革工作进展情况汇报，部署了当前和今后一个时期工作
第四次	2014 年 8 月 18 日	会议审议通过了《中央全面深化改革领导小组2014 年工作要点》，审议通过了《关于十八届三中全会（决定）提出的立法工作方面要求和任务的研究意见》《关于经济体制和生态文明体制改革专项小组重大改革的汇报》《深化文化体制改革实施方案》《关于深化司法体制和社会体制改革的意见及贯彻实施分工方案》，听取了关于中央全面深化改革领导小组第一次会议以来各地区各部门改革工作进展情况汇报，部署了当前和今后一个时期工作
第五次	2014 年 9 月 29 日	审议了《关于引导农村土地承包经营权有序流转发展农业适度规模经营的意见》《积极发展农民股份合作赋予集体资产股份权能改革试点方案》《关于深化中央财政科技计划（专项、基金等）管理改革的方案》，建议根据会议讨论情况进一步修改完善后按程序报批实施

（续表）

召开次数	召开时间	审议的改革方案与主要安排
第六次	2014 年 10 月 27 日	会议审议了《关于引导农村土地承包经营权有序流转发展农业适度规模经营的意见》《积极发展农民股份合作赋予集体资产股份权能改革试点方案》《关于深化中央财政科技计划（专项、基金等）管理改革的方案》，建议根据会议讨论情况进一步修改完善后按程序报批实施
第七次	2014 年 12 月 2 日	审议了《关于农村土地征收、集体经营性建设用地入市、宅基地制度改革试点工作的意见》《关于加快构建现代公共文化服务体系的意见》《关于县以下机关建立公务员职务与职级并行制度的意见》《关于加强中央纪委派驻机构建设的意见》，审议通过了《最高人民法院设立巡回法庭试点方案》和《设立跨行政区划人民法院、人民检察院试点方案》，建议根据会议讨论情况进一步修改完善后按程序报批实施
第八次	2014 年 12 月 30 日	审议通过了《关于 2014 年全面深化改革工作的总结报告》《中央全面深化改革领导小组 2015 年工作要点》《贯彻实施党的十八届四中全会决定重要举措 2015 年工作要点》
第九次	2015 年 1 月 30 日	审议通过了《关于贯彻落实党的十八届四中全会决定进一步深化司法体制和社会体制改革的实施方案》《省（自治区、直辖市）纪委书记、副书记提名考察办法（试行）》《中央纪委派驻纪检组组长、副组长提名考察办法（试行）》《中管企业纪委书记、副书记提名考察办法（试行）》

（续表）

召开次数	召开时间	审议的改革方案与主要安排
第十次	2015 年 2 月 27 日	审议通过了《中国足球改革总体方案》《关于领导干部干预司法活动、插手具体案件处理的记录、通报和责任追究规定》《深化人民监督员制度改革方案》《上海市开展进一步规范领导干部配偶、子女及其配偶经商办企业管理工作的意见》
第十一次	2015 年 4 月 1 日	审议通过了《乡村教师支持计划（2015—2020 年）》《关于城市公立医院综合改革试点的指导意见》《人民陪审员制度改革试点方案》《关于人民法院推行立案登记制改革的意见》《党的十八届四中全会重要举措实施规划（2015—2020 年）》
第十二次	2015 年 5 月 5 日	审议通过了《关于在部分区域系统推进全面创新改革试验的总体方案》《检察机关提起公益诉讼改革试点方案》《关于完善法律援助制度的意见》《深化科技体制改革实施方案》《中国科协所属学会有序承接政府转移职能扩大试点工作实施方案》
第十三次	2015 年 6 月 5 日	审议通过了《关于在深化国有企业改革中坚持党的领导加强党的建设的若干意见》《关于加强和改进企业国有资产监督防止国有资产流失的意见》《关于完善国家统一法律职业资格制度的意见》《关于招录人民法院法官助理、人民检察院检察官助理的意见》《关于进一步规范司法人员与当事人、律师、特殊关系人、中介组织接触交往行为的若干规定》

（续表）

召开次数	召开时间	审议的改革方案与主要安排
第十四次	2015 年 7 月 1 日	审议通过了《环境保护督察方案（试行）》《生态环境监测网络建设方案》《关于开展领导干部自然资源资产离任审计的试点方案》《党政领导干部生态环境损害责任追究办法（试行）》《关于推动国有文化企业把社会效益放在首位、实现社会效益和经济效益相统一的指导意见》
第十五次	2015 年 8 月 18 日	审议通过了《关于改进审计查出突出问题整改情况向全国人大常委会报告机制的意见》《关于完善人民法院司法责任制的若干意见》《关于完善人民检察院司法责任制的若干意见》《统筹推进世界一流大学和一流学科建设总体方案》《全面改善贫困地区义务教育薄弱学校基本办学条件工作专项督导办法》《关于建立居民身份证异地受理挂失申报和丢失招领制度的意见》
第十六次	2015 年 9 月 15 日	审议通过了《关于实行市场准入负面清单制度的意见》《关于支持沿边重点地区开发开放若干政策措施的意见》《关于推进价格机制改革的若干意见》《关于鼓励和规范国有企业投资项目引入非国有资本的指导意见》《关于深化律师制度改革的意见》《法官、检察官单独职务序列改革试点方案》《法官、检察官工资制度改革试点方案》《关于加强外国人永久居留服务管理的意见》
第十七次	2015 年 10 月 13 日	审议通过了《关于加强和改进行政应诉工作的意见》《深化国税、地税征管体制改革方案》《关于进一步推进农垦改革发展的意见》《关于国有企业功能界定与分类的指导意见》《关于完善矛盾纠纷多元化解机制的意见》

（续表）

召开次数	召开时间	审议的改革方案与主要安排
第十八次	2015 年 11 月 9 日	审议通过了《全国总工会改革试点方案》《上海市群团改革试点方案》《重庆市群团改革试点方案》《关于加快实施自由贸易区战略的若干意见》《关于促进加工贸易创新发展的若干意见》《推进普惠金融发展规划（2016—2020 年）》《关于深入推进城市执法体制改革改进城市管理工作的指导意见》《国家高端智库建设试点工作方案》
第十九次	2015 年 12 月 9 日	审议通过了《国务院部门权力和责任清单编制试点方案》《关于做好新时期教育对外开放工作的若干意见》《关于整合城乡居民基本医疗保险制度的意见》《关于解决无户口人员登记户口问题的意见》《中国三江源国家公园体制试点方案》《关于在全国各地推开司法体制改革试点的请示》《公安机关执法勤务警员职务序列改革试点方案》《公安机关警务技术职务序列改革试点方案》《中央全面深化改革领导小组 2015 年工作总结报告》《中央全面深化改革领导小组 2016 年工作要点》
第二十次	2016 年 1 月 11 日	审议通过了《关于全面推进政务公开工作的意见》《关于完善国家工作人员学法用法制度的意见》《关于保护、奖励职务犯罪举报人的若干规定》《关于开展承担行政职能事业单位改革试点的指导意见》《科协系统深化改革实施方案》《关于健全落实社会治安综合治理领导责任制的规定》《关于规范公安机关警务辅助人员管理工作的意见》

（续表）

召开次数	召开时间	审议的改革方案与主要安排
第二十一次	2016 年 2 月 23 日	听取了经济体制和生态文明体制改革专项小组关于生态文明体制改革总体方案推进落实情况汇报、社会体制改革专项小组关于司法体制改革推进落实情况汇报、党的纪律检查体制改革专项小组关于党的纪律检查体制改革推进落实情况汇报、全国人大常委会法工委关于立法主动适应改革需要推进落实情况汇报、科技部关于深化科技体制改革推进落实情况汇报、公安部关于深化公安改革推进落实情况汇报，上海市关于推进落实中央部署改革试点任务情况汇报、湖北省关于建立和实施改革落实督察机制情况汇报、福建省三明市关于深化医药卫生体制改革情况汇报、浙江省开化县关于"多规合一"试点情况汇报
第二十二次	2016 年 3 月 22 日	审议通过了《关于推行法律顾问制度和公职律师公司律师制度的意见》《关于健全生态保护补偿机制的意见》《关于建立贫困退出机制的意见》《关于加强儿童医疗卫生服务改革与发展的意见》《关于深化投融资体制改革的意见》《关于建立法官检察官逐级遴选制度的意见》《关于从律师和法学专家中公开选拔立法工作者、法官、检察官的意见》《关于加强和规范改革试点工作的意见》

（续表）

召开次数	召开时间	审议的改革方案与主要安排
第二十三次	2016 年 4 月 18 日	审议通过了北京市、广东省、重庆市、新疆维吾尔自治区关于进一步规范领导干部配偶、子女及其配偶经商办企业行为的规定（试行），以及《关于建立公平竞争审查制度的意见》《专业技术类公务员管理规定（试行）》《行政执法类公务员管理规定（试行）》《关于推进家庭医生签约服务的指导意见》《关于建立完善守信联合激励和失信联合惩戒制度加快推进社会诚信建设的指导意见》《关于加强民办学校党的建设工作的意见（试行）》《民办学校分类登记实施细则》《营利性民办学校监督管理实施细则》《保护司法人员依法履行法定职责的规定》《宁夏回族自治区空间规划（多规合一）试点方案》《党的十八届五中全会有关改革举措实施规划（2016—2020 年）》
第二十四次	2016 年 5 月 20 日	审议通过了《关于统筹推进城乡义务教育一体化改革发展的若干意见》《关于深化公安执法规范化建设的意见》《关于支持和发展志愿服务组织的意见》《探索实行耕地轮作休耕制度试点方案》《关于发展涉外法律服务业的意见》《各地区以改革举措落实供给侧结构性改革情况》
第二十五次	2016 年 6 月 27 日	审议通过了《关于完善人大代表联系人民群众制度的实施意见》《关于推进以审判为中心的刑事诉讼制度改革的意见》《关于设立统一规范的国家生态文明试验区的意见》《国家生态文明试验区（福建）实施方案》《关于加快推进失信被执行人信用监督、警示和惩戒机制建设的意见》《关于海南省域"多规合一"改革试点情况的报告》《2015 年各地全面深化改革推进情况和工作建议综合报告》

（续表）

召开次数	召开时间	审议的改革方案与主要安排
第二十六次	2016 年 7 月 22 日	审议通过了《贫困地区水电矿产资源开发资产收益扶贫改革试点方案》《关于加强文化领域行业组织建设的指导意见》《关于认罪认罚从宽制度改革试点方案》《关于建立法官、检察官惩戒制度的意见（试行）》《关于省以下环保机构监测监察执法垂直管理制度改革试点工作的指导意见》《关于各地区各部门开展改革督察情况的报告》
第二十七次	2016 年 8 月 30 日	审议通过了《关于构建绿色金融体系的指导意见》《关于完善产权保护制度依法保护产权的意见》《关于创新政府配置资源方式的指导意见》《关于实行以增加知识价值为导向分配政策的若干意见》《关于进一步推广深化医药卫生体制改革经验的若干意见》《脱贫攻坚责任制实施办法》《关于完善农村土地所有权承包权经营权分置办法的意见》《重点生态功能区产业准入负面清单编制实施办法》《生态文明建设目标评价考核办法》《关于在部分省份开展生态环境损害赔偿制度改革试点的报告》《关于从事生产经营活动事业单位改革的指导意见》《关于公共文化设施开展学雷锋志愿服务的实施意见》《关于清理规范改革试点情况的报告》《关于全面深化改革重要举措出台和落实情况的评估报告》

（续表）

召开次数	召开时间	审议的改革方案与主要安排
第二十八次	2016 年 10 月 11 日	审议通过了《关于推进防灾减灾救灾体制机制改革的意见》《关于全面推行河长制的意见》《关于深化统计管理体制改革提高统计数据真实性的意见》《关于进一步把社会主义核心价值观融入法治建设的指导意见》《关于全面放开养老服务市场提升养老服务质量的若干意见》《关于推进安全生产领域改革发展的意见》《关于促进移动互联网健康有序发展的意见》《关于深入推进经济发达镇行政管理体制改革的指导意见》《关于进一步健全相关领域实名登记制度的总体方案》《省级空间规划试点方案》
第二十九次	2016 年 11 月 1 日	审议通过了《建立以绿色生态为导向的农业补贴制度改革方案》《关于进一步加强和改进中华文化走出去工作的指导意见》《关于深化职称制度改革的意见》《关于划定并严守生态保护红线的若干意见》《关于最高人民法院增设巡回法庭的请示》《关于进一步引导和鼓励高校毕业生到基层工作的意见》《关于加强政务诚信建设的指导意见》《关于加强个人诚信体系建设的指导意见》《关于全面加强电子商务领域诚信建设的指导意见》《自然资源统一确权登记办法（试行）》《湿地保护修复制度方案》《海岸线保护与利用管理办法》和《关于在深化国有企业改革中坚持党的领导加强党的建设落实情况报告》

（续表）

召开次数	召开时间	审议的改革方案与主要安排
第三十次	2016 年 12 月 5 日	审议通过了《关于深化国有企业和国有资本审计监督的若干意见》《国务院国资委以管资本为主推进职能转变方案》《关于健全国家自然资源资产管理体制试点方案》《关于开展知识产权综合管理改革试点总体方案》《关于加强乡镇政府服务能力建设的意见》《关于制定和实施老年人照顾服务项目的意见》《中央国有资本经营预算支出管理暂行办法》《关于加强耕地保护和改进占补平衡的意见》《大熊猫国家公园体制试点方案》《东北虎豹国家公园体制试点方案》《围填海管控办法》《关于加强"一带一路"软力量建设的指导意见》和《关于农村集体资产股份权能改革试点情况的报告》
第三十一次	2016 年 12 月 30 日	审议通过了《中央全面深化改革领导小组 2016 年工作总结报告》《中央全面深化改革领导小组 2017 年工作要点》《关于加快构建中国特色哲学社会科学的意见》《关于进一步改革完善药品生产流通使用政策的若干意见》《推行行政执法公示制度、执法全过程记录制度、重大执法决定法制审核制度试点工作方案》《关于开展落实中央企业董事会职权试点工作的意见》《关于清理规范重点支出同财政收支增幅或生产总值挂钩事项有关问题的通知》《矿业权出让制度改革方案》《矿产资源权益金制度改革方案》《关于加强和完善城乡社区治理的意见》

（续表）

召开次数	召开时间	审议的改革方案与主要安排
第三十二次	2017 年 2 月 6 日	审议通过了《新时期产业工人队伍建设改革方案》《关于加强党对地方外事工作领导体制改革的实施意见》《关于改革驻外机构领导机制、管理体制和监督机制的实施意见》《关于改革对外工作队伍建设的实施意见》《关于改革援外工作的实施意见》《关于社会智库健康发展的若干意见》《国家科技决策咨询制度建设方案》《关于推进公共信息资源开放的若干意见》《按流域设置环境监管和行政执法机构试点方案》《外国人永久居留证件便利化改革方案》《关于深化中央主要新闻单位采编播管岗位人事管理制度改革的试行意见》《关于实行国家机关"谁执法谁普法"普法责任制的意见》；听取了《关于全国总工会改革试点工作总结报告》《上海市委全面深化改革领导小组关于群团改革试点工作总结的报告》《重庆市委全面深化改革领导小组关于群团改革试点工作总结的报告》
第三十三次	2017 年 3 月 24 日	审议通过了《全面深化中国（上海）自由贸易试验区改革开放方案》《关于深化科技奖励制度改革的方案》。会议审议了农业转移人口市民化、改善贫困地区孩子上学条件、建立居民身份证异地受理挂失申报和丢失招领制度、解决无户口人员登记户口问题、推进家庭医生签约服务、全面推行河长制等民生领域改革落实情况的督察报告

（续表）

召开次数	召开时间	审议的改革方案与主要安排
第三十四次	2017 年 4 月 18 日	审议通过了《关于加快构建政策体系、培育新型农业经营主体的意见》《关于进一步激发和保护企业家精神的意见》《关于建立现代医院管理制度的指导意见》《关于改革完善短缺药品供应保障机制的实施意见》《关于办理刑事案件严格排除非法证据若干问题的规定》《关于完善反洗钱、反恐怖融资、反逃税监管体制机制的意见》《对省级人民政府履行教育职责的评价办法》《关于禁止洋垃圾入境推进固体废物进口管理制度改革实施方案》。会议审议了《中央全面深化改革领导小组 6 个专项小组开展改革督察工作情况的报告》
第三十五次	2017 年 5 月 23 日	审议通过了《关于深化教育体制机制改革的意见》《外商投资产业指导目录（2017 年修订）》《关于规范企业海外经营行为的若干意见》《关于建立资源环境承载能力监测预警长效机制的若干意见》《关于深化环境监测改革提高环境监测数据质量的意见》《个人收入和财产信息系统建设总体方案》《跨地区环保机构试点方案》《海域、无居民海岛有偿使用的意见》《关于检察机关提起公益诉讼试点情况和下一步工作建议的报告》。会议审议了《关于各地区各部门贯彻落实习近平在中央全面深化改革领导小组第三十三次会议上重要讲话精神情况的报告》《关于深化教育领域综合改革情况汇报》《关于科技领域重点改革工作情况汇报》《关于深化医药卫生体制改革进展情况汇报》《关于足球领域重点改革工作情况汇报》

（续表）

召开次数	召开时间	审议的改革方案与主要安排
第三十六次	2017 年 6 月 26 日	审议通过了《祁连山国家公园体制试点方案》《中央企业公司制改制工作实施方案》《地区生产总值统一核算改革方案》《统计违纪违法责任人处分处理建议办法》《中国国际进口博览会总体方案》《关于改进境外企业和对外投资安全工作的若干意见》《全国和地方资产负债表编制工作方案》《关于设立杭州互联网法院的方案》《领导干部自然资源资产离任审计暂行规定》《国家生态文明试验区（江西）实施方案》《国家生态文明试验区（贵州）实施方案》。会议审议了《国家生态文明试验区（福建）推进建设情况报告》《中国（广东）、中国（天津）和中国（福建）自由贸易试验区建设两年进展情况总结报告》
第三十七次	2017 年 7 月 20 日	审议通过了《关于创新体制机制推进农业绿色发展的意见》《国家技术转移体系建设方案》《关于深入推进公共文化机构法人治理结构改革的实施方案》《关于加强和改进中外人文交流工作的若干意见》《聘任制公务员管理规定（试行）》《关于完善进出口商品质量安全风险预警和快速反应监管体系切实保护消费者权益的意见》《关于深化审评审批制度改革鼓励药品医疗器械创新的意见》《建立国家公园体制总体方案》《关于健全统一司法鉴定管理体制的实施意见》。会议审议了《党的十八届三中全会以来改革试点工作进展情况报告》《关于社会保障制度改革督察情况报告》

（续表）

召开次数	召开时间	审议的改革方案与主要安排
第三十八次	2017 年 8 月 29 日	审议通过了《关于完善主体功能区战略和制度的若干意见》《关于探索建立涉农资金统筹整合长效机制的意见》《生态环境损害赔偿制度改革方案》《关于建立健全村务监督委员会的指导意见》《关于加强法官检察官正规化专业化职业化建设全面落实司法责任制的意见》《关于上海市开展司法体制综合配套改革试点的框架意见》。会议审议了《关于脱贫攻坚责任制实施办法落实情况的督察报告》《宁夏回族自治区关于空间规划（多规合一）试点工作情况的报告》

中共十九届中央全面深化改革领导小组 2 次会议一览表

召开次数	召开时间	审议的改革方案与主要安排
第一次	2017 年 11 月 20 日	审议通过了《关于建立国务院向全国人大常委会报告国有资产管理情况的制度的意见》《关于加强贫困村驻村工作队选派管理工作的指导意见》《农村人居环境整治三年行动方案》《关于在湖泊实施湖长制的指导意见》《全面深化新时代教师队伍建设改革的意见》《关于拓展农村宅基地制度改革试点的请示》《关于改革完善全科医生培养与使用激励机制的意见》《中央团校改革方案》《关于立法中涉及的重大利益调整论证咨询的工作规范》《关于争议较大的重要立法事项引入第三方评估的工作规范》《关于加强知识产权审判领域改革创新若干问题的意见》《关于贯彻落实党的十九大精神坚定不移将改革推向深入的工作意见》《中央全面深化改革领导小组工作总结》《中央全面深化改革领导小组工作规则（修订稿）》《中央全面深化改革领导小组专项小组工作规则（修订稿）》《中央全面深化改革领导小组办公室工作细则（修订稿）》。会议审议了《关于加大督察力度狠抓改革落实情况的报告》

（续表）

召开次数	召开时间	审议的改革方案与主要安排
第二次	2018 年 1 月 23 日	审议通过了《中央有关部门贯彻实施党的十九大〈报告〉重要改革举措分工方案》《中央全面深化改革领导小组 2018 年工作要点》《中央全面深化改革领导小组 2017 年工作总结报告》《关于推进社会公益事业建设领域政府信息公开的意见》《关于提高技术工人待遇的意见》《关于建立城乡居民基本养老保险待遇确定和基础养老金正常调整机制的指导意见》《积极牵头组织国际大科学计划和大科学工程方案》《关于推进孔子学院改革发展的指导意见》《关于建立"一带一路"争端解决机制和机构的意见》《关于改革完善仿制药供应保障及使用政策的若干意见》《科学数据管理办法》《知识产权对外转让有关工作办法（试行）》《地方党政领导干部安全生产责任制规定》。会议还审议了《浙江省"最多跑一次"改革调研报告》

中共十九届中央全面深化改革委员会会议一览表

召开次数	召开时间	审议的改革方案与主要安排
第一次	2018 年 3 月 28 日	审议通过了《中央全面深化改革委员会工作规则》《中央全面深化改革委员会专项小组工作规则》《中央全面深化改革委员会办公室工作细则》。 审议了《关于深化纪检监察体制改革和中央纪委国家监委机构改革情况的报告》《关于第一轮中央环境保护督察总结和下一步工作考虑的报告》。 审议通过了《关于深入推进审批服务便民化的指导意见》《关于设立上海金融法院的方案》《关于形成参与国际宏观经济政策协调的机制推动国际

（续表）

召开次数	召开时间	审议的改革方案与主要安排
		经济治理结构完善的意见》《进一步深化中国（广东）自由贸易试验区改革开放方案》《进一步深化中国（天津）自由贸易试验区改革开放方案》《进一步深化中国（福建）自由贸易试验区改革开放方案》《关于规范金融机构资产管理业务的指导意见》《关于加强非金融企业投资金融机构监管的指导意见》《关于改革国有企业工资决定机制的意见》《公安机关执法勤务警员职务序列改革方案（试行）》、《公安机关警务技术职务序列改革方案（试行）》《关于深化项目评审、人才评价、机构评估改革的若干意见》《关于进一步加强科研诚信建设的若干意见》《关于加强公立医院党的建设工作的意见》《关于加强人民调解员队伍建设的意见》
第二次	2018 年 5 月 11 日	审议通过了《关于地方机构改革有关问题的指导意见》《关于加强国有企业资产负债约束的指导意见》《推进中央党政机关和事业单位经营性国有资产集中统一监管试点实施意见》《高等学校所属企业体制改革的指导意见》《企业职工基本养老保险基金中央调剂制度方案》《中央企业领导人员管理规定》《关于加强和改进生活无着的流浪乞讨人员救助管理工作的意见》《关于改革完善医疗卫生行业综合监管制度的指导意见》《关于党的十八大以来有关改革任务分工调整的请示》《党的十九大报告重要改革举措实施规划（2018—2022 年）》。审议了《深化党和国家机构改革进展情况报告》

（续表）

召开次数	召开时间	审议的改革方案与主要安排
第三次	2018 年 7 月 6 日	审议通过了《关于支持河北雄安新区全面深化改革和扩大开放的指导意见》《关于建设新时代文明实践中心试点工作的指导意见》《关于规范校外培训机构发展的意见》《关于学前教育深化改革规范发展的若干意见》《关于全面实施预算绩效管理的意见》《关于完善促进消费体制机制进一步激发居民消费潜力的若干意见》《完善促进消费体制机制实施方案（2018—2020 年）》《关于建立健全基本公共服务标准体系的指导意见》《关于加强文物保护利用改革的若干意见》《关于推进政府购买服务第三方绩效评价工作的指导意见》《防范和惩治统计造假弄虚作假督察工作规定》《关于浙江等地深化"最多跑一次"改革需要中央层面解决的事项清单及工作建议》《关于开展县以下事业单位管理岗位职员等级晋升制度试点工作的实施意见》《关于推进军民融合深度发展若干财政政策的意见》《关于增设北京互联网法院、广州互联网法院的方案》《关于设立最高人民检察院公益诉讼检察厅的方案》
第四次	2018 年 9 月 20 日	审议通过了《关于推动高质量发展的意见》《关于建立更加有效的区域协调发展新机制的意见》《关于支持自由贸易试验区深化改革创新的若干措施》《关于完善系统重要性金融机构监管的指导意见》《关于改革和完善疫苗管理体制的意见》《关于统一规划体系更好发挥国家发展规划战略导向作用的意见》《关于促进小农户和现代农业发展有机衔接的意见》

（续表）

召开次数	召开时间	审议的改革方案与主要安排
第五次	2018 年 11 月 14 日	审议通过了《海南省创新驱动发展战略实施方案》《海南省建设国际旅游消费中心的实施方案》《关于支持海南全面深化改革开放有关财税政策的实施方案》《关于支持海南全面深化改革开放综合财力补助资金的管理办法》《关于调整海南离岛旅客免税购物政策工作方案》《加快完善市场主体退出制度改革方案》《深化政府采购制度改革方案》《国家职业教育改革实施方案》《关于加强县级融媒体中心建设的意见》《关于深化改革培育世界一流科技期刊的意见》《关于推进基层整合审批服务执法力量的实施意见》《关于加强和改进出版工作的意见》《国家组织药品集中采购试点方案》《关于全面推行行政执法公示制度执法全过程记录制度重大执法决定法制审核制度的指导意见》和《"街乡吹哨、部门报到"——北京市推进党建引领基层治理体制机制创新的探索》
第六次	2019 年 1 月 23 日	审议通过了《在上海证券交易所设立科创板并试点注册制总体实施方案》《关于在上海证券交易所设立科创板并试点注册制的实施意见》《关于建立以国家公园为主体的自然保护地体系指导意见》《关于深化教育教学改革全面提高义务教育质量的意见》《关于鼓励引导人才向艰苦边远地区和基层一线流动的意见》《关于政法领域全面深化改革的实施意见》《关于统筹推进自然资源资产产权制度改革的指导意见》《关于建立国土空间规划体系并监督实施的若干意见》《关于构建市场导向的绿色技术创新体系的指导意见》《天然林保护修复制度方案》《国家生态文明试验区（海南）实施方案》《海南热带雨林国家公园体制试点方案》和《中央全面深化改革委员会2019年工作要点》《中央全面深化改革委员会2018年工作总结报告》《党的十八大以来全面深化改革落实情况总结评估报告》

（续表）

召开次数	召开时间	审议的改革方案与主要安排
第七次	2019 年 3 月 20 日	审议通过了《关于新时代推进西部大开发形成新格局的指导意见》《关于扩大高校和科研院所科研相关自主权的若干意见》《关于促进人工智能和实体经济深度融合的指导意见》《关于加强和改进乡村治理的指导意见》《关于深化公共资源交易平台整合共享的指导意见》《石油天然气管网运营机制改革实施意见》《关于加快推进公共法律服务体系建设的意见》《关于深化消防执法改革的意见》。

主要参考文献

1. 《马克思恩格斯选集》第 1-4 卷，人民出版社 1995 年版。

2. 《毛泽东选集》第 1 卷，人民出版社 1991 年版。

3. 《毛泽东文集》第 3 卷，人民出版社 1996 年版。

4. 《刘少奇传》，中央文献出版社 2008 年版。

5. 《邓小平文选》第 2 卷，人民出版社 1994 年版。

6. 《中国共产党第十八次全国代表大会文件汇编》，人民出版社 2012 年版。

7. 《中国共产党第十九次全国代表大会文件汇编》，人民出版社 2017 年版。

8. 中共中央文献研究室编：《十八大以来重要文献选编》（上），中央文献出版社 2014 年版。

9. 中共中央文献研究室编：《十八大以来重要文献选编》（中），中央文献出版社 2016 年版。

10. 中共中央文献研究室编：《十八大以来重要文献选编》（下），中央文献出版社 2018 年版。

11. 中共中央党史和文献研究院编：《十九大以来重要文献选编》（上），中央文献出版社 2019 年版。

12. 《习近平谈治国理政》第 1 卷，外文出版社 2018 年版。

13. 《习近平谈治国理政》第 2 卷，外文出版社 2017 年版。

14. 习近平：《决胜全面建成小康社会　夺取新时代中国特色社会主义伟大胜利——在中国共产党第十九次全国代表大会上的报告（2017 年 10 月 18 日）》，人民出版社 2017 年版。

15. 习近平：《做焦裕禄式的县委书记》，中央文献出版社 2015 年版。

16. 习近平：《论坚持全面深化改革》，中央文献出版社 2018 年版。

17. 习近平：《论坚持全面深化改革》，中央文献出版社 2018 年版。

18. 习近平：《论坚持推动构建人类命运共同体》，中央文献出版社 2018 年版。

19. 习近平：《论坚持党对一切工作的领导》，中央文献出版社 2019 年版。

20.《习近平谈"一带一路"》，中央文献出版社 2018 年版。

21.《习近平论党史和文献工作》，中共中央党史和文献研究院编印，2019 年。

22.《习近平党校十九讲》，中共中央党校出版社 2014 年版。

23.《习近平关于党校工作重要论述专题摘编》，中共中央党校编印，2015 年。

24. 中共中央文献研究室编：《习近平关于实现中华民族伟大复兴的中国梦论述摘编》，中央文献出版社 2013 年版。

25. 中共中央文献研究室编：《习近平关于全面深化改革的论述摘编》，中央文献出版社 2014 年版。

26. 中共中央文献研究室编：《习近平关于协调推进"四个全面"战略布局论述摘编》，中央文献出版社 2015 年版。

27. 中共中央纪律检查委员会、中共中央文献研究室编：《习近平关于党风廉政建设和反腐败斗争论述摘编》，中央文献出版社、中国方正出版社 2015 年版。

28．中共中央文献研究室编：《习近平关于全面依法治国论述摘编》，中央文献出版社 2015 年版。

29．中共中央纪律检查委员会、中共中央文献研究室编：《习近平关于严明党的纪律和规矩论述摘编》，中央文献出版社、中国方正出版社 2016 年版。

30．中共中央文献研究室编：《习近平关于全面从严治党论述摘编》，中央文献出版社 2016 年版。

31．中共中央文献研究室编：《习近平关于全面建成小康社会论述摘编》，中央文献出版社 2016 年版。

32．中共中央文献研究室编：《习近平关于全面从严治党论述摘编》，中央文献出版社 2016 年版。

33．中共中央文献研究室编：《习近平关于科技创新述摘编》，中央文献出版社 2016 年版。

34．中共中央文献研究室编：《习近平关于青少年和共青团工作论述摘编》，中央文献出版社 2017 年版。

35．中共中央文献研究室编：《习近平关于社会主义经济建设论述摘编》，中央文献出版社 2017 年版。

36．中共中央文献研究室编：《习近平关于社会主义政治建设论述摘编》，中央文献出版社 2017 年版。

37．中共中央文献研究室编：《习近平关于社会主义社会建设论述摘编》，中央文献出版社 2017 年版。

38．中共中央党史和文献研究院：《习近平扶贫论述摘编》，中央文献出版社 2018 年版。

39．中共中央党史和文献研究院编：《习近平关于总体国家安全观论述摘编》，中央文献出版社 2018 年版。

40．中共中央党史和文献研究院编：《习近平关于"三农"工作论述摘编》，中央文献出版社 2019 年版。

41．中共中央党史和文献研究院、中央"不忘初心、牢记使命"主题教育领导小组办公室编：《习近平关于"不忘初心、牢记使命"重要论述选编》，党建读物出版社、中央文献出版社2019年版。

42.《习近平总书记系列重要讲话读本》（2016年版），学习出版社2016年版。

43. 中共中央宣传部编：《习近平新时代中国特色社会主义思想三十讲》，学习出版社2018年版。

44.《习近平新时代中国特色社会主义思想学习纲要》，学习出版社、人民出版社2019年版。

45. 中共中央党史研究室编：《党的十八大以来大事记》，人民出版社2017年版。

46. 中共中央文献研究室等编：《人民代表大会制度重要文献选编》（四），中国民主法制出版社、中央文献出版社2015年版。

47.《砥砺奋进的5年》，国家统计出版社2017年版。

48. 何毅亭：《学习习近平总书记重要讲话》（增订本），人民出版社2013年版。

49. 何毅亭主编：《以习近平同志为核心的党中央治国理政新理念新思想新战略》，人民出版社2017年版。

50.《十八大以来新发展新成就》（上、下），人民出版社2017年版。

51. 中共中央党史研究室：《中国共产党的九十年》，中共党史出版社、党建读物出版社2016年版。

52. 吴敬琏：《中国经济改革进程》，中国大百科全书出版社2018年版。

53. 武力：《当代中国经济发展与制度变革研究》，当代中国出版社2019年版。

54. 中共中央党史和文献研究院：《中华人民共和国大事记

（1949 年 10 月—2019 年 9 月）》，人民出版社 2019 年版。

55. 曲青山、吴德刚主编：《改革开放 40 年口述史》，中国人民大学出版社 2019 年版。

56. 当代中国研究所：《新中国 70 年》，当代中国出版社 2019 年版。

57. 习近平：《在全国党校工作会议上的讲话》，《求是》2016 年第 9 期。

58. 习近平：《在解决"两不愁三保障"突出问题座谈会上的讲话》，《求是》2019 年第 16 期。

59. 习近平：《辩证唯物主义是中国共产党人的世界观和方法论》，《求是》2019 年第 1 期。

60. 李培林：《社会体制改革多亮点——党的十八大以来全面深化改革新实践》，《求是》2016 年第 5 期。

61. 李纪恒：《党员干部要始终做到忠诚干净担当——深入学习习近平总书记关于好干部标准的重要论述》，《求是》2015 年第 1 期。

62. 中共中央台办理论学习中心组：《以习近平总书记对台工作重要思想引领新时代对台工作》，《求是》2018 年第 6 期。